Stuart Nicholson

ELLA – Die Stimme des Jazz

Stuart Nicholson

ELLA –
Die Stimme des Jazz

Aus dem Englischen
von Sonja Hauser

C. Bertelsmann

Die Originalausgabe erscheint 1993 unter dem Titel
»Ella Fitzgerald« bei Victor Gollancz, London

Umwelthinweis:
Dieses Buch und der Schutzumschlag wurden auf
chlorfrei gebleichtem Papier gedruckt.
Die Einschrumpffolie (zum Schutz vor Verschmutzung) ist aus
umweltschonender und recyclingfähiger PE-Folie.

1. Auflage

Schutzumschlag: Klaus Renner unter Verwendung eines Photos
aus dem Jahre 1949 von Hermann Leonard, New Orleans
Satz: Uhl + Massopust, Aalen
Druck und Bindung: Mohndruck, Gütersloh
ISBN 3-570-02340-0
Printed in Germany

Für meine Mutter

Prolog

Ella hat kein starkes Ego; ihr ist gar nicht bewußt, was sie geschafft hat.

Benny Carter, Komponist und Arrangeur, Altsaxophon und zahlreiche andere Instrumente.[1]

Am Montag, dem 12. Februar 1990, organisierte American Express Gold Card in der Avery Fisher Hall in New York City eine Veranstaltung zu Ehren von Ella Fitzgerald. Sie stand unter dem Motto »Hearts for Ella«, und ihr Erlös war für die American Heart Association bestimmt. »Seit 56 Jahren singt Ella Fitzgerald mit Herz und Seele«, lautete der Werbetext, »und am 12. Februar werden einige ihrer Bewunderer Gelegenheit haben, sich dafür zu revanchieren.« Das mochte ein wenig nostalgisch anmuten, aber in diesem Falle störte das niemanden.

Schließlich ging es hier um eine Frau, die mit ihrer Stimme allen Ruhm erreicht hatte, den sie sich erträumen konnte: zahllose erste Ränge als führende Jazzsängerin bei Umfragen unter Kritikern und Hörern, Grammy Awards, einen Kennedy Center Award, die National Medal of Arts, die ihr vom Präsidenten der Vereinigten Staaten verliehen wurde, dazu die Ehrendoktorwürde im Fach Musik von so etablierten Universitäten wie Yale, Dartmouth oder der University of Maryland. Sie war Staatsoberhäuptern vorgestellt und von reichen und berühmten Persönlichkeiten gefeiert worden, und sie hatte mit fast allen Größen aus Jazz und Pop zusammengearbeitet, von Louis Armstrong und Duke Ellington bis zu Frank Sinatra und Nat King Cole. Kurz: Sie war eine der berühmtesten Jazzmusikerinnen aller Zeiten.

Zu der Veranstaltung fand sich ein beeindruckendes Aufgebot an Jazzgrößen und anderen Berühmtheiten ein. Die Sängerin und

Entertainerin Lena Horne und der Cellovirtuose Itzhak Perlman traten als Gastgeber des Abends auf, der damit begann, daß David Dinkin, der Bürgermeister von New York, Ella Fitzgerald einen Apfel (das Symbol von New York) aus Kristallglas überreichte und den Tag zum »Ella Fitzgerald Day« erklärte. Benny Carter leitete ein Orchester, in dem Stan Getz, Phil Woods, David Sanborn, Jimmy Heath und Nick Brignola – alle Saxophon –, Al Grey, Urbie Green, Slide Hampton und Jack Jeffers – Posaune –, Clark Terry, Red Rodney, Jon Faddis und Joe Wilder – Trompete – und eine Rhythmusgruppe, bestehend aus Herb Ellis – Gitarre –, Ray Brown – Baß – mitwirkten, des weiteren abwechselnd die Pianisten Hank Jones und Tommy Flanagan und die Schlagzeuger Louie Bellson und Roy Proctor. Sogar der welterfahrene Carter, seinerseits einer der seit Ende der zwanziger Jahre anerkanntesten Jazzmusiker der Welt, konnte nicht umhin, dieses Aufgebot an Könnern dem Publikum gegenüber mit folgendem Satz zu würdigen: »Das ist *die* Traumband.«

Außerdem traten der Pianist George Shearing, die Steptänzer Honi Coles and the Copasetics sowie Savion Glover auf, die Sänger Joe Williams, Bobby McFerrin, Cab Calloway und Melisa Manchester, der Tenorsaxophonist James Moody, die Gesangsgruppe Manhattan Transfer, die Jazz- und Poplegende Quincy Jones, ein mittlerweile etwas ruhigerer, aber immer noch zu Späßen aufgelegter Dizzy Gillespie und – ohne Vorankündigung – Oscar Peterson.

Janis Siegal und Cheryl Bentyne von der Gruppe Manhattan Transfer erinnerten zusammen mit Melisa Manchester an die Boswell Sisters, insbesondere an Connee Boswell, Sängerinnen, die Anfang der dreißiger Jahre ihrer Zeit weit voraus waren. Diese Gruppe bot nicht nur mitreißenden und ausdrucksvollen Swing, sondern gestaltete auch die Melodien neu, fügte Nonsenspassagen und Scat-ähnliche Texte ein, die der Musik neuen Sinn gaben und sie in ungewöhnliche und unerwartete Richtungen lenkte. Für einen Teenager mit Imitationstalent, wie Ella Fitzgerald es gewesen war, wirkte ihre Musik aufregend und einzigartig. In Interviews sagte Ella immer wieder, die Boswell Sisters seien ihre erste Inspiration gewesen.

Nachdem Ella Fitzgerald fast vier Stunden lang im Publikum gesessen und gelauscht hatte, wurde sie von dem Sänger Joe Williams auf die Bühne geholt. Obwohl sie ein wenig unsicher auf den Beinen war und auch bei der Party nach dem Konzert nicht mehr erschien, stimmte sie doch das Lied »Honeysuckle Rose« an und erntete begeisterten Applaus von den ausverkauften Rängen. Dann bedankte sie sich »ganz bescheiden« bei allen, drehte sich mit einem Achselzucken zu Benny Carter um und sagte: »Eigentlich könnten wir noch eins probieren.« Sie wählte George Gershwins »Lady Be Good«, ein Stück, das mittlerweile fast jeder Musikliebhaber mit ihrem Namen in Verbindung bringt. Schon nach kurzer Zeit stimmte Joe Williams ein, und von den Trompetern gesellte sich Clark Terry als sein Alter ego Mumble, der manische Scatsänger, dazu, so daß die Veranstaltung mit einem dreistimmigen Scatfinale endete, über das die *Daily News* schrieb: »An dem Abend kam ein Gefühl von Spontaneität auf, wie man es nur selten erlebt.«

Das Publikum hörte »Lady Be Good« an jenem Abend bereits zum zweiten Mal. Die erste Version war von Benny Carters All Star Big Band gespielt worden, ein Arrangement von Billy Byers, das auf Ellas eigener Aufnahme aus dem Jahr 1947 basierte. »Wir spielten genau das, was sie damals sang«, sagte Carter später. »Das, was sie auf der Platte nach dem ersten Refrain an Improvisationen bringt, ist praktisch Komposition. Es ist aufregend, kreativ, melodiös, bester Swing. Sie hat einfach ein unheimliches Gehör; sie nimmt noch die geringsten musikalischen Veränderungen wahr. Wenn sie Scat singt, schöpft sie alle Möglichkeiten aus, und wenn sie etwas Konventionelles bietet, ist es absolut unverfälscht. Es ist phantastisch.«[2]

1. Kapitel

Wenn man es sich so überlegt, hat sie schon klein angefangen, sogar ganz klein.

George Wein, Pianist, Impresario
und Organisator der JVC Jazz Festivals.[1]

Ella Fitzgerald lebte für die Musik. Sie war der Kern ihrer Existenz, nur so konnte sie sechs Jahrzehnte lang an der Spitze in ihrem Beruf bleiben. Ihr Gesangsstil wurde von vielen Kritikern als Maßstab und Vorbild für andere Sängerinnen zitiert, der reine Klang ihrer Stimme, ihr Gespür für Harmonie und ihr ausgezeichnetes Gefühl für den Swing immer wieder bewundernd hervorgehoben. Scheinbar immun gegen die ständig neuen Trends in Jazz und populärer Musik, gelang es ihr immer wieder, die Konzertsäle auf der ganzen Welt zu füllen.

Im notorisch unbeständigen Plattengeschäft, wo schon ein geringer Rückgang der Verkaufszahlen eine sofortige Streichung aus dem Katalog bedeuten kann, blieb ihre *Songbook*-Serie, die zum größten Teil in den fünfziger Jahren entstand, eine Ausnahmeerscheinung. Sie wurde nämlich nicht nur immer wieder aufgelegt, sondern entwickelte sich auch, zusammen mit den beiden Alben von *My Fair Lady* (in der Originalbesetzung und in der von Shelly Manne), zu den Platten mit den höchsten Verkaufszahlen in der Geschichte der Branche überhaupt. Um Robert Graves zu paraphrasieren: Ella Fitzgerald war tatsächlich sehr, sehr gut, ungeachtet dessen, daß dies alle Leute sagten.

Ihre Leidenschaft, vor Publikum aufzutreten, hielt sich bis ins hohe Alter, auch wenn sie inzwischen Millionen verdient hatte und sich bereits in den achtziger Jahren hätte zur Ruhe setzen können. Obwohl ihr Sehvermögen nachließ und sie gesundheitlich schwächer wurde, nahm sie die Torturen langer Tourneen, von Einzelauftritten auf unterschiedlichen Kontinenten und anstrengenden Konzerten in den berühmtesten Sälen der Welt auf sich. Über ihre Vorstellung in der Radio City Music Hall in New York im Jahr 1990 zum Beispiel sagte der international angesehene Jazzkritiker Dan Morgenstern: »Sie sieht kaum noch etwas und ist mittlerweile auch ziemlich gebrechlich. Man muß sie auf die Bühne führen, und sie kann nur noch im Sitzen auftreten. Aber die Frau hat Energie, das kann ich Ihnen sagen! Und sie läßt einfach nicht locker! Das war eine lange Show, und sie war die ganze Zeit auf der Bühne. *Ohne* Pause zwischen den Songs. Manche Sänger reißen ein paar lockere Sprüche zwischen den Songs, aber sie – sie *stürzt* sich gleich in die nächste Nummer. Sie hat's weiß Gott nicht mehr nötig aufzutreten, schließlich ist sie Multimillionärin. Aber sie macht's einfach gern. Sie braucht den Applaus. Das ist ihr Leben.«[2]

Freunde und Musiker, die eng mit ihr zusammenarbeiteten, erzählen, wie sie immer wieder über Lieder nachdachte oder sie vor sich hin summte und sich dabei vorstellte, wie sie wohl auf der Bühne klingen würden. Der Gitarrist Joe Pass, der seit Anfang der siebziger Jahre häufig mit ihr zusammenarbeitete, erinnert sich: »Seit ich sie kenne, hat sie immer irgendeine Melodie im Kopf. Ob sie im Auto sitzt, hinter der Bühne steht oder sich in einem Restaurant befindet – sie summt einfach so vor sich hin! Das ist schon fast so etwas wie eine Sucht bei ihr. Sie hat ständig diese Melodie im Kopf, fast immer ein Stück, das man selber schon vergessen, lang nicht mehr gespielt oder gehört hat!«[3]

Alle Musiker, mit denen Ella zusammenarbeitete, berichten von ihrer Liebe zur Musik. Jimmy Rowles zum Beispiel, der sie seit den fünfziger Jahren immer wieder am Piano begleitete und in den achtziger Jahren zu ihrem festen Begleiter auf der Bühne wurde, erzählt: »Immer sang sie oder hörte Musik. Sie lebte mit der Musik. Die Musik ist alles. Sie kommt aus ihr. Wenn sie die Straße entlanggeht, hinterläßt sie Töne. Pete Cavallo war ihr Road Manager. Wenn wir im Flugzeug saßen, schlief ich meistens ein. Und dann wachte ich wieder auf, weil sie rief: ›Pete, Pete!‹ Sie hatte gerade ein Lied gehört, das ihr gefiel. ›Pete, sieh zu, daß du den Titel rauskriegst. Schreib ihn auf. Ich will ihn wissen.‹ Wir notierten so viele Titel, daß wir sie nie alle spielen konnten.«[4] Die Musik war die Quelle ihres Lebens; für etwas anderes war kaum Platz.

Den größten Teil ihrer Karriere dominierte sie die jährlichen Leserumfragen der tonangebenden Musikmagazine; als Roberta Flack sie im Jahr 1971 mit fünf Stimmen als »Best Female Vocalist« in der Umfrage von *Downbeat* schlug, ging eine fast ununterbrochene Serie zu Ende, die 1937 begonnen hatte. Bei den Kritikern genoß sie ähnlich ungeteiltes Ansehen. Von der ersten Kritikerumfrage, die *Downbeat* 1953 durchführte, bis Mitte der siebziger Jahre wurde sie immer wieder zur besten »Female Vocalist« gewählt. Keine andere Jazzgröße hat sowohl beim Publikum als auch bei den Kritikern über eine so lange Zeit hinweg so einstimmiges Lob erhalten – wo doch sonst Kritikerohr und Publikumsmeinung oft nur aus Zufall zum selben Schluß zu kommen scheinen.

Ella Fitzgerald war im Grunde immer scheu und zurückhaltend und ging so vollständig in Text und Melodie eines Liedes auf, daß man ihre matronenhafte Erscheinung darüber vergaß und nur noch ihre Stimme wahrnahm. In der Werbung wird die Idealfrau als jung, schlank und hübsch verkauft, und Ellas Stimme – halb die eines Mädchens, halb die einer Frau – war so etwas wie ein akustisches Pendant. Ihr zeitlos jugendliches Timbre verlieh ihr eine ebenso zeitlose und universelle Attraktivität. Sie erzeugte einfache, unkomplizierte Gefühle, Gefühle, die noch nichts erahnen lassen von der Einsamkeit oder der Enttäuschung über die Untreue des Partners. Die Werte, die sie vermittelte, waren genauso einfach und unkompliziert, man könnte sie sogar als optimistisch bezeichnen; die Sehnsucht, die darin mitschwang, wurde zur Sehnsucht der Heranwachsenden, die Träume wurden zu den Träumen der Heranwachsenden von der Liebe auf den ersten Blick, vom Märchenprinzen und vom Happy End.

Dieser Grad an Naivität in ihrem Gesang war vielleicht der größte Reiz. Der Sänger Mel Torme drückte es im Jahr 1991 folgendermaßen aus: »Ihre Stimme hat diese Mischung aus Mädchen und Frau nie verloren. Wenn Ella singt, klingt sie immer noch – selbst in ihrem Alter, und ich würde annehmen, daß sie mittlerweile schon Anfang Siebzig ist – wie ein kleines Mädchen; sie klingt immer noch irgendwie unschuldig, wie in ›A-Tisket, A-Tisket‹.«[5] Sie selbst meinte oft, egal was sie singe, sie wolle nur, daß die Leute sagen würden: »Sie singt immer noch hübsch.«[6]

Ella Fitzgerald hat trotz ihrer Popularität immer Wert auf ein unversehrtes Privatleben gelegt. Mario Bauza, der Trompeter, mit dem sie während der ersten vier Jahre ihrer Karriere zusammenarbeitete, sagte: »Leerlauf hat's bei ihr praktisch nie gegeben. Wenn sie in die Band kam, hat sie sich voll und ganz auf die Musik konzentriert ... Sie war allein in New York und wollte auch allein bleiben. Für sie zählte nur der Gig.«[7]

Auch später änderte sich nicht viel in Ellas Einstellung zum Privatleben. Sie ließ nur wenige Menschen daran teilhaben, wie Mel Torme, schon seit fast fünfzig Jahren mit ihr befreundet, bemerkt: »Ich liebe Ella einfach. Jedesmal, wenn wir uns sehen, umarmen und küssen wir uns. Sie besucht mich immer mal wieder, und ich versuche, mich mit ihr zu treffen, so oft es geht. Aber obwohl sie nur sechs Häuserblocks von mir entfernt wohnt, kenne ich sie eigentlich nicht richtig ... Übrigens wüßte ich auch niemanden sonst, der sie besser kennt, außer vielleicht die Leute, die für sie arbeiten. Sie lebt einfach sehr, sehr zurückgezogen.«[8]

Ihr ganzes Leben lang gab sie äußerst ungern Interviews und wehrte sich auch gegen alle Versuche von Gesprächspartnern, Einzelheiten über ihre Vergangenheit zu erfahren. Bei solchen Gelegenheiten flüchtete sie sich immer in eine Geschichte, die sich ein Presseagent ganz am Anfang ihrer Karriere ausgedacht hatte. Darin ist die Rede von einer glücklichen Kindheit in ärmlichen Verhältnissen und von einer Mutter, die für alle kleinen und größeren Probleme einen tröstenden Spruch parat hatte. Diese Geschichte wurde so oft wiederholt, daß sie schließlich zum Standardrepertoire der Journalisten gehörte, auch wenn sie von Anfang an nichts anderes war als eine weitere Version ihrer Lieder, in die sie eintauchen und verschwinden konnte.

Ella Fitzgeralds rätselhaftes Leben begann ein Jahr früher, als die meisten Nachschlagewerke behaupten. Im State Register von Virginia ist nachzulesen, daß sie am 25. April 1917 in Newport News City, Warwick County, Virginia, als Ella Jane Fitzgerald das Licht der Welt erblickte. Sie war das erste Kind von William und Tempie Williams Fitzgerald, und obwohl die beiden nicht miteinander verheiratet waren, übernahm William doch offiziell die Vaterschaft. Tempie, der eher ungewöhnliche Rufname der Mutter, stand für Temperance.

Die kleine Familie lebte in einer Mietswohnung in der Madison Avenue 2050 in Newport News City. Aus der Volkszählung des Jahres 1920, die bei den Fitzgeralds am 17. Januar durchgeführt wurde, geht hervor, daß der damals 35jährige William lesen und schreiben konnte und seinen Lebensunterhalt bei der Eisenbahn verdiente. Die 26jährige Tempie, ebenfalls des Lesens und Schreibens mächtig, arbeitete als Wäscherin. Beide waren, genau wie ihre Eltern, in Virginia geboren. Das Alter ihrer einzigen Tochter Ella wurde mit zwei Jahren und acht Monaten angegeben. In die Rubrik »Rasse« trug James Jenkins, der die Volkszählung durchführte, für alle Mitglieder des Haushaltes »Mulatte« ein.

Doch schon nach einem Jahr war Tempie mit einem anderen Mann zusammen und zog mit ihrer kleinen Tochter nach Yonkers in Westchester County im Staat New York. Sie reagierten, wie viele andere sozial benachteiligte Schwarze in Amerika, auf die Kunde von besseren Beschäftigungs- und Wohnmöglichkeiten in den Städten des amerikanischen Nordens. Für viele von ihnen erwies sich die Umsiedlung im Zuge der großen Auswanderungswelle als bittere Enttäuschung, denn die Geschichten vom besseren Leben waren schlicht übertrieben – letztlich durchlebten die Betroffenen nur wieder eine neue alptraumhafte Szenerie der Armut. William Fitzgerald war offenbar mittlerweile ganz aus Tempies Leben verschwunden; der neue Mann an ihrer Seite hieß Joseph Da Silva. Joe, wie er von allen genannt wurde, war ein portugiesischer Einwanderer der ersten Generation und wurde später von Freunden der Familie als »groß und stark, ein richtiges Arbeitstier«[9] beschrieben.

Da beide keine Arbeit hatten und sich deshalb auch keine richtige Wohnung leisten konnten, zogen sie in ein Einzimmerapartment in der Clinton Street 27, ein großes Backsteingebäude mit 28 Räumen. Vermutlich wurde ihnen diese Unterkunft von der österreichisch-lutherischen Kirche vermittelt, die sich in unmittelbarer Nähe befand und immer wieder einmal Pflegekinder oder ganze Familien vorübergehend bei Leuten in der Clinton Street unterbrachte. Schon bald fanden beide Arbeit, Tempie in der Silver-Lining-Wäscherei und Joe in der örtlichen Zuckerfabrik.[10] 1923 brachte Tempie ein weiteres Mädchen – Frances – zur Welt, das den Nachnamen seines Vaters bekam. Bis zum Tod ihrer jüngeren Stiefschwester in den sechziger Jahren hatte Ella ein ausgesprochen enges Verhältnis zu ihr; dabei handelte es sich um eine der wenigen dauerhaften Beziehungen, die Ella in ihrem Leben überhaupt einging.

Im September des Jahres 1923 begann Ella ihre Schulausbildung in der Public School 10, Ecke Prospect und Clinton Street. Als Tempie ihre großgewachsene, schlaksige Sechsjährige dort anmeldete, gab sie als Geburtsdatum den 25. April 1917 an, was stimmte, und als Vater oder Vormund, mit dem Ella lebte, William Fitzgerald, was allerdings nicht stimmte.[11] Offenbar wollte sie den Eindruck erwecken, daß William in der Clinton Street 27 lebte.

Vor der Volkszählung von 1925 waren Tempie, Joe, Ella und Frances in die School Street 72, also fünf Häuserblocks nach Osten, gezogen. Als die Volkszählung im Juni durchgeführt wurde, tauchten weder Tempie noch Joe unter den dreißig Eintragungen für Clinton Street 27 auf. Die Gegend, in der die Familie jetzt lebte, wurde hauptsächlich von Italienern bewohnt, unter die sich die einen oder anderen Einwanderer aus Osteuropa, Irland und Griechenland mischten. Doch auch die schwarze Minderheit hatte ein gewichtiges Wörtchen mitzureden.[12] »Wir waren damals *alle* arm in der Gegend«, berichtet Josephine Attanasio, die Ella bereits als Kind kannte. »Bei mir waren hauptsächlich Italiener, und Ella wohnte unten bei den schwarzen Kindern ... Da konnte es schon ziemlich rauh zugehen. Wir waren nur einen Häuserblock auseinander; Ella wohnte in der School Street in Yonkers, und ich war gerade in die nächste Straße, Waverly, gezogen. Wir saßen alle im selben Boot, Weiße und Schwarze. Wahrscheinlich ist das den meisten Leuten heute nicht so klar, aber wir waren damals ärmer als die Armen heute. Doch wir sind trotzdem alle irgendwie miteinander ausgekommen. Heute ist das anders. Auf der westlichen Seite der School Street gab's ein paar Gemüsemärkte. Mein Stiefvater hat da gearbeitet. Und gegenüber von den Obstmärkten waren Mietshäuser, wo hauptsächlich schwarze Familien wohnten. Am südlichen Ende der Straße lebten eher die Italiener und die anderen Nationalitäten.«[13]

Tempies Wohnung in der School Street 72 befand sich in einem größeren Block. Annette Miller (geborene Gulliver) wohnte dort mit ihrem Vater, ihrer Mutter, ihrer Großmutter und ihrem Bruder Charles.[14] »Wir sind alle zusammen aufgewachsen; ich war drei oder vier Jahre älter als Ella, mein Bruder Charles genauso alt wie sie. Wir wohnten alle in der School Street 70 bis 74. Das war ein großer Mietsblock. Ella wohnte genau wie wir in der Nummer 72. Ich habe ihre Mutter Tempie gut gekannt. Wir Kinder haben alle miteinander gespielt, und wenn Ellas Mutter von der Arbeit gekommen ist, ist sie immer ein bißchen bei uns stehengeblieben und hat ein paar Worte mit uns gewechselt. Sie war eine sehr nette, sehr anständige Frau, die hart gearbeitet hat. Sie ist heimgekommen, hat das Abendessen gekocht und den Haushalt gemacht und hat sich ansonsten um ihre eigenen Angelegenheiten gekümmert.«[15]

Annette Miller hat Ella als scheu, aber auch sehr ehrgeizig in Erinnerung. Offenbar war sie bereits in jungen Jahren entschlossen, erfolgreich zu werden. »Sie sagte immer zu uns: ›Eines Tages werde ich Schlagzeilen machen. Ich werde berühmt.‹ Dann haben wir alle gelacht und nur gesagt: ›Ja, ja, so wird's sein!‹«[16] Im September 1926 kam Ella in die vierte Klasse der Public School 18 in der Park Hill Avenue nahe der Chauncey Street (die Straße existiert heute nicht mehr). »Sie war damals spindeldürr«, erzählt Josephine Attanasio. »Ich weiß noch, daß ich ein bißchen Knatsch mit ihr hatte. Sie hat versucht, meine kleine Schwester einzuschüchtern, die weinend zu mir gelaufen ist, und da habe ich ihr gezeigt, was eine Harke ist! Wir sind uns in die Haare geraten, und sie hat mir die Nase blutig geschlagen.«[17]

Trotz solcher kleineren Auseinandersetzungen scheint Ella ganz gut mit der Trennung von Tempie und William und dem Auftauchen ihres Stiefvaters zurechtgekommen zu sein. Annette Miller beschreibt sie als ausgesprochen fröhlich und unbekümmert[18], und auch Rose Sarubbi, eine junge Italienerin, die sich in der Public School 18 mit Ella anfreundete, sagt: »Ich habe Ella als ein Mädchen in Erinnerung, das gerne tanzte und sang und trotz der ärmlichen Verhältnisse, in denen sie lebte, immer gute Laune hatte.«[19]

Rose Sarubbi wohnte zwei Häuserblocks entfernt in der Linden Street und blieb die nächsten sechs Schuljahre mit Ella befreundet. Obwohl sie selbst weiß war und der italienischen Mittelschicht angehörte, bemerkte sie keine Rassenschranken. Ella war oft bei ihr zu Hause zu Gast, wo sie die italienische Küche entdeckte, und freundete sich mit ihrem Vater an. »Ella kam häufig zu mir nach Hause, weil sie die Spaghetti meiner Mutter sehr mochte«[20], erinnert sich Rose.

Etwa in der dritten Klasse begann Ella mit dem Tanzen, und ihre Begeisterung entwickelte sich zu einer Leidenschaft, die die Kindheit überdauerte. »Sie hat das Singen und Tanzen einfach geliebt«, sagt Annette Miller. »Eigentlich hat sie sogar noch lieber getanzt als gesungen; sie war ganz verrückt aufs Tanzen, sie und mein Bruder Charles.«[21] In Charles Gulliver fand Ella einen Gleichgesinnten. Die beiden verbrachten die meiste Zeit miteinander, übten Tanzschritte auf der Straße und bedrängten die älteren Teenager aus der Gegend, ihnen die neuesten Tänze aus den Tanzsälen von New York zu zeigen.

Sie verbrachten ihre ganze freie Zeit mit dem Tanzen, und daraus, so Annette Miller, entwickelte sich eine erstaunliche Harmonie: »Wir spielten alle zusammen auf der Straße«, erzählt sie. »Wir zogen so etwas wie eine Amateurshow auf, und da machten alle mit. Sie stand auf und sang und tanzte, dann tanzten sie und mein Bruder und mein Neffe zu dritt. Da haben wir gesagt, daß Ella sicher mal Erfolg hat als Tänzerin!«[22]

Doch Ella war nicht nur eine begeisterte Tänzerin, sondern sie sang auch gerne. Bereits als junges Mädchen besuchte sie die Bethany African Methodist Episcopal Church. Anfangs befand sich diese Kirche noch in der Woodworth Avenue 6, also zu Fuß eine gute halbe Stunde in Richtung Norden von der School Street entfernt, wurde jedoch 1925 in die Maple Street in der Nähe der Nepperhan Avenue verlegt, fast ganz am nördlichen Ende der School Street. Dort besuchte Ella nicht nur die Sonntagsgottesdienste und die Sonntagsschule, sondern auch die anderen kirchlichen Veranstaltungen für junge Leute, wie zum Beispiel die Choral- und Bibelstunden.

Durch die Kirche bekam Ella ihre erste Gelegenheit zu öffentlichen Auftritten, wie viele schwarze Sänger und Sängerinnen auch, so zum Beispiel Ethel Waters, Sarah Vaughan und Dinah Washington oder später einige der besten Soulsänger und -sängerinnen wie Sam Cooke, Aretha Franklin, Patti LaBelle oder Whitney Houston.

Annette Miller erinnert sich, daß die Kinder nicht nur ihre jeweils eigene Kirche, sondern auch die anderen Gotteshäuser der Gegend besuchten[23], so daß Ella sich vermutlich nie völlig mit den Aktivitäten der Bethany African Methodist Episcopal Church identifizierte. Trotzdem hat sie dieser Kirche höchstwahrscheinlich die Grundlagen ihres Gesanges zu verdanken. Indem sie dem Beispiel ihrer Altersgenossen folgte und sie imitierte, wie jedes Kind das in der Kirche tut, bekam sie ein Gefühl für Stimme, Intonation, Harmonien, Gruppengesang und Phrasierung. »Gospel«, schreibt die Kritikerin Whitney Balliet, »ist nichts anderes als aufgemotzter Jazz – so etwas wie ein Wolf im Schafspelz. Gospelsänger verwenden Jazzrhythmen und Modulationen, und zwar häufig sogar ziemlich schamlos.«[24]

Im Juni 1929 schloß Ella die sechste Klasse ab und wechselte im September an die Benjamin Franklin Junior High School in der Poplar Street, die, als sie 1925 ihre Tore geöffnet hatte, eine der ersten Junior High Schools der Gegend war. Josephine Attanasio erinnert sich, daß Ella auf dem Schulweg regelmäßig für die anderen Schulkinder tanzte und sang. »Morgens oder auch mittags, wenn wir draußen vor dem Gebäude waren, stand sie oft mit dem Rücken zur Mauer, wackelte und wippte herum und tanzte ganz gedankenverloren vor sich hin. Damals war sie noch nicht berühmt, nur ein Kind aus unserer Schule. Sie war einfach da, und wir schauten ihr zu – sie war ein Mensch, der immer lachte –, wie sie die Schultern bewegte und sang. Sie hatte große, runde Ohrringe, die im Takt wippten, und abgelaufene Schuhe. Wir hatten damals nicht viel Geld.«[25]

Zu dieser Zeit erwarb sich Ella vermutlich Grundkenntnisse im Klavierspielen, denn sie nahm eine Weile Klavierstunden, die ihre Mutter für sie arrangierte, als sie gerade ein wenig Geld hatte. All das trug zum Aufbau und zur Weiterentwicklung ihrer musikalischen Kenntnisse und ihres Selbstvertrauens bei, auch wenn sie sich damals ihrer Begabung, die sie später als »von Gott« kommend beschrieb, noch nicht bewußt war. Obwohl weder ihre Familie noch das Bildungssystem sonderlich zur Förderung dieser Begabung beitrugen, erkannte sie diese doch im Verlauf ihrer Kindheit und Pubertät, auch wenn sie sich noch nicht eindeutig dem Singen zuwandte. In den Archiven der Yonkers Public School findet sich kein einziger Hinweis auf einen öffentlichen Auftritt von Ella als Sängerin oder Schauspielerin in einer Schulaufführung.[26] Ihr Talent kam vielmehr in ihrer kindlichen Freude am Singen und Tanzen zum Ausdruck. In der Junior High School wußte sie vermutlich noch nicht, daß sie die Gabe des »relative pitch« besaß.

»Relative pitch« unterscheidet sich vom absoluten Musikgehör (engl. »perfect pitch«, Anm. d. Ü.), der Fähigkeit also, eine Note beim Hören zu erkennen, insofern, als jemand, der die Gabe des »relative pitch« hat, das Verhältnis jeder anderen Note zu der gehörten kennt und sie genau treffen kann. Dieses Talent ist für einen Sänger weit wichtiger als das absolute Musikgehör und war bei Ella Fitzgerald so stark ausgeprägt, daß viele Musiker und Sänger sich bewundernd darüber äußerten, so zum Beispiel Mel Torme: »Ich bin immer noch auf der Suche nach einer Platte von Ella Fitzgerald, auf der sie einen Ton nicht trifft, aber ich finde einfach keine. Von mir gibt's davon genügend, von Ella Fitzgerald keine einzige!!«[27]

Es steht auch völlig außer Zweifel, daß Ella gut andere Sänger nachahmen konnte. So erinnert Annette Miller sich beispielsweise daran, daß sie Louis Armstrongs »Ain't Misbehavin'« in der Version von 1929 sang. »Sie brauchte nie lange, um sich so ein

Lied einzuprägen.«[28] Diese Fähigkeit hob sie unter ihren Freunden und Freundinnen hervor, die davon begeistert waren und sie ermutigten. Ella, die groß für ihr Alter, unsicher und unbeholfen war, aber gern lächelte, hatte das bescheidene Aussehen von Mädchen, bei denen die Jungens keinen Blick verschwenden. Indem sie die aktuellen Hits nachahmte, entdeckte sie, daß das Singen eine Möglichkeit war, umworben und beachtet zu werden, von Mädchen ebenso wie von Jungen.

Sobald Ella Louis Armstrong hörte, war sie von seinem Musikstil begeistert. Selbst als sie bereits eine etablierte Künstlerin war, nahm sie noch jahrelang Imitationen seiner Vocals in ihr Programm auf. Louis Armstrong gehörte überhaupt zu ihren wichtigsten frühen Vorbildern. Er demonstrierte, wie ein Jazz Vocal zu klingen hatte, auch wenn er den Jazz erst mit der Trompete zu einer anerkannten Kunstform machte. Diese Leistung wurde ein wenig verdunkelt durch seine spätere Herumblödelei und durch kommerzielle Hits wie »Hello Dolly« oder »Wonderful World«.

Louis Armstrong begründete den Jazz, so wie wir ihn heute kennen, auf jeder nur erdenklichen Ebene – was Technik, Rhythmus, Harmonie und Konzeption anbelangt. Sein Einfluß war so groß, daß der Jazzkritiker und Autor Gary Giddins ihn völlig zu Recht als die einzige bedeutende Persönlichkeit in der westlichen Kultur bezeichnete, die die Musik ihrer Zeit als Instrumentalist und Sänger gleichermaßen stark beeinflußt hat.[29]

In Louis Armstrong eiferte Ella dem wichtigsten »vernacular vocalist« (Sänger aus dem Volk, Anm. d. Ü.) des zwanzigsten Jahrhunderts nach. Armstrongs gesangliche Fähigkeiten wurden nur deshalb von seiner Begabung als Instrumentalist in den Schatten gestellt, weil sie lediglich für eine »Verlängerung« dieser Begabung als Instrumentalist gehalten wurden. Doch gerade Armstrongs freier, improvisatorischer Umgang mit Texten, die Art und Weise, wie er sie zum *Swingen* brachte, sowie seine Vielfalt von Attacke und Modulation wirkten sich besonders stark auf die Sänger von Jazz und populärer Musik in seiner Zeit aus.

Armstrong befreite sich aus der rhythmischen Zwangsjacke, die auf europäischen Vorbildern basierte, indem er gleichzeitig spielte und sang. Wenn sich ein Wort nicht in die rhythmischen und melodischen Strukturen aufspalten ließ, die ihm vorschwebten, ersetzte er es einfach durch ein onomatopoetisches Äquivalent und schuf so den Scat. Zu der Zeit, als Ella Louis Armstrong imitierte, gab es weder im Jazz noch in der populären Musik jemanden, dem es gelungen wäre, dem gedruckten Text eigenes rhythmisches Leben zu verleihen.

Ella gehörte zur ersten Generation Jugendlicher, die mit Radio und Phonograph aufwuchs. Erstmals wurde Musik für die breiten Massen zugänglich, und das revolutionierte nicht nur die populäre Musik, sondern veränderte auch dauerhaft das Leben der Menschen. Ähnlich wie das Kino zum Theater des kleinen Mannes wurde, brachten nun auch Schallplatte und Radio die Musik in jedes Haus. Doch genau wie die Schauspieler mit klassischer Ausbildung ihre liebe Mühe mit dem neuen Medium Kino hatten, fiel es auch den Sängern mit klassischer Ausbildung schwer, das populäre Lied in den Griff zu bekommen. Das war die Chance für »vernacular vocalists«. Aber noch etwas anderes tat sich: Das Publikum durfte plötzlich träumen, sich vorstellen, selbst berühmt, ein Star zu werden.

1922 erlebte das Radio eine Blütezeit. Anfangs war da noch nicht viel mehr zu hören als ein Pfeifen und Rauschen, aber trotzdem kannte die Begeisterung der Amerikaner fast keine Grenzen, und sie blieben oft die halbe Nacht auf, um Sender aufzuspüren, die sich Hunderte von Meilen entfernt befanden. Der Phonograph, den sich ursprünglich nur die Wohlhabenden hatten leisten können, wurde, weil das Radio eine immer größere Konkurrenz darstellte, billiger, und im Jahr 1921 wurden 100 Millionen Schallplatten in den Vereinigten Staaten hergestellt. Die Beliebtheit des Jazz hatte maßgeblich zu den hohen Produktions- und Verkaufsziffern beigetragen.

Seit dem Ende des Ersten Weltkrieges bedeutete der Jazz, die populäre Musik jener Zeit, für viele junge Leute, die mit den gesellschaftlichen Konventionen und Beschränkungen der Vorkriegszeit brechen wollten, eine neue Ausdrucksmöglichkeit. Im August 1921 stellte *The Ladies Home Journal* die Frage: »Synkopiert der Jazz die Sünde?« Seit jener Zeit ist die populäre Musik das wichtigste Ausdrucksmittel der Jugendkultur.

Sie stellte eine Möglichkeit dar, die Identität der Jugendlichen auszudrücken, zu träumen und sich von der Realität zurückzuziehen. Besonders für die Mädchen bedeutete sie oft eine willkommene Abwechslung zur Hausarbeit. Oft hörten sie beim Babysitten oder anderen häuslichen Verrichtungen zu oder sangen auch mit. So wurde die Musik selbst für Menschen mit geringer musikalischer Begabung zu einem festen Bestandteil ihres Lebens.

Auch heute erinnern sich die meisten Menschen noch an die Lieder, die beim ersten Verliebtsein, beim ersten Kuß oder bei der ersten Trennung eine Rolle gespielt haben. Im Jahr 1938 läßt Dorothy Baker ihre Romanfigur Jeff Williams in *Verklungene Trompete* sagen: »Die einzigen, die das Geld reinbringen, sind neue Schlager mit Gesangstexten. Die Leute kaufen sie, um den Text zu lernen.«[30]

Ella unterschied sich in dieser Hinsicht nicht von den anderen Jugendlichen ihrer Generation – oder auch späterer Generationen – und sang mit bei den Liedern im Radio und auf Platten. Besonders angetan war sie von Connee Boswell. »Sie war einfach Spitze damals«, sagte Ella 1988. »Ich fühlte mich sofort von ihrem Gesang angezogen. Meine Mutter brachte eine ihrer Platten mit nach Hause, und ich verliebte mich sofort in ihre Stimme. Ich tat mein möglichstes, so zu klingen wie sie.«[31]

1931 waren die Boswell Sisters dann im ganzen Land in der Sendung »Fleischmann's Yeast Hour« zu hören. Sie hatten soeben einen lukrativen Plattenvertrag mit Brunswick Records unterzeichnet, die die größten Stars der Zeit, unter ihnen Bing Crosby, verpflichtet hatten. Ella machte es wie alle anderen jungen Musiker, die versuchten, sich die Kunst des Jazz anzueignen: Sie hörte Crosby, Armstrong und den Boswells zu und ahmte sie nach.

Wenn man den Soli und dem Stil aufmerksam lauscht, versteht man die Arbeitsweise und Improvisationskunst des Jazzmusikers besser. Sobald der Musiker dann seine eigene Technik und seinen ganz speziellen Klang gefunden hat, verbindet er die Ideen seiner Vorbilder mit seinen eigenen zu etwas völlig Neuem.

Eine weniger aufwendige Methode, die Kunst des Jazz zu erlernen, gibt es nicht, und nach wie vor folgen ihr alle jungen, aufstrebenden Jazzmusiker. So verrissen zum Beispiel 1989 die Kritiker den jungen Saxophonisten Branford Marsalis und sein neues Album *Trio Jeepy* (CBS/Sony). »[Die Kritiker] hören *Trio Jeepy*, und die meisten von ihnen sagen: ›Er klingt einfach nicht originell . . .‹«, sagte Marsalis, »und dann kommt Benny Golson an und meint: ›Mach das gleiche wie wir andern auch. Kopier einfach die verschiedenen Stile, dann klingst du bald auch originell.‹«[32]

Ella Fitzgerald eignete sich den Stil der Boswell Sisters an, indem sie deren Lieder im Radio und auf Schallplatte hörte. Schon bald stellte sie fest, daß sie den Stil der Boswells auch auf andere Stücke übertragen konnte. Damals hätte sie als Vorbild für Jazz und populäre Musik kaum eine bessere Gruppe wählen können. Will Friedwald bezeichnet sie in seinem Buch als größte aller Gesangsgruppen des Jazz.[33]

Die Boswell Sisters wuchsen in New Orleans auf. Martha wurde 1905 und Connee 1907 in Kansas City geboren; Helvetia (Vet) kam 1911 in Birmingham, Alabama, zur Welt. Sie stammten aus einer ausgesprochen musikalischen Familie der Mittelschicht, und alle drei Mädchen lernten mehrere Instrumente. Jede der jungen Frauen spielte irgendwann einmal im New Orleans Philharmonic Orchestra mit. Doch sie gerieten in den Bann des Jazz und begannen, Gesangsstücke für drei Stimmen zu entwikkeln, die die führenden Jazzmusiker von New Orleans, unter ihnen Tony Parenti und die Jazzlegende Emmett Hardy, tief beeindruckten. Emmett Hardy ermutigte die drei auch, als Gesangstrio aufzutreten, nachdem sie 1925 einen Talentwettbewerb gewonnen hatten. Sie nahmen ihre ersten Platten auf, gingen auf Tournee, waren hin und wieder im Radio zu hören und bekamen schließlich 1931, als sie nach New York kamen, um im Paramount Theatre aufzutreten, einen großen Plattenvertrag.

Ihre erste Platte bei Brunswick kam mit den beiden Titeln »Wha' Dja Do To Me?« und »When I Take My Sugar To Tea« heraus. Die Boswell Sisters erzielten damit einen Sensationserfolg. Die Gesangsarrangements, die für gewöhnlich von Connee, der Leadsängerin der Gruppe, stammten, waren richtige kleine Kompositionswunder. Connee war nicht nur eine der herausragenden Sängerinnen der dreißiger Jahre, sondern auch, zusammen mit Mary Lou Williams, die erste bedeutende Komponistin und Arrangeuse des Jazz. Sie besaß die Fähigkeit, in einem kurzen Arrangement von drei Minuten eine Melodie völlig zu verändern, indem sie die harmonische Struktur und den Rhythmus mit bis zu sechs oder sieben Tempowechseln umgestaltete, völlig neue Interludien und gesangliche Mittel einführte, so zum Beispiel den »instrumentellen« Einsatz der Stimme, den Scat oder Elemente von Blues und Gospel. Die Boswells waren ihrer Zeit so weit voraus, daß die bahnbrechende Qualität ihrer Kunst noch heute bei ihren Platten zu spüren ist.

Die Boswells waren in den frühen dreißiger Jahren so populär, daß sie 1932 abwechselnd mit Arthur Tracey die Chesterfield Show zur besten Sendezeit bestritten und später ins Woodbury Programme überwechselten, wo sie zusammen mit Bing Crosby, dem führenden Sänger der populären Musik, auftraten. Die häufigen Radiosendungen und regelmäßigen Schallplattenveröffentlichungen gaben Ella ausreichend Gelegenheit, sich den Stil dieser Musiker und Musikerinnen anzueignen.

Ella lehnte sich deutlich vernehmbar an den Rhythmus der Boswell Sisters an, einen harten, swingenden Sound, dem sie ihr Leben lang treu blieb und den sie im Alter sogar noch kultivierte. Der moderne, swingende Klang der Boswell Sisters fügte sich nahtlos in ihre Arrangements, und Nummern wie »Heebie Jeebies«, »Shout, Sister, Shout« oder »Hand Me Down My Walking Cane« sind dem Trio ganz klar verpflichtet. Der Komponist, Autor und Pädagoge Gunther Schuller hebt noch das »ganz bemerkenswerte«[34] »Everybody Loves My Baby« eigens hervor.

Es besteht nicht der geringste Zweifel daran, daß die Boswell Sisters in den frühen dreißiger Jahren ein ganz großes, wenn auch häufig unterschätztes Talent im Jazz darstellten. Bezeichnenderweise wurden neben Ella Fitzgerald auch noch andere Sänger und Sängerinnen von ihnen beeinflußt, so zum Beispiel Mildred Baily, Peggy Lee und Lee Wiley.

Obgleich sich Gruppen wie die Pfister Sisters, die Jazz Babies und die Sweet Hots in den achtziger Jahren auf die Boswell Sisters rückbesannen und obwohl ihre Musik 1981 in dem Off-Broadway-Musical *Heebie Jeebies* wieder auftauchte, ist ihre Bedeutung für den Jazz nach wie vor merkwürdig umstritten. Ella selbst jedoch hatte keinerlei Zweifel an der Bedeutung von Connee und den Boswell Sisters für den Jazz: »Als Mädchen hörte ich mir die Platten von allen Sängern an – weißen wie schwarzen gleichermaßen –, und mir war klar, daß Connee Boswell Dinge machte, die damals noch niemand sonst machte. Übrigens müssen Sie mir das nicht so glauben. Hören Sie sich einfach selbst die Platten an.«[35]

2. Kapitel

Sie hat gewußt, daß sie eines Tages berühmt werden würde, denn sie hat immer gesagt: »Ich will etwas Besonderes werden, ich will etwas aus mir machen.« Und das hat sie auch getan.

Charles Gulliver, ein Freund aus Kindertagen.[1]

Aus den Aufzeichnungen von Ellas Schule geht hervor, daß sie eine ausgezeichnete Schülerin war. Sie war intelligent und hatte ein gutes Gedächtnis. Aufgrund einer Erkrankung, so die Akten, mußte sie ihre Ausbildung in den letzten Jahren an der Benjamin Franklin Junior High School unterbrechen.[2] Hin und wieder gab es Live-Musik in der Gegend, und laut Aussage von Annette Miller schwänzte Ella deshalb schon die Schule. Ella selbst erinnerte sich später, wie sehr sie von den Auftritten der Sängerin Dolly Dawn mit dem George Hall Orchestra[3] beeindruckt war. Hall und Dolly Dawn sorgten für Aufregung bei den Mädchen in Ellas Alter, als sie in Yonkers auftraten. Josephine Attanasio berichtet, daß ihre Vorstellungen im Armoury am North Broadway und in der Columbus Hall große lokale Ereignisse waren.[4]

Zu dieser Zeit sah Ella ihre Zukunft noch als Tänzerin. Sie hörte Platten und Radio und konnte ihre Lieblingssängerinnen und -sänger Connee Boswell und die Boswell Sisters, Louis Armstrong und Bing Crosby nachahmen sowie die meisten populären Schlager der Zeit auswendig singen. All das fiel ihr leicht, aber eigentlich hing ihr Herz am Tanzen. »Damals hat sie noch nicht so viel gesungen«, erzählt Charles Gulliver. »Aber sie hat wahnsinnig gern getanzt. Und sie war eine fabelhafte Tänzerin.«[5]

Als Charles und Ella dann älter wurden, gingen sie häufig aus, um die neuesten Schritte zu lernen. »Wir sind oft ins Savoy, das war einer von den Tanzsälen in New York«, erzählte Gulliver. »Da haben wir alle modernen Tänze gelernt. Manchmal sind wir zusammen hin. Wir nahmen die Straßenbahn zur U-Bahn-Station, dann die U-Bahn nach New York, bis zur 125th Street, wo wir am Aufzug zahlten, und von da aus konnte man fast überallhin, in alle Klubs und ins Savoy. Wenn wir dann wieder daheim waren, habe ich allen Kindern die neuen Schritte beigebracht. Ich war fast so etwas wie ein Tanzlehrer. Ich habe ihnen alle Tänze gezeigt, die damals populär waren, zum Beispiel ›Shuffle Off to Buffalo‹, ›Lindy Hop‹ oder ›Truckin'‹. Ella und ich waren draußen an der Straßenecke zum Üben, und die Leute blieben einfach stehen und schauten uns zu.«[6]

Mit fünfzehn bekamen sie ihre ersten Engagements in den Klubs von Yonkers. »Ich hatte Ella einen Tanz beigebracht, der damals sehr beliebt war, den ›Susie Q‹. Wir nahmen ihn in unser Repertoire auf und traten damit in kleinen Klubs auf, wo wir Geld dafür bekamen. Am Samstagabend richteten unterschiedliche Veranstalter Tänze aus; das kostete so 75 Cents oder einen Dollar Eintritt. Dafür wurde Unterhaltung geboten – Sänger, Tänzer, jemand, der ein Instrument spielen konnte, oder ein Komiker. Wir haben uns ein paar Pennies mit Tanzen verdient.«[7]

1932 erlitt Ellas Mutter Tempie ganz unerwartet einen Herzanfall und starb im Alter von 38 Jahren. Das war ein harter Schlag für Ella, aber sie nahm trotzdem weiterhin kleine Tanzengagements mit Charles Gulliver an. »Ella war noch jung, als ihre Mutter starb«, sagte Annette Miller. »Sie war die ganze Zeit mit meinem Bruder Charlie zusammen.«[8] Die Tanzengagements der beiden waren nur zum Teil Geschäft, zum größeren Teil waren sie Vergnügen.

Eines Nachts, nicht allzulang nach dem Tod ihrer Mutter, kamen sie spät nach Hause. »Wir waren damals fünfzehn und sollten eigentlich zeitig zu Hause sein. Ich erinnere mich noch, daß ihr Stiefvater sie bestrafte, weil sie zu einer von diesen Tanzveranstaltungen gegangen war. Er hat ihr damals deswegen Hausarrest gegeben.«[9] Offenbar behandelte Joe seine Stieftochter auch sonst nicht sonderlich gut. »Er«, so Charles Gulliver, »hat sich nicht richtig um sie gekümmert.«[10]

Schließlich nahm Tempies Schwester Virginia Ella in ihrer Familie auf. »Sie ist zu ihrer Tante und Georgie gezogen, die in Harlem wohnten«, erzählte Annette Miller. »Danach haben wir sie nicht mehr oft zu Gesicht bekommen. Manchmal ist sie am Wochenende nach Yonkers zurückgekommen, um uns alle zu besuchen, aber irgendwie haben wir sie doch aus den Augen verloren.«[11]

In der West 145th Street, wo Virginia wohnte, freundete sich Ella schon bald mit ihrer Cousine Georgiana an, die sie später auf Reisen begleitete und sich um ihre Garderobe kümmerte. Auch mit ihrer Halbschwester Frances pflegte sie eine enge Freundschaft und kehrte hauptsächlich, um sie zu sehen, nach Yonkers zurück. Diese Besuche hörten jedoch auf, so Annette Miller, als Joe kurz nach Tempie ebenfalls starb, und zwar auch an einem Herzanfall. Nun zog Frances, wie vor ihr schon Ella, zu Virginia. Die nächsten beiden Jahre waren schwierig für Ella, weil sie um Virginias Gunst kämpfen mußte, und sie wurde aufsässig und aggressiv.

Sozialwissenschaftler unserer Zeit haben herausgefunden, daß Kinder, die keine eindeutige Vaterfigur haben, oft Probleme im späteren Leben bekommen. Solche Schwierigkeiten verstärken sich natürlich, wenn auch die Mutter früh stirbt. Eine solche Konstellation lag durch den überraschenden Tod Tempies in Ellas Familie vor. Auch Virginia, die Tante Ellas, scheint Bedenken gehabt zu haben und holte deshalb ihre Nichte von deren Stiefvater weg. Angesichts dessen, was man durch intensive Sozialstudien seit den achtziger Jahren über das Ausmaß des Kindesmißbrauchs herausgefunden hat, scheint im Falle Ella Fitzgerald eine solche Möglichkeit nicht völlig auszuschließen zu sein. Heutige Sozialwissenschaftler würden ein körperlich gut gebautes Mädchen von fast sechzehn Jahren wie Ella wohl in die Risikogruppe eins für Kindesmißbrauch einstufen. Die Tragik des Kindesmißbrauchs liegt darin, daß die seelischen Folgen in das Erwachsenenalter hineinreichen und sich häufig in der Unfähigkeit, feste Bindungen einzugehen, und in Unsicherheit zeigen.

Um die Finanzen von Virginias Familie war es so schlecht bestellt, daß Ella ihre Schulausbildung nicht zu Ende bringen konnte. Sie kümmerte sich um den Haushalt und mischte auch ein wenig im Glücksspielgeschäft mit – »um ein bißchen Geld dazuzuverdienen«[12], wie sie später erklärte. Seit den zwanziger Jahren war das »Numbers Racket« (ein Glücksspiel, Anm. d. Ü.) in ganz Harlem und den umliegenden schwarzen Vierteln weit verbreitet und wurde von der Mafia kontrolliert. Ursprünglich war dieses Spiel eine Gelegenheit für arme Schwarze gewesen, mit wenig Einsatz das große Geld zu machen. Nach dem Börsenkrach von 1929 lebten aber auch Millionen von Weißen plötzlich in Armut, so daß sich das Glücksspiel noch mehr ausbreitete. Schätzungen aus dem Jahr 1933 berichten von 100 Millionen Dollar Umsatz jährlich allein in New York. Dieses Geschäft wurde mit harter Hand geführt, und die Helfer, die unmittelbar mit denen, die Wetten abschlossen, zu tun hatten, arbeiteten auf Kommissionsbasis, mußten jedoch mit brutalen Strafen rechnen, wenn die Auftraggeber Unterschlagung mutmaßten.

Eine Weile stand Ella auch an einem Bordell Schmiere und klopfte an die Tür, um die Mädchen drinnen zu warnen, wenn die Polizei gerade in der Gegend war.[13] Charles Linton berichtet aus dieser Zeit, in der Ella sich offenbar am Rande der Legalität bewegte. »Sie ist in eine Schule am Hudson gegangen. Das war eine katholische Schule. Ich habe immer die Nonnen von der Fordham University zu dem Schulgebäude gefahren, denn sie unterrichteten dort. Das war eine Schule für kleine Kinder, eine Außenstelle der Fordham University, nicht die richtige University. Meine Frau war dort Aushilfslehrkraft, und als sie die Schulakten durchging, stellte sie fest, daß Ella auch dort gewesen war. Bevor sie sich in Harlem auf der Straße herumtrieb.«[14]

1934 war Ella dann mehr denn je darauf aus, im Showbusineß Erfolg zu haben. Sie zerstritt sich mit Virginia und suchte Zuflucht bei einer anderen Tante, wurde aber wieder zu Virginia zurückgeschickt. Jahre später, als Ella schon berühmt war, veranstaltete jene Tante ein Fest und lud Ella dazu ein. »[Ella] hatte unten in Manhattan in der 8th Avenue eine Tante, die sie nicht bei sich wohnen lassen wollte«, erinnert sich Charles Linton. »Als sie Ella im Radio hörte, gab sie eine Party, um sich wieder bei ihr einzuschmeicheln. Ich bin zu der Party gegangen, habe mich aber nicht lange dort aufgehalten ... An Ellas Stelle wäre ich nicht hin – ihre Tante hätte sie damals einfach aufnehmen müssen.«[15]

Doch 1934 war das Leben noch alles andere als leicht für Ella. Sie trieb sich auf der Seventh Avenue zwischen der 130th und der 140th Street herum, dem Gebiet, das als »Black Broadway« bekannt ist. Hier traten während der Jahre der Depression Jongleure, Tänzer und allerlei Gaukler auf. Ella verdiente sich ein bißchen Geld, von dem sie, so gut es eben ging, lebte. Sie lernte andere junge Leute kennen, die beschlossen, bei einem der Talentwettbewerbe mitzumachen, die damals in Harlem gerade groß in Mode waren und in der Tradition der erfolgreichen »Wednesday Night Auditions« im Lafayette Theatre, Seventh Avenue 2227 Ecke 131st Street, praktisch jeden Abend der Woche in einem Theater oder Klub stattfanden. Ella hatte beim Losen Glück, wie sie es später ausdrückte, und bewarb sich als erste aus ihrem neuen Freundeskreis um die Teilnahme.

Sie entschied sich für das Apollo Theatre an der West 125th Street 253. Das Apollo hatte erst im September 1934 eine eigene Wednesday Amateur Night auf die Beine gestellt, die Ralph Cooper, der frühere Conférencier des Lafayette, moderierte. Davor hieß das Apollo Hurtig & Seamons Burlesque Theatre, und bis 1932, als der damalige Kongreßabgeordnete Fiorello La Guardia es schließen ließ, handelte es sich dabei um einen Ort, an dem weiße Männer weißen Frauen beim Strippen zusahen. Unter der Leitung von Morris Sussman und im Besitz von Sidney Cohen war das Apollo das erste Theater, das die Rassenschranke der 125th Street durchbrach, als es am 26. Januar 1934 als »Negro Vaudeville Theatre« wiedereröffnet wurde.

Das Gebiet um die 125th Street/Seventh Avenue war seinerzeit ein ausschließlich weißes Viertel, in dem die Rassentrennung ebenso strikt praktiziert wurde wie in Südafrika. Heute befindet sich dort die Main Street von Harlem, aber damals war die Gegend ein Einkaufszentrum für die hauptsächlich irischen Bewohner der Viertel um Columbia University, Barnard College und City College. Das Apollo war das erste Theater, das an der 125th Street Live-Unterhaltung für ein schwarzes Publikum bot.

Coopers Apollo Amateur Night unterschied sich von allen anderen in Harlem. Teilnehmer, die nicht mit Buhrufen oder durch den »Official Executioner« von der Bühne verscheucht wurden, durften schließlich auftreten. Wer am meisten Applaus bekam, gewann. Ralph Cooper erzählt: »Wir wollten den Gewinnern mehr bieten als Geld – nämlich Zukunftschancen. Wer eine Amateur Night gewann, bekam ein einwöchiges Engagement am Apollo, und zwar gleich in der nächsten Woche.«[16]

Als Cooper im August 1934 von Morris Sussman die Zusage für die Amateur Night bekam, kündigte er die Auftritte der folgenden Woche immer schon in den gerade laufenden Shows an. Er lud Leute aus dem Publikum dazu ein, ihr Glück zu versuchen. Schon bald verbreitete sich die Kunde, und Sussman inserierte zusätzlich nicht nur für die regulären Produktionen des Theaters, sondern fügte auch noch eine kurze Notiz am Schluß seiner Anzeigen hinzu: »Wednesday Night: Ralph Cooper's Amateur Night In Harlem«.

Potentielle Teilnehmer mußten zuerst am Montag vorsingen, um überhaupt am Mittwoch auf der Bühne des Apollo auftreten zu dürfen. Hier wurde mit Sängern und Tänzern geprobt und die passende Musik ausgewählt sowie eine endgültige Abfolge der Auftritte zusammengestellt. Die Teilnehmer, die diesen ersten Test überstanden, versammelten sich dann am Mittwochabend im sogenannten Green Room, der Garderobe, unter der Bühne und warteten voller Nervosität, bis es elf Uhr war, die Band den Titelsong der Amateur Night »I May Be Wrong« anstimmte und Ralph Cooper die Teilnehmer nacheinander auf die Bühne rief.

Es verwundert kaum, daß die junge Ella Fitzgerald sich für dieses Theater entschied, denn das Apollo warb mit »High Fidelity RCA Sound Equipment wie in der Radio City Music Hall und neuartigen Wiedergabesystemen«[17]. Letztere gehörten damals zu den besten der Welt, und für einen ersten Auftritt in der Öffentlichkeit gab es wohl kaum ein günstigeres Forum.

Ella stand zum erstenmal am 21. November 1934 im Apollo auf der Bühne, etwa zehn Wochen nachdem Cooper dort die Amateur Night eingeführt hatte. Sie gehörte zu den ersten Bewerberinnen in einer Institution, die sich in Harlem bis heute gehalten hat.

Ella hatte vorgehabt, als Tänzerin aufzutreten, mußte jedoch während der Probe am Montag feststellen, daß sie gegen die Edwards Sisters anzutreten hatte, ein Tanzduo, das vom Vater der beiden Schwestern, einem professionellen Tänzer, ausgebildet worden und gerade dabei war, sich einen Namen zu machen.[18] »Als ich zum Vortanzen ins Apollo gebeten wurde, war ich ziemlich überrascht, weil ich es mit zwei Schwestern zu tun hatte, die nicht nur die großartigsten Tänzerinnen damals waren, sondern auch noch die letzte Nummer in der Show bekamen.«[19]

Ella, die in abgetragenen Kleidern und Männerstiefeln auftreten mußte, fühlte sich gegenüber den paillettenbesetzten Kleidern und Tanzschuhen sowie den tänzerischen Fähigkeiten der beiden Schwestern natürlich im Nachteil. Folglich überdachte sie ihre Entscheidung, als sie aufgefordert wurde zu tanzen, und trat kurzerhand als Sängerin auf.

Unter den Künstlern ist allgemein bekannt, daß ein Auftritt im Apollo ziemlich nervenaufreibend sein kann, weil das Publikum dort ausgesprochen kritisch ist. Selbst Profis bleiben nicht von seinem Zorn verschont, wenn es argwöhnt, den Interpreten nicht in Bestform erlebt zu haben.

So verwundert es nicht, daß Ella, als sie auf die Bühne kam, laut Aussage von Conférencier Ralph Cooper, »hektisch und nervös« war. Als sie zu singen begann, brachte sie nur ein Krächzen heraus, Cooper, der merkte, daß das Publikum zu murren begann, ließ sie abbrechen und gab ihr Zeit, sich zu sammeln und noch einmal von vorn anzufangen.[20] Sie bekam ihre Nervosität in den Griff und machte trotz ihres Aufzugs so großen Eindruck, daß sie gewann.

Ella wurde vom Benny Carter Orchestra begleitet, auch wenn Benny Carter selbst die Show nur von der Kulisse aus mitverfolgte. Bei den Amateur Nights spielten immer die regulären Orchester, die gerade für die jeweilige Woche verpflichtet waren. »So«, erinnert sich Ralph Cooper, »hatten die Anfänger nicht nur Gelegenheit, vor einem anspruchsvollen Publikum aufzutreten, sondern auch noch die Freude, vom Count Basie Orchestra oder von Jimmie Luncefords oder Duke Ellingtons oder Louis Armstrongs Band begleitet zu werden.«[21]

Carter hatte in jener Woche die meisten Musiker aus Fletcher

Hendersons großem »Decca«-Orchester mit ins Apollo genommen, weil Fletchers Band sich mangels Arbeit aufgelöst hatte. Der Auftritt im Apollo war Carters erster mit dieser neuen Besetzung, die im Großraum Detroit auf Tournee ging, aber sich schließlich in der Depression ebenfalls auflöste.

In zahllosen Büchern, Zeitungs- und Zeitschriftenartikeln ist zu lesen, daß Ella bei dem Talentwettbewerb im Apollo zwei Nummern von Connee Boswell sang, und zwar »Object of My Affection« und »Judy«. Laut Aussage des Diskographen Brian Rust hatten diese Lieder jedoch zu der Zeit, als Ella vorsang, keinerlei Verbindung mit Connee Boswell.[22] Er schreibt, daß die erste kommerzielle Aufnahme von »Object of My Affection« im November 1934 entstand, also nach Ellas Debüt im Apollo. Die Boswell Sisters nahmen das Lied erst im Dezember 1934 auf. Rust schreibt weiterhin, daß weder die Boswell Sisters noch Connee allein jemals »Judy« aufnahmen.

Wenn Ella Fitzgerald diese Lieder also am 21. November 1934 sang, dann muß sie sie entweder im Radio, oder, wie der Musikwissenschaftler Phil Schaap meint, im Kino gehört haben. »Damals gab es im Kino nicht nur Filme, sondern auch Live-Unterhaltung, das heißt, für ein paar Pfennige konnte man dort stundenlang bleiben. Zwischen den Filmen wurden Platten gespielt, aber weil die Kinos nicht die normalen 78er verwenden durften, richteten sie einen eigenen Bearbeitungsdienst ein. Außerdem gab es noch die ›Hits der Woche‹. Sie existieren immer noch auf Platten aus Schichtkarton und Plastik, die in den Kinos abgespielt wurden. So war es ohne weiteres möglich, sich im Kino ein Lied zu merken, auch wenn es keine offizielle Aufnahme davon gab. Wenn man einen ganzen Tag im Filmtheater saß, hörte man dieses Lied ungefähr 37 Mal, und das merkte man sich dann für immer und ewig!«[23] Falls Ella sich damals tatsächlich auf den Straßen herumtrieb, ist es durchaus möglich, daß sie hin und wieder in einem Kino Unterschlupf suchte.

Wie immer auch Ella diese Lieder aufschnappte – sie präsentierte sie jedenfalls in der Art von Connee Boswell, ihrer Lieblingssängerin. Ella selbst bestätigt, daß sie in jener Apollo Amateur Night versuchte, wie Connee Boswell zu singen[24], und Benny

Carter, der von der Kulisse aus zusah, ist sich sicher, daß sie »Object of My Affection« und »Judy« sang.[25] »Ich habe sie gehört«, erinnert er sich. »Mein Orchester spielte damals im Apollo, und nach unserem Auftritt fand die Amateur Night statt.«[26] Besonders beeindruckt war er von Ellas Imitationstalent. »Ich habe ihren Ansatz damals schon mit Connee Boswell verglichen«, sagte er 1991.[27]

Zu ihrer eigenen Überraschung und Freude gewann Ella. Allerdings bekam sie nie das einwöchige Engagement. »Man versprach mir eine Woche am Apollo, aber das hat nie geklappt«[28], erzählte sie dem Schriftsteller Joe Smith. Charles Linton erklärte, warum: »Sie hatte den ersten Preis gewonnen. Ralph Cooper hätte ihr das einwöchige Engagement geben müssen als ersten Preis, er hätte wirklich dafür sorgen müssen ... Aber sie kam so abgerissen daher, daß er ihr den wohlverdienten Preis nicht gegeben hat ... Sie war einfach zu schäbig angezogen und zu schmutzig, weil sie keine richtige Bleibe hatte.«[29] Die äußere Erscheinung zählte, denn zu jener Zeit waren im Theater immer häufiger die Topstars von Radio, Leinwand und Bühne wie zum Beispiel Bob Hope, Joan Crawford und Betty Grable unter den Zuschauern zu entdecken.

Benny Carter war jedoch zutiefst beeindruckt von ihrer Begabung und nahm sie zum Vorsingen in das Haus seines früheren Chefs mit, dem Bandleader Fletcher Henderson, an der Strivers Row, West 138th Street. »Ich erinnere mich noch gut daran«[30], sagt Carter. Henderson jedoch war entsetzt von Ellas äußerem Erscheinungsbild. Später bestätigte der Trompeter Mouse Randolph diese Geschichte und erklärte, warum Ella kein Engagement angeboten wurde: »Fletcher war damals ganz wild auf gutaussehende Leute.«[31] Ella war gezwungen, wieder ihr Leben auf der 125th Street aufzunehmen, und zwar, so Charles Linton, »nachdem sie den ersten Preis gewonnen hatte. So ähnlich wie manche von den alten Tänzern und Tänzerinnen, die sich jetzt nur noch auf der Straße herumtrieben.«[32]

Später verbreitete Ellas Presseagentur die Geschichte, daß Ella damals erfolgreich vorgesungen hatte, um in Arthur Tracy's beliebter Sendung »Music That Satisfies« auftreten zu können. Tracy, der als »The Street Singer« bekannt war, sorgte nicht nur für eine Zuhörerschaft, die in die Millionen ging, sondern hatte auch gerade einen Riesenhit auf Schallplatte – »Marta (Rambling Rose of the Wildwood)«. Angeblich verhinderte lediglich die Tatsache, daß Ellas Mutter Tempie tot war und Ella den Vertrag als Minderjährige nicht selbst unterzeichnen konnte, ihren Auftritt in der Show. Doch Tempie war bereits Anfang 1932 gestorben und Ellas Tante Virginia hätte *in loco parentis* unterschreiben können.

Erst 1991 machte Tracy selbst ein für allemal Schluß mit dieser Geschichte: »Ralph Wonders, der damalige Leiter der Künstlervermittlung von CBS, kam zu mir und sagte: ›Arthur, ich hätte gern den und den in der Show.‹ Ich konnte dann eine Liste von Namen durchgehen und mir jemanden aussuchen, weil die Sendung ausgesprochen erfolgreich war. Das wäre ein wunderbarer Einstieg für junge Künstler, insbesondere deshalb, weil sie von mir, dem Street Singer, vorgestellt worden wären. Ich habe immer alle abgelehnt, weil ich mir und den anderen beweisen wollte, daß ich ganz allein auftreten kann. Ich hoffe, das beantwortet Ihre Frage. Ella soll einen Vertrag für einen Auftritt zusammen mit mir gehabt haben? Damit hatte ich nichts zu tun.«[33]

Im Juni 1934 übernahmen Leo Brecker und Frank Schiffman die Leitung des Harlem Opera House an der West 125th Street 211, nachdem Auseinandersetzungen mit der Musikergewerkschaft einige Wochen lang alle Shows verhindert hatten. Ihnen gehörte bereits das Lafayette Theatre in der Seventh Avenue 2227, das während der sechs Monate, in denen das Apollo mittlerweile offen war, beträchtliche Einnahmeverluste hatte hinnehmen müssen. Eintrittspreise und Produktionskosten hatten so weit gesenkt werden müssen, daß die Zeitungen sich schon über die mittelmäßigen Shows des einst großen Theaters lustig machten und diese als Beleidigung für die »wenigen verbliebenen Zuschauer«[34] bezeichneten.

Im Dezember 1934 waren die Leiter des Lafayette Theatre schließlich gezwungen, ein Kino daraus zu machen, doch in dem verbleibenden Monat zwischen Ellas Debüt im Apollo und der Umwandlung des Theaters trat Ella noch einmal in einer der dortigen Amateur Nights auf. Die Sterne standen an diesem Abend nicht gerade günstig für Ella – der Jazzkritiker Leonard Feather meint, man habe sie mit Buhrufen von der Bühne vertrieben.[35] Ellas in diesem Zusammenhang zitierte Erinnerung, daß das Publikum des Lafayette sie ziemlich ungnädig behandelte, als sie nicht mehr weiter wußte, stammt vermutlich aus der Feder eines Presseagenten.[36]

Durch Breckers und Schiffmans Ankauf des Harlem Opera House brach eine neue Front im Theaterkrieg von Harlem aus. Sie wollten in unmittelbare Konkurrenz zum Apollo treten, wo stilistisch und inhaltlich ganz ähnliche Shows mit großem Erfolg liefen. Nach Aussage von Ralph Cooper versuchten Brecker und Schiffman alles zu kopieren, was das Apollo machte, sogar die Werbeanzeigen.[37] In Anlehnung an die Wednesday Amateur Night führte die Geschäftsleitung des Harlem Opera House schon bald, nämlich im Herbst 1934, eine sogenannte »Tuesday Amateur Night« ein, wo wiederum, ganz ähnlich wie im Apollo, statt eines Geldpreises ein einwöchiges Engagement für den Gewinner lockte.

Nachdem Ella sich im Harlem Opera House um einen Auftritt in der Amateur Night beworben hatte, machte Tom Whaley, der damalige musikalische Leiter des Theaters, ihr ein Angebot: »Ich habe ihr gesagt, sie soll am Donnerstagnachmittag bei uns vorbeischauen, wenn die Band probt, dann würde ich sie dem Bandleader vorstellen.«[38] Doch sie nahm sein Angebot nie an. Statt dessen holte man sie Ende Januar 1935 zur »Amateur Hour«. Wieder gewann sie. Der Journalist Bob Bach, der sich damals unter den Zuschauern befand, erinnert sich: »Sie sang ›Judy‹. Es gab tosenden Applaus, und Ella gewann den Wettbewerb und damit auch ein einwöchiges Engagement am Theater.«[39]

Die Harlemer Zeitung *Age* berichtete über ihren Erfolg und kündigte sie im Rahmen der nächsten Shows am Harlem Opera House folgendermaßen an: »Ella Fitzgerald, die Gewinnerin des letzten Talentwettbewerbs am Harlem Opera House.«[40] Das war das erste Mal, daß Ellas Name in der Presse erwähnt wurde.

Diesmal wurde sie tatsächlich mit einem einwöchigen Engagement belohnt und trat zusammen mit der Tiny Bradshaw Band, Mae Alix und anderen in der Woche vom Freitag, den 15. Februar

1935, auf. Auch ihr Name erschien dabei kleingedruckt auf dem Plakat des Harlem Opera House mit den Ankündigungen für jene Woche. Der Trompeter Otis Johnson war damals in Bradshaws Band und erinnert sich lebhaft an die Woche. Offenbar sorgte Ella mit ihren Auftritten für Furore, erhielt aber trotzdem kein Geld vom Harlem Opera House.[41]

Möglicherweise hatte das damit zu tun, daß Frank Schiffman auf angemessener Kleidung bestand und die Kosten dafür von ihrer Gage abzog. Später setzte ihre Presseagentur eine Geschichte in Umlauf, nach der die Revuetänzer Ella mit Geld aushalfen und ein Kleid für sie kauften, aber vermutlich handelt es sich dabei um reine Fiktion, denn schließlich war gerade die Zeit der Depression, und es herrschte allgemeine Geldnot. Die Revuetänzer mußten sich ihr Brot hart verdienen und waren wahrscheinlich nicht sonderlich erfreut über die jungen Talente aus den Amateur Nights, die in der Hackordnung des Theaters an allerletzter Stelle kamen. Immerhin hatten es die abgebrühten Tanzprofis jede Woche mit einem neuen Talent zu tun und scherten sich vermutlich nicht allzuviel darum, ob die Kleidung eines solchen Talents elegant genug war.

Es wird allgemein angenommen, daß Ella Fitzgerald damals an zahlreichen Talentwettbewerben teilnahm, doch merkwürdigerweise gibt es, abgesehen von ihren eigenen Erinnerungen an ihre Teilnahme beim Talentwettbewerb des Lafayette Theatre, nur wenige Augenzeugen ihrer Auftritte im Apollo und im Harlem Opera House. Anders als bei Billie Holiday, die 1915 geboren wurde und ihre ersten Schritte im Showbusineß wenige Jahre vor Ella wagte, ist über Ella Fitzgeralds frühe Bemühungen um den Erfolg kaum etwas bekannt. Sie scheint einfach aus dem Nichts aufgetaucht zu sein. Der Jazzhistoriker John Chilton belegt das anhand einer Anekdote: Der Posaunist Benny Morton, der beim zweiten Aufnahmetermin für die Decca-Schallplattenfirma Anfang 1936 dabei war, gehörte zu einer kleinen Begleitband, in der auch der Trompeter Frankie Newton spielte. Morton erinnert sich noch deutlich daran, wie Newton am Aufnahmetag ins Studio kam und ihn beim Anblick von Ella fragte: »Wer zum Teufel ist denn die?«

Newton war deshalb so überrascht, weil jeder Nachwuchsmusiker oder -sänger normalerweise die Runde in Talentwettbewerben oder Klubs machte, um Kontakt zu den etablierten Musikern zu bekommen. So gewannen die jungen Talente nicht nur wertvolle Erfahrungen in der Praxis, sondern sorgten auch dafür, daß sie sich bei ihren potentiellen Arbeitgebern, zum Beispiel Bandleadern oder Klubinhabern, einen Namen machten. Newton, ein *bon vivant*, der regelmäßig an den einschlägigen Veranstaltungsorten verkehrte, kannte die Musikszene von Harlem genau und damit auch alle jungen Talente. Doch von Ella Fitzgerald hatte er noch nie etwas gehört.[42]

Das lag daran, daß Ella noch sehr jung und unbeholfen wirkte und in ärmlichen Verhältnissen lebte. »Sie hatte schon seit Ewigkeiten nicht mehr gebadet, und das roch man auch, was bedeutete, daß sie nirgends einen Job bekam«, meint Charles Linton. »Sie wollen wissen, wie sie sich ernährte. Sie sprach einfach Leute an, ließ sich von ihnen zum Essen einladen und übernachtete, wo sie ein Bett fand. So kam sie über die Runden.«[43]

Doch schließlich verhalfen ihr ihre außergewöhnliche Stimme und ein bißchen Glück zum großen Sprung von der Straße direkt ins Showbusineß. »Ich weiß nicht so recht, wie ich es ausdrücken soll«, erzählt die Sängerin Sylvia Syms, eine Zeitgenossin von Ella und Billie Holiday, die selbst die harte Schule der Klubs in Harlem durchlaufen hat, »aber man mußte sich schon ganz schön abrakkern, wenn man es zu etwas bringen wollte. Doch Ella war von Anfang an begnadet.«[44]

3. Kapitel

Charlie Linton hat Ella Fitzgerald mit Chick Webb zusammengebracht.

Ram Ramirez, Pianist, Organist und Komponist von »Lover Man«.[1]

Nachdem das Chick Webb Orchestra mehrere Monate auf Tournee gewesen war, kehrte es Anfang März 1935 wieder nach New York zurück. Nach mühevollen Jahren hatte sich Webb den Ruf als einer der führenden Bandleader Harlems erworben. Trotzdem blieb er unterhalb der 126th Street relativ unbekannt, und obwohl er neun Jahre lang kämpfte, schien der große Durchbruch, wie ihn Duke Ellington und Cab Calloway erreicht hatten, in weiter Ferne zu sein. Doch Webb machte unverzagt weiter. Er, der ein unendliches Maß an Stolz und Zuversicht hatte, zweifelte nicht einen Moment daran, daß er großen Zeiten entgegensah, auch wenn er von seiner Veranlagung her für die Rolle des Leaders einer Band ungeeignet war. Zeit seines Lebens hatte er mit einem körperlichen Handicap zu kämpfen. Er war, so *Downbeat* im Jahr 1939, »mißgestaltet, zwergenhaft und zerbrechlich«[2]. Die letzten vier Jahre seines Lebens litt er gräßliche Schmerzen wegen seiner sich stetig verschlimmernden Rückenmarkstuberkulose.

Aber trotz dieses persönlichen Schicksals galt er bei seinen Zeitgenossen als der beste Jazzdrummer. Webb war nicht nur ein Musiker mit Inspiration, sondern hatte auch Mut zu Innovationen. Er verband die Bass Drum (große Trommel), die er mit dem rechten Fuß bediente, mit der Snare Drum (Wirbeltrommel), welche er mit den Händen spielte, und wurde so zum Vorläufer moderner Jazzschlagzeuger wie Kenny Clarke und Max Roach und ihrer Experimente. Außerdem setzte er häufiger Akzente und

Fills ein, als es bis dahin im Jazz üblich war. »Meines Wissens«, so Garvin Bushell, der von 1937 bis 1940 in Chick Webbs Band spielte, »war Chick der erste Drummer, der das Arrangement ganz deutlich mit dem Schlagzeug spielte.«[3]

Aber während dieses warmen Frühlings 1935, als Webb wieder von der Tournee zurückkam, war er erschöpft und wollte alles versuchen, was ihm zu größerer Popularität verhelfen konnte. Was er zu dieser Zeit noch nicht wissen konnte, war, daß ein junges Mädchen, welches ihn vor einigen Monaten um ein Autogramm gebeten hatte, in seinem Leben eine außergewöhnliche Rolle spielen würde: Sie würde sein Schattendasein beenden und das Chick Webb Orchestra zu einer der führenden Big Bands des Landes machen. Dieses Mädchen war Ella Fitzgerald.

William »Chick« Webb wurde als jüngstes von drei Kindern 1909 in Baltimore in ausgesprochen ärmlichen Verhältnissen geboren. Im Alter von neun Jahren ging er von der Schule ab und verdiente sich seinen Lebensunterhalt mit dem Austragen von Zeitungen. Webb war fasziniert vom Schlagzeug, weil er am Sonntag auf dem Weg zur Kirche immer eine Band spielen erlebte. Mit zehn Jahren hatte er dann bereits sein eigenes Schlagzeug und spielte zusammen mit etablierten halbprofessionellen Musikern. »Wenn er Musik hörte, hat er einfach angefangen, selbst zu spielen«, erzählt Alan Paley, ein bekannter Schlagzeuger aus den dreißiger Jahren, der Webb gut kannte. »Er hatte nicht die geringste Ahnung vom Notenlesen. Er hat einfach durchs Spielen und Zuhören gelernt und so sein Talent weiterentwickelt.«[4]

Webb tauchte mit sechzehn Jahren in der New Yorker Musikszene auf, nachdem er schon mit der Jazzola Band Erfahrungen auf Ausflugsbooten gesammelt hatte, die in seiner Heimatstadt die Sheepshead Bay befuhren. Obwohl er noch so jung war, machte er doch Eindruck auf aufstrebende New Yorker Musiker wie Duke Ellington, Benny Carter, Coleman Hawkins oder den Trompeter Bobby Stark. Nach etlichen freiberuflichen Aktivitäten und einem Engagement mit dem Edgar Dowdell Orchestra wurde er bereits 1926 im Alter von siebzehn Bandleader. Diesen Schritt unternahm er sehr zögernd und auch nur auf Betreiben von Duke Ellington. Ellington war ein festes Engagement im Black Bottom Club angeboten worden, nachdem die Band von Harry Cooper, die vorher dort gespielt hatte, ein lukrativeres Engagement angenommen hatte. Ellington, der damals vertraglich an den Kentucky Club gebunden war, gründete daraufhin eine fünfköpfige Band unter der nominellen Führung von Chick Webb.

Die Gage für das fünfmonatige Engagement betrug 200 Dollar, von denen Ellington 30 Dollar Provison einstrich. Im Anschluß daran verschaffte Ellington Webb ein weiteres Engagement im Paddock Club, der sich unter dem Earl Carroll's Theatre an der Seventh Avenue/50th Street befand. Dort sorgte die Band für Furore und wurde um drei Mitglieder erweitert. Doch als Ende 1926 Feuer in dem Klub ausbrach, der daraufhin schließen mußte, fand dieses Engagement ein jähes Ende.

Chick Webb war noch sehr jung und fühlte sich in seiner Rolle als Bandleader nicht allzu wohl, auch wenn er sich innerhalb der Musikszene inzwischen einen Namen gemacht hatte. Als Jay Faggen vom Savoy Ballroom ihm im Januar 1927 ein weiteres Engagement anbot, zögerte er. Sein Cousin, der Altsaxophonist Johnny Hodges, der damals in seiner Band spielte, konnte ihn nur mit Mühe dazu überreden, das Angebot anzunehmen. Die einzelnen Bandmitglieder sollten jeweils 67,50 Dollar die Woche erhalten, Chick Webb als Bandleader 70 Dollar. Als die Leitung des Savoy Ballroom die Überraschung Webbs darüber bemerkte, daß er mehr als die anderen Bandmitglieder bekommen sollte, nützte sie seine Naivität aus und warf ihm vor, er »spiele sich auf«. Webb entschuldigte sich und ließ sich ebenfalls auf 67,50 Dollar herunterhandeln.

So begann Chick Webbs langjährige Verbindung zum Savoy, einem Tanzsaal im zweiten Stock eines Gebäudes, das sich an der östlichen Seite der Lennox Avenue über den ganzen Block zwischen 140th und 141th Street erstreckte. Man bot ihm und seiner achtköpfigen Band, die sich jetzt Chick Webb and His Harlem Stompers nannte, einen Zwölfmonatsvertrag. Daß der mittlerweile Achtzehnjährige sich am Sonntag, den 15. Mai 1927 in einer Veranstaltung des Savoy Ballroom behauptete, die als »Battle of

Jazz« als »Orchesterschlacht« angekündigt wurde, zeugt von seinem künstlerischen Format. Webb trat dabei gegen drei Topbands seiner Zeit an – gegen Fletcher Henderson, Fess Williams und King Oliver. Die New Yorker *Amsterdam News* berichtete, daß »Tausende von Menschen nicht mehr hereingelassen werden konnten«, und offenbar wurde Webbs kleine Combo keineswegs von den etablierten Gruppen an die Wand gespielt, denn der Reporter der *News* schrieb, es sei »schwierig gewesen zu sagen, wer diese historische musikalische Schlacht gewann«[5].

Als der Vertrag mit dem Savoy auslief, ging Webb kurze Zeit auf Tournee und bat die Leitung des Savoy bei seiner Rückkehr, die Band vergrößern zu dürfen. Da das Savoy ablehnte, nahm er Ende Dezember 1927 zusammen mit zwei zusätzlichen Musikern ein Engagement im Rose Danceland an der 125th Street/Seventh Avenue an. Am Sonntag, den 6. Mai 1928 nahm er an einem weiteren Bandwettstreit im Savoy teil, der diesmal als »Jazz War« angekündigt wurde. Er trat dabei gegen Lloyd Scott, Alex Jackson, Charlie Johnson, Fess Williams und Fletcher Henderson an. »Chick hatte so erstaunliche Musiker in seiner Band, die mit so viel Gefühl und Leidenschaft spielten, daß sie das Publikum zur allgemeinen Verblüffung für sich gewannen«[6], hieß es einige Jahre später in *Downbeat*.

Wieder wurde Webb Opfer seiner Naivität, als man ihm einen mehrmonatigen Vertrag am Vaudeville in Aussicht stellte. Das Rose Danceland bot Webb eine erhebliche Erhöhung seiner Gage, um ihn zum Bleiben zu bewegen, doch er schlug das Angebot aus. Offenbar war das Vaudeville-Angebot aber eine abgekartete Sache gewesen, um einem Konkurrenten das Engagement im Danceland zu verschaffen. Das eine hatte er abgelehnt und das andere nicht bekommen, so daß Webb und seine Musiker schon nach wenigen Wochen ohne Arbeit dastanden. Die Geschäftsleitung war nach hohen Einnahmeverlusten im Zusammenhang mit Webbs Ausscheiden so verärgert, daß sie ihm sagte, er dürfe nie wieder im Danceland arbeiten.

Nun kam der Bandleader Fletcher Henderson mit der Bitte auf Webb zu, dieser möge ihm doch zwei seiner Musiker, einer davon der Trompeter Bobby Stark, »leihen«. Webb willigte ein, jedoch unter der Voraussetzung, daß beide bei einem bevorstehenden Vorspielen im Arcadia Ballroom teilnehmen würden. Aber als der Termin herannahte, machte Henderson Stark ein so gutes Angebot, daß dieser nicht nein sagen konnte, und ohne seinen wichtigsten Blechbläser bekam Webb den Job natürlich nicht. Das war eine weitere Lektion für den Greenhorn-Bandleader. Während dieser Zeit der Untätigkeit nahm Webb immer wieder Angebote für einen Abend an, setzte aber alles daran, ein festes Engagement zu bekommen, um die Band zusammenzuhalten.

Wie verzweifelt die Band war, beweist eine Episode vom Oktober 1928: Der Trompeter Cootie Williams, der damals zu Webbs Band gehörte, besuchte eines Abends den Alhambra Ballroom. Dabei machte er die Band unter George DeLeon schlecht, die dort ein festes Engagement hatte, um die Geschäftsleitung des Theaters davon zu überzeugen, daß der Job eigentlich Chick Webb gebührte: »Ein gutes Orchester steht mit leerem Magen auf der Straße, während ein vollgefressener Haufen von Nieten auf der Bühne steht und spielt.«[7] DeLeon brachte Webb und Williams vor die Musikergewerkschaft, die dafür sorgte, daß die beiden nie wieder zusammen arbeiteten.

Mittlerweile fühlte Webb sich immer sicherer in seiner Rolle als Bandleader und erwarb sich einen Ruf als Entdecker und Förderer junger Talente. Er schlug Angebote von Duke Ellington und Fletcher Henderson aus, sich deren Bands anzuschließen, und blieb lieber mit seiner kleinen, verschworenen Gruppe von Musikern zusammen, die regelmäßig probten und auf den großen Erfolg hofften. »Monatelang nagte die Band am Hungertuch. Sie verließ sich auf gelegentliche Gigs, um die Miete zu zahlen, und verkroch sich ansonsten in einem Raum und weigerte sich auseinanderzugehen«[8], erzählt Helen Oakley-Dance, Webbs spätere Presseagentin.

Das Schicksal meinte es gut mit Webb, als er Ende 1929 einen Vertrag mit Moe Gale unterzeichnete, damals bekannt als Consolidated Radio Artists im RKO Building, West 48th Street 48. Gale, einer der Aktionäre des Savoy Ballroom, sollte noch eine wichtige Rolle für Webbs Karriere spielen, die bisher so glücklos verlaufen war. Auch Duke Ellington, der damals ein festes Engagement am

Cotton Club hatte, verschaffte seinem jungen Freund immer wieder Arbeit.

Von Zeit zu Zeit nahm Ellington Tourneeangebote außerhalb des Clubs an. Im Juli 1929 sprang Webb bei einer solchen Gelegenheit für ihn ein, nachdem er einen Monat zuvor als »The Jungle Band« für Brunswick seine erste Platte aufgenommen hatte. Deshalb verwunderte es nicht, daß seine zehnköpfige Band einen Stil spielte, der dem damals populären »Jungle Sound« von Ellington ähnelte – ein Titel, ein zwölftaktiger Blues, heißt sogar »Jungle Mama«. Webbs professionelle Becken-Breaks prägen »Dog Bottom«, das ebenfalls Duke Ellington verpflichtet ist.

Unter Gales Leitung wurde Webb für den protzigen Roseland Ballroom mitten in Manhattan, am Broadway/51st Street, engagiert, und zwar für eine Wochengage von 1500 Dollar, was 1929 viel Geld war. Dort trat die Band die nächsten zwei Jahre vor ausschließlich weißem Publikum auf. Doch auch vom Savoy erhielt sie nach wie vor Einladungen zur »Orchesterschlacht«. Am 14. Mai 1930 hatte sie ihren bis dahin ambitioniertesten Einsatz, der, ein wenig unpassend, als »Battle of 1812« angekündigt wurde. Zusammen mit Webb traten bei dieser Gelegenheit Duke Ellington, Fletcher Henderson, Cab Calloway, Cecil Scott und Lockwood Lewis auf, also ausgesprochen starke Konkurrenz, denn Ellington, Henderson und Calloway waren damals *die* schwarzen Topbands in New York.

Doch Webb blieb weiterhin ziemlich naiv, was die Beziehungen zu seinen Mitmenschen anbelangte; er war nach wie vor felsenfest davon überzeugt, daß Freundschaften wichtiger waren als das Geschäft. Ende März 1931 schloß sich der Altsaxophonist Benny Carter nach einem ungewöhnlichen Tauschgeschäft mit Fletcher Henderson Webbs Band an, die schon seit mehreren Monaten ein festes Engagement am Roseland hatte: »Fletcher Henderson ließ seinen ersten Saxophonisten und seinen Posaunisten ziehen, und Chick Webb ließ ebenfalls seinen ersten Saxophonisten und seinen Posaunisten gehen . . .«, berichtete die Zeitschrift *New York Age*. »Fletcher heuerte die beiden Männer von Chicks Band an, und Chick übernahm die beiden Musiker von Fletcher. Keiner der Musiker verlor auch nur einen Tag Arbeit, und beide Bandleader sind zufrieden mit dem Tausch. Sie betrachten diese beispiellose Transaktion als einen Gewinn für beide Orchester.«[9]

Carter machte Ende März zusammen mit der mittlerweile zwölfköpfigen Webb-Band eine Aufnahme für Vocalion. Wieder gelang es Webb nicht, zu einem ganz spezifischen Klang seiner Band zu finden, was für einen Durchbruch bei der breiten Öffentlichkeit unerläßlich gewesen wäre. Gale betrachtete Carters Absichten voller Mißtrauen und riet Webb, sich von ihm zu trennen. Webb jedoch, der seinen Männern immer loyal gegenüberstand, weigerte sich. Als die Band nach einer Tournee später im Jahr zwei Wochen lang keine Arbeit fand, verließ Carter die Gruppe sofort und nahm die Hälfte der Männer mit.

Dieser Schlag zwang Webb nicht nur zum Umdenken, sondern auch zu Proben mit völlig neuen Musikern. Nachdem er die Anfangsschwierigkeiten mit der veränderten Besetzung überwunden hatte, engagierte Gale ihn erneut fürs Savoy. Im Oktober 1932 hatte sich Webb wieder von dem Schlag erholt und stellte zusammen mit den Bands von Cab Calloway und Fletcher Henderson bei einem Vormittagstanz mit 4600 Gästen einen neuen Besucherrekord auf.[10]

Wieder einmal war es Chick Webb gelungen, eine Gruppe talentierter Musiker um sich zu versammeln, unter ihnen der Trompeter Taft Jordan, der Posaunist Sandy Williams und die Saxophonisten Edgar Sampson und Elmer Williams, mit denen er den Durchbruch dann schließlich schaffte. 1933 stieß noch der Trompeter Mario Bauza zu der Band, ein erfahrener Musiker, der im Havanna Symphony Orchestra Holzblasinstrumente gespielt hatte, bevor er nach New York emigrierte.

Anfangs hatte Bauza Probleme, mit den Konventionen der Jazzphrasierung zurechtzukommen. Da Webb keine Noten lesen konnte und alle Arrangements der Band auswendig im Kopf hatte, mußte er den vielversprechenden jungen Trompeter beiseite nehmen und einzeln mit ihm proben, bis dieser mit der Phrasierung im Jazz vertraut war.

Obwohl die Band im selben Jahr eine Aufnahme für Columbia machte und gleich 1934 unter dem Namen Chick Webb's Savoy Orchestra eine weitere, waren seine Erfolge hier doch weit geringer als bei den Live-Auftritten, wo er es in den »Orchesterschlachten« am Savoy mit allen Konkurrenten aufnahm. Webb war sich in den Jahren 1933 und 1934 offenbar jedoch darüber im klaren, daß es seiner Band an einer eindeutigen musikalischen Identität mangelte, und er begann, sich intensiv mit neuen Orchestrierungen zu beschäftigen. Manche Key Charts stammten von seinem Saxophonisten Edgar Sampson, andere von etablierten Arrangeuren wie Benny Carter, Charlie Dixon oder Don Redman. »Manchmal hatte er nicht einmal das Geld für die Miete, weil er die Toparrangeure bezahlen mußte, die für ihn schrieben«[11], erzählt Bauza.

1934 handelte Gale einen Vertrag mit der neu gegründeten Decca Recording Company aus, und Webb gehörte zu den ersten Künstlern, die Sessions mit der Plattenfirma machten. Am 10. September und 19. November 1934 nahm er mehrere Arrangements von Edgar Sampson, dem Altsaxophonisten seiner Band, auf, darunter die bekannten Titel »Blue Lou«, »Blue Minor«, »What a Shuffle« und einen der Klassiker der Swing-Ära, »Don't Be That Way«.

Diese Aufnahmen, in denen Webbs Schlagzeug die Orchesterdynamik von *pianissimo* bis *treble forte* zusammenhält, gehören zu den wenigen aus seiner gesamten Diskographie, die die spannungsgeladene Intensität seiner Live-Auftritte halbwegs angemessen wiedergeben. Der Jazzhistoriker Robert Parker weist darauf hin, daß es selbst für heutige Schlagzeuger noch erstaunlich ist, wie Webb seine Band nur mit Besen und Snare Drum durch laute *up-tempo*-Nummern hetzte, so zum Beispiel in Teilen von »Don't Be That Way«.[12]

Webbs Einkommen war nun hoch genug, um ein Haus an der »Strivers Row«, West 138th Street 120, anzumieten[13], ganz in der Nähe seines großen Rivalen und Bewunderers Fletcher Henderson. Auch sein Selbstvertrauen war gewachsen, weil er mittlerweile ein eigenes Auto hatte und einen Chauffeur namens Joe Sanders, der gleichzeitig Butler war und ihm alle Dinge abnahm, die ihm wegen seiner Verkrüppelung zu schwerfielen. Trotz seiner wachsenden Popularität in Harlem war er jedoch über die Grenzen dieses Stadtteils hinaus noch immer kaum bekannt.

1938, also vier Jahre später, als Webb bereits den Durchbruch geschafft hatte, faßte das Magazin *Downbeat* diese wichtige Zeit seines Lebens folgendermaßen zusammen: »Jetzt folgte die in gewisser Hinsicht interessanteste Periode in Chicks Laufbahn, denn nun wurde allmählich klar, wie sich seine bisherigen Erfahrungen auf sein Denken und seine späteren Entscheidungen auswirkten. Bis zu dieser Zeit hatte er immer erstaunlich gute Musiker ohne kommerzielle Hintergedanken um sich versammelt. Er hatte auch einen Stil, doch dieser Stil war rein musikalisch und nicht so leicht von der allgemeinen Öffentlichkeit zu erkennen. Er hatte Fletcher Henderson, Duke Ellington und Cab Calloway bei der Zukunftsplanung beobachtet und gelernt, wie man Geschäfte abwickelte. Damit die Kasse stimmte, »mußte das Produkt ein Element in sich tragen, das den Zuhörer ansprach«[14].

Um aus dieser Sackgasse herauszukommen, drängte Charlie Buchanan, der schwarze Manager des Savoy Ballrooms und Sprecher von Moe Gale, Webb, eine Sängerin in seine Band aufzunehmen. Buchanan erkannte das kommerzielle Potential einer solchen veränderten Besetzung und die mögliche stärkere Verbindung zwischen Band und Publikum, die so geschaffen würde. Webb nahm diese Idee bereitwillig an, schließlich hatte er schon bei seiner allerersten Aufnahme im Jahr 1929 ein Scat Vocal des Trompeters Wad Pinkett in »Dog Bottom« eingefügt und auch in alle folgenden Aufnahmen mindestens ein Vocal integriert. Anfangs übernahmen noch die Instrumentalisten der Band diese Aufgabe, doch schon 1933 konnte Webb sich den Bariton Chuck Richards leisten.

1934 trat Charles Linton, den Webb im Hollywood Restaurant in der Nähe der 122nd Street hatte singen hören, an Richards' Stelle. »Er war ein sehr guter Sänger«, erzählt der Tenorsaxophonist Teddy McRae, der sich Webbs Band 1936 anschloß. »Ein gutaussehender Junge. Schaute aus wie ein Inder.«[15] Linton sang im damals modernen Falsetto-Stil, den Sänger wie Harlan Lattimore von Don Redmans Band, Dan Grissom von Jimmie Luncefords Gruppe oder der Drummer Sonny Greer von Duke Ellingtons Orchester pflegten, der gelegentlich bei Popsongs wie »Dinah« zum Einsatz kam. Linton machte jedoch keine *up-tempo-*

Nummern, und genau hier sah Buchanan die Chance für eine Sängerin in Webbs Gruppe.

Der ausgesprochen ehrgeizige Webb war bereit, alles zu versuchen, um auch beim allgemeinen Publikum anzukommen. »Er hätte sein letztes Hemd hergegeben [für die Band]«, sagt Teddy McRae. »Er war ein Selfmademan und wußte, schon lange bevor ich zu seiner Band stieß, was er wollte ... Er wollte das und das bis da und dahin schaffen, im nächsten Jahr wollte er das geschafft haben und im übernächsten das. Zu Charlie Buchanan sagte er: ›Mensch, du hast einen Caddy. So einen will ich auch.‹ Zwei Jahre später hatte er seinen Cadillac ... Das war das Großartige an diesem Mann. Er wußte, was er wollte.«[16]

Webb war unglaublich stolz auf Charles Linton. Sein gutes Aussehen gab der Band das richtige Image bei den Tänzern, und Linton konnte durchaus auch Conférencier spielen, wenn der eigentliche Zeremonienmeister Bardu Ali, der Akrobatik und Dirigieren auf höchst beeindruckende Weise miteinander verband, einmal nicht da war. Linton erinnert sich an Webbs Reaktion, als dieser erfuhr, daß er zu den Ink Spots wollte: »Er ist fuchsteufelswild geworden und hat gesagt: ›Du willst also zu den Ink Spots. Aber wer sind schon diese Ink Spots? Du bist in *Chick Webbs Band*.‹ Er ließ mich einfach nicht gehen.«[17] Dem großgewachsenen, weltmännischen und erstaunlich selbstbeherrschten Linton, der weder Alkohol noch Zigaretten anrührte, übertrug Webb die Aufgabe, eine geeignete Sängerin zu finden. Das hatte einen einfachen Grund: Linton zog die Mädchen an wie das Licht die Motten, und außerdem kannte er sich in der Nachtklubszene von Harlem aus.

Im April 1934 verbreitete er zum erstenmal die Kunde, daß er nach einer attraktiven jungen Sängerin für die Chick Webb Band suche. »Wir fingen damals gerade am M & S Theatre an, das war ein Theater zwischen Seventh Avenue und dem Apollo Theatre an der 125th Street. Wir hatten dort nach einer Tournee ein einwöchiges Engagement. Das Büro [Moe Gale und Charlie Buchanan] bat mich, eine junge Sängerin zu suchen. Ich war zuständig für die klassischen Sachen und die Balladen, und sie wollten jemanden, der den Swing übernehmen würde. Sie überließen es mir, weil sie wußten, daß ich alle . . . na ja . . . hübschen Mädchen kannte.

Vom Theatre kannte ich eine Italienerin im Chor, und die fragte ich: ›Kennst du ein hübsches Mädchen, das Swing singt?‹ Sie antwortete: ›Nein, aber da ist so ein Mädchen, das hat den ersten Preis im Apollo gemacht, und die Frau heißt Ella.‹ Und ich fragte weiter: ›Hast du ihre Telefonnummer?‹ Sie antwortete mit Nein, also bat ich sie um die Adresse, aber sie sagte: › Sie hat keine richtige Wohnung. Sie spielt jeden Tag draußen auf der 125th Street.‹ Also sagte ich zu ihr: ›Wenn du sie siehst, dann bring sie zu mir.‹

Ein paar Tage später kam sie nach der Show zu mir und sagte: ›Ich hab' sie gefunden, ich hab' sie gefunden‹, aber ich hatte die ganze Geschichte schon vergessen. ›Du weißt schon – Ella, das Mädchen, von dem ich dir erzählt habe, die Sängerin.‹ Und sie brachte Ella herein, und wir setzten uns. Ich setzte mich vor Ella hin und kam gleich zur Sache: ›Ich hab' gehört, du hast den ersten Preis im Apollo gemacht‹, und sie sagte: ›Jaaa‹, ganz schüchtern. Da bat ich sie, das Lied zu singen, mit dem sie gewonnen hatte, und sie sang ›Judy‹ – von Anfang bis Ende, recht gut, aber ziemlich schüchtern und heiser. Ich sagte zu ihr: ›Tja, deine Stimme ist ein bißchen leise, aber das bekommen wir schon hin, das Mikro hilft dir dabei.‹ Genau das habe ich zu ihr gesagt. Dann habe ich sie gefragt: ›Hast du auch eine Zugabe?‹ Und sie sagte: ›Ja.‹ Ich wollte wissen, was sie als Zugabe singt, und sie hat die ersten fünf oder sechs Takte gesungen, da habe ich gesagt: ›Das ist in Ordnung so, komm mit, dann stell' ich dich Chick vor.‹

Also sind wir hinauf in Chicks Zimmer, wo sich Bardu und Chick gerade unterhielten – Sie müssen wissen, Chick redete gern und Bardu auch. Chick war gut aufgelegt, und als ich reinging und die Tür ganz aufmachte und sagte: ›Chick, ich würde dir gern das Mädchen hier vorstellen . . .‹, sagte er nur: ›Schau dir den an, jetzt vergreift er sich schon an Kindern.‹ Aber er meinte das nicht ernst, schließlich wußte er, daß Ella nicht mein Typ war. Also sagte ich: ›Nein, ich will, daß du sie singen hörst.‹ Da ist er richtig ausgerastet! Er ist zu mir herübergekommen, hat mich am Kragen gepackt und mir zugeflüstert: ›So was willst du doch wohl nicht vor meine Band stellen, oder? Nein, nein, nein, raus mit ihr!‹ Gerade als er das sagte, kam Buchanan herein. Er war verantwortlich für alle Bands, die im Savoy Ballroom spielten, er war der eigentliche Leiter der Moe Gale Agency. Chick warf Buchanan einen Blick zu und sagte: ›Schau mal, was Charles mir da vor die Band stellen will.‹ Buchanan sah Ella nur kurz an und sagte: ›Nein, nein, raus!‹ Er wollte sie auch nicht.

Ella merkte von alledem nichts, sie saß am anderen Ende des Zimmers. Und als sich Buchanan umdrehte – ich weiß nicht, was es war, ich kannte das Mädchen ja überhaupt nicht –, als er sich also abwandte, da wußte ich, daß das das Ende der Geschichte sein würde, wenn er ginge. Also sagte ich, bevor er zu weit weg war: ›Wenn du ihr nicht zuhörst, schmeiß' ich meinen Job!‹ Natürlich wollte ich den Job nicht aufgeben, aber das war das einzige, was mir gerade in den Sinn kam. Da sagte er: ›Nein, nein, ist ja schon gut. Nach dem Theatre hast du zwei Wochen im Savoy Ballroom. Laß sie mit der Band singen, und wenn die Leute sie mögen, behalten wir sie. Wenn nicht, verschwindet sie. Und zwar ohne Geld!‹ Ich war einverstanden und nahm Ella wieder mit runter.

Damals wohnte ich bei Deutschen, und über mir war gerade ein Zimmer frei, wo ich Ella unterbringen konnte. Das Haus war an der 112nd Street/Seventh Avenue. Ich sagte zu ihr: ›Wenn du nicht mit uns zusammen ißt, dann sage ich im Hollywood Restaurant Bescheid, da kann ich dann jeden Monat für dich bezahlen, wenn ich hinkomme.‹ Sie blieb zwei Wochen lang dort, bis Chick beschloß, sie zu nehmen. Ich hab' das alles gemacht, ohne die Frau zu kennen. Ich wußte zwar, daß sie den ersten Preis gewonnen hatte, aber das heißt gar nichts – viele gewinnen den ersten Preis und bringen's nie zu was. Wenn wir die kleine Italienerin nicht gehabt hätten, wären wir nie auf Ella gekommen. Weil sie so, wie sie rumlief, nirgends einen Job bekommen hätte. Schließlich hatte sie ja nicht mal eine Bleibe.«[18]

Moe Gale erzählte dem Jazzkritiker Leonard Feather, daß sie, als er Ella zum erstenmal sah, »schrecklich ausschaute. Die Haare waren ganz zerzaust und ihre Kleidung in einem fürchterlichen Zustand«[19]. Trotzdem nahm Linton sie jeden Tag mit hinter die

Kulissen des M & S Theatre, damit sie sich die Show ansah und die Nummern lernte, die sie im Savoy probeweise singen sollte. »Einer von meinen Songs war in ihrer Tonlage, das einzige schnelle Lied, das ich sang. Ich sagte ihr, sie solle ihr Bestes geben. Dann habe ich sie mit ins Savoy genommen – ohne sie irgend jemandem vorzustellen –, ich habe sie einfach mitgenommen, und Chick hat es akzeptiert, weil Buchanan, was Chicks Band anging, das Sagen hatte, wer angeheuert wurde und so, und sie ist auf die Bühne und war gut! Sie war wirklich gut!«[20]

Webb selbst jedoch war sich nach wie vor nicht so sicher, ob er sie fest in die Band aufnehmen sollte oder nicht. »Sie war nicht eben zierlich gebaut«, hieß es drei Jahre später in *Downbeat*, »und sie hatte keine Ahnung, wie man sich richtig kleidete oder wie man sich mit Fremden unterhielt.«[21] Webb holte die Meinung von Musikern ein, die oft ins Savoy kamen, um seine Band spielen zu hören. Erst nachdem er jedoch mit Kaiser Marshall, dem großen Schlagzeuger der Fletcher Henderson Band und Erfinder des Hi-Hats (Doppelbecken), gesprochen hatte, fällte er eine endgültige Entscheidung. Hal Austin, damals ein vielbeschäftigter junger Drummer in der Szene von Harlem, der sowohl mit Webb als auch mit Marshall befreundet war, erinnert sich: »[Chick] wollte sie nicht haben, weil sie häßlich war. Er sagte, sie sei zu häßlich . . .! Kaiser Marshall sagte: ›Sei doch nicht dumm, nimm sie lieber!‹ Sie war smart. Er hat einfach nicht lockergelassen, bis Chick sie genommen hat. So war das.«[22]

Als Webb sich schließlich für Ella entschied, erklärte sich Gale bereit, ein Zimmer im Braddock Hotel an der 126th Street/Eighth Avenue zu bezahlen. »In den ersten Jahren hat Moe Gale sich um ein Zimmer für sie gekümmert . . . Sie war eine . . . sagen wir mal, sie passen selbst auf sich auf«[23], erzählt Mario Bauza. Entgegen weitverbreiteten Gerüchten wurde Ella weder von Webb adoptiert, noch lebte sie mit ihm und seiner Frau Sallye zusammen. »Chick hatte bloß eine kleine Wohnung, und er und Sallye konnten niemanden bei sich unterbringen«[24], sagt Linton. »Er hat sie nicht adoptiert. Später hat er zu mir gesagt: ›Ich erzähle den Presseleuten einfach, ich habe sie adoptiert.‹ Als Buchanan und Chick ihr Geld für das Zimmer im Hotel gaben, räumte die deutsche Familie Ellas Zimmer aus, verbrannte alles und strich alles neu. Das mußten die Leute auch machen, weil alles so verdreckt war. Damals [nach dem Savoy] sah sie nicht so besonders aus, deshalb hat Helen, die Garderobiere, sie immer ins Bad mitgenommen, ihr die Haare gekämmt und dafür gesorgt, daß sie hübsch ausschaut.«[25]

Auch die Bandmitglieder versuchten, ihr ein bißchen mehr Gefühl für ihr Äußeres beizubringen, indem sie sie neckten. »Wir haben sie alle aufgezogen«, erzählt Edgar Sampson. »Da hieß es dann: ›Hallo, Schwester, wo hast du denn die Klamotten her?‹ Wir haben alle Schwester zu ihr gesagt. Und dann haben wir weitergefrotzelt: ›Schwester, was ist denn das für eine Frisur?‹«[26] Schließlich nahm sich überraschenderweise der eher mürrische Posaunist Sandy Williams ihrer an. »Sandy hat sich wie ein Vater um sie gekümmert«, sagt Linton. »Und damit will ich sagen, daß er sich wirklich um sie gekümmert hat. Sie hat sich nicht mit Seife und Wasser gewaschen. Das meine ich damit. Da mußte schon jemand ran, dem es ernst war, weil sie furchtbar verwahrlost war.«[27]

Ella paßte sich schnell an, denn sie war sich über die Chance, die sich ihr da bot, im klaren. »Schon nach weniger als zwei Wochen hatte sie bewiesen, was sie konnte, und die Tänzer im Savoy Ballroom waren alle ganz verrückt nach ihr«, hieß es im Februar 1938 in *Downbeat.* »Inzwischen hatte sich die Lage geändert. Chicks Manager ließ sie holen und fragte sie, ob sie einen Vertrag mit ihm unterzeichnen wolle.«[28] Ella unterschrieb. Doch es mangelte ihr immer noch an Erfahrung, sie war, wie Mario Bauza es ausdrückte, »ein roher Diamant«[29].

Zu dieser Zeit arbeitete der Posaunist Clyde Bernhardt in Harlems Renaissance Ballroom für den Bandleader Vernon Andrade. »Ich weiß noch, Anfang 1935 kam Ella Fitzgerald zwei-, dreimal die Woche ins Renny [Renaissance Ballroom]. Sie arbeitete mit Chick Webb zusammen, der immer wieder mal im Savoy auftrat...«, erinnert sich Bernhardt. »Webb zahlte ihr keine feste Gage, sondern ließ ihr hin und wieder ein paar Dollar zukommen. Sie trat immer in ihren Straßenkleidern auf, weil sie nichts anderes hatte. Und Andrade ließ sie ohne Abendkleid nicht bei Gesellschaftstänzen singen. Wir hatten alle Mitleid mit Ella und gaben ihr immer Geld, bevor sie ging.«[30]

Schon nach wenigen Wochen hatte sich Ella an ihre neue Rolle als Sängerin der Band von Chick Webb gewöhnt. Im Mai 1935 wurde der junge George T. Simon vom *Metronome*-Magazin beauftragt, die Webb-Band im Savoy für seine neue Kolumne »Simon Says« zu interviewen. Er war höchst beeindruckt von Webbs junger Sängerin: »Ich war gerade erst im Februar 1935 zu *Metronome* gekommen. Ich wußte überhaupt nichts [über sie], bis ich ins Savoy kam. Ich war völlig überwältigt, nicht nur über die Art und Weise, wie sie sang, sondern auch darüber, wie sie sich bewegte. Sie machte zum Beispiel bestimmte Armbewegungen für bestimmte Trompetenriffs. Sie sang damals eine ganze Menge Nummern, die sie mit Sicherheit nicht alle aufgenommen hat – während eines solchen Abends spielten sie ganz schön viele Nummern ... Ella war ziemlich ausdrucksstark, auch wenn sie eher zu der schüchternen Sorte von Mädchen gehörte. Ich erinnere mich noch, daß sie sehr dünne Beine hatte, spindeldürre Beine; damals wog sie nicht sonderlich viel.«[31]

Simon bewertete die Band in der Juni-Ausgabe von *Metronome* mit B-Plus und faßte seine Kritik mit folgenden Worten zusammen: »Von Miss Fitzgerald wird man noch hören.«[32] Das war die erste Besprechung, die sie bekam und an die sie sich ihr Leben lang erinnern sollte. Wenn Simon später bei einem Auftritt im Publikum saß, begrüßte Ella ihn immer von der Bühne herunter, was zu einem amüsanten Zwischenfall führte, den Simon selbst folgendermaßen schildert: »Einmal sang sie ›Basin Street Blues‹, und die Zuhörertische waren im rechten Winkel zur Bühne angeordnet. Sie sagte so Sachen wie: ›Hoffentlich gefällt dir das Lied, George‹, oder: ›Der Mann, der die erste Kritik über mich geschrieben hat, ist heute unter uns, ein lieber Freund, George Simon.‹ Dabei deutete sie auf einen Mann, der auch nicht allzu viele Haare auf dem Kopf hatte und ein bißchen näher bei der Bühne saß als ich. Aber natürlich wußte der arme Kerl nicht, was er machen sollte, also sagte ich: ›Hier bin ich, Ella‹, und sie sagte: ›Oje, jetzt muß ich bei den Auftritten wohl meine Brille tragen!‹«[33]

Ella gab alles in ihrer neuen Rolle als Sängerin der Band. Sie konnte sich die Texte erstaunlich gut merken. »Als ich zu der Band stieß [Anfang 1936], bin ich fast ausgeflippt«, erzählt der Tenorsaxophonist Teddy McRae. »Ich wußte, daß sie clever war... Sie konnte besser vom Blatt singen als jede andere Sängerin, die ich kannte. Sie war wirklich helle... Ich habe mich oft gefragt, wie viele Songs sie wohl im Kopf hat. Sie konnte alles mögliche singen und sich an alle Texte erinnern, von zahllosen Liedern... Bei den Proben hatten sie Karten. Vielleicht nahm sie die Karten mit nach Hause. Hat das Lied gesungen, und anschließend ist sie nach Hause und hat den Text gelernt. So wird es gewesen sein. Und wenn sie dann an dem Abend wiederkam, wo wir die geprobten Arrangements spielten, konnte sie alles perfekt. Da gab's kein Herumstottern oder ›Ich hab' den Text vergessen‹. Ich hab' sie nie sagen hören: ›Ich hab' den Text vergessen‹ oder so etwas Ähnliches.«[34]

Ihr untrügliches Musikgehör half ihr außerdem dabei, sich die Melodien genauso schnell zu merken: »Niemand hat ihr gesagt, wie sie singen soll oder so«, erzählte Mario Bauza. »Ich weiß nicht, woher sie das hatte, aber jedenfalls konnte sie Noten lesen, als ich sie kennenlernte... Sie ging einfach mit einem Notenblatt ans Klavier und lernte die ganzen Lieder. Sie wußte genau, was sie tun mußte, sie war clever, einfach clever... Die Band sagte bei den Proben einfach: ›Ella, wir sind soweit!‹ Und schon ging's los!«[35]

Schon bald wurde Webb klar, was für eine wertvolle Bereicherung Ella für die Band war. Wenige Wochen nachdem sie sich der Gruppe angeschlossen hatte, wirkte sie bereits bei zwei von den vier Aufnahmen mit, die die Band am 12. Juni 1935 machte. Kurze Zeit später kam »Love and Kisses« heraus. Webbs Absichten lagen klar auf der Hand: »Love and Kisses« war ein kommerzielles Tanzorchesterarrangement ohne irgendwelche Anklänge an den Jazz. Zumindest auf Platte setzte Webb alles daran, das breitest mögliche Publikum anzusprechen.

Nachdem Ella zu der Band gestoßen war, nahm Webb nur noch vierzehn reine Instrumentalnummern mit der ganzen Gruppe auf gegenüber mehr als sechzig Vocals, von denen wiederum über fünfzig von Ella gesungen wurden. »Chick ging völlig auf in der

Band, und die Jungs standen hundertprozentig hinter ihm«, schreibt Helen Oakley-Dance. »Aber nachdem Ella dazukam, war alles anders, weil sich seine Einstellung veränderte. Allmählich merkte er, daß die Band auch eine kommerzielle Zukunft haben konnte.«[36]

4. Kapitel

Ich finde, es ist schon wunderbar, daß man hier in Amerika buchstäblich auf der Straße leben, aber sich trotzdem mit ein bißchen Hilfe bis zur Spitze durchbeißen kann. Ich finde, das ist einfach wunderbar.

Charles Linton, 1933–38 Sänger im Chick Webb Orchestra.[1]

Bereits ganz am Anfang von Ellas Karriere waren alle Musiker beeindruckt von ihrer erstaunlichen rhythmischen Sicherheit. »Sie konnte einfach swingen«, sagte der Schlagzeuger Hal Austin, der ihre ersten Auftritte im Savoy miterlebte. »Sie hat angefangen mit dem Swing . . .«[2] Ellas Kombination aus Rhythmussicherheit und klarer Diktion war entwaffnend in ihrer Reinheit; die Pianistin und Arrangeuse Mary Lou Williams, die Ella ebenfalls hörte, kurz nachdem sie zu Webbs Band gestoßen war, sagte, ihre Stimme verursache beim Zuhören eine Gänsehaut.[3]

Ellas erste Aufnahmen »Love and Kisses« und »I'll Chase the Blues Away« vom Juni 1935 strahlten rhythmische Kraft aus. Sie verkürzte oder verlängerte ihre Worte gerade um so viel, daß ihre Stimme den richtigen Schwung bekam. Diese subtile Synkopierung hatte eher Ähnlichkeit mit Louis Armstrong als mit Connee Boswell und wurde möglicherweise sogar von Billie Holiday beeinflußt. »Sie war ein Profi«, sagt Mario Bauza, »ein richtiger Profi. Sie wußte, wie man hier eine Kleinigkeit ändert und da, sie konnte Melodien einfach gut singen . . .«[4]

Schon viel ist gesagt worden über die »Mädchenhaftigkeit« ihrer ersten Aufnahmen. Doch verglichen mit zeitgenössischen Sängerinnen, klingt ihre Stimme genausowenig kindlich wie etwa die Helen Wards unter Benny Goodman oder die Billie Holidays auf ihrer Version von »Them There Eyes« von 1933. Ella sang aus der Kehle, wie Sänger ohne Ausbildung das anfangs oft machen. Dadurch klang die Stimme härter und hatte ein weit geringeres Klangspektrum. Bei »Love and Kisses« hatte sie sogar Schwierigkeiten, die tiefsten Noten zu treffen. Erst Jahre später gelang es ihr, aus dem Zwerchfell zu singen und so ihr Klangspektrum beträchtlich zu erweitern. Für eine Achtzehnjährige jedoch mit einem Minimum an beruflicher Erfahrung schlug sie sich als Bandsängerin nicht nur gut, sondern sehr gut.

Im Juli 1935 trat Ella erneut im Apollo auf, zusammen mit der Band von Webb, und noch einmal im November des gleichen Jahres. Die Gruppe hatte dabei jeweils ein einwöchiges Engagement, und an jedem der Abende war Ella vor dem Auftritt ein einziges Nervenbündel aus Angst vor dem anspruchsvollen Publikum. »Sie lief auf und ab wie ein Tiger im Käfig, zerknüllte ein Taschentuch zwischen den Fingern und tupfte sich ständig den Schweiß ab, der ihr von der Stirn tropfte«[5], erinnert sich Jack Schiffman. Doch nichts konnte ihren kometenhaften Aufstieg nun noch bremsen. Schon neun Monate nach Ellas Debüt mit Webb wagte George T. Simon vom *Metronome*-Magazin im Januar folgende, fast schon prophetisch anmutende Vorhersage: »Im vergangenen Jahr habe ich in dieser Kolumne die unterschiedlichsten unbekannten Talente gelobt ... Die Nummer eins für das Jahr 1936 ist *Ella Fitzgerald* ... das siebzehnjährige Mädchen, das im Savoy Ballroom zusammen mit Chick Webbs wunderbarer Band auftritt ... Im Augenblick kennt noch kaum jemand diese junge Frau, aber ihr steht mit Sicherheit eine große Zukunft bevor ... Sie hat eine großartige natürliche Begabung fürs Singen ... außergewöhnliche Intonation und Klangfiguren ... Schon jetzt ist sie eine der heißesten Sängerinnen ... und ich sehe keinerlei Grund, warum sie nicht irgendwann die allerbeste werden sollte.«[6]

Im März 1936 war Billie Holiday mit dem Jimmie Lunceford Orchestra auf Tournee. Im Jahr zuvor hatte sie auf Betreiben von

John Hammond die Zusammenarbeit mit dem Pianisten Teddy Wilson begonnen, in deren Verlauf viele der besten Jazzvocals, nicht nur der dreißiger Jahre, entstanden. In Billie Holidays Abwesenheit bat man Ella, an einer Session am 16. März teilzunehmen, und zwar zusammen mit einer Band, in der der Tenorsaxophonist Teddy McRae, der Trompeter Frank Newton, der Posaunist Benny Morton, der Klarinettist und Altsaxophonist Jerry Blake, der Gitarrist John Truehart, der Bassist Lennie Stanfield, der Schlagzeuger Cozy Cole und natürlich Wilson am Klavier spielten.

Teddy McRae hatte sich erst vor kurzem nach der Auflösung von Lil Armstrongs Combo, mit der er auf Tournee gewesen war, Webbs Band angeschlossen und Elmer Williams ersetzt. Wilsons Sessions waren immer knapp kalkuliert, für Vorbereitungen blieb nicht viel Zeit. »Wir kamen an, stimmten unsere Instrumente, spielten die Sachen einmal kurz durch, und dann wurde es auch schon ernst«, erzählt McRae. »Das war's. Keine zwei oder drei Versuche. Wir haben das Stück einmal für den Sänger gespielt und dann noch einmal zusammen. Und dann wurde die Sache aufgenommen.«[7]

Daß Ella bei dieser Session mitmachte, war ein weiterer Beweis für ihren Erfolg. McRae sagt dazu: »Man holte damals nur die Topmusiker für die Aufnahmen, die Leute, die [musikalisch] keine Schwierigkeiten hatten.«[8]

Offenbar hielt Wilson trotz seiner zahlreichen, von den Kritikern gelobten Aufnahmen mit Billie Holiday Ella für die bessere Sängerin. Dan Morgenstern meint: »Hier [am Institute of Jazz Studies, Rutgers University] haben wir eine Äußerung von Wilson aufgezeichnet, daß er Billie nicht sonderlich mochte, weil sie Louis nachahmte. Ihm war Ella lieber!«[9] Jedenfalls verkauften sich Ellas Platten genauso gut wie die von Billie Holiday. Sicher und doch unaufdringlich deutete Ella Billies charakteristische Stimmodulation an einem oder zwei Punkten an, besonders am Anfang von »All My Life« und beim zehnten Takt des zweiten Chorus von »Melancholy Baby«.

Billie Holiday jedoch, die sich in den Jahren 1935/36 selbst des Erfolgs noch nicht so sicher sein konnte, fiel es schwer hinzunehmen, daß Ella sozusagen aus dem Nichts aufgetaucht war und nun zusammen mit Chick Webb und seiner Band, einer der Topgruppen von Harlem, auftrat. »Billie Holiday konnte Ella damals nicht sonderlich leiden«, erzählt Charles Linton. »Sie ist immer ins Savoy gekommen – ich habe sie von der Bühne aus gesehen –, mit einem weiten Mantel an, und hat sich einfach nur umgesehen. Wahrscheinlich war sie überrascht, daß Ella zusammen mit Chick Webbs Band auftrat. ›Was macht eine tolle Band wie die bloß mit Ella‹, sagte sie immer und ›dieses Biest‹, und dann drehte sie sich um und ging raus.«[10]

Webb nutzte währenddessen alle gesanglichen Möglichkeiten, die ihm zur Verfügung standen, im Studio wie auf der Bühne. Ella war zwar bei jeder Schallplattenaufnahme dabei, aber auch Charles Linton bekam ein paar Songs, der Trompeter Taft Jordan durfte »I May Be Wrong« singen, und in »Wake Up and Live« sowie »There's Frost on the Moon« mit dem fast schon prophetischen Ende »Re-bop!« sind Ella, Linton und Louis Jordan zusammen zu hören. »Als Louis Jordan dazukam, beschlossen wir, ›Frost on the Moon‹ als Trio aufzunehmen«, erzählt Teddy McRae. »Ich glaube, Van Alexander hat die Nummer geschrieben ... mir hat das Stück gefallen und auch das Trio ... Damit sind wir auch am Apollo Theatre aufgetreten ...«[11]

Webb verbrachte den Winter 1935/36 am Savoy und ging dann von Anfang Juni bis Ende Oktober 1936 (zwischen den Aufnahmeterminen am 2. Juni und 29. Oktober) mit einer Reihe von One Nighters auf Tournee. »Wir waren ungefähr ein halbes Jahr unterwegs«, erzählt Teddy McRae. »Als wir dann zurückkamen, gingen wir wieder ins Savoy ... Wir waren ein Stück weitergekommen mit der Band ... Auch Ella Fitzgerald war besser geworden durch die Tournee.«[12]

Ellas Stimme scheint im Oktober tatsächlich runder und voller gewesen zu sein, und auch ihr Selbstvertrauen war mittlerweile offenbar gewachsen, denn im Oktober entstand »You'll Have to Swing It«, Ellas Ode an »Mr. Paganini«. In diesem Stück finden sich bereits Tempowechsel und zwei jeweils eineinhalb Takte lange Augenblicke des Scat, die die junge Ella, erst seit sechzehn Monaten auf der Bühne, bravourös meistert. »Wir haben damals ein Stück gespielt, das hieß ›Mr. Paganini‹«, erzählt McRae. »Die anderen [großen Bands] haben nie so etwas gemacht wie Mr. Paganini, aber Ella konnte so etwas, neue Sachen. Und sie konnte sie gut! Sie machte so etwas mit Stil. Das Mädchen hatte einfach Talent!«[13]

Die beiden Aufnahmen wurden Ellas erste große Hits. »Sing Me a Swing Song (And Let Me Dance)«, das sie im Juni aufnahm, kam im Juli eine Woche auf Platz 18 der Hitparade, und »You'll Have to Swing It« erreichte im Dezember Platz 20.

Mit »Sing Me a Swing Song« begann Ella schließlich, sich einen Ruf als eigenständige Sängerin zu erwerben und nicht mehr nur als »Sängerin der Webb-Band«. Benny Goodman, der das Lied am 27. Mai mit seinem eigenen Orchester aufgenommen hatte, hörte sich die Version der Konkurrenz mit großem Interesse an. Und als seine eigene Sängerin Helen Ward sich zwei Wochen freinahm, um sich scheiden zu lassen, bat Goodman Ella, bei dem Aufnahmetermin am 5. November für Victor Records bei drei Nummern, nämlich »Goodnight My Love«, »Take Another Guess« und »Did You Mean It«, einzuspringen. Als diese Aufnahme am 25. November auf den Markt kam, traten rechtliche Probleme auf: Decca behauptete, Ella stehe bei ihnen unter Vertrag, denn sie habe am 18. November für diese Firma als »Ella Fitzgerald and Her Savoy Eight« zusammen mit einer Splittergruppe der Webb-Band eine Aufnahme gemacht und davor wohl schon einen eigenen Vertrag unterzeichnet.

Folglich wurde »Did You Mean It« am 20. Januar 1937 aus dem Victor-Katalog gestrichen. Bis zur Wiederauflage mit Benny Goodman in den sechziger Jahren war das Original ein begehrtes Sammlerstück. Die Zusammenarbeit zwischen Ella und Benny Goodman ging jedoch weiter. Zum Beispiel trat sie am 10. November in Goodmans Radioshow »Camel Caravan«, der damals populärsten Musiksendung Amerikas, auf. Ellas Aufstieg war nun unaufhaltsam, das mußten auch die Bandmitglieder von Webb einsehen. »Dann hat Benny Goodman sie auch noch geholt«, erzählt Mario Bauza. »Er hat sie für ein paar Platten und einige Radiosendungen geholt. Danach haben alle die Lady gewollt, einfach alle.«[14] Auch der konkurrierende Bandleader Jimmie

Lunceford machte ihr ein attraktives Angebot für den Fall, daß sie sich seiner Band anschlösse, was Ella aber, egal, wie sie darüber dachte, ablehnen mußte, weil sie bereits einen Vertrag mit Gale hatte.

Die Verbindung mit der Band Benny Goodmans führte, so Mario Bauza[15], zu einer kurzen Affäre mit Goodmans italienischem Tenorsaxophonisten Vido Musso. Eine Weile tauchte sie nicht mehr in der Band von Chick Webb auf. Im Januar 1937 trat sie in Moe Gales wöchentlicher Show »Good Time Society« ohne Webb in Pittsburgh auf. »Teddy Hill's Orchestra trat an die Stelle von Webb, und Ella klang mit Hill genauso großartig wie immer«[16], berichtete *Melody Maker*. Am 14. Januar 1937 kehrte Ella jedoch nach New York zurück, um Aufnahmen mit Webbs Big Band und den Mills Brothers zu machen. Die Stücke mit den Mills Brothers, »Big Boy Blue« und eine Version von »Dedicated to You«, das im folgenden Monat entstand, kamen im April 1937 in den Charts auf Platz 20 beziehungsweise 19.

Was auch immer der Grund für Ellas Abwesenheit in Webbs Band gewesen sein mag – Ella handelte sich jedenfalls allmählich den Ruf ein, schwierig zu sein. »Die meisten Musiker gaben nicht allzu viel um sie als Menschen«, sagt Webbs Bassist Beverly Peer. »Ich glaube nicht, daß sie wirklich gemein war, aber sie war unsicher, und das ließ sie böse erscheinen.«[17] Sonderlich überraschend war ihr Verhalten nicht. Sie hatte eine schwierige Kindheit gehabt und mußte sich jetzt, als junge Frau, Abend für Abend in einer reinen Männerwelt vor einem anspruchsvollen Publikum beweisen.

Auch heute noch könnte man den Jazz als letztlich chauvinistische Musik bezeichnen, weil eine Frau auf diesem Gebiet nach wie vor mehr leisten muß als ihre männlichen Kollegen, um sich zu behaupten. Der Schriftsteller Gene Lees meint, der ausgezeichnete Altsaxophonist Vi Redd habe ihm gesagt, Ella sei als Frau sehr viel stärker diskriminiert worden denn als Schwarze.[18]

Ende der achtziger Jahre sagte die junge, talentierte Gitarristin Emily Remler, die zu diesem Zeitpunkt bereits zehn Jahre im Geschäft war und mehrere erfolgreiche und von den Kritikern gerühmte Alben vorzuweisen hatte: »Ich muß mich immer noch [bei jedem Auftritt] beweisen. Geändert hat sich lediglich, daß ich mich nicht mehr so leicht einschüchtern lasse... Ich muß das einfach durch gutes Spielen wettmachen.«[19] Für sie erwies sich der ständige Druck jedoch letztendlich als zu groß. Sie suchte Zuflucht in Alkohol und Drogen und starb 1990 im Alter von 33 Jahren an einem Herzanfall.

Ella hingegen widersetzte sich diesem Druck und wehrte sich mit eiserner Disziplin, Entschlossenheit und Ehrgeiz gegen die Männerwelt. Sie hatte niemanden, der sie beschützt hätte, also tat sie es selbst mit allen weiblichen Waffen, die ihr zur Verfügung standen. Als Charles Linton beispielsweise eine Ballade singen sollte, brach sie in Tränen aus, weil sie selbst den Song wollte. »Tja, sie wollte diesen Song«, erzählt Linton, »und irgendwie habe ich mich breitschlagen lassen, daß sie ihn macht... Sie ist eben doch eine Frau, Sie wissen schon, was ich meine, und wenn sie die Waffen einer Frau einsetzt, dann kriegt sie immer, was sie will, wissen Sie...«[20]

Ella hatte keine Skrupel, alles zu tun, um voranzukommen. Der Pianist und Komponist Ram Ramirez, der 1940 in ihrer Band mitspielte, konnte ein Lied davon singen. »O Mann. Eins weiß ich: Sie ist längst nicht so nett, wie die Leute sagen oder denken. Sie hat ganz schön Ellbogen eingesetzt auf ihrem Weg nach oben... Das hat sie wirklich!«[21]

In den dreißiger Jahren war das Radio das wichtigste Medium für die Big Bands, um zum großen Erfolg zu kommen. Folglich bedeutete es für Webb einen gewaltigen Schritt nach vorn, als Moe Gale NBC dazu überredete, im Winter 1935 seine Produktion »Good Time Society« auszustrahlen. In dem Programm waren nicht nur Webbs Band, Ella und Charles Linton als Sänger, sondern auch noch die unterschiedlichsten Gastsänger, Tänzer und Combos zu hören. Die Sendung wurde jeweils samstags um zehn Uhr abends landesweit ausgestrahlt, oft von Radio City in Downtown Manhattan aus. *Downbeat* beschrieb das Programm folgendermaßen: »Immer Topgäste und begabte farbige Combos.«[22]

Die meisten Musiksendungen in den dreißiger Jahren waren

live und vermittelten deshalb einen ganz unmittelbaren Eindruck von den Big Bands und ihren Sängern. Natürlich war jeder Bandleader über diese Art des Engagements höchst erfreut und oft bereit, niedrigere Gagen in Kauf zu nehmen, denn als Gegenleistung konnte mit einem riesigen Zuhörerpublikum und Angeboten von einmaligen Engagements und Tourneen gerechnet werden.

Zusammen mit den Radiosendungen kam die Werbung. Alle wollten ihre Songs in die Charts bringen, was seinerzeit davon abhing, wie oft ein Stück während der sieben Tage einer Woche im Radio gespielt wurde. Dadurch errechnete sich, auf welchem Platz der Gesamthitparade der Titel landete. Kein anderes Medium, nicht einmal die Schallplatte, hatte so viel Macht wie das Radio. Folglich wurden viele zweit- oder drittklassige Stücke im Radio gesendet, die die Bandleader gegen eine kleine »Ermunterung« zur Verfügung stellten. Wie der Markt funktionierte, war ziemlich absurd, aber so kam man eben voran.

Webb wurde schnell bekannt im Jahr 1937, und das lag vor allem am Radio. Er hatte acht Sendezeiten pro Woche, mehr als jede andere Big Band, egal ob weiß oder farbig. Außerdem machte er ein wöchentliches Programm für NBC, was zu über 5000 Fanbriefen pro Woche führte, Moe Gales »Good Time Society«, eine Sendung, die schon seit 1935 lief, und drei Übertragungen pro Woche aus dem Savoy Ballroom. Zusätzlich übernahm er am 11. März das »Lucidin«-Programm von dem Jazzgeiger Stuff Smith, also weitere drei Sendezeiten pro Woche – Lucidin war übrigens auch der Name eines Mundwassers.

Viele der Aufnahmen wurden in Downtown Manhattan gemacht, so daß Charles Linton oft zusammen mit Ella unterwegs war. »Wenn wir in der U-Bahn von der Radio City Music Hall zurück nach Harlem fuhren und die Leute sie anschauten ... Wissen Sie, sie war einfach unsicher, weil ihre Haare furchtbar kurz waren. Sie war schrecklich unsicher, sie muß ein ganz schön hartes Leben gehabt haben ... Wenn jemand sich nach ihr umdrehte und dann etwas zu seinen Freunden sagte, war's aus! Ich sagte ihr, die sagen nichts Schlimmes, du bist jetzt ein Star, du weißt doch, was die sagen. Sie sagen: ›Die hab' ich doch im Savoy

Ballroom gesehen‹ oder ›Die kenn' ich vom Apollo Theatre‹! Aber damit hab' ich nichts ausgerichtet. Sie war einfach so unsicher.«[23]

In dem Maße, wie sich Webbs Strategie, die populäre Musik der Zeit in sein Programm aufzunehmen, auszahlte, sang Ella auch immer mehr Stücke. Je bekannter Webb wurde, desto bekannter wurde auch Ella, und in der ersten Leserumfrage des *Melody Maker* im November 1937 wurde sie zur »Number One Female Vocalist« gewählt, vor ihren Hauptkonkurrentinnen Billie Holiday und Mildred Bailey. Doch Ella sang fast ausschließlich qualitativ eher uninteressante Popsongs. »Chick hatte am eigenen Leib erfahren müssen, daß gute Musik kein Geld brachte«, hieß es 1938 im *Downbeat*-Magazin. »Also beschloß er, Kompromisse einzugehen, und machte sich daran zu beweisen, daß seine Band auch kommerzielle Musik glaubwürdig spielen konnte.«[24]

Künstlerisch gesehen war es Ella ziemlich egal, wie gut das war, was sie sang. Ähnlich wie Webb wollte auch sie einen Hit landen. Die meisten ihrer Songs, von denen übrigens viele nie aufgenommen wurden, entstammten der Verbindung zwischen Teddy McRae und dem Musikverleger Jack Robbins, die auf Betreiben von Webb zustande gekommen war. McRae unterzeichnete einen Vertrag bei Robbins, der seine Kompositionen veröffentlichte, darunter auch »You Showed Me the Way« mit einem Text von Bud Green. Das Lied wurde am 24. März 1937 von der Webb-Band mit Ella als Sängerin aufgenommen.

Robbins verfolgte inzwischen mit größtem Interesse die Erfolge der Webb-Band und ihrer Sängerin. »Jack redete mit uns über eine Abmachung, nach der er uns mit Arrangements versorgen würde. Das war fast so wie die Geschichte mit der Werbung ... Jack sagte: ›Wir kümmern uns um die Arrangements, und ihr müßt nur noch die Sendung machen ... Wir geben euch die Hits vor allen anderen ... weil wir glauben, daß Ella im Moment einfach die absolute Spitze ist. Wir glauben, sie kommt ganz nach oben ...‹

Ich habe Chick Webb gesagt: ›Hör mal, Chick, Jack will einen Deal mit uns machen. Er gibt uns die Topsongs, und egal, was sie kosten, die machen das unter sich aus.‹ Es gab nämlich überall im Land Leute, die den Markt manipulierten, und so konnte man denen ein Schnippchen schlagen. Also hat er uns alle Topsongs gegeben. Und wir haben Ella Fitzgerald allmählich . . . in Richtung Pop . . . gelenkt . . ., ins Kommerzielle. Chick hatte das Gefühl, daß wir alles machten, was uns zu dem Zeitpunkt möglich war . . .

Wir gaben Ella jetzt den größten Teil der Sendezeit. Früher hatte sie vielleicht einen Song gehabt, jetzt bekam sie drei, manchmal sogar vier. Das hat sie nach oben gepusht. Jetzt ist sie den Leuten aufgefallen . . . Chick Webb und sie waren ja so etwas wie eine doppelte Attraktion. Das war der Anfang von ihrem Erfolg, als wir ihr die ganzen Songs gegeben haben, die ganzen großen Popsongs, die ganzen großen Hits.«[25]

Daß Webb Ella so sehr ins Rampenlicht rückte, war maßgebend für ihren frühen Ruhm. Zu jener Zeit setzten Bandleader ihre Sänger und Sängerinnen eher sparsam ein. Die meisten von ihnen hatten sich ihren Ruf durch starke riffbetonte Instrumentalnummern erworben, während die Sänger vor allem die Funktion hatten, einen Tempowechsel einzuleiten und die Blechbläser zu entlasten, deren Lippenmuskulatur im Verlauf eines Abends ziemlich stark beansprucht wurde. Diese hierarchische Stellung innerhalb der Band spiegelte sich auch in der Bezahlung wider. Viele Bandleader betrachteten die Sänger als notwendiges Übel und gaben ihnen Arrangements, die von der Tonlage oder vom Tempo nicht ideal für sie waren. Die Stellung, die Webb Ella nun innerhalb der Band einräumte, die Tatsache, daß er sie wirklich zu einem »Teil seiner Band« machte, war ein Novum, insbesondere in einer Gruppe wie der von Webb, die ein starkes Instrumentalimage entwickelt hatte.

Webbs kommerzielle Einstellung überraschte und enttäuschte viele Bewunderer der Band, unter ihnen den Musiker und Kritiker John Hammond. Er hatte Webbs Entwicklung seit den zwanziger Jahren mitverfolgt und konnte sich nicht erklären, warum dieser ausgerechnet in der Glanzzeit der Big Bands nicht bei dem kraftvollen Jazz blieb, auf den sich sein Ruf in Harlem gründete.

Im November 1937 schalt Hammond Webb öffentlich in *Downbeat*: »Chick Webbs Standard als Musiker ist viel zu niedrig . . . Zu einem guten Teil ist die Band dank Ella Fitzgerald heute extrem populär . . . Auf der Bühne zieht Chick alle Register, die positiven wie die negativen..., ausgeklügelte, schlecht geschriebene ›weiße‹ Arrangements, ein ›Blödel‹-Saxophonist und ein athletischer Dirigent, der herumhampelt und ansonsten kein bißchen zu dem beiträgt, was sich da auf der Bühne abspielt... Aber Chick ist ein so toller Künstler und Ella eine so großartige Persönlichkeit, daß das Publikum solche Schwächen für gewöhnlich übersieht.«[26] Das Publikum übersah solche Schwächen nicht nur, es sorgte sogar dafür, daß Webb mit Ella und seiner Band Hits landete – Ellas Duett mit Louis Jordan, »If You Should Ever Leave« und »All or Nothing At All«, kamen im Juli und August 1937 auf Platz 12 und 20 der Charts.

Hammond war nicht der einzige, der die schwachen Arrangements und den »weißen« Sound der Band kritisierte. Die Abmachung mit Jack Robbins brachte zwar Quantität, aber keine Qualität. Der Kritiker Dave Dexter, der die Band im Sommer 1937 im Fairyland Park, Kansas City, erlebte, beschreibt seinen Eindruck folgendermaßen: »Die Webb-Band klang nie richtig schwarz... Hauptsächlich ging es um die Charts.«[27]

Selbst Webbs Leute hielten einige der Arrangements nicht für sonderlich geglückt. »Irgendwie wollte Chick, daß seine Band wie eins von den weißen Spitzenorchestern klang«, sagt Garvin Bushell. »Also setzte er Arrangeure ein, die er toll fand, wie Al Felman [sein Künstlername war Van Alexander]. Aber die schrieben nicht für farbige Bands, die schrieben keine Stücke, wie wir sie spielten... Wer die Band richtig groß machte, war Ella.«[28]

Anders als bei den kommerziellen Stücken für das Publikum im Savoy wählte Webb bewußt »weiß« klingende Arrangements von so erfahrenen und einfallsreichen Komponisten wie Edgar Sampson oder Charlie Dixon, die der Band zu ihren besten Nummern verholfen hatten. Und eine merkwürdige Ironie war am Werk, als Artie Shaw, der seiner eigenen Band einen »schwarzen« Klang verschaffen wollte, sich an Teddy McRae, Webbs Tenorsaxophonisten, wandte, der ihm auch zu zwei Millionenerfolgen, »Back Bay Shuffle« und »Traffic Jam«, verhalf.

»Ich hatte das Gefühl, daß Chick Ella sozusagen grünes Licht gegeben hatte. Sie *dominierte* die Band nun«, meint Helen Oakley-Dance. »Die Band spielte jetzt eine weniger wichtige

Rolle, und auch ihr Charakter veränderte sich. Ich habe mich deshalb die ganze Zeit mit Chick auseinandergesetzt, aber er hatte seinen eigenen Kopf.«[29]

Ella hatte jetzt entscheidenden Anteil am landesweiten Ruhm von Webbs Band. Mittlerweile verdiente sie so viel, daß sie in die Seventh Avenue 2040 ziehen und sich ein eigenes Hausmädchen leisten konnte. Dieses Gebäude war bei Musikern ausgesprochen beliebt; beispielsweise hatte auch der Saxophonist Chuck Berry dort eine Wohnung. Sie legte nun auch an Gewicht zu – ein Problem, das sie ihr ganzes Leben lang begleiten sollte. Im Herbst 1937 führte dies zu einer amüsanten Anekdote, die in *Downbeat* abgedruckt wurde: »Ella Fitzgerald bleibt im Aufzug stecken, als sie gerade noch vier Minuten Zeit zu einer Swing-Club-Sendung hat. Die Tür am oberen Ende des Aufzugs wird geöffnet; drei Männer hieven 220 Sängerinnen-Pfunde heraus.«[30]

Gegen Ende 1937 zog Ella erneut um, diesmal ins Woodside Hotel, um Jo Jones, dem Schlagzeuger der Band von Count Basie, nahe zu sein. Diese Band war erst kürzlich in die Stadt gekommen und trat im Roseland Ballroom auf. Die meisten ihrer Mitglieder wohnten im Woodside, das durch Count Basies Hit »Jumpin' at the Woodside« so etwas wie Unsterblichkeit erlangte. Eine Weile waren Ella und Jones unzertrennlich.[31] Für Ella war das die erste wirklich wichtige Liebesbeziehung. Jones sah gut und gepflegt aus; er war ein Bonvivant, und die Mädchen liefen ihm in Scharen nach. Ella verliebte sich nicht nur in sein Äußeres, sondern auch in seine starke, weltkluge Persönlichkeit.

Aber in einem ausgefüllten Musikerleben bleibt wenig Zeit für die Liebe – schon bald war die Affäre wieder zu Ende, auch wenn Ella Jones lange nicht vergessen konnte. Ein Foto, das etliche Jahre später in der Garderobe des Apollo gemacht wurde, zeigt ein Bild von Jones auf ihrer Frisierkommode.[32] Als die Band von Count Basie jedoch auf Tournee ging, knüpfte auch der Schlagzeuger Hal Austin intimere Beziehungen zu Ella: »Ich bin mit ihr ins Bett . . .«, erinnert er sich, »damals, als sie im Woodside Hotel gewohnt hat, ›Jumpin' at the Woodside‹!! Eddie Durham hat den Song geschrieben. Da war schon was los in dem Haus!«[33]

Die vielleicht aufregendsten Ereignisse im Jazz des Jahres 1937 waren Webbs legendäre »Orchesterschlachten« im Savoy gegen Fletcher Henderson am 28. Februar, gegen Duke Ellington am 7. März und gegen Benny Goodman am 11. Mai. Gegen Duke Ellington verlor Webb, aber der Wettbewerb gegen Goodman gehört zu den größten Ereignissen der Swing-Ära. Der Besucherrekord des Savoy wurde mit mehr als 4000 Gästen gebrochen, 5000 weitere mußten abgewiesen werden. Feuerwehr, berittene und Bereitschaftspolizei wurden gerufen, um die Menge in Schach zu halten. Goodman war 1937 der absolute Spitzenmann in der Musik, aber Webb gewann: »Chick Webb schlägt Ben Goodman«, lautete die Schlagzeile des *Metronome*-Magazin.[34]

»Das war eine Wahnsinnsschlacht«, erzählt Mario Bauza. »›Wißt ihr was‹, sagte Chick am Abend zuvor allen, die es hören wollten, ›Leute, morgen kommt meine Stunde. Wenn irgend jemand falsch spielt, braucht er gar nicht erst auf die Kündigung zu warten; der braucht am nächsten Tag gar nicht mehr zur Arbeit kommen!‹ Es war ein großartiger Abend. Alle Mitglieder von Bennys Band gratulierten Chick und Gene Krupa. Chick war wie ein Vater für Gene Krupa.«[35] Einer der Höhepunkte war »Ella Fitzgeralds Gesang. Die Zuhörer hakten einander unter und schunkelten, während sie sang«[36], schrieb George T. Simon im *Metronome*-Magazin.

Ende 1937 ging Webb wieder auf Tournee. Als seine Band im Dezember eine Woche im Palace Hotel, Cleveland, und am Weihnachtsabend im Cleveland Hotel, Cleveland, auftrat, hieß es in den Presseberichten nicht mehr »Chick Webb und sein Orchester«, sondern »Chick & Ella«. Im Januar war die Band wieder im Savoy Ballroom, und am 16. Januar 1938 sah Webb sich der vielleicht größten Herausforderung seiner bisherigen Karriere gegenüber. Er sollte gegen das Count Basie Orchestra antreten, das frisch aus Kansas City kam und mittlerweile als eine der besten Jazz-Bands galt.

Am gleichen Abend war Count Basie im Rahmen des legendären Benny-Goodman-Konzerts in der Carnegie Hall aufgetreten, dem ersten echten Jazzkonzert der Geschichte. Danach versammelten sich die Goodman-Familie, die meisten Mitglieder von

Goodmans Band sowie andere Jazzgrößen, unter ihnen Mildred Bailey, Red Norvo, Teddy Hill, Willie Bryant und Duke Ellington Uptown, um den Kampf zwischen Webb und Count Basie mitzuerleben.

Der Abend war eine wichtige Herausforderung für Ella, denn die Sängerin der Band von Count Basie war Billie Holiday, für viele der Inbegriff des Jazz-Gesangs. Ella machte sich vermutlich keine Illusionen darüber, was ihr bevorstand; schließlich war sie am 11. April 1937 zusammen mit Louis Armstrong, Benny Goodman, John Hammond und Lionel Hampton unter den Zuhörern gewesen bei Billie Holidays Auftritt mit Count Basies beeindrukkender Formation im Savoy.

Das *Metronome*-Magazin sah Webb als Gewinner in jener kalten Nacht im Januar 1938, *Downbeat* jedoch kürte Count Basie zum Sieger. Als es aber um die beste Sängerin ging, bestanden keinerlei Zweifel. Ella »schlug Billie Holiday um Längen . . . Ella Fitzgerald sorgte für eine Sensation mit ihrer Version von ›Loch Lomond‹, Billie Holiday begeisterte die Fans mit ›My Man‹. Als Ella sang, schunkelte das Publikum mit . . . Die Leute winkten mit Taschentüchern, riefen und stampften mit den Füßen. Alle waren ganz aus dem Häuschen«[37].

Am 7. Februar fuhr die Band nach Boston zu einem fünfwöchigen Engagement im Flamingo Room von Levaggi's Restaurant. Sie sorgte für eine Sensation: »In einer der größten Krisen, die das Bostoner Nachtleben je erlebt hat, ist diese Sache einfach phantastisch«, hieß es in *Downbeat.* »Chick selbst ist faszinierend. Und Ella Fitzgerald ist gut wie immer . . . Es ist einfach erstaunlich, wie sie das Publikum in ihren Bann zieht. Jedesmal, wenn sie singt, ist es mucksmäuschenstill, und wenn man die Gäste von Levaggi's als Maßstab nimmt, ist sie heute die bei weitem populärste Sängerin im Geschäft.«[38]

Chick und Ella schwammen auf der Welle des Erfolges. Ihre Version von »Rock It For Me« hatte im gleichen Monat Platz 19 der Hitparade erreicht. Umgehend wurde das Engagement bei Levaggi's bis zum 2. Mai verlängert. *Downbeat* berichtete: »Chick Webbs Savoy Orchestra mit der First Lady of Swing, Ella Fitzgerald, hat für eine echte Sensation gesorgt.«[39]

Das war das erste Mal, daß Ella in gedruckter Form als »First Lady« bezeichnet wurde. Teddy McRae erzählt: »Jack Robbins versorgte uns mit den ganzen Hits ... Viele Verleger gaben uns Songs, Topverleger wie Mills Music, Robbins oder Shapiro Bernstein, wirklich alle Topverleger. Alle wollten Ella die Supersongs geben ... Deswegen war sie die First Lady of Song, weil wir ihr immer die Topsachen gaben.«[40]

Ella hatte als Mittelpunkt der Webb-Band schon bald gelernt, daß für sie kein Mangel an Männern bestand. Offenbar genoß sie diese Aufmerksamkeit. »Wissen Sie, sie war einfach kein besonders hübsches Mädchen«[41], sagt Charles Linton. Doch Ella machte sich jetzt eine schöne Zeit. »Immer war sie mit irgendeinem Mann zusammen«, erzählt Beverly Peer. »Alle gutaussehenden Kerle hingen um sie rum, weil sie singen konnte ...«[42] Bei Levaggi's bestand ein großer Teil des Publikums aus College-Studenten von der nahegelegenen Harvard University, die Jack Levaggi immer wieder von einem Besuch abzuschrecken versuchte, weil seine Hausregel, keinen Minimalkonsum zu verlangen, bedeutete, daß sie die ganze Nacht tanzen konnten, ohne viel zu bezahlen.

Hier zog Ella auch die Aufmerksamkeit eines eher ungewöhnlichen Bewunderers auf sich. »Roosevelts Sohn war verliebt in Ella«, erinnert sich Mario Bauza. »Er kam jeden Abend mit einem Chauffeur und brachte Ella heim. Ich fragte ihn: ›Was machen Sie denn?‹ Und er antwortete: ›Ich bin ein guter Sohn, und ich bin die Zukunft dieses Landes.‹ Darauf fragte ich: ›Und was soll das heißen?‹ ›Psychologie.‹ Er kam jeden Tag und holte Ella ab. Er wartete jeden Tag, um sicherzugehen, daß sie gut nach Hause kam, und ließ sich dann selber von seinem Chauffeur heimfahren. Jeden Abend war er da, manchmal ging's: ›Na, wo ist denn dein Freund, kommt er heut abend nicht?!‹ Und darauf [macht eine weibliche Stimme nach]: ›Er kommt, bevor wir hier fertig sind, er ist pünktlich!‹«[43]

Allmählich forderten Webbs Behinderung und seine körperliche Schwäche ihren Tribut. Am 4. April 1938 kam er zwei Wochen ins Krankenhaus und ließ sich bei Levaggi's von seinem Freund »Scrippy« am Schlagzeug vertreten. Im Anschluß an ihre

Rückkehr nach New York trat die Band wieder im Savoy auf und später ein paar Wochen im Roseland. »Zu der Zeit begann sich die harte Arbeit bei Chick bemerkbar zu machen«, sagt McRae. »Jedesmal, wenn wir im Roseland aufhörten, mußte sein Butler auf die Bühne kommen und ihn heruntertragen. Sein Buckel fing an, ihm zu schaffen zu machen.«[44]

Am 2. Mai gingen Chick und Ella in die Decca-Studios in New York, um »A-Tisket, A-Tasket« aufzunehmen. »Das war Ellas Idee«, erzählt Teddy McRae. »Es war ihre Idee, in Yonkers zu singen ... ›A-Tisket, A-Tasket‹, das ist ein Kinderreim. Sie und ein paar Kinder sangen das ... Wir hatten damit nichts zu tun. Wir haben Van[Alexander] gebeten, das Lied für sie aufzuschreiben, und Van hat das Arrangement gemacht.«[45]

Ella hatte die groben Züge von »A-Tisket, A-Tasket« bei Levaggi's erarbeitet und die Notizen Van Alexander gegeben. »Ich hatte damals schrecklich viel zu tun«, erinnerte er sich später. »Also habe ich nichts daran gemacht. Aber Ella ist ungefähr nach einem Monat wieder auf mich zugetreten, und ich bin nach Hause und habe die Melodie und den Text zusammengebracht. Ich habe alles selbst abgeschrieben und bin dann damit zu Webb. Er hat den Song am Nachmittag ungefähr eine Stunde lang geprobt, und dann hat er ihn noch am selben Abend vom Savoy aus gesendet. So ist ›A-Tisket, A-Tasket‹ entstanden, und der Song hat gleich Erfolg gehabt.«[46]

»A-Tisket, A-Tasket« basiert auf einem Kinderreim, der eigentlich aus dem Jahr 1879 stammt. Anfangs schreckten die Verantwortlichen der Decca davor zurück, den Song aufzunehmen. »Die Aufnahme von ›Tasket‹«, erzählt Beverly Peer, »die hätten wir fast nicht gemacht. Bob Stephens [der Tontechniker der Decca] wollte den Song nicht aufnehmen. Da hat Chick angefangen, sein Schlagzeug zusammenzupacken, um sich durchzusetzen. Wenn er sich nicht dahintergeklemmt hätte, hätte es ›Tasket‹ nie gegeben. Das war allein Chicks Verdienst.«[47]

»A-Tisket, A-Tasket« kam am 18. Juni 1938 in die Charts, war zwei Wochen später bereits die Nummer eins und blieb insgesamt 19 Wochen in der Hitparade. 1950 stiegen die Verkaufszahlen in die Millionen, weil der Song 1944 in dem Film *Two Girls and a*

Sailor mit June Allyson, Lena Horne, Harry James und Xavier Cugat dem Publikum noch einmal ins Gedächtnis gerufen wurde.

Mit »A-Tisket, A-Tasket« wurden Chick und Ella zur nationalen Attraktion. »Die Band war überall ein Erfolg«, sagt Teddy McRae. »Im ganzen Land. Wir haben damit alle Rekorde gebrochen. Die Leute sind auf der Straße angestanden ... Sie haben ihre Kinder mit in den Ballroom gebracht, und Chick hat ihnen Preise gegeben ... Er hat sich das hundert Dollar kosten lassen. Kleine Mädchen haben ›A-Tisket, A-Tasket‹ gesungen. Chick hat den ersten und zweiten Preis aus der eigenen Tasche bezahlt ... Ella wurde mit ihrem ›A-Tisket, A-Tasket‹ die Attraktion, wo wir gespielt haben ... Sie haben alle ihre kleinen Mädchen mitgebracht, fein herausgeputzt, und die haben dann ›A-Tisket, A-Tasket‹ gesungen.«[48]

Von Mai bis August hatte Ella eine kurze Affäre mit Webbs Altsaxophonisten und Sänger Louis Jordan, bis dieser die Band im August verließ. »Louis war in der Band«, erinnert sich Mario Bauza. »Mir gefiel sein Verhalten nicht. Ich sagte: ›Louis, willst du das Mädchen vielleicht ausnutzen? Ich bin wie ein Vater für sie, und ich will, daß du die Lady respektierst.‹ ›Nein, nein, nein. Schließlich bin ich ein verheirateter Mann.‹ Da sagte ich: ›Ich *weiß*, daß du ein verheirateter Mann bist.‹«[49]

Jordans Auftritte waren immer ein besonderes Ereignis für das Publikum. »Eigentlich war Ella die Attraktion der Band«, meint Garvin Bushell. »Und Chick war intelligent genug, das zu merken. Aber Ella hatte ein Problem – sie besaß keine sonderliche Bühnenpräsenz ... Louis stahl Ella die Show, also beschloß Chick, ihn zu feuern.«[50] Etwas Besseres konnte Jordan überhaupt nicht passieren. Er wurde zu einer Schlüsselfigur in der Geschichte der populären Musik, verband Jazz mit Rhythm and Blues und wurde zu einem frühen Vorläufer des Rock 'n' Roll.

Im Mai 1938 traten Chick und Ella nach einer langen Reihe von One Nighters wieder im Apollo auf. Als sie im Juli nach Baltimore, Chicks Heimatstadt, kamen, stürzten sich die Massen auf sie, auch wenn sie überraschenderweise in einer »Orchesterschlacht« im Savoy am Sonntag, den 31. Juli gegen Horace Henderson nur ein Unentschieden erreichten. Im August gingen sie im Westen auf Tournee und spielten zwei Abende in Kansas Citys Fairyland Park, einen Abend für ein weißes Publikum und den folgenden Abend für ein farbiges Publikum. In St. Louis handelten sie eine Einnahmebeteiligung von 50 Prozent, jedoch mindestens 750 Dollar aus und bekamen schließlich die Hälfte der Bruttoeinnahmen von 3200 Dollar, also 1600 Dollar. Das war damals viel Geld, aber ein großer Teil davon ging an Gales Agentur. Im September stellten sie einen neuen Besucherrekord in New Yorks riesigem Paramount Theatre auf, einen Rekord, der fünf Jahre lang von weißen Gruppen gehalten worden war. Überhaupt war Webbs Band erst die dritte schwarze Band, die im Paramount auftrat. Vorher waren nur Louis Armstrong und Cab Calloway dort zu sehen und zu hören gewesen.

Ella begann jedoch allmählich, ihre eigenen Ideen über die Programmgestaltung zu entwickeln. »Ella konnte ganz schön beharrlich sein«, sagt Beverly Peer. »Sie hat ständig auf Chick eingeredet wegen dem Programm. Wir spielten im Paramount. Ella bestimmte, was. Das hat nicht sonderlich gut geklappt. Dann hat Chick das Programm zusammengestellt – und es war ein Bombenerfolg.«[51]

Im selben Monat bekam Moe Gale ein Angebot von Warner Brothers. Chick, Ella und die Band sollten in einem Film von Dick Powell mitmachen. Doch daraus wurde nichts, weil die Band keine freien Termine mehr hatte. Im Oktober trat sie wieder im Paramount auf, diesmal mit einer um tausend Dollar erhöhten Garantiegage. Im folgenden Monat brach sie mit einer Einnahme von 25 000 Dollar im Regal Theatre von Chicago Benny Goodmans Rekord, und in Camden, New Jersey, stellte sie einen erneuten Einnahmerekord von 3500 Dollar für einen einzigen Abend auf.

Durch »A-Tisket, A-Tasket« war Ella zur populärsten Sängerin Amerikas geworden. Innerhalb von drei Jahren hatte sie sich von einer Unbekannten zu einem Star gemausert, und mit noch nicht einmal zwanzig Jahren lag ihr die Welt zu Füßen. Sie hatte letztlich keine allzugroßen Bedürfnisse – sie wollte nur singen und sich amüsieren. Beides konnte sie nun zur Genüge. »Wir sind immer in Nachtklubs unterwegs gewesen«, erinnert sich Charles Linton. »Und wenn sie dann am Morgen herausgekommen ist, hatte sie die Schuhe über die Schulter gehängt und ist barfuß die Straße runter. Sie war einfach süß, wissen Sie, aber sie hatte auch ihre Macken. Ich weiß nicht, wie sie so geworden ist.«[52]

Ella hatte jeden Grund glücklich und noch mehr Grund, Chick Webb dankbar zu sein, der ihr schließlich zu ihrem Durchbruch verholfen hatte. »Eines Tages haben wir geprobt«, erzählt Linton weiter, »und Chick war so glücklich, daß sie es so gut machte, und Ella auch. Wir standen nebeneinander – und Chick spielte das Schlagzeug, und dann haben sie eine Swingmelodie angefangen. Chick lächelte Ella an, aber sie hat sich nur umgedreht und gefragt: ›Warum grinst du mich so an??!!‹ Da hab' ich schon gewußt, was los ist – sagt die Frau einfach zum Boß: ›Warum zum Teufel grinst du mich so an?‹«[53]

5. Kapitel

Eins wollte Chick unbedingt – er wollte Ella zum Star machen. Vermutlich hat er irgendwie geahnt, daß ihm etwas passieren würde.

Teddy McRae, Komponist, Arrangeur, Tenorsaxophonist, Mitglied des Chick Webb Orchestra 1936–39 und des Ella Fitzgerald Orchestra 1939–41.[1]

Im November 1938 verbuchten Chick und Ella einen Erfolg nach dem anderen. Am 11. dieses Monats kamen drei ihrer Platten in die Charts. Eine Folgenummer zu »A-Tisket, A-Tasket«, »I Found My Yellow Basket«, landete auf Platz 3, »Wacky Dust« auf Platz 13 und »MacPherson Is Rehearsin' To Swing« auf Platz 14. Eine Woche später kam »F. D. R. Jones« aus dem Broadway-Musical *Sing Out the News* auf Platz 8. Die Band war mittlerweile so populär, daß sie zu den wenigen schwarzen Gruppen gehörte, die regelmäßig Engagements in Downtown Manhattan erhielt. Dazu kam noch ein Dauerengagement im exklusiven, ausschließlich weißen Coconut Grove des Park Central Hotels. Am 9. Dezember, dem ersten Abend dort, trug Ella einen großen diamantenen Verlobungsring.

Natürlich gingen sofort wilde Gerüchte durch die Musikpresse. *Downbeat* berichtete: »Ella will heiraten! Mollige Chanteuse der Webb-Band wird diesen Monat, während die Band im Park Central Hotel spielt, vor den Altar treten. Webb einverstanden. Ella will Namen des Mannes nicht preisgeben.«[2] An anderer Stelle war zu lesen, Haywood Henry, der Baritonsaxophonist des rasch bekannter werdenden Erskine Hawkins Orchestra, sei der Zukünftige. »Sirene schlägt Musiker in Bann. Haywood Henry von Erskine Hawkins wirbt um Ella und gibt ihr Ring!«[3]

Die Erskine Hawkins Band, die ebenfalls von Moe Gale vertreten wurde, war gerade dabei, sich im Savoy Ballroom einen Namen zu machen. Ihre Mitglieder waren 1934 als »Bama State Collegians« frisch vom College nach New York gekommen. 1937 änderten sie ihren Namen, als der Trompeter Erskine Hawkins die Leitung übernahm, und unterzeichneten einen Vertrag mit Gale. Schon bald waren sie fünfzig Wochen im Jahr ausgebucht und traten bis Ende der fünfziger Jahre regelmäßig im Savoy auf.

»Wir haben damals alle im Woodside Hotel gewohnt«, erinnert sich Haywood Henry. »Die meisten Jungs aus der Band wohnten da, und Ella auch, und da haben wir eben auch was miteinander unternommen. Wir steckten schon ein paar Wochen zusammen und arbeiteten im Royal in Baltimore, einem Theater. Chick war im Hollywood Theatre in Washington.

Wir haben einige Zeit frei gehabt, da ist Ella nach Baltimore gefahren, um sich mit mir zu treffen. Billy Rose, der Journalist, sah uns zusammen in einer kleinen Bar, wie wir uns in einer Nische unterhielten. Ella trug einen Ring, und sie erzählte Billy Rose, der sei von mir. Also schrieb er, wir wären verlobt, und schon stand's in allen Zeitungen. Später schickte Ella mir ein Telegramm und fragte mich, ob mir die ganze Publicity was ausmache. Ich habe ihr dann auch ein Telegramm geschickt und gesagt, mir ist das egal, also ist die Geschichte eben so stehengeblieben. Sie stimmte zwar nicht, aber immerhin gingen wir miteinander aus.

Ella war ein netter Mensch. Ich kam gerade vom College, und sie war den Gesprächen, die ich gerne führte, nicht gewachsen. Damals haben alle in Harlem Marihuana geraucht, und Whisky kriegte man für fünf Cents das Glas, aber wir haben das alles nicht gemacht. Schließlich habe ich mein College beim Hundert-Yards-Lauf repräsentiert.

Sie war gern mit gebildeten Jungs zusammen, weil sie selbst nicht viel Bildung hatte. Chick hat mich zusammen mit ihr gesehen und den anderen gesagt, ich bin der richtige Typ Mann, weil sie von nichts eine Ahnung hatte, sie hatte keine Ahnung von Männern. Sie war ein Niemand damals nach der Amateur Hour, niemand schenkte ihr Beachtung. Auch die Jungs von der Band beachteten sie kaum bis ›A-Tisket, A-Tasket‹. Damals hielten sie nicht viel von ihrer Singerei! Aber sie war einfach ein Naturtalent wie Frank Sinatra. Man muß einfach ein Naturtalent sein, um diese ganzen verdammten Songs zu lernen! Sie wissen nichts über musikalische Formen, und sie machen's trotzdem richtig.

Ich bin eines Abends zu Ella gegangen. Sie hat gesagt, sie ist müde und möchte sich nicht unterhalten, schließlich arbeitet sie die ganze Nacht unten im Park Central Hotel, darauf habe ich geantwortet: ›Und ich hab' grad' oben im Savoy Bariton gespielt.‹ Sie sagte: ›Aber du singst nicht!‹

Und ich antwortete: ›Und du spielst nicht Bariton.‹ Ich habe nicht allzuviel gehalten vom Singen, ich dachte, ein Blasinstrument spielen ist viel wichtiger als Singen. Als ich jung war, konnte so ziemlich jeder in der Stadt singen, also sagte das nicht viel!«[4]

Ihre Romanze verlief schon bald im Sande. Das war nichts Ungewöhnliches im Showbusineß – die Partner arbeiteten oft nachts und zu unterschiedlichen Zeiten; wenn sie dann zusammensein konnten, waren sie meist müde und gereizt. Spannungen waren unausweichlich. 1967 gab Henry dem Autor Gane Fernett ein Foto von Ella aus einem der nach wie vor so beliebten Fotoautomaten, ein Souvenir ihrer längst vergangenen Affäre.[5]

Nach dem Engagement Ende Januar ging Webb wieder auf Tournee und stellte einen neuen Besucherrekord in Galvestone, Texas, vor einem ausschließlich weißen Publikum auf. Doch allmählich machte sich der ständige Druck gesundheitlich bemerkbar, und Webb mußte sich immer häufiger hinter die Bühne zurückziehen, um sich zu erholen. Hal West, der früher in der Band von Roy Eldridge gespielt hatte, sprang dann für ihn ein. Im Februar trat die Band in Memphis auf; Webb spielte unter großen Schmerzen: »Webb angeschlagen auf Tournee, kann nur wenige Nummern selbst spielen. Ella begeistert Publikum!«[6] berichtete die Presse.

Doch selbst wenn Webbs Krankheit die Live-Auftritte problematisch machte, hatte er doch weiterhin einen Hit nach dem anderen. Am 18. März kam »Undecided« auf Platz 8 der Charts, und sieben Tage später war »T'Aint What You Do (It's the Way Cha Do It)«, ein weiterer Song, den Ella mit »Re-bop« beendete, eine Woche auf Platz 19. Anfang Mai landete eine Komposition von Ella, »Chew, Chew, Chew (Your Bubble Gum)«, eine Woche auf Platz 14.

»Damals waren wir wirklich auf dem Weg nach oben«, erinnert sich Teddy McRae. »Schließlich hatten wir eine doppelte Attraktion – Ella und Chick Webbs Band.«[7] Webbs Strategie, Ella in den Vordergrund zu stellen, zahlte sich aus. Er hatte bei der schwarzen und der weißen Zuhörerschaft so großen Erfolg, daß *Downbeat* die Band jetzt »eine der bekanntesten und beliebtesten Swingbands im Land«[8] nannte.

Doch am Horizont zogen dunkle Wolken auf. Im April gab Webb sich endlich geschlagen und ließ sich ins Johns Hopkins Hospital in Baltimore einweisen. »Die Flüssigkeit in seinem Rükken, irgendwas passierte damit«, erzählt Teddy McRae. »Die Ärzte sagten, er muß was davon entnehmen lassen. Also ist Chick ins Krankenhaus und hat sich operieren lassen. Der Arzt hat was von der Flüssigkeit rausgenommen oder so. Aber es ist nur schlimmer geworden . . ., und [Bill] Beason und die anderen waren da und haben dafür gesorgt, daß Chick ein bißchen Ruhe kriegt. Wir sind auf Tournee und haben ein paar One Nighters gemacht und Big Sid Catlett mitgenommen.«[9]

Als Webb wieder aus dem Krankenhaus entlassen wurde, kehrte die Band ins Park Central zurück, und im Mai löste sie Louis Armstrong im Bostoner Southland Café ab, wo sie »ein Bombengeschäft machte, hauptsächlich wegen der Anziehungskraft von Chick und Ella«[10].

Nach diesem Engagement begab sich die Band wieder auf eine anstrengende Tournee mit One Nighters, die weiterhin an Chick Webbs Gesundheit zehrten. In Washington verließ er die Band, die weiter nach Süden fahren sollte, schließlich und kehrte ins Johns Hopkins Hospital von Baltimore zurück. »Ich saß [mit Chick] draußen vor Keyes Restaurant auf der Kühlerhaube seines Cadillac«, erzählt McRae. »Seine Frau saß im Wagen . . . Er wollte zurück [nach Baltimore]. Und er hat zu mir gesagt: ›Wenn mir was zustößt, dann paß auf Ella auf. Sieh zu, daß die Jungs nicht alles verderben, und paß auf Ella auf.‹ Ich habe geantwortet: ›Ach, komm schon, Mann, dir passiert schon nichts. Du weißt genau, daß dir nichts passiert.‹ Aber er sagte: ›Ne. Ich muß dafür sorgen, daß nichts schiefläuft mit dem Geschäft. Paß auf Ella auf . . .‹ Und ich habe gesagt: ›Okay, ich besuch' dich. Fahr zurück und laß dich operieren, und ich besuch' dich dann in vier oder fünf Tagen in Florida.‹ ›Ich werd' da sein‹ [hat Webb gesagt]. Und ich habe seiner Frau zugerufen: ›Gut, ich treff' euch dann da.‹«[11]

Anfang Juni trat Chick dann als Gast beim Swing Concert im Hippodrome auf, das vom National Swing Club of America gesponsert wurde. Am 9. Juni wurde er ins Johns Hopkins Hospital in Baltimore eingeliefert, weil er mittlerweile Nierenprobleme hatte, die vom Rückenmark herrührten. Am 16. Juni 1939 starb er friedlich in den Armen seiner Mutter.

Unterdessen hatten Ella und die Band mit dem Ersatzschlagzeuger Bill Beason Alabama und damit den südlichsten Punkt ihrer Tournee erreicht. Sie wußten nichts von Webbs Tod. Nachdem sie vier Nummern gespielt hatten, reagierte das Publikum ganz ungewöhnlich: »Niemand klatschte«, erinnert sich MacRae. »Alle standen einfach nur da und starrten uns an . . . Der Road Manager rief Taft [Jordan] nach hinten . . . Als er wieder herauskam, sagte er zu uns: ›Wißt ihr, Chick Webb ist heute gestorben. Heute nachmittag.‹ Wir wußten das nicht, wir hatten nichts davon gehört. Wir waren den ganzen Tag unterwegs und gingen immer direkt vom Bus in den Tanzsaal . . . Die ganze Stadt wußte Bescheid. Alle hatten es im Radio gehört. Aber die Band wußte nichts davon.«[12] Danach fuhren sie nach Baltimore zurück und warteten auf die Beerdigung.

»Nur einmal gegen Ende hat er ein bißchen gejammert«, erinnert sich der Posaunist Sandy Williams. »›Als ich jung war und noch für ein Butterbrot gespielt habe‹, hat er zu mir gesagt, ›hab' ich alles essen können; jetzt, wo ich das ganze Geld habe, kann ich nur noch bestimmte Sachen essen. Ich kann nicht mal ein Schlückchen trinken, wenn ich möchte . . .‹ Meiner Ansicht nach war Chick der beste Schlagzeuger. Gene Krupa war wohl sein stärkster Konkurrent in den letzten Jahren . . . Krupa und Buddy Rich waren damals oft mit Chick zusammen. Natürlich war auch Sidney Catlett ein Superdrummer. Aber Chick hat sich von niemandem dreinreden lassen. Er hielt sich für den Besten, und das hat er einem auch gesagt. Er hat keine einzige Note lesen können, aber trotzdem war er Spitzenklasse.«[13]

In Baltimore versammelten sich Tausende von Trauergästen. »Ich bin hinausgefahren zu dem kleinen Haus, wo Chick oft mit seinem Onkel zusammen war«, sagt Garvin Bushell. »Chick war dort aufgebahrt, und Gene Krupa – der damals gerade in der Stadt spielte – saß neben dem Sarg und weinte. Chick war sein Idol gewesen. Als ich später zurückkam, saß Gene immer noch da. Er blieb den ganzen Tag. Am nächsten Tag hielten sie den Verkehr auf wegen dem Trauerzug. Das hatten sie nicht mal für den Bürgermeister gemacht, aber für Chick machten sie es; sie erwiesen ihm die letzte Ehre.«[14]

Webb hatte lange und hart gekämpft, um an die Spitze zu gelangen, und es waren ihm nur wenige Monate vergönnt, seinen Triumph auszukosten. Die Menschenmassen, die zu seiner Beisetzung erschienen, wirkten fast wie eine Ironie des Schicksals. »Seine Beerdigung war beeindruckend; dieser Erfolg übertraf noch seine kühnsten Träume«, meint Helen Oakley-Dance. »Tausende standen am Straßenrand, um dem Trauerzug zuzusehen, und weitere Massen erwiesen ihm die letzte Ehre in der A. M. E. Church, in der er aufgebahrt lag ... Ella Fitzgerald sang ... Nur wenige blieben ungerührt, als sie sich mit ›My Buddy‹ von ihm verabschiedete.«[15]

Bereits zwei Wochen nach Webbs Tod waren Ella und die Band wieder in New York und in den Aufnahmestudios. »Sie setzte nicht ein einziges Mal aus, war am nächsten Tag schon wieder da«, sagt Beverly Peer. »Sie dachte an ihre Zukunft.«[16] Von den fünf Nummern, die am 29. Juni 1939 aufgenommen wurden, führte »I Want the Waiter (With the Water)« Ellas Erfolgsserie fort und landete im September des gleichen Jahres drei Wochen lang auf Platz 9 der Charts. Gales Hauptansinnen war es, die bereits bestehenden Engagements der Band nicht platzen zu lassen und die lukrative Tournee durch den Süden der Vereinigten Staaten fortzusetzen. Zur Vorbereitung ging die Band ins Savoy, wo sie ein neues Programm ausarbeitete, das sich ganz auf Ella konzentrierte. »Wir haben ungefähr eine Woche lang dort gespielt«, erinnert sich McRae. »Um ein bißchen zur Ruhe zu kommen und Bill Beason in die Band zu integrieren ... Für die Shows mußten wir alles neu arrangieren, weil Chick Webb ein wichtiger Bestandteil der Band gewesen war.«[17]

Nach einem Gastauftritt in »George Jessel's Celebrities« in NBCs Red Network am 23. August zusammen mit dem Boxer Jack Dempsey gingen Ella und die Band wieder auf Tournee. »Wir hatten Engagements bis runter nach Florida und im ganzen Mittleren Westen. Die Termine standen immer noch an«, sagt Teddy McRae. »Wir sind nach Chicago ... Wir spielten im Grand Terrace in der Zeit, wo Earl Hines nicht da war, ungefähr vier Wochen lang, und dann haben wir uns wieder nach New York vorgearbeitet und sind im Roseland Ballroom aufgetreten. Dann sind wir zum Famous Door ... Da sind wir ungefähr vier Wochen geblieben; von dort aus sind wir auch übertragen worden.«[18]

Ursprünglich waren sie als Ella Fitzgerald and the Famous Chick Webb Orchestra angekündigt worden, doch bereits im Chicagoer Grand Terrace im September tauchte Chicks Name nicht mehr auf. Die Band nannte sich jetzt Ella Fitzgerald and Her Famous Orchestra. Noch ein Kuriosum am Rande: Ella mußte nun der Musikergewerkschaft beitreten, denn damals betrachtete man Sänger nicht als »Musiker«, sondern als Schauspieler, die zu deren Gewerkschaft gehörten!

Ellas Name versprach hohe Einnahmen, und Gale gedachte das auszunutzen. Sie jedoch hatte nicht die geringste Ahnung, wie man eine Big Band leitete, wie man dreizehn erwachsene Männer motivierte, disziplinierte, mit ihnen probte oder das Repertoire auswählte. Deshalb übernahm der Trompeter Taft Jordan, der seit 1939 bei Chick Webb war und die Band immer geführt hatte, wenn Webb selbst verhindert war, diese Aufgaben. »Nach Chicks Tod leitete ich die Band eine Weile, aber ich war noch jung damals, und schon bald wurde es kritisch.«[19] Als die Band im Dezember 1939 schließlich am Ende der langen Tournee im Roseland Ballroom auftrat, fand das Arrangement ein jähes Ende. Gale bat nun Benny Carter, einen allseits angesehenen Jazzmusiker, die Band zu übernehmen.

»Sie konnten sich nicht einigen mit Benny«, erzählt Teddy McRae, »weil Benny sagte, das wird Benny Carters Band mit Ella Fitzgerald. Aber Moe wollte das nicht. Er wollte, daß Ella die Band bekommt. Also hat Benny gesagt: ›Warum gebt ihr die Band nicht Teddy McRae?‹ Dann hat er mich geholt, und wir haben uns geeinigt.«[20] In der Folge kam es zu mehreren Personalwechseln, und *Downbeat* schrieb im Januar 1940: »Ellas Band gerät ins Wanken; Bob Stark geht.« Für Tommy Fulford, der an Lungenentzündung erkrankt war, kam Ram Ramirez, und als die Band im Mai ein vierwöchiges Engagement im Famous Door an der 52th Street begann, hatten auch noch der Posaunist Sandy Williams und zwei weitere Mitglieder der ursprünglichen Band enttäuscht die Gruppe verlassen. Ironischerweise ging das Famous Door einen Monat später bankrott, seine Besitzer Felshin und Brooks setzten sich in einer Nacht-und-Nebelaktion ab, und Gales Agentur erhielt keinen Pfennig für das Engagement der Band.

Das größte Problem von Ellas Band war von Anfang an das Geld. Taft Jordan erklärt das folgendermaßen: »Von den großen Tieren wollte keiner was zahlen. Ich glaube, wir bekamen damals so 75 Dollar die Woche, während die Leute in anderen Orchestern, die nicht so viele Besucher anzogen wie wir, 25 bis 35 Dollar mehr pro Woche verdienten als wir.«[21] Der Jazzhistoriker John Chilton meint, daß die Eintrittspreise für Ellas Band genauso hoch waren wie für die der Topbands, beispielsweise von Duke Ellington, Lunceford oder Count Basie.[22]

Offenbar zog Gale einen ordentlichen Anteil für sich ab, was bei den Bandmitgliedern zu Unzufriedenheit führte. Als Chick noch lebte, hatte es bei den Angehörigen der Gruppe so etwas wie ein Gefühl der Verbundenheit gegeben, weil Webb so viel Wert auf Loyalität legte. Doch nach seinem Tod wurde die Band unter der Leitung Gales zu einem rein geschäftlichen Unternehmen. »Für mich war das eine Möglichkeit, Geld zu verdienen«[23], erklärte Ella einmal. Und die anderen Bandmitglieder begannen nun, das ganz ähnlich zu sehen. Musiker, die unter Webb ohne zu murren ein geringes Einkommen hingenommen hatten, verloren allmählich ihr Gefühl der Verbundenheit. Schon bald wurde ihnen bewußt, daß sie lediglich eine anonyme Begleitband für Ella waren, was noch deutlicher wurde, wenn sie hin und wieder ziemlich gräßliche Nummern spielen mußten, so zum Beispiel »My Wubba Dolly«, das im November 1939 auf Platz 16 der Charts landete.

1940 wurde Ella eines der jüngsten Mitglieder der American Society of Composers, Authors and Publishers (ASCAP). Unter den Songs, die sie entweder allein oder zusammen mit anderen komponiert hatte, waren »A-Tisket, A-Tasket«, »You Showed Me the Way«, »I Found My Yellow Basket«, »Once Is Enough For Me«, »Betcha Nickel«, »Please Tell the Truth«, »Oh! But I Do«, »Spinnin' the Webb«, »Chew, Chew, Chew (Your Bubble Gum)« und »Deedle-De-Dum«. Die meisten dieser Nummern waren nach dem Strickmuster von »A-Tisket, A-Tasket« komponiert und maßgeschneidert für die Charts. Nichts war ihr zu banal, wie zum Beispiel »My Wubba Dolly«, wo sie mit Babystimme singt. So ist leichter zu verstehen, warum Mario Bauza sie als kommerzielle Sängerin bezeichnete.

Ellas Beliebtheit ließ auch im Jahre 1940 überhaupt nicht nach. »The Starlight Hour« und »Sing Song Swing« landeten in zwei aufeinanderfolgenden Wochen im April auf Platz 17 und 23 der Hitparade, eine Coverversion von Clyde McCoys »Sugar Blues« kam im Juni einmal auf Platz 27, »Shake Down the Stars« erreichte im Juli Platz 18 und »Five O'Clock Whistle« war im Dezember auf Platz 9.

Ella und die Band blieben bis Ende April im Roseland, von wo aus regelmäßig durch NBC übertragen wurde. Die Aufnahmen aus dieser Zeit beweisen, daß die Band nun viel dichter spielte als unter Webb, aber, abgesehen einmal von Ellas Stimme, ohne eigenen spezifischen Charakter. Deutlich wird jedoch auch, wie wenig sich der Stil der Band seit Ellas Plattendebüt fünf Jahre zuvor verändert hatte. Die Bands von Duke Ellington, Benny Goodman, Count Basie, Jimmie Lunceford, Cab Calloway, Glenn Miller und Artie Shaw hingegen hatten ihre Arrangements immer weiter verfeinert und verbessert.

Gale jedoch hatte kein Interesse, seine Unkosten durch bessere Orchestrierungen für seinen Star zu erhöhen, sondern begnügte sich, Ellas kommerzielles Potential total auszuschöpfen. Aber schon bald rächte sich seine kurzsichtige Strategie. Die Besucherzahlen sanken. So wurde Ellas Band zum Beispiel im Oktober 1940 vom Jay McShann Orchestra, einer siebenköpfigen Band aus Kansas, die noch zwölf Monate zuvor völlig unbekannt gewesen war, in River View, Des Moines, drei zu eins geschlagen.[24]

Das lag vor allem daran, daß niemand sich die Mühe gemacht hatte, durch geschickte Arrangeure und passendes, eigens für Ella arrangiertes Material das richtige Umfeld für ihre Stimme zu schaffen. Obwohl die Band ihren Namen trug, tat Ella nichts anderes als unter Webb: Sie sang, wenn auch in ihrer eigenen Band, und produzierte einen Popsong nach dem anderen, ohne deutlich zwischen Gut und Schlecht zu unterscheiden. Viele ihrer Aufnahmen werden durch schwache Arrangements beeinträchtigt, die wie die Standardarrangements, die man damals in jedem Musikgeschäft kaufen konnte, klangen.

Angesichts von Ellas Erfolg in Hitparaden und bei öffentlichen Auftritten und den daraus resultierenden Einnahmen hätte ihre Karriere nun eigentlich umsichtiger und zukunftsorientierter geplant werden sollen. Schließlich war sie erst dreiundzwanzig Jahre alt. Vielleicht hätte auch Ella selbst etwas bewirken können. Statt dessen verkümmerten Band und Sängerin.

Erst 1941, als die ausgesprochen begabte Helen Forrest zum Harry James Orchestra stieß, begann man allgemein, passende Orchestrierungen für den Sänger oder die Sängerin zu finden, statt weiterhin Aufnahmen von Bands mit »Vocal Refrain« (so hieß es auf den alten 78er Platten) zu produzieren. James hatte, so Gunther Schuller, den Weitblick, seine Arrangeure anzuweisen, daß sie einen speziellen musikalischen Rahmen für Helen Forrest schufen, der ihre Stimme unterstützte und heraushob und auf die Weise viele »magische Darbietungen«[25] ermöglichte.

Doch Ella sang weiterhin alles, was hohe Verkaufsziffern versprach. »Sie war damals eine richtige Popsängerin«, sagt Milt Gabler, der später ihre Aufnahmen für die Decca betreute. »Sie sang Jive, und die Kids, egal ob weiße oder schwarze, tanzten gern auf solche Sachen. Sie machte Jive, und von diesem Image ist sie lange Zeit nicht mehr runtergekommen, selbst dann nicht, als ich angefangen habe, für die Decca zu arbeiten.«[26]

Folglich fällt es schwer, sie während ihrer Big-Band-Zeit als reine Jazzsängerin zu bezeichnen, denn das würde eine Stilrichtung voraussetzen, an der es ihren Liedern mangelt. Lee Wiley hatte beispielsweise bereits 1939 begonnen, zusammen mit kongenialen Jazzmusikern Kompositionen von Gershwin, Porter oder Richard Rogers aufzunehmen. Auch Mildred Bailey hatte mittlerweile eine Serie fast perfekter Platten mit ihrem Mann Red Norvo gemacht, auf denen einige brillante Arrangements von Eddie Sauter zu hören waren. Und Billie Holidays Aufnahmen mit Teddy Wilson von 1935 bis 1939 gehören ebenfalls zu den Klassikern des Jazz.

Zwischen ihrem Plattendebüt mit Chick Webb und der Auflösung ihrer eigenen Big Band 1942 machte Ella fast hundertfünfzig Aufnahmen. Die meisten davon waren Popsongs von, so Gunther Schuller, »fragwürdigem Wert«[27]. Diese Äußerung erinnert an die ironische Bemerkung Whitney Balliets, daß sich nur etwa ein Viertel der Songs von Frank Sinatra aus seiner Zeit mit Tommy Dorseys Orchester zwischen 1940 und 1942 lohne, mehr als einmal gehört zu werden.[28] In Ellas Fall war es sogar noch weniger als ein Viertel.

Zweifelsohne waren auch ein paar von ihren populären Songs, so zum Beispiel Coverversionen von »Undecided«, »T'Ain't What You Do« oder »The Dipsy Doodle« mit dem ersten längeren Ausflug in den Scat, oder Popsongs wie »A Little Bit Later On« – ein Lieblingslied von George T. Simon[29] – und eine Nummer wie »Rock It For Me«, die sie 1961 noch immer im Repertoire hatte, ganz nett. Aber wenn man ihre Songs im Vergleich mit dem Jazz zu dieser Zeit oder der gesamten Swing-Ära betrachtet, sind sie kaum der Rede wert. Aus ihren Anfängen ist letztlich nur eine einzige Nummer wichtig, und zwar »A-Tisket, A-Tasket«, ein lustiges kleines Lied voller Charme, aber ohne großen künstlerischen Anspruch.

Während ihres Engagements im Mai 1940 im Famous Door nahm Ella vier Titel für die Decca auf, darunter »Gulf Coast Blues«, das Gordon Wright (eigentlich George T. Simon) von *Metronome* unter die fünfzig Topscheiben des Jahres einreihte und Carlton Smith von *Esquire* unter die Top Ten des Jahres. Im Juni ging die Band dann auf Tournee, um die Früchte zahlreicher Radioübertragungen zu ernten. Ella wurde in New Orleans von einer viertausendköpfigen Menschenmasse bedrängt, die ihr »die Kleider vom Leib riß . . . als sie die Musikertribüne verließ und zum Ausgang des New Rhythm Club wollte«[30]. Ende des Jahres nahm Universal Verhandlungen mit Gale über einen Auftritt Ellas in einem Abbott-and-Costello-Film auf.

Einen großen Teil des Jahres 1941 war Ella mit Benny Kornegay zusammen, einem der vielen Bewunderer, die die Band überall umschwärmten. »Mit dem haute sie zwischen den Shows ab«, sagt Beverly Peer. »Alle nannten ihn ›Cigarette‹. Ich weiß nicht, warum – er war eigentlich gar nicht lang und dünn. Er war sehr still, hielt sich ganz für sich.«[31] Nach einer Weile wurde offenbar eine feste Beziehung aus der Affäre, und Kornegay begleitete die Band im Bus zu den Engagements. »Er reiste mit uns. Er sammelte die Rechnungen ein«[32], erzählt der Trompeter Mousie Randolph, der von Ende 1939 an in der Band war.

Ende des Jahres zog Kornegay schließlich mit Ella zusammen, und wenn die Band auf Tournee war, teilte er mit ihr das Zimmer. Genau wie vorher bei Haywood Henry träumte Ella nun auch von der Heirat. Kornegay hingegen sah darin die Chance auf ein regelmäßiges Einkommen. Offenbar kamen die beiden gut miteinander zurecht. Wenn Benny ein paar Dollar von dem Geld »borgte«, das er von den Veranstaltern eintrieb, zahlte Ella den Betrag wieder in die Kasse ein. Als er ein andermal ein paar Dollar »verlor«, sprang wieder Ella für ihn ein. Er freute sich darüber, so etwas wie einen Goldesel gefunden zu haben, und machte ihr einen Heiratsantrag. Ella war entzückt. Die Band war noch auf Tournee, und sie konnte es kaum erwarten, wieder nach New York zurückzukehren, um sich ihren größten Traum zu erfüllen. Am Freitag, den 26. Dezember 1941 heirateten Ella und Benjamin Kornegay in St. Louis, Missouri.

Die Musikpresse, die sonst bei den entlegensten Gerüchten hellhörig wird, erwähnte jedoch nichts von dieser Heirat, die bei der Rückkehr nach New York umgehend vertuscht wurde. Moe Gale, der ziemlich bestürzt war über Ellas plötzliche und hitzige Entscheidung, beschloß, ein bißchen mehr über den mysteriösen Mr. Kornegay herauszufinden. Er hatte von dessen Unterschlagungen während der Tournee gehört und setzte Privatdetektive auf ihn an. Und folgendes stellte sich heraus: Kornegay war bereits vorbestraft, in den dreißiger Jahren wegen Drogendelikten verurteilt worden und hatte eine Gefängnisstrafe verbüßt. Außerdem wurde er zunehmend besitzergreifender und bestand auf einem größeren Mitbestimmungsrecht, was die Karriere seiner Frau betraf.

Moe Gale war entsetzt. Sein Zugpferd war über Nacht zu einem großen Problem geworden. Kornegay wurde »überredet«, sich zurückzuziehen. Doch Ella davon zu überzeugen, daß nicht alles so rosig war, wie es ihr erschien, war schwieriger: Sie brach erst nach etlichen Wochen mit Kornegay, und zwar, nachdem sie Sidney Shields bereits ein Interview gegeben hatte, in dem sie von ihrem häuslichen Glück schwärmte – eine Version der Realität übrigens, die auch emsig von ihrem Presseagenten verbreitet wurde.

Tatsache jedoch war, daß Gale und seine Anwälte verzweifelt versuchten, Ella aus einer möglicherweise nachteiligen Beziehung mit einem Kriminellen zu befreien. Kornegay hingegen machte von Anfang an klar, daß er nicht die geringste Absicht hatte, sich von seinem Goldesel scheiden zu lassen. Die einzige Alternative zu einem schwierigen und höchstwahrscheinlich schmutzigen Prozeß bestand in einer Annullierung der Ehe, aber der Staat New York war in dieser Hinsicht besonders strikt. Schließlich wies Gale seine Anwälte an, ins Feld zu führen, Kornegay habe Ella unter Vorspiegelung falscher Tatsachen geheiratet und ihr seine Vorstrafen verschwiegen. Außerdem steckten hinter der Heirat ausschließlich kriminelle Absichten. Diese Argumente reichten schließlich für die Annullierung, der Mitte 1942 stattgegeben wurde.

Ellas Presseagenten übertünchten die Differenzen. In der Absicht, die ganze Affäre wie eine dumme, kindische Eigenheit wirken zu lassen, veröffentlichten sie eine Erklärung, in der sie behaupteten, das Gericht habe gesagt: »Singen Sie nur weiter ›A-Tisket, A-

Tasket‹ und lassen Sie die Finger von den Männern.« Eine Lüge hätte schwer falscher sein können. Der Fall wurde in der New Yorker Richterschaft heftig diskutiert, und Ella konnte von Glück reden, daß sie in ihrem Gerichtsverfahren noch erfolgreich gewesen war.

Es gibt ein Foto von Ella, wie sie den Gerichtssaal verläßt und dabei strahlt über das ganze Gesicht. Ursprünglich jedoch, als ihr Moe Gale die Wahrheit über ihre Situation gesagt hatte, war sie erschüttert gewesen. Daß sie für Kornegay nichts anderes als eine Melkkuh gewesen sein sollte, hatte ihr Ego verständlicherweise stark angeschlagen. Doch Ella war unter der unbarmherzigen Ethik des Showbusineß aufgewachsen, dessen Regel da hieß: The Show must go on. Sie war Pragmatikerin durch und durch. Gelassen akzeptierte sie die Anweisungen ihrer Berater. Ohne großes Aufsehen zu erregen, zog sie die Trennung von Kornegay durch, und Moe Gale sorgte dafür, daß zwei »Aufpasser« sich um sie kümmerten, bis sich die Sache gelegt hatte.

Und das war's. Ella verbannte diese Geschichte in ein Kästchen in ihrem Gedächtnis, dessen Tür sie schloß und dessen Schlüssel sie wegwarf. Wenn sie in späteren Jahren über diesen Zwischenfall befragt wurde, konnte sie beanspruchen, sich an nichts erinnern zu können, nicht einmal an Kornegays Namen. Wenn sie einmal eine Episode in ihrem Leben abgeschlossen hatte, schaute sie nie mehr darauf zurück. Ehemalige Bandkollegen von Webb beispielsweise waren verwundert und verletzt über die Art, wie sie später von ihr behandelt wurden. Charles Linton, der Webb 1938 verlassen hatte, um zur Armee zu gehen, kam 1939 als Uniformierter die Band besuchen. Ella sagte ihm nicht mal hallo. Nach Beverly Peers Beobachtung »war und ist Ella eine komische Person. Ich habe mit Bobby Short und mit Sarah Vaughan gespielt, und wenn wir uns trafen, war es so, als würde man alte Freunde treffen. Ella kennt die Mitglieder ihrer alten Band, und trotzdem ist es so, als wären wir andere Leute. Seit ich mit ihr zusammenwar, haben wir uns nur einmal in einem Flugzeug getroffen, und das war so, als wäre ich ein Niemand«[33].

Während der ausgedehnten Tournee, die die Band Anfang 1941 von Pittsburgh durch den Mittleren Westen nach Chicago, St. Louis und Kansas City führte, bauten sich allmählich Spannungen auf. Dabei ging es nicht nur immer wieder um die geringen Einkünfte, sondern auch um die ständige Herumfahrerei im Bus, denn Big Bands vergleichbarer Popularität benutzten damals normalerweise den Zug.

Das ständige Reisen war für Ella noch härter als für die Männer. Teddy McRae erinnert sich: »Wenn wir ankamen [in der Stadt, wo wir auftreten sollten], fuhr der Bus gleich eine Runde durch die Hauptstraße des Farbigenviertels. Und alle standen mit ihren kleinen Mädchen da, um Ella Fitzgerald zu sehen. Aber wir waren schon den ganzen Tag unterwegs. Und Ella konnte vielleicht nicht aus dem Bus, weil ihr die Haare herunterhingen. Wir mußten sie hinten verstecken, bis sie richtig angezogen war. Dann erst konnte sie sich dem Empfangskomitee stellen. Sie mußte sich fast im Bus umziehen; das Rumreisen mit der Band war gar nicht so leicht für ein Mädchen – besonders im Sommer.«[34]

Nicht nur die langen Busreisen schufen Probleme, sondern auch die Tatsache, daß die Bandmitglieder selbst für ihre Bühnenkleidung sorgen und ihre Unterkunft aus eigener Tasche zahlen mußten, was bei den meisten anderen Bands nicht Sache der Musiker war.

Schließlich wurde die Situation immer kritischer. »Ein Typ namens Frenchie arbeitete für Moe Gale«, erzählt Teddy McRae. »Das war der Road Manager. Frenchie sagte: ›Kann ich einen Augenblick mit dir reden? Ich meine, bevor wir heute abend hier wegfahren, möchte ich dir noch was sagen.‹ Er hat mich beiseite genommen und gesagt: ›Wir nehmen einen neuen Drummer auf in Kansas City.‹ ›Warum?‹ habe ich gefragt. ›Na ja, du hast ja die Auseinandersetzung gehört im Bus mit Beason und Ella. Du weißt, daß die sich im Bus gestritten haben. Beason hat was zu Ella gesagt, und Ella hat geantwortet: ›Du kannst ja heimgehen, wenn du willst.‹ Das war ein paar Tage vor unserem Auftritt . . . Jessie Price war einverstanden [Beason zu ersetzen]; Moe Gale muß ihm ein gutes Angebot gemacht haben.«[35]

Prices Leistung war beeindruckend. Er mußte sich die Stücke

der Band nur einmal anhören, und schon konnte er sie fehlerfrei, ja sogar mit Webbschem Flair spielen: »Als wir nach Kalifornien kamen, konnte man dem Mann schon nichts Neues mehr sagen«, erzählt McRae weiter. »Er war sensationell auf der Bühne ... Wir haben in Los Angeles gespielt. Ella hat *Ride 'Em Cowboy* gemacht. Ein Abbott-and-Costello-Film. Eine Woche lang sind wir nur rumgesessen und haben drauf gewartet, daß Ella den Film fertig macht ... Wir waren ungefähr einen Monat an der Küste. Wir haben die ganze Küste rauf und runter gespielt.«[36]

Ella sang zwei Nummern in *Ride 'Em Cowboy*, der im März 1942 herauskam. Es handelte sich dabei um einen Rodeofilm von Universal, bei dem Arthur Lubin Regie führte, der aber, abgesehen vom Auftritt Abbotts und Costellos, eher eine zweitklassige Angelegenheit war. Ellas Rolle jedoch gibt Antwort auf die Frage, warum sie so populär war. Sie strahlte einen leichten, spritzigen und unbekümmerten Humor aus, der unmittelbar und faszinierend auf die Zuschauer wirkte. Im Gegensatz zu der aggressiven Erotik von Lena Horne oder Ina Ray Hutton, der Bandleaderin, wirkt Ella unschuldig und verspielt. Wenn man sich »A-Tisket, A-Tasket« auf Platte anhört, erfährt man nur die halbe Wahrheit – in der Filmversion mimt sie das kleine Mädchen aus dem Liedtext perfekt. Selbst in »Rock' n' Reelin'«, das sie mit der Gruppe Merry Macs singt, ist sie mädchenhaft-harmlos und verschmitzt und vermittelt einen hervorragenden Eindruck von sich als Entertainerin und Sängerin.

Im Juli nahm die Band in Los Angeles sechs Nummern auf, darunter auch das gräßliche »Melinda the Mousie«. Das Jahr 1941 brachte allerdings auch drei kleinere Hits: »Louisville, K6Y«, Platz 23 im Februar, »Hello Ma! I Done It Again«, Platz 26 im März, und »The Muffin Man«, Platz 23 im August. Von »Muffin Man« wurden im gleichen Jahr hundert Platten nach London geschickt, um den Menschen die langen Stunden in den Luftschutzkellern zu erleichtern.

Nach den Film- und Plattenaufnahmen hatte die Band wieder eine ganze Reihe von One Nighters. Trotz der langen Busfahrten quer durch die Staaten schaffte Ella es immer noch, dem Publikum beeindruckende Auftritte zu bieten. Allmählich gewann sie als

Künstlerin Profil. »Eines Abends, es muß schon so gegen elf oder zwölf gewesen sein«, erinnert sich McRae, »hat Ella ein Medley gesungen, und alle haben angefangen zu weinen. Sie sang sich die Seele aus dem Leib. Ich glaube, sie mußte an Chick denken. Mann, war das eine halbe Stunde – im Saal war's mucksmäuschenstill. Sie hat ihre Zuhörer zu Tränen gerührt.«[37]

Nach ihrer Rückkehr nach New York im September 1941 trat die Band im neueröffneten Famous Door in New Yorks berühmter »Swing Street« auf und danach eine Woche im Apollo. Im Oktober fuhr die Gruppe zu einem längeren Engagement nach Boston zu Levaggi's Restaurant. »Nachdem ich mich 1941 von Cab Calloway getrennt hatte», erzählt der Trompeter Dizzy Gillespie, »bin ich zusammen mit Ella nach Boston zu Levaggi's ... Damals hat Teddy McRae die Band geleitet.«[38]

Gillespie, dreist und enthusiastisch, war unter Umständen, die bis heute nicht ganz geklärt sind, aus Calloways Band gefeuert worden. Da diese Band damals zu den schwarzen Spitzengruppen des Landes gehörte, bedeutete die Zusammenarbeit mit Ella auch so etwas wie einen Rückschritt. Trotzdem war Gillespie froh über den Job. »Dizzy erklärte sich bereit, mit uns zu spielen ... er hat vier Wochen mitgemacht«[39], erzählt McRae. Doch die merkwürdige Organisation von Ellas Band verwirrte Gillespie: »Zunächst war Teddy McRae der Leiter der Band gewesen, der sich um alles kümmerte. Ella sang nur. Es war Ellas Band, aber der musikalische Direktor war Teddy McRae, er hatte mich engagiert. Nach zwei Wochen warfen sie ihn hinaus ... «[40]

Das lag unter anderem daran, daß McRae bei Gale das leidige Thema der Bezahlung angeschnitten hatte, das schon lange zur Diskussion anstand. »Ich wollte mehr Geld für die Musiker, weil sie wirklich alles gaben«, sagt McRae. »Unterwegs arbeitet man ganz schön lange ... Sie bringen das ganze Geld rein, und sie wollen nicht mehr teilen; also sollten sie wirklich mehr Geld kriegen!«[41] Doch schon bald mußte McRae feststellen, daß Moe Gale auf Widerspruch mit Entlassung reagierte. »Am letzten Tag, das war ein Samstagabend, ist er angekommen ... nach der zweiten Show. Und er hatte meinen Freund Eddie Barefield dabei ... Also hat Barefield die Band übernommen ... Noch in der gleichen

Nacht, um fünf nach zwölf, bin ich nach New York zurück. Das war das Ende meiner Zeit mit Ella.«[42]

Eddie Barefield war ein hochangesehener Musiker. Er war Altsaxophonist und Klarinettist und hatte, bevor er Ellas Band übernahm, bereits unter Bennie Moten, Cab Calloway, Les Hite, Fletcher Henderson, Don Redman und Benny Carter gespielt. Von Ende 1939 bis April 1940 hatte er sogar schon einmal kurz für Garvin Bushell bei Ella mitgewirkt. »Wir sind nach Chicago ... mehrere Busfahrten runter nach Florida und so. Als wir zurückkamen, habe ich aufgehört ... Ich hatte eine kleine Band ... Ich bin mit Benny Carter nach Boston, und danach habe ich mit Don Redman gearbeitet. Dann bin ich schließlich noch Charlie Buchanan über den Weg gelaufen, der das Savoy hatte. Und der hat gesagt: ›Na, wann willst du denn für mich arbeiten?‹ Und ich habe geantwortet: ›Eigentlich will ich ja nicht wieder da hoch, aber wenn du schon unbedingt möchtest, daß ich was für dich mache, dann sorg doch dafür, daß ich die Band von Ella kriege.‹ Und das hat er dann auch gemacht. Und ich bin hingefahren und hab' mit ihnen gesprochen, und ich hab' den Job als Bandleader bekommen. Also mußte ich nach Boston, mir die Band anhören und so, und danach sind wir mit der Band zurück nach New York und haben ein paar Wochen lang geprobt.

Ich hab' die ganze Sache geleitet. Ella hat alles gesungen, was ich wollte, und ich habe Arrangements für sie gemacht und Dick Vance und einige andere. Nachdem ich die Band ein bißchen auf Vordermann gebracht hatte – ich hab' ein paar Männer dazugenommen und so die Gruppe vergrößert –, sind wir auf Tournee gegangen. Statt der üblichen drei Trompeten und zwei Posaunen hatte ich drei Posaunen und vier Trompeten und fünf Saxophone.«[43]

Aber auch Barefield wurde mit den Problemen innerhalb der Band nicht fertig. Der Musikwissenschaftler Phil Schaap meint: »Als Bandleader mußte er sich mit der Tatsache abfinden, daß er, was das Management betraf, nichts zu sagen hatte. Sowohl Barefield als auch Taft Jordan waren darüber sehr verbittert. Sie koordinierten letztlich nur die Musiker. Moe Gale hat die Bedeutung des Bandleaders heruntergespielt und damit vermutlich auch die der Band, also war das kein sonderlich dankbarer Job. Geld war natürlich ein Problem, aber hauptsächlich ging es wohl um das Repertoire.«[44]

Barefield übernahm eine zerrissene und zerstrittene Band. Ein Mitglied erinnert sich: »Unsere Agentur, so munkelte man, gab manchen Bandleadern mehr Geld, damit sie die Gagenforderungen ihrer Männer drückten. Diese Geschichten haben sich hartnäckig gehalten, und das hat die Moral nicht unbedingt gehoben, auch wenn wir Eddie Barefield vertraut haben ... Wir sind alle wütend gewesen, daß wir unter solchen Bedingungen arbeiten mußten.«[45] Somit waren die Tage der Band auch gezählt. Im März, April und Juli 1942 nahm Ella eine Reihe von Songs zusammen mit der Gesangs- und Instrumentalgruppe Three Keys auf.

Die Musikpresse stellte natürlich sofort die verwegensten Spekulationen über Ellas Zukunft an.

In *Orchestra World* hieß es: »Widersprüchliche Theorien über Ella Fitzgeralds Trennung von ihrer Band in Umlauf.«[46] Auf der Titelseite von *Metronome* war zu lesen: »Ella läßt Band im Stich, arbeitet mit Trio zusammen«[47], und *Music and Rhythm* berichtete: »Ella Fitzgerald verläßt ihre Band, Moe Gale ... enthüllt, daß Miss Fitzgerald nun nur noch mit einer neuen Gruppe aus Philadelphia, den ›Three Keys‹, auftritt. Sie besteht aus den Furness Brothers, die singen, Klavier, Baß und Gitarre spielen.«[48]

Die ersten Platten von Ella und den Three Keys kamen im Mai heraus, als die Band an der Westküste auf Tournee war. Man hatte mehrere Wochenengagements abgesagt, so daß die Band vor den Rekruten spielen konnte, nachdem die Vereinigten Staaten im Dezember 1941 in den Zweiten Weltkrieg eingetreten waren. Acht Wochen vor der endgültigen Auflösung der Gruppe trat sie noch einmal im Trianon Ballroom in South Gate, Kalifornien, auf. Sie klang »hin und wieder kantig«, Barefield »spielte die Klarinette mit größtem Einfallsreichtum«, und Ella »war so gut wie immer« und »fühlte sich besonders wohl bei langsamen Stükken«[49].

Schließlich erfüllten Ella Fitzgerald and Her Orchestra noch ihre ausstehenden Verpflichtungen und spielten Ende Juli zum letzten Mal in dieser Besetzung im Earl Theatre in Philadelphia, zusammen mit Bill Robinson. Eddie Barefield hatte sich mittlerweile von allem distanziert. »Das hat mich alles angeekelt«[50], sagt er. Nach Ablauf der Woche gingen die Musiker dann ihre eigenen Wege. »Das war das beste, was der Band passieren konnte«[51], lautet Beverly Peers lapidarer Kommentar dazu.

6. Kapitel

[Milt] Gabler, ein Perfektionist ... brachte breites Wissen und ein gutes Gehör in die Musik.

Whitney Balliet, Kritikerin.[1]

Ella mußte sich mit völlig neuen Gegebenheiten auseinandersetzen, als sie im September 1942 zum erstenmal öffentlich zusammen mit den Keys im Aquarium Theatre auftrat. Die Situation hatte sich seit jenen berauschenden Tagen des Jahres 1940, als sie sowohl in der Umfrage von *Downbeat* als auch in der von *Metronome* zur besten Sängerin gekürt worden war und sich auf der Höhe ihres Ruhms befand, grundlegend geändert. Mittlerweile war sie bei *Metronome* auf Platz sieben abgerutscht (bei der Umfrage von *Downbeat* wurde sie nicht berücksichtigt, weil sie 1941 bereits Bandleaderin war), und sinkende Einnahmen hatten Moe Gale gezwungen, ihr Orchester aufzulösen.

Der Krieg erschwerte das Reisen, und im August 1942 verhängte die American Federation of Musicians einen Plattenaufnahmestop, um so ihren Anspruch auf eine Abgabe für jede im Radio gespielte Scheibe durchzusetzen. Der Streik zog sich ein ganzes Jahr hin, und in dieser Zeit durften die Musiker nicht in die Studios. Das bedeutete, daß von den Big Bands während des gesamten Streiks nur die Ladenhüter zu hören waren, nicht die beliebten Songs, denen man ja live im Radio lauschen konnte. Um dieses Vakuum auszufüllen, besannen sich die Plattenfirmen auf die einzigen Musiker, die nicht der Gewerkschaft angehörten, auf die Sänger. Plötzlich standen die Sänger mit Begleittrios, -quartetten, -quintetten, -sextetten und allen anderen möglichen Kombinationen bis hin zum ganzen Chor im Rampenlicht. Solange keine Musiker im Sinne der Gewerkschaft auf der Platte zu hören waren, brach man den Streik der Gewerkschaft auch nicht. Ironischerweise wandte sich die Decca jedoch nicht an Ella, weil sie glaubte, ihr Stern sei im Sinken.

Zwar wußte das damals noch niemand, aber die große Zeit der Big Bands war vorbei. Der heitere Optimismus und die Vitalität dieser Bands, sozusagen eine musikalische Verkörperung von Roosevelts »New Deal«, machten dem düsteren Realismus eines kriegführenden Landes Platz. Die Sänger orientierten sich eher an den Zeitläuften – viele mußten sich von lieben Menschen trennen; die Stimmung wurde sentimental. Billie Holidays »All of Me« aus dem Jahr 1941 wurde zum Lieblingslied vieler vom Heimweh geplagter GIs, und eine Wiederauflage von Harry James' »All or Nothing at All« von 1939 wurde zu einem der ersten großen Hits von Frank Sinatra. Als Sinatra Anfang 1940 von der James Band zu Tommy Dorsey wechselte, brachen die Teenies in Weinkrämpfe aus, und als er sich im September 1942 aus seinem Vertrag losgekauft hatte, war er bereits populärer als Dorsey selbst. Während seines Engagements am Paramount Theatre im Dezember 1942 sorgte er für eine Sensation. Wieder weinten und kreischten die Mädchen – die moderne Pophysterie war geboren. Die Sänger begannen allmählich, die Big Bands in den Schatten zu stellen.

Doch Ella, die »mollige Chanteuse«, schien dazu verdammt, hinter diesem neuen Typ von romantischen und fotogenen Sängern in der zweiten Reihe zu verschwinden. Ein Großteil ihrer Popularität hatte mit Novelty Songs (anspruchslose Tagesschlager, Anm. d. Ü.) zu tun, aber der Musikgeschmack veränderte sich schnell. Seit August 1941 – seit »Muffin Man« – hatte sie keinen Hit mehr gehabt, und dieses Lied war damals auch nur eine Woche auf Platz 23 der Charts gelandet. Sie zehrte praktisch nur noch von der Erinnerung an »A-Tisket, A-Tasket« und von ihrer Beliebtheit in den großen schwarzen Vaudeville-Häusern wie dem Apollo in New York, dem Harvard Theatre in Washington, D. C., dem Earle Theatre in Philadelphia und dem Regal Theatre in Chicago. Aber das konnte man wohl kaum mit dem gesamtamerikanischen Musikgeschmack gleichsetzen.

Ella und die Keys traten, wie die meisten Künstler aus Moe Gales Stall, häufig vor Soldaten auf und gerieten deshalb bei der Öffentlichkeit zunehmend in Vergessenheit. Folglich spiegelt die Leserumfrage von *Metronome* vom Januar 1943 Ellas sinkende Popularität wider – sie rutschte auf Platz elf. Im März 1943 trat sie im Apollo auf, offenbar mittlerweile gut von der Big Band auf eine kleinere Begleitgruppe umgewöhnt. »So sehr man die alte Band von Chick Webb auch vermißt«, hieß es in *Metronome,* »muß man doch sagen, daß die instrumentelle und stimmliche Begleitung der Keys gar nicht schlecht ist. Sie unterstützen sie mit gehaltenen Akkorden, gelegentlichem Gleichklang und Riffs und harmonieren manchmal mit ihr.«[2]

Zu ihrem Repertoire gehörten Nummern wie »Giddap Mule«, »Craziest Dream« und der Ella-Mae-Morse-Hit »Cow Cow Boogie«, ein Stück, das Ella acht Monate später selbst aufnahm. Interessanter erscheint in diesem Zusammenhang jedoch, daß sie auch eine Coverversion von Lionel Hamptons großem Hit aus dem Jahr 1942, »Flying Home«, machte. »›Flying Home‹ ohne Worte machte Spaß«, hieß es in *Metronome.* »Ella sang einen Scat-Refrain, der auf dem berühmten Tenorsolo von Lionel Hamptons Decca-Version basiert.«[3] Dieses Stück wird oft als Meilenstein in ihrer Karriere bezeichnet.

Im Verlauf des Jahres 1943 wurden die Brüder Furness einer nach dem anderen eingezogen, so daß die Band sich auflöste. Als Ella am 1. Juli 1943 ihr Engagement im Zanzibar Club am Broadway begann, trat sie dort mit ihrem neuen Pianisten und musikalischen Berater Bill Doggett auf. Das Zanzibar war das frühere Frolics, das eine Reihe von Flops erlebt hatte, bis es schließlich seine Pforten schließen mußte. Als es dann unter neuem Namen und neuer Leitung wieder aufmachte, sagten ihm viele ein ähnliches Schicksal voraus. Doch Ella verblüffte die Kritiker mit ihrem trockenen Charme und ihrem Können und zog ein so großes Publikum an, daß ihr Engagement bis Oktober verlängert wurde. »Das war toll damals«, erinnert sich Bill Doggett. »Das Zanzibar war seinerzeit ein fabelhafter Klub in der 49th Street Ecke Broadway, und sie haben uns weiter engagiert. Die hatten da auch den Boogie-Woogie-Pianisten Maurice Rocco, und der Bandleader war, glaube ich, Don Redman. Das war eine phantastische Show. Ella ist wirklich gut angekommen bei den Leuten.«[4]

Die Decca war im September die erste Plattenfirma, die sich mit der American Federation of Musicians darauf verständigte, den Streik abzubrechen. Im November stand Ella dann zum erstenmal seit Juli 1942 wieder im Aufnahmestudio. Während der vergangenen sechzehn Monate hatte es Veränderungen gegeben in Deccas Künstler- und Repertoireorganisation. Nun beschloß der oberste Boß Jack Kapp, was die Künstler aufnahmen und was nicht. Doch Ende 1943 begann Kapp allmählich, die Entscheidungen an Milt Gabler zu delegieren.

Gabler war 1941 zur Decca gekommen. Davor hatte ihm der Commodore Record Shop an der Third Avenue nahe der 42nd Street in New York gehört, der seit den dreißiger Jahren ein Mekka für Jazzliebhaber und Musiker war. 1938 fing er an, selbst Aufnahmen zu machen, und gründete sein eigenes unabhängiges Commodore-Label mit Künstlern wie Billie Holiday, Jelly Roll Morton, Eddie Condon und Teddy Wilson, die einen bedeutenden Anteil am Mainstream Jazz hatten.

1943 trat die Decca auf Gabler zu und bat ihn, ihren erst kürzlich erworbenen Vocalion/Brunswick-Katalog durchzugehen und Ratschläge für Wiederauflagen von Jazzplatten zu geben. Deccas Präsident Jack Kapp erkannte schon bald Gablers Seriosität und sein ernormes Fachwissen und stellte ihn fest an. Allmählich bekam Gabler immer freiere Hand, was die Künstler- und Repertoirepolitik betraf.

Gabler ist eine jener unbesungenen Größen, ohne die während der vierziger und fünfziger Jahre viele der klassischen Jazz- und Popaufnahmen nie entstanden wären. In Gilbert Millsteins Gabler-Porträt des *New Yorker* beschreibt ein anonymer Musiker ihn bei der Arbeit: »Irgendwie kommt so etwas wie ein Strahl aus ihm heraus; man muß einfach das machen, was er möchte. Der Typ kann keine einzige Note lesen, aber allein wie man den Kopf hält, sagt ihm, in welcher Tonlage man spielen wird.«[5] Als Gabler die Produktion sowie die Künstler- und Repertoireorganisation der Decca 1943 übernahm, befand sich auch Ella Fitzgerald unter den Künstlern, für die er zuständig war.

Das Milieu, in dem Gabler arbeitete, unterschied sich grundlegend vom Musikgeschäft unserer Tage. Eigentlich wurden die Songs von den Musikverlegern bestimmt, und wenn es darum ging, neue Stücke aufzunehmen, waren die Plattenfirmen meist von ihnen abhängig. »Als ich damals mit Ella anfing, fällte ich Entscheidungen, wofür die Firma Geld ausgeben würde – Melodien, Bearbeitungen. Was sie sang und was all die anderen Künstler sangen, kam von den Verlegern. Die haben sich mit den Plattenfirmen in Verbindung gesetzt, und bei den großen Labels wie Decca, RCA oder Columbia waren es hauptsächlich die Inhaber der Musikverlage, die dort auftauchten. Normalerweise hatten sie den Komponisten gleich dabei oder jemanden, der die Songs vorspielte oder sang.

Manche von den Komponisten konnten ihre Stücke ausgesprochen gut vorstellen. Sie sagten dann so etwas wie: ›Das ist der Song, an dem wir vom 1. Januar an die nächsten drei Monate arbeiten werden.‹ Und wenn, sagen wir mal, Shapiro-Bernstein die ersten drei Monate des Jahres 1941 an diesem Song arbeiten wollte, konnte man sicher sein, daß er tatsächlich im Radio landen würde. Die Verleger kontrollierten also die Produktion hauptsächlich deshalb, weil sie gute Leute in allen größeren Städten sitzen hatten, die dafür sorgten, daß der Song überall in den Vereinigten Staaten ausgestrahlt wurde.

Als Produzent hörte man sich also an, wie der Komponist seinen Song am Klavier spielte. Und wir sagten dann: ›Das ist ein verdammt gutes Stück, das Hoagy da spielt. Daraus sollten wir eine Platte machen.‹ Dann entschied man sich für den Künstler, der es singen und für den, der es arrangieren sollte. Vielleicht hatte es ja auch ein Bandleader schon in seinem Repertoire, dann konnte man sich Kosten fürs Arrangement sparen. Es gab damals noch keine Exklusivrechte; am Anfang mußte man sich erst mal darüber einig werden, wie man eine Version des verdammten Liedes aufnimmt, damit auch wirklich diese Version gesendet wird.

Die Sänger hatten nicht allzuviel mitzureden bei der Entscheidung, was sie aufnahmen. Das war Sache der Musikverleger. Wir beschlossen dann, in welche Lieder wir tatsächlich etwas investieren wollten. Wenn man Sachen machte, die Shapiro-Bernstein im ersten Vierteljahr unter ihre Fittiche nahmen, brachte man eben die groß raus, immer zwei auf einmal. Man wußte ja, daß die Werbeleute der Verleger sich darum kümmern würden, aber wenn die Angelegenheit trotzdem ein Flop wurde oder ein anderes Label einen überrundete, hat man einfach zwei weitere Songs herausgebracht. Ich habe immer gesagt, das ist wie Poker oder Bridge. Mit anderen Worten: Wenn Tommy Dorsey sagen wir mal ›Once in a While‹ machte und das ein Hit bei Victor wurde, dann machten wir eine Coverversion davon, zum Beispiel mit den Ink Spots, und versuchten, den andern den Rang abzulaufen.«[6]

»Cow Cow Boogie«, das Ella am 3. November 1943 aufnahm, gehört zu den letzten Nummern, die unter Jack Kapp entstanden. Ellas Version war glatt und swingend und weit weniger hektisch als Ella Mae Morses Fassung für Capitol, und die Ink Spots unterstützten sie gesanglich mit einem Arrangement, das ursprünglich für die Keys ausgearbeitet worden war. »›Cow Cow Boogie‹ ist ziemlich gut angekommen«, erinnert sich Milt Gabler. »Wenn die Songs anständig waren, konnte man sie in einer großen Firma mit eigenen Künstlern machen. Manchmal hatte man mehr Erfolg damit und schmälerte den der Originalplatte, manchmal auch nicht. In diesem Fall waren wir genauso gut wie Capitol, vielleicht sogar ein bißchen besser aufgrund unseres Vertriebs.«[7] »Cow Cow Boogie« landete im März 1944 auf Anhieb auf Platz zehn der Charts. Fast vierzig Jahre später war es dann auf dem Soundtrack zu Martin Scorseses Film *Raging Bull* mit Robert De Niro wieder zu hören.

Obwohl Ellas erster Hitparadenerfolg seit drei Jahren sie wieder ins Licht der Öffentlichkeit rückte, vermittelte Moe Gale sie nach ihrem Engagement im Zanzibar weiterhin nur solo. Sie war auf Tournee, abgesehen von der Hilfe ihrer Cousine Georgiana Henry, ganz auf sich allein gestellt und mußte sich an Ort und Stelle mit örtlichen Bands begnügen, die häufig nur mäßig professionell waren.

»Ich war nie damit einverstanden, wie Moe Gale mit Ella umgesprungen ist«, sagt Milt Gabler. »Eines Abends bin ich nach New Jersey gefahren, um ihr bei den Vorbereitungen zu einer Aufnahmesession zu helfen. Es war furchtbar heiß. Die Musikergarderobe war im ersten Stock ganz hinten, und es waren keine Fliegengitter in den Fenstern, so daß die ganze Zeit Mücken und Käfer und andere Insekten um das Licht herumgebrummt sind. Ich ging nach unten, aber da war niemand, der die Verstärker überprüft oder die kleine Gruppe eingewiesen hätte, die sie begleiten sollte. Ein großes Talent wie Ella, und dieses Schwein gab ihr nicht mal einen Road Manager mit auf den Weg, der sich darum gekümmert hätte, daß sie ordentlich behandelt und dem Publikum anständig präsentiert wird.«[8]

Anfang 1944 rutschte Ella dann bis auf Rang 13 der Leserumfrage von *Metronome* ab. Im April brachte Moe Gale Ella, die Ink Spots, das Cootie Williams Orchestra sowie Tänzer und Komiker zusammen, die den größten Teil des verbleibenden Jahres miteinander auftraten, hauptsächlich in Kasernen und Theatern in ganz Amerika. »Wir waren 26 Wochen unterwegs«, erinnert sich Bill Doggett, der damals als Pianist für die Ink Spots arbeitete. »Wir haben im Earle Theatre in Philadelphia angefangen und sind hauptsächlich mit dem Zug, aber auch mit dem Bus gefahren. Ella hatte Georgie dabei, die ihr zur Hand ging. Bald kannten wir uns alle. Sie war wirklich in Ordnung. Ich weiß noch, daß wir Karten gespielt haben. Wir haben immer Karten gespielt während der Zugfahrten, Ella, ich und, ich glaube, E. V. Perry. Ich weiß nicht mehr so genau, wer sonst noch mitgemacht hat.

Alle hatten große Achtung vor Ella. Sie war auf der Tournee nicht einsam oder so, weil wir praktisch den ganzen Tag beisammen waren. Wir verbrachten vielleicht eine Woche in der jeweiligen Stadt, und wenn wir morgens aufgestanden sind, haben wir alle gemeinsam gefrühstückt. Alle wußten und respektierten, daß Ella zusammen mit den Ink Spots das Zugpferd der Show war. Ansonsten traten noch der Tänzer Ralph Brown und ein Komikerpaar namens Red und Curley auf. Und Cootie Williams und seine Band begleiteten Ella ebenfalls. Auf der ganzen Tournee hat sie kein einziges Mal zusammen mit den Ink Spots gesungen. Später haben wir uns dann noch zu ein paar Aufnahmen getroffen.«[9]

Am 1. Mai spielte diese Tourneebesetzung in den NBC Studios in Hollywood. Der Auftritt wurde vom Hollywood Victory Committee organisiert und vom Armed Forces Radio Service übertragen. »Es traten auf die beliebten Ink Spots und Ella Fitzgerald«[10], hieß es im *Chicago Defender*, der das Programm auch im Radio besprach. Die Tournee war Knochenarbeit; Eddie »Cleanhead« Vinson, Altsaxophonist in der Big Band von Cootie Williams, erinnert sich: »Wir hatten damals diese Show mit den Ink Spots und Ella und haben die ganze RKO-Runde gemacht... Mittlerweile verdienten wir hundert Dollar [die Woche]. Aber wir mußten wirklich hart dafür arbeiten. Mann, das waren damals vier oder fünf Shows am Tag.«[11]

Im August spielten sie in New York, und Ella und die Ink Spots nahmen unter Milt Gabler »I'm Making Believe« und »Into Each Life Some Rain Must Fall« auf. »Bill Kenny machte die Ballade und Ella die Jazz-Version derselben Melodie«, sagt Gabler. »Die Ink Spots spielten sozusagen nach einer vorgegebenen Formel... ganz konventionell und mit Swingtempo. Eigentlich waren das gar keine Duette, sondern zwei kontrastierende, zwei gegenläufige Chorusse.«[12] Die Zusammenarbeit zwischen Gabler und Fitzgerald machte sich von Anfang an bezahlt. Die beiden Nummern kamen im November 1944 als die zwei Seiten einer 78er Scheibe heraus und landeten sofort in den Hitparaden auf Platz eins, wo die Platte siebzehn Wochen lang blieb. »Into Each Life Some Rain Must Fall« wurde zum Millionenseller. »Ella zieht alle Register«, hieß es in *Downbeat*. »So gut war sie noch nie; ihr Vocal ist aufregend.«[13]

Im Herbst gingen Ella, Williams und die Ink Spots wieder auf Tournee. Die Reisebeschränkungen, die während des Krieges verhängt wurden, führten zu überfüllten Zügen. Als die Gruppe nach Süden fuhr, konnte Ella in den Abteilen für die Farbigen keinen Platz finden und entdeckte schließlich in Washington, D. C. einen Sitz in einem Abteil für Weiße. Der Schaffner wollte sie verscheuchen, doch eine Gruppe weißer Seeleute bestand darauf, daß sie bei ihnen blieb.

Als sie von Atlanta nach New Orleans kamen, wo sie an einem militärischen Stützpunkt auftreten sollte, wurde Ella von John Hammond abgeholt, der damals gerade selbst beim Militär war. »Ich habe in einem erbärmlichen schwarzen Hotel mit Ella zu Mittag gegessen, und sie hat mir von ihren Schwierigkeiten erzählt ... Sie ist mit ihren Leuten auf der Freilichtbühne des Theaters aufgetreten«, erinnert er sich. »... Nach der Reaktion zu urteilen, war das die beste Show, die die Jungs jemals gesehen hatten.«[14]

Im November kehrte die Gruppe nach New York zurück, um eine kurze Pause zu machen, und Gabler ergriff die Gelegenheit, mit Ella ins Studio zu gehen, um eine Coverversion des Stücks »And Her Tears Flowed Like Wine« von The Song Spinners zu machen. Der Titel kam im Januar 1945 heraus und erreichte Platz zehn der Charts. »Das ist wieder die kommerzielle Ella«[15], hieß es in *Metronome*. Bevor Ella Anfang 1945 erneut mit Cootie Williams und den Ink Spots auf Tournee ging, begrüßte sie zusammen mit dem Ray Kinney Orchestra im Rahmen einer Vaudeville Show im Downtown Theatre, die vom 29. Dezember 1944 bis 12. Januar 1945 auf dem Programm stand, das neue Jahr. Allmählich bekam sie durch ihre Plattenhits auch in New York wieder festen Boden unter den Füßen.

Das äußerte sich auch in der Januarumfrage von *Metronome*, wo sie wieder auf dem achten Platz landete. Außerdem sicherte sie sich Anfang des Jahres ein achtwöchiges Engagement beim Radio. »Ich habe sie am Klavier begleitet und als ihr musikalischer Berater gearbeitet«, erzählt Bill Doggett. »Wir waren jeden Samstagnachmittag hier in New York auf NBC. Die Hausband von NBC hat uns begleitet – ich erinnere mich nicht mehr an den Namen des Bandleaders. Das war kurz nachdem ich die Ink Spots verlassen hatte. Ich ging Ende 1944 von ihnen weg, und dann habe ich angefangen, für Ella zu spielen, immer wieder mal, so ungefähr ein Jahr lang.«[16]

Gabler setzte alles daran, den Erfolg von »Into Each Life Some Rain Must Fall« zu wiederholen, und brachte Ella und die Ink Spots im Februar 1945 wieder zusammen, um »I'm Beginning to See the Light« zu machen. Die Nummer kam im April heraus und erreichte sofort Platz fünf der Charts. Einen Monat später startete Gabler einen neuen Versuch, diesmal mit den Delta Rhythm Boys und einer Coverversion von Nat King Coles Hit »(It's Only a) Paper Moon«. »Die Delta Rhythm Boys waren ein großartiges Quartett«, meint Gabler, »aber die Sache lief auch sozusagen nach

Rezept: Man setzte sie ein zum Summen und für den Chorus. Eigentlich haben sie Ella nur begleitet.«[17]

Im August landete der Titel auf Platz neun der Charts. Ellas Selbstsicherheit und ihr Gefühl für den Swing verbanden sich mit der Leichtigkeit ihrer Stimme und ließen das musikalisch anspruchsvolle Stück ganz einfach klingen. Sie hatte die Fähigkeit kultiviert, ihre Begabung ganz unauffällig einzusetzen; durch eine Mischung aus Intuition und Phantasie gelang es ihr, die Melodie mit klugen und unerwarteten Noten innerhalb einer ebenso klugen rhythmischen Logik auszuschmücken, die nie gehetzt oder gezwungen klang. Ihre Gabe des »relative pitch« half ihr, immer den richtigen Ton zu treffen, und ihre stimmliche Bandbreite und ihre Darbietungen waren durch zehn Jahre allabendlicher Auftritte geschliffen worden. Ellas abschließender Chorus von »It's Only a Paper Moon« klingt so leicht und gekonnt, daß er gut und gerne aus den fünfziger, sechziger oder siebziger Jahren stammen könnte.

Ella, die Ink Spots und Cootie Williams setzten in dieser Kombination ihre Tourneen während des ganzen Jahres 1945 mit großem Erfolg fort. Im Juli erschienen Ella und Cootie auf dem Cover von *Downbeat* – so populär waren die beiden mittlerweile geworden. Zwischen den Tourneen vermittelte Moe Gale Ella nach wie vor Solo-Engagements. »Moe Gale unterstützte Ella finanziell nicht, und Ella konnte durchaus für sich selbst sorgen«[18], meint Gabler. Während eines Klubauftritts in New York erlebte Gabler, wie Ella »Flying Home« sang, ein Lied, das sie schon seit 1943 im Repertoire hatte. Jetzt, wo Ella wieder Fuß faßte bei der Decca, glaubte er, auch etwas gewagtere Stücke aufnehmen zu können, und holte sie am 4. Oktober 1945 zusammen mit einer Band, die von Vic Schoen geleitet wurde, ins Studio.

»›Flying Home‹ hat sie mit einer Rhythm Section im Studio gemacht. Die Teile, die die Band spielt, sind fast wie ein Head Arrangement. Natürlich waren die Jungs alle großartige Studiomusiker. Das war wie ein Termin im Klub; die Leute konnten ein Arrangement für ›Flying Home‹ in einer einzigen Probe ausarbeiten, deshalb waren ihre Begleitung und die Riffs auch leicht für sie. Ich bin ziemlich stolz auf die Platte.«[19]

Obwohl Ella das damals vermutlich nicht klarwar, bedeutete »Flying Home« so etwas wie einen Wendepunkt in ihrer Karriere. Das Stück war das Ergebnis einer über zwei Jahre lang andauernden Experimentierphase, die die Grenzen des Jazzgesangs erweiterte. Die Platte gehört nach wie vor zum Besten, was der Jazz an Vocals zu bieten hat. Zum erstenmal nutzte Ella den Scat ausschließlich zur Ausschöpfung sämtlicher musikalischer Möglichkeiten. Natürlich handelte es sich dabei um eine Tour de Force, aber gleichzeitig wurde auch deutlich, daß Ella sich nun auf eine neue Strömung in der Musik einließ, den Bebop.

Vier Tage nach der Aufnahme von »Flying Home« tat Ella sich mit Louis Jordan zusammen, einem der damaligen Topstars der Decca und gleichzeitig einer der wenigen schwarzen Künstler der Firma, die ein schwarzes und ein weißes Publikum gleichermaßen ansprachen. »Ella wollte ›Stone Cold Dead in the Market‹ machen«, erinnert sich Gabler. »Sie hatte den Song in einem Kosmetiksalon gehört, wo sie mit einer Lady aus Jamaika gewesen war. Wir hatten ›Stone Cold Dead‹ bei der Decca gemacht, ich glaube, Wallace Houdini, ein Calypsosänger von den Westindischen Inseln, der bei der Decca unter Vertrag stand, hatte das Stück geschrieben. Sie sagte, sie habe eine Idee für den Song; außerdem war Jordan gerade in der Stadt, und die beiden kannten sich noch aus der Zeit von Chick Webb. Jordan hatte eine tolle kleine Band, und er konnte obendrein noch den jamaikanischen Akzent nachmachen. War das ein Spaß! Und die Platte ist ein Klassiker geworden!

Da gibt's noch eine komische Geschichte zu ›Stone Cold Dead in the Market‹. Ich habe mir immer einseitige Schellackpressungen von der Fabrik kommen lassen, um zu prüfen, ob alles in Ordnung ist, bevor die Sachen in die Herstellung gehen. Ich war gerade dabei, die Platten in meinem Büro abzuspielen, als Jack Kapp reinkam und fragte: ›Was ist denn das?‹ Und ich antwortete: ›Das sind Ella und Louis Jordan mit ›Stone Cold Dead‹. Er sagte: ›Ich kann kein Wort davon verstehen.‹ Und ich sagte: ›Das brauchen Sie auch nicht. Die Leute mögen Calypso, und es ist ein lustiges Lied.‹ Er sagte: ›Ich versteh' den Text nicht, so können Sie die Platte nicht rausbringen, machen Sie sie noch mal.‹ Da habe ich die Aufnahme noch einmal gemacht, aber die ist nie rausgekommen, weil ich sie schlechter fand als die erste. Also habe ich die ursprüngliche Fassung herausgebracht, und die ist ein Riesenhit geworden! Und Kapp sagte: ›Sehen Sie, war doch gut, daß Sie die Platte noch mal gemacht haben.‹ Ich habe ihm nie gesagt, daß es die erste Fassung war!«[20] Die Platte kam im Juli 1946 zusammen mit »Patootie Pie« auf den Markt und blieb sechs Wochen lang auf Platz sieben der Charts.

»Stone Cold Dead« war eine lustige Nummer, ein spritziger Novelty Song, der beim Publikum ankam und zum Vorläufer einer ein paar Jahre später einsetzenden Calypsowelle wurde. Der Titel auf der B-Seite, »Patootie Pie«, spiegelt mit seinen Anklängen an den Bop in den einführenden Arpeggios das herrschende musikalische Klima, während die Rhythmusgruppe einen leichten, mitreißenden Swing spielt. Im vorletzten Chorus wechselt Jordans Saxophon Ellas Scat ab, und die Ankläge an den Bop werden deutlicher. »Patootie Pie« ist zwar kaum ein Klassiker populärer Musik in Amerika, aber die Entscheidung Gablers, den Song mit »Stone Cold Dead« zu koppeln, war mit Sicherheit richtig, weil man Ellas Freude am Singen einfach darauf hört. »Wissen Sie was«, sagte Benny Goodman im Dezember 1946, »ich mag ›Patootie Pie‹, die Platte, die Ella und Louis Jordan gemacht haben, einfach ... Ich spiele sie jetzt schon seit ungefähr sechs Wochen jeden Morgen, gleich nach dem Aufstehen, und ich finde sie immer noch toll. Das sagt doch eigentlich alles, oder?«[21]

Im Dezember 1945 hatten Ella, die Ink Spots und Cootie Williams ein Engagement in Joe Howards Zanzibar Club und spielten vor vollem Haus. Ella und die Ink Spots traten bis Ende Februar 1946 gemeinsam auf; Cootie Williams verließ die Gruppe am 25. Januar, um einer bereits vorher vereinbarten Verpflichtung nachzukommen, und wurde von Claude Hopkins und seinem Orchester abgelöst. Ella war wieder auf dem Weg nach oben – das zeigte sich auch deutlich am Ergebnis der *Metronome*-Umfrage vom Januar 1946: Sie kam auf den fünften Platz. Das hatte wesentlich mit der Rolle zu tun, die Milt Gabler mittlerweile bei der Auswahl ihrer Songs für die Decca spielte. Obgleich Ella seit ihrem Debüt mit Webb zehn Jahre zuvor praktisch ununterbrochen vor Publikum aufgetreten war, merkte sie schon bald, daß letztlich nur ein Plattenhit den Erfolg bei den breiten Massen sicherte. Das vergaß sie ihr ganzes Leben nicht mehr.

Einer der Höhepunkte dieser Zeit war für Ella ihre Zusammenarbeit mit Louis Armstrong, einem Musiker, für den sie uneingeschränkte Bewunderung hegte. Am 18. Januar 1946 nahmen sie zwei Platten miteinander auf, »You Won't Be Satisfied« und »Frim Fram Sauce«.

Die Platte kam drei Monate später auf Platz zehn der Charts. Wieder setzte Gabler auf das Konträre: In »You Won't Be Satisfied« singt Ella einen sechzehntaktigen Chorus ziemlich glatt, während Louis im folgenden Chorus seine Stimme zu Höhen hinaufschraubt, die sie schon fast nicht mehr als die seine erkennen lassen. Der letzte Chorus schließlich ist aufgeteilt zwischen Louis' Trompete und einem Gesangsduett. Die Methode ist einfach, aber unglaublich wirksam in ihrer Aufrichtigkeit und setzt sich in der späteren Zusammenarbeit von Ella und Louis Armstrong fort. »Das musikalische Material ist alles andere als weltbewegend«, hieß es in *Metronome*, »aber die Sänger sind es, und das Resultat ist ein wunderbares Hörerlebnis.«[22]

Im August läutete Gabler wieder den Wechsel ein und kehrte zu der erfolgreichen Formel mit den Delta Rhythm Boys zurück. Mittlerweile hatte Ella sich auf das vom Jazz beeinflußte Vocal spezialisiert: Sie sang die Melodie im ersten Chorus noch relativ glatt und schmückte sie erst im letzten aus. Auch »For Sentimental Reasons« hält sich an dieses einfache Muster, doch was dabei herauskommt, ist so gut, daß der Titel im folgenden Dezember gleich auf Platz acht der Charts landete. »Andere Sängerinnen könnten sich eine Scheibe abschneiden«, hieß es in *Metronome*. »Sie erzeugt eine schöne, sanfte Stimmung ... Achten Sie auf die Koda, sie ist ganz typisch Ella.«[23]

»For Sentimental Reasons« war gute, leichte und unverfälschte Popmusik, bei der sowohl Melodie als auch Text zu ihrem Recht kamen. »Das war eine ziemlich gute Platte«, sagt Gabler. »Ein Cover von einem der kleinen Harlemer Labels, Savanah Churchill, glaube ich. Denen haben wir den Rang abgelaufen.«[24]

Im Juni trat Ella zusammen mit der Willie Bryant Band im

Apollo auf. Zwischen einer Nachmittags- und einer Abendshow unter der Woche fuhr sie Downtown, um Einzelheiten für einige Gastauftritte im Radio zu klären. Sie hatte nicht viel Zeit und sagte dem Taxifahrer, er solle vor dem Gebäude auf sie warten. Drei Stunden später wartete das Taxi noch immer mit laufender Uhr. Ella war zwischen dem 21. und 22. Stock im Lift steckengeblieben. Der Taxifahrer bekam fünf Dollar Trinkgeld dafür, daß er gewartet hatte, aber Ella verpaßte trotzdem ihren Auftritt am Abend. »Goldkehlchen gefangen«, hieß es in *Downbeat*. »Muß fünfzehn Dollar blechen.«[25]

Ihre Show in jener Woche war um zwei Zugnummern herum aufgebaut, »Stone Cold Dead in the Market« und »Lady Be Good«. »Bei ›Stone Cold Dead‹ übernahm sie Louis Jordans Rolle auf der Platte und sang das ganze Lied allein mit einem wunderbar echt klingenden Trinidad-Akzent ... ›Lady Be Good‹ war bemerkenswert wegen der langen Riff-Chorusse und wegen des Scat ... Ellas Phrasierung klang berückend leicht und instrumentell.«[26]

Im Oktober kehrte sie, erneut begleitet vom Cootie Williams Orchestra, ins Apollo zurück. Mittlerweile hatte sich die Kunde von ihrer sensationellen Scatdarbietung in »Lady Be Good« verbreitet, auch wenn der Song erst im folgenden März auf Platte aufgenommen wurde. »Bis Queen Ella hier auf die Bühne trat«, so *Metronome*, »war das Ganze einfach nur eine gute Apollo-Show. Doch nachdem sie fertig war, war das Publikum völlig aus dem Häuschen ... Das Mädchen ist zweifelsohne die beste Sängerin unserer Tage ... Die Krönung des Abends war natürlich Ellas mittlerweile berühmter Vocal Jam von ›Lady Be Good‹. Sie brachte es auf mindestens sechs sensationelle Chorusse und machte ein paar Riffs, bei denen vielen Topmusikern die Augen übergehen würden ... Das Ganze hat mehr Schmiß als alle anderen aktuellen Nummern.«[27]

Die Riffs, die sie damals entwickelte, behielt sie die nächsten vierzig Jahre bei; sie bildeten die Basis für ihre Improvisationen. Diese Methode wiederholte sich bei fast allen ihren Scatpassagen. »Wie John Ford, der wieder einmal einen Western dreht, oder Chuck Jones, der seinen zwölften ›Roadrunner‹-Zeichentrickfilm macht«, meint Will Friedwald, »verwendet auch Ella Fitzgerald gewisse Formeln kreativ, und zwar nicht nur, um das Publikum auf das Kommende vorzubereiten, sondern auch als Selbstzweck.«[28]

Zwischen den Aufnahmesessions, unter ihnen drei V-Disc Jam Sessions mit dem Schlagzeuger Buddy Rich, der sehr gern mit Ella zusammenarbeitete[29], plante Moe Gale weiterhin Solotourneen für Ella. Diese Arbeit war einsam, und Ella mußte sich mit Georginas Gesellschaft begnügen. Für eine Sängerin von Ellas Format waren solche Tourneen außerdem auch erniedrigend, denn die eine Woche trat sie noch mit den besten Musikern New Yorks zusammen auf, in der nächsten mußte sie schon mit einer halbprofessionellen Gruppe irgendwo im Hinterland vorliebnehmen.

In der Zwischenzeit machte John Hammond Gale im Auftrag des unabhängigen Labels Keynote Records ein Angebot über 40 000 Dollar für den Fall, daß Ella sich dort verpflichtete. Gale lehnte jedoch ab und überredete Ella, weiterhin für die vereinbarte Garantiesumme von 15 000 Dollar bei der Decca zu bleiben.[30] Falls Ella darüber unzufrieden war, ließ sie sich jedenfalls nichts anmerken und erneuerte ihren Vertrag mit Gale im November 1946 um weitere drei Jahre.[31]

Im Juli 1946 hatte Ella ein Dauerengagement in Virginia Beach und wurde von der dortigen Hausband begleitet, und vom 7. August an verbrachte sie zwei Wochen im McVan's in Buffalo. »Ella kam als Solistin nach Buffalo und brachte alle möglichen Arrangements von der Chick Webb Band mit«, erzählt der Schlagzeuger Mal Lewis dem Autor Jim Haskins. »Die Band meines Vaters im McVan bestand nur aus vier Mann. Natürlich konnten sie mit Arrangements, die für eine vierzehnköpfige Band gemacht waren, nicht viel anfangen ... Mein Vater kam nach Hause und sagte zu mir: ›Sie ist sehr gut, aber eine Nervensäge. Sie begreift nicht, daß wir nur vier Mann sind und nicht mehr als unser Bestes geben können.‹ Die Jungs waren die hervorragendsten Musiker der Stadt ... Ich ging jeden Abend hin und hörte mir die Frau an und beobachtete sie, und ich meine, so schlecht klang das gar nicht. Man konnte sehen, daß sie sich einsam fühlte. . . . Aber Ella saß zwischen den Shows nur in ihrer Garderobe. Sie saß eigentlich nie bei den Musikern und sprach mit ihnen.«[32]

Doch künstlerisch trat Ella auf der Stelle. Ihre Auftritte waren eine Mischung aus Balladen, Novelty Songs, Popsongs und Scat-Passagen. Eine eindeutige Richtung war nicht festzustellen. »Der Standardwitz im Showbusineß lautet: ›Welchen Stil singt Ella Fitzgerald heute?‹« hieß es in *Ebony*. »Viele ihrer Fans sind verwirrt über die schier unerschöpfliche Anpassungsfähigkeit der Stimme von Ella Fitzgerald.«[33]

Obwohl das vielleicht überraschend klingen mag, galt Ella Ende 1946 noch nicht unbedingt als Jazzsängerin. Zwar schätzten viele ihrer Kollegen wie Bing Crosby, Perry Como, Mel Torme, Dinah Shore, Peggy Lee, Dick Haymes, Judy Garland, Margaret Whiting oder Jo Stafford sie als eine der besten Sängerinnen der Zeit, aber das Publikum feierte eben jene weißen Sängerinnen Peggy Lee, Jo Stafford und Dinah Shore. Der große künstlerische Durchbruch sollte für Ella erst kommen. Doch dazu mußte sich im Amerika der Nachkriegszeit zunächst mal das Rassenklima verbessern.

7. Kapitel

Wer versucht, beim Singen zu improvisieren – im Jazz heißt das Scat –, weiß, daß das Schwierigste daran ist, nicht falsch zu singen. Man geht die Tonleiter rauf und runter, und die einzelnen Noten kommen schon Bruchteile von Sekunden aus dem Mund, nachdem man über sie nachgedacht hat ... Als Sänger muß man doppelt hart arbeiten, um diese scheinbar willkürlichen Noten des Scat mit perfekter Intonation hervorzubringen. Tja, das heißt, alle Sänger außer Ella. Sie singt mit absolutem Musikgehör, ganz ohne Mühe, und bringt die Noten zum Swingen.

Mel Torme, Sänger, Komponist, Arrangeur, Pianist und Schlagzeuger.[1]

Mit der Aufnahme von Ellas »Flying Home« im Oktober 1945 machte der Gesang im Jazz einen gewaltigen Schritt vorwärts, weil sie den Scat als erste mit geradezu brillanter Kreativität einsetzt. Scat bedeutet soviel wie stimmliche Improvisation, die sich normalerweise, wenn auch nicht immer, am instrumentellen Jazz orientiert. Zahllose Schriftsteller nennen Louis Armstrong als seinen Erfinder: Als er bei einer Plattenaufnahme im Jahr 1926 »Heebie Jeebies« sang, fiel ihm angeblich mitten während der Vocalpassage das Notenblatt auf den Boden, so daß er statt der Worte einfach mit einer improvisierten, onomatopoetischen Melodie fortfuhr, und siehe da: Der Scat war geboren.

In den Aufzeichnungen der Folklore Archives in der Library of Congress jedoch schreibt Jelly Roll Morton die Erfindung des Scat einem gewissen Joe Sims aus Vicksburg zu und behauptet, daß die Musiker aus New Orleans ihn kopierten. Das hieße, der Scat geht bereits auf die Jahrhundertwende zurück. Auch Armstrong selbst hatte den Scat auf Platte schon lange vor »Heebie Jeebies« eingesetzt. Brian Rust weist darauf hin, daß er bereits zwei Jahre zuvor, nämlich bei Fletcher Hendersons »Everybody Loves My Baby« Scat gesungen hatte, und auch der Saxophonist und Arrangeur Don Redman brachte bei Hendersons »My Papa Doesn't Two Time No Time« ungefähr aus der gleichen Zeit ein paar Takte Scat ein. Rust führt außerdem eine ganze Liste von Scatpassagen auf Platte von Mitte bis Ende der zwanziger Jahre an, darunter Johnny Marvin, Gene Austin, Lee Morse und Fred Halls Sugar Babies, die die Technik ganz unabhängig von Armstrongs Einfluß einsetzten.[2]

In seinem Buch *Jazz Singing* verfolgt Will Friedwald die Ursprünge des Scat bis zu Gene Green im Jahr 1917 zurück. Der bedeutendste Vertreter des Scat vor Louis Armstrong scheint Cliff Edwards gewesen zu sein, der, so Friedwald, seine erste Platte 1923 machte, und zwar mit »Scatpassagen, die gut und gerne von [dem Trompeter] Joe Smith auf einer Scheibe von Bessie Smith hätten stammen können«[3]. Fast jeder dürfte übrigens die Stimme von Cliff Edwards kennen – er sang »When You Wish Upon a Star« in Disneys *Pinocchio*.

»Edwards war der erste Entertainer, der den Scat voll und ganz in seinen Gesang integrierte und zu einem eigenständigen Stil weiterentwickelte«, meint Friedwald. »Das Wesentliche daran ist, daß es sich dabei um echte Scatimprovisationen handelt; er gestaltet, soweit ich das beurteilen kann, wirklich eine Melodie. Bing Crosby sagt, er habe Leuten wie Cliff Edwards zugehört. Da muß man auch nicht lange herumrätseln, das ist alles dokumentiert; er war mit Sicherheit an allen Künstlern interessiert, die populäre Lieder schon früh jazzig sangen.«[4]

Bis »Flying Home« hatte Ella immer wieder Popsongs mit Jazzmodulationen gesungen. Auch sie hatte den Scat eingesetzt, jedoch hauptsächlich, weil er neu war, so zum Beispiel ein paar

Takte auf der Platte »You'll Have to Swing It«, die sie fünfzehn Monate nach ihrem Aufnahmedebüt mit Chick Webb machte, die acht Takte, die sie ziemlich unbeholfen an den Groundbeat von »Organ Grinder's Swing« anhängte, oder ihr erster längerer Ausflug in den ausgedehnten Scat auf »The Dipsy Doodle« vom Dezember 1937. Doch erst Leo Watson (1898–1950) mit den Spirits of Rhythm, der in Harlem und den Clubs der 52nd Street in Downtown so beliebt war, zeigte ihr, daß der Scat nicht unbedingt bei Louis Armstrong stehenbleiben mußte. Er ließ sich ohne weiteres zu einem eigenständigen Element des Jazz weiterentwikkeln.

Watsons surrealer, zügelloser, schneller Gesang wies dem Scat bereits den Weg vom Swing zum Bebop. Sein Scat ist nur auf insgesamt 38 Scheiben zu hören, er stellt sozusagen eine innere Verbindung zwischen seinen Musikern her, so zum Beispiel den Spirits of Rhythm, Gene Krupa, Artie Shaw oder Vic Dickenson. Seine Improvisationen waren gleichzeitig höchst raffiniert und komisch. Er begann meist mit Aufmerksamkeit erregenden, oft schelmischen Intervallen, wurde dann leiser, verengte zu Off-Beat-Passagen, die die Melodie bis zur Wende paraphrasierten, welche er oft durch ein ausgesprochen unwahrscheinliches Zitat einleitete. Dann beschleunigte er durch eine Unterteilung des Beat, so daß die Melodie immer schneller klang. Durch diese Technik gelangte er fast schon zum Bop.

Mit seiner rhythmischen Freiheit und seinen clever eingesetzten musikalischen Zitaten, durch die er den Zuhörer ständig beschäftigt hält, ist er seiner Zeit weit voraus, auch wenn er im heutigen Jazz fast vergessen ist.

»Es gibt auch ein paar Stücke von Leo Watson, wo er ganz ähnlich klingt wie Crosby«, heißt es bei Friedwald. »›World On a String‹, solche Sachen, und außerdem haben ein paar von den Spirits of Rhythm mit Sicherheit Crosby zugehört... Ich habe immer das Gefühl, daß Leo Watson irgendwann einmal über Cliff Edwards gestolpert sein muß, denn das kann ihm nicht alles selbst eingefallen sein. Und Crosby hat sich mit Sicherheit die Sachen von Edwards angehört. So ergibt sich dann die Verbindung von Crosby und Louis Armstrong über Leo Watson zu Ella.«[5]

Doch nicht nur an den Scatsängern orientierte sich Ella, sondern auch an den Instrumentalisten. »Ella hat einfach ein ausgezeichnetes Gehör«, sagt Mel Torme. »Schließlich ist sie damals in dieser wunderbaren Zeit mit der Band von Chick Webb großgeworden, hat Taft Jordan auf der Trompete gehört und Dick Vance und all die anderen, mit denen sie zusammengearbeitet hat. Dazu kamen noch die Leute, die damals spielten. Sie hat einfach die Ohren offengehalten und sich Musiker angehört wie Roy Eldridge und Coleman Hawkins und Lester Young und Jo Thomas von der Lunceford-Band – die Liste ist eigentlich endlos.

So hat sie das alles in sich aufgesogen... Wie soll man das beschreiben ... Das ist einfach eine Begabung, die von Gott kommt. Anders kann ich es nicht ausdrücken. Sie ist eine Frau, die Akkordstrukturen genauso geschickt und leicht bewältigt wie ein großer Tenor oder ein Posaunist oder ein Pianist oder ein Trompeter.«[6]

»Flying Home« kam 1947 zusammen mit »Lady Be Good« heraus und sorgte für eine Sensation. »Miss Fitzgerald hat zwei Quasi-Scat-Stücke gemacht, die man in zehn Jahren immer noch genauso gern hören wird wie heute«, hieß es in *Downbeat*. »Nicht nur ihre Intonation ist perfekt, sondern die instrumentelle Konzeption und der rhythmische Effekt sind erstaunlich. Außerdem spielt sie noch ganz clever auf Dizzy, Babs, Slam, Hamp, Leo Watson und andere an, indem sie Variationen auf deren bekanntere Themen singt!«[7]

Mit »Flying Home« orientiert sich Ella ganz deutlich am immer beliebter werdenden Bebop. Nach einem kurzen einleitenden Teil verwendet sie die Anfangsmotive des berühmten Illinois Jacquet Tenorsaxophonsolos aus Lionel Hamptons Decca-Hit von 1942. Dieses Solo wird zur Grundlage ihrer eigenen Improvisation, bei der sie Noten verwendet, die kein Musiker der Swing-Ära sonst einsetzen würde. So verbindet sie beispielsweise manchmal den Ton C mit dem »ing« von *»Flying«* aus dem Titel »Flying Home«. Da sie die Melodie in As-Dur singt, ist dieses C der dreizehnte Ton des zugrundeliegenden es-Dur-Akkords. Im allgemeinen tendierten die Musiker der Swing-Ära dazu, nur Terzen, Quinten, Sexten, Septimen oder bestenfalls einmal Nonen zu verwenden.

Ellas Nähe zum Bop geht jedoch über Spitzfindigkeiten in der Harmonie hinaus; vielmehr ist ihr Rhythmus häufig von den Musikern des Bop beeinflußt. Oft setzt sie beim Scat den stimmhaften Konsonanten »b« ein, um Phrasen wie »boy-dube-be«, »blu-i-du« oder »blu-ya-do« zu beginnen. Solche phonetischen Elemente sind ganz charakteristisch für die kurzen, scharfen Phrasen, die normalerweise von Instrumentalmusikern des Bop verwendet werden, und dazu fügt sie noch mehrere »Re-bops« ein, um die Anspielung deutlicher zu machen.

Außerdem integriert sie, wie Watson, musikalische Anspielungen in ihre Improvisationen. Dieser Methode bleibt sie auch später treu. Am selben Punkt der drei »improvisierten« Chorusse fügt sie hintereinander einen Auszug von »Goodnight Ladies«, nämlich »Merrily we roll along...«, einen Teil von »Yankee Doodle« und von »Horses, Horses« ein.

»Meiner Meinung nach hat sie eine Kunst aus dem Scat-Gesang gemacht«, sagt Sonny Rollins, einer der größten Improvisateure in der Geschichte des Jazz. »Der Scatgesang ist für sich schon eine Kunst, aber wie Ella andere Lieder in unterschiedliche Teile der Melodien einarbeitet, ist wirklich eine große Kunst. Mir hat es immer gefallen, wie sie das gemacht hat. Man kann natürlich eine Melodie aus einem Lied in ein anderes einfügen, nur aus Gründen der Effekthascherei, aber solche Experimente erfordern auch künstlerisches Geschick. Und Ella hatte in dieser Hinsicht ziemlich großes Geschick.«[8]

Musikalisch gesehen stellte der Bebop einen wichtigen Punkt der Entwicklung im Jazz dar. Er bedeutete eine Zusammenfassung fortschrittlicher rhythmischer und harmonischer Gedanken, die von einigen jungen, höchst anspruchsvollen Musikern – Solisten wie Gruppen – über mehrere Jahre hinweg herausgearbeitet worden waren. Der Bebop bewegte sich von den grundsätzlich diatonischen Konventionen des Swing zu chromatischen Harmonien und erweiterte so die Bandbreite der Ausdrucksmöglichkeiten für den Improvisierenden. Rhythmisch befreite er sich von den Vier- und Achttaktstrukturen, in die Improvisierende vor dem Bop ihre

Soli einzwängten. Bebop-Musiker verwendeten kantigere, aufgesplitterte Phrasen, die oft die Taktgrenzen überschritten und an unerwarteten Stellen anfingen und endeten.

Der Bebop entwickelte sich durch den Gedankenaustausch innerhalb einer Gruppe von ausgezeichneten jungen Musikern, die sich regelmäßig in Harlems Nachtklubs, so zum Beispiel Minton's Playhouse, trafen, um zusammen zu spielen und ihre Theorien zu einem neuen Stil im Jazz zu erproben. Zwar schien der Bebop als musikalische Form schon voll entwickelt zu sein, als der Aufnahmestop 1944 unter so bedeutenden Musikern wie Dizzy Gillespie, Charlie Parker, Kenny Clarke, Thelonious Monk, Kenny Kersey, Charlie Christian, Joe Guy, Don Byas, Bud Powell, Max Roach und anderen entstanden. Als Dizzy Gillespie 1941 für Ella arbeitete, hatte sie Gelegenheit, aus erster Hand von den neuen Ideen zu erfahren, genauso wie sie vermutlich den Ruf der Experimentatoren aus Harlems Klubs kannte, von denen die meisten nur ein paar Jahre jünger waren als Ella selbst. Schon 1942/43 hatte sie sich der Herausforderung gestellt, die der Bebop für sie bedeutete, so zum Beispiel in »Flying Home«, das sie schon Jahre vor der Plattenaufnahme im Repertoire hatte. »Bopmusiker wie Parker und Gillespie haben mich stärker angeregt, als ich sagen kann«[9], erklärte Ella dem Magazin *Ebony* später.

Der Bop jedoch wurde nie so populär wie die Swingbands der dreißiger und frühen vierziger Jahre, auch wenn er ab 1946 ein immer stärkeres Echo in der Musikpresse und bei den jungen, aufgeschlossenen Fans, besonders in New York und den Städten des Nordens, fand. Für sie war der Brennpunkt dieser Musik der Trompeter Dizzy Gillespie. Verglichen mit ihm, blieb die eigentliche Schlüsselfigur der Ära, Charlie Parker, bei den Fans eher im Hintergrund und wurde hauptsächlich von den Musikern und einem kleinen Kreis Begeisterter in New York gelobt. Gillespie war der Vorzeigemann des Bop. Indem er Clownerie mit meisterhafter Musikbeherrschung verband, war er ideal geeignet für die Medien. Er war fotogen und geistreich und immer zu einer komischen Bemerkung oder Pose aufgelegt.

1945 ermutigte Gillespies Manager Billy Shaw ihn, seine eigene Big Band zu gründen, der er auch sofort zusammen mit den

Komikern Patterson und Jackson, der Sängerin June Eckstine und den Nicholas Brothers ein Tourneeengagement verschaffte. Das Programm wurde als »Hepsations of 1945« angekündigt und sollte 98 Tage lang im Südwesten der Vereinigten Staaten – südlich der Mason-Dixon-Linie – gezeigt werden. Die Mitglieder der Band um Gillespie, von denen mehrere aus der erst kurze Zeit zuvor aufgelösten Gruppe von Billy Eckstine stammten, waren alles andere als begeistert über die Tournee durch die Südstaaten. Einige verließen die Band noch vor Beginn der Reise, während andere unterwegs umkehrten, angewidert durch zahllose Beispiele krasser Rassendiskriminierung. Die Veranstalter erklärten Gillespie, die Südstaatler könnten nicht auf seine Musik tanzen. So wurde die Tournee zu einem Riesenflop.

Später im Jahr wagte Gillespie dann zusammen mit Charlie Parker einen erfolglosen Vorstoß nach Kalifornien, um auch das Westküstenpublikum mit der neuen Musik vertraut zu machen. Doch 1946 wendete sich das Blatt allmählich zum Guten. Gillespie wurde in der Umfrage von *Metronome* zum Trompeter Nummer eins gekürt und begann im März ein erfolgreiches Dauerengagement im Spotlite Club an der 52nd Street. Unterdessen wurde eine wunderbare Serie von Aufnahmen für Victor, die im Februar als Teil eines 78er Albums mit dem Titel »New Fifty Second Street Jazz« herauskam (die Plattenfirma wagte offenbar noch nicht, die Musik Bop zu nennen), zum Bestseller, und mehrere brillante Nummern für das Musicraft-Label trugen im Mai noch weiter dazu bei, Gillespies Ruf zu mehren.

Je moderner der Bop wurde, desto mehr interessierte sich die Musikpresse für Gillespie, der nun schnell zu einer Person des öffentlichen Lebens wurde und über den überall Artikel und Besprechungen erschienen. In einem ausführlichen Porträt schreibt Mort Schillinger: »Noch nie zuvor in der Geschichte des Jazz ist eine so dynamische Figur wie Dizzy Gillespie ins Rampenlicht gerückt worden ... nur wenige Musiker können sich der Faszination von Dizzys Musik entziehen ... Doch leider wird nicht nur Dizzys Musik kopiert; die Bewunderer versuchen obendrein noch, so auszusehen und sich so zu verhalten wie Dizzy.«[10]

Gillespie trug einen kleinen Spitzbart und dazu oft eine Baskenmütze und eine Hornbrille. Mitte 1946 war in dem Magazin *Ebony* eine Anzeige für »Bopbrillen – Absolut ausgeflippte Gestelle für nur $ 3.95« abgedruckt. Zu dieser Brille trug der Bop-Fan dann noch einen Spitzbart aus Papier und eine sogenannte »Bop Cap«, eine spitze Baskenmütze. Trotz dieser eher flüchtigen Paraphernalia, die den »Hip« (jemand, der »in« ist, sich den bürgerlichen Konventionen widersetzt, Anm.d.Ü.) vom »Non-Hip« unterscheiden, war der Bop nun nicht mehr nur eine Untergrundmusik aus den Klubs von Harlem. Vielmehr nahm der Bop nun aktiv Einfluß auf den Jazz und veränderte ihn.

Gillespies Trompete übte einen genauso starken Einfluß auf den Bop aus wie Parkers Altsaxophon, und beide zusammen gestalteten den modernen Jazz neu. Wie Parker wurde auch Gillespie immer wieder imitiert, und seine Phrasen wurden zum Vorbild für Trompeter, selbst noch in unseren Tagen. Darüber hinaus wurden seine Ideen von zahllosen Saxophonisten, Pianisten und Gitarristen aufgegriffen. Und wer sich dafür interessierte, was er machte, dem erklärte Gillespie auch geduldig an der Klaviertastatur, wie seine ausgedehnten Harmonien die Wahl seiner Noten beeinflußten. Er demonstrierte die Bop-Rhythmen onomatopoetisch, und häufig wurden diese Klanggebilde zu Songtiteln, wie zum Beispiel *Ooh-Bop-Sha-Bam-a-Klook-a-Mop, Ool-Ya-Koo* oder *Oop-Pop-a-Da*.

Im Frühjahr 1946 wagte Gillespie einen neuerlichen Versuch mit einer Big Band, die bereits im August ihre ersten Aufnahmen für das Victor-Label machte, darunter eine Komposition ihres Pianisten John Lewis, »Two Bass Hit«. Ein paar Jahre später gründete Lewis zusammen mit den Gillespie-Musikern Milt Jackson, Vibraphon, Ray Brown, Baß, und Kenny Clarke, Schlagzeug, einen Prototyp des Modern Jazz Quartet. Lewis kam damals gerade frisch vom Militär. Davor hatte er an der University of New Mexico Musik studiert. Nun setzte er diese Studien fort und versuchte, seine Theorien in Gillespies »wanderndem Musiklabor« zu erproben.

Gillespies Band war gerade dabei, die Grenzen des Jazz mit vielen interessanten jungen Solisten neu auszuloten: »Ich spielte damals in dieser neuen Gruppe«, erinnert sich Howard Johnson.

»Und wir spielten wirklich interessante und aufregende Sachen. Ich hatte das erste Altsaxophon . . . Zuerst spielte Sonny Stitt die Altsoli, und nachdem er die Band verlassen hat, hat John Brown sie übernommen. Wir sind in Tanzsälen aufgetreten, und danach sind wir zusammen mit Ella Fitzgerald auf Tournee.«[11]

Die Tournee begann im November 1946, dauerte bis weit in den Dezember hinein und ging wieder in den Süden der Vereinigten Staaten. Die Agentur Gale Associates hatte Ella für diese Tournee verpflichtet, um ein Gleichgewicht zu schaffen zu dem allzu stark ausgeprägten Bopprogramm der Hepsations Tour von 1945, die die Südstaatler so verwirrt hatte. Doch der zweite Versuch verlief kaum erfolgreicher als der erste. Die Leute standen da »und glotzten die Band an, als ob wir alle Verrückte wären . . . Viele warteten nur auf Ella. In irgendeiner kleinen Stadt unten im Süden stand ein Typ und sagte: ›Wo ist Ella Fitzgerald?‹«[12].

Das Publikum lauschte der Band mit einer Mischung aus Ehrfurcht und Verwirrung: »Sie hörten zu, standen herum und klatschten und versuchten, so zu tun, als hätten sie's kapiert«, sagt Johnson. »Ich glaube, daß sie die künstlerischen Fähigkeiten von Dizzy schon anerkannt haben, weil er einfach ein brillanter Techniker war. Aber richtig tanzen konnte man nicht auf die Musik.«[13]

Ellas Ruf eilte ihr nicht nur in den Süden voraus, sondern auch in Gillespies Band. »Ich habe damals einige Zeit mit Ella verbracht, als Dizzy mit der Band anfing«, erzählt der Pianist John Lewis. »Ich habe 1946 zum erstenmal mit der Band gespielt. Ella hat Dizzy sozusagen ihren guten Namen geliehen und ist mit der Band auf eine lange Tournee gegangen. Damals habe ich mich, genau wie die anderen Mitglieder der Band, mehr für Sara [Vaughan] interessiert. Von Ella habe ich nicht so viel gehalten, wie ich eigentlich hätte sollen. Aber nachdem Dizzy mir jeden Abend erklärt hat, wie gut sie ist, habe ich es schließlich auch kapiert!«[14] Für die Band von Gillespie war Ella der Star der vergangenen Swing-Ära, also Lichtjahre von dem entfernt, was sie selbst machte, und diente nur als Mittel zum Zweck, um dem Publikum die eigene Musik zu versüßen.

Doch Ellas Verbindung zum Bob wurde durch die Tournee mit Gillespie nur noch enger. Zu Beginn der Reise war sie noch eine

Außenseiterin, am Ende hatte sie sich die Anerkennung der anderen Bandmitglieder erworben, sie war »in«. »Wir waren sechs Wochen unterwegs und spielten auch in einigen Theatern miteinander. ... Wenn die Band nach den Shows zum Jammen ging, dann ging ich immer mit. Ich fand es sehr aufregend, wie Dizzy und die anderen ihren Bebop spielten. Auf diese Art lernte ich es auch, denn Dizzy sagte immer zu mir: ›Komm und mach mit.‹ Das war meine Ausbildung. Wir machten ›oo-bop-sha-bam-a-klook-a-mop‹, das war eine der ersten Nummern, und dann ›she-bop-a-da-ool-ya-she-bop-a-da-ool-ya-koo‹, und mich faszinierte das ganz ungemein. Als ich spürte, daß ich auch so singen konnte, fühlte ich mich richtig ›in‹.«[15]

»Ooo-Bop-Sha-Bam-a-Klook-a-Mop«, einer der beliebtesten Bopsongs, wurde durch Gillespie sozusagen zur Hymne dieser Musikrichtung. Das Lied wurde außerdem von Machito und seinen Afro-Cuban Salseros als »U-Bla-Ba-Du« aufgenommen, was vermutlich damit zusammenhing, daß Gillespie eng mit Mario Bauza zusammenarbeitete, der Machitos Schwager war. Bauza spielte die erste Trompete bei Gillespie und übte starken Einfluß auf Gillespies afro-kubanische Experimente jener Zeit aus. Wie so oft im Bop, wurde auch in dieser Melodie die Akkordsequenz einer bereits existierenden Melodie verwendet, in diesem Fall von George Gershwins »I Got Rhythm«.

Veränderte Fassungen von »Rhythm« waren nichts Ungewöhnliches während der Jam Sessions in der Swing-Ära, doch Gillespie und Gil Fuller, die Bearbeiter, ließen sich ganz deutliche Variationen zum Original einfallen. Die »Worte« »Oo-Bop-Sha-Bam-a-Klook-a-Mop« umfassen die beiden ersten Takte von »I Got Rhythm« entsprechend dem Text »I Got Rhythm« und illustrieren ganz anschaulich, wie sehr sich der abgehackte Rhythmus des Bop vom Swing unterscheidet.

»Ooo-Bop-Sha-Bam-a-Klook-a-Mop« wurde reharmonisiert, und Gillespie verwendet während der beiden ersten Takte vier Akkorde statt Gershwins zweien. Ungefähr in der Mitte, an der Stelle also, wo der Text »Old Man Trouble ...« beginnt, sind im Original vier Akkorde in acht Takten. Gillespie hingegen setzt sechzehn ein. Obgleich die meisten Musiker der Swing-Ära vermutlich die Harmonieveränderungen verstanden, die die Bopmusiker einführten – Coleman Hawkins' »Body and Soul« von 1939 war sozusagen eine Fingerübung für chromatische Akkorde –, ließ letztlich erst die Kombination von ausgedehnten Harmonien *und* neuen rhythmischen Ausdrucksmöglichkeiten den Bop so revolutionär erscheinen.

Für Ella Fitzgerald mit ihrer intuitiven Reaktion auf subtile Akkordveränderungen stellte der Bop eine Herausforderung an ihre Gesangstechnik und ihr Rhythmusgefühl dar. Die Bopmusiker liebten schnelle Tempi. Statt der von einer Sechzehntelnote gefolgten punktierten Achtelnote, die den Grundbeat des Swing-Musikers kennzeichnet, verwendeten die Bopmusiker fast gleichmäßig akzentuierte Achtelnoten. Sie rasten mit einer Begeisterung, die den Swingmusikern den Atem nahm, über die Takte hinweg. Der Bop zwang die Zuhörer, ihre behaglichen diatonischen Hörgewohnheiten aufzugeben. Er forderte die aktive Beteiligung des Zuhörers, er mußte sich konzentrieren, um zu verstehen, was sich da abspielte. Der Jazz bewegte sich weg von der reinen Unterhaltung und forderte sein Recht als eigenständige Kunstform.

Für die meisten Swingmusiker war die Kluft zu weit; sie konnten nur untätig zusehen, wie der Bebop sich Ende der vierziger Jahre schließlich als vorherrschende Form des Jazz durchsetzte. Vielen von ihnen, die noch gar nicht alt waren, so zum Beispiel Benny Goodman, Roy Eldridge oder Buck Clayton, fiel es gar nicht leicht hinzunehmen, daß ihr Stil fast über Nacht altmodisch geworden war. Manche, unter ihnen Coleman Hawkins oder Don Byas, schafften es, zum Bop überzuwechseln. Doch nur einer gelang letztlich der nahtlose Übergang – Ella Fitzgerald. In einer Musiksparte, die fast ausschließlich von Männern dominiert wird, kann man diese Leistung gar nicht hoch genug bewerten.

Die Tournee mit Gillespie machte Ella Spaß. »Oft, wenn in irgendeiner Stadt unsere Show vorbei war, gingen wir in einen Club, und wenn die Band dort zu spielen begann, standen wir auf und tanzten Lindy Hop. Ja und alle überließen uns gleich die ganze Tanzfläche, und wir tanzten wie verrückt miteinander. Dizzy war ein sehr guter Tänzer und ich auch. Wir kannten beide die Schritte aus dem Savoy....«[16]

Im Verlauf der Tournee begann Ella eine Beziehung mit Ray Brown, dem Bassisten der Band. Brown war 1926 in Pittsburgh zur Welt gekommen und damit neun Jahre jünger als sie. Die beiden hatten sich ein Jahr zuvor kennengelernt, als Brown nach New York kam und sich Gillespies Combo in der 52nd Street anschloß.

Es war nichts Ungewöhnliches, daß eine Sängerin ein Verhältnis mit einem der fünfzehn bis zwanzig Männer begann, mit denen sie auf Tournee ging. Milt Gabler erinnert sich: »Ich habe mit vielen professionellen Sängerinnen gearbeitet; einmal hatte ich gleichzeitig Billie und Ella, Carmen McRae, Peggy Lee, Jeri Southern und Sylvia Syms unter meinen Fittichen, und das war wirklich ein Vergnügen. Aber oft haben die Sängerinnen jemanden aus der Band geheiratet, den Bassisten oder so.

Sie sind einfach einsam, wenn sie die ganze Zeit auf Achse sind, und was soll man sonst schon mit seiner Zeit anfangen. Übrigens machen das nicht nur schwarze Sängerinnen wie Ella, sondern auch weiße. Sie heiraten jemanden aus der Band. Das ist traurig. Wir haben nie über so etwas gesprochen. Wir haben uns nur über berufliche Dinge unterhalten. Schließlich muß es eine gewisse Distanz geben zwischen der Sängerin und dem Mann, der die Studioaufnahmen und das Material organisiert und so. Aber das war einfach ein einsames Leben.«[17]

Die Liste der Sängerinnen, die einen Musiker aus der gleichen Band heirateten, ist lang: Doris Day und George Weidner, der Saxophonist von Benny Goodman; Jo Stafford und Paul Weston, der Arrangeur von Tommy Dorsey; Frances Wayne und Neal Heft, der Arrangeur und Trompeter von Woody Herman; Mary Ann McCall und Al Cohn, der Saxophonist von Woody Herman; June Christy und Bob Cooper, der Saxophonist von Stan Kenton, oder Ann Richards und Stan Kenton selbst.

Allmählich näherten sich Ella und Ray nicht nur privat, sondern auch musikalisch an. Als sie wieder nach New York zurückkehrten, sah man sie oft zusammen in Nachtklubs, wo Bop gespielt wurde. Bei eigenen Auftritten achtete Ella darauf, daß immer auch ein paar Bop-Nummern in ihrem Programm waren. Doch bei den Plattenaufnahmen wagte sie lieber auch weiterhin kein Risiko, was durch ein 78er Album mit wiederaufgelegten Songs, das 1947 herauskam, deutlich wird. Es erhielt den Titel *Ella Fitzgerald: Souvenir Album of Vocal Foxtrots*.

Eigentlich handelte es sich dabei um Material, das schon nicht mehr in die aktuelle musikalische Landschaft paßte, sondern eher dazu dienen sollte, ihren gegenwärtigen Erfolg auch finanziell auszunützen. (In der Umfrage des *Metronome*-Magazins vom Januar 1947 hatte sie sich mittlerweile wieder auf Platz vier vorgearbeitet.) Was jedoch deutlich zutage trat in diesem Album, war die Tatsache, daß Ella in den sechs oder sieben Jahren seit der ursprünglichen Aufnahme der Songs als Künstlerin beachtliche Fortschritte gemacht hatte. »Diese Platten«, so hieß es später im Jahr in *Downbeat*, »[stammen] aus einer Zeit, als Ella noch nicht so gut sang wie heute. Sie phrasiert bei weitem nicht so sicher, und ihr Klangspektrum ist längst noch nicht so breit.«[18]

Im Januar 1947 ging Ella zusammen mit dem Pianisten Eddie Heywood und seinem Orchester ins Aufnahmestudio. »Wir haben ›Sentimental Journey‹, eine Coverversion des Les-Brown-Hits, aufgenommen und ›Guilty‹«, erzählt Gabler. »Die Verleger haben ›Guilty‹ wieder ausgegraben. Ich hab' den Song zuerst mit Billie Holiday probiert, aber das hat nicht geklappt, also habe ich Ella gebeten, daß sie ihn macht.«[19] »Guilty« kam im April des folgenden Jahres auf Platz elf der Charts.

Gabler blieb jedoch nicht verborgen, wie sehr sich Ella für den Bop interessierte und wie populär diese Musikrichtung nun wurde. Als er Ella in einem Nachtklub »Lady Be Good« singen hörte, beschloß er, den Song aufzunehmen. »Ich habe immer zu Ella gesagt: ›Die Aufnahme machen wir wegen der Miete und die andere ist für uns selber‹«[20], erzählt Gabler. Die Session vom 19. März 1947 mit einer Band unter Bob Haggarts musikalischer Leitung begann mit zwei kommerziellen Nummern: »A Sunday Kind of Love«, einer Coverversion von Claude Thornhills Aufnahme für Columbia, und »That's My Desire« mit dem Andy Love Quartet.

Als die beiden Titel im Mai 1947 herauskamen, hieß es in *Downbeat*: »Wer sich diese zwei Nummern anhört und nicht seine Meinung über Miss Fitzgeralds gesangliche Fähigkeiten revidiert, muß stocktaub sein.«[21] Obwohl »That's My Desire« nicht in die Charts kam, wurde der Song doch gerne von Discjockeys im ganzen Land gespielt.

Aber die Aufnahmesession für diese beiden Titel war alles andere als einfach. »›That's My Desire‹ war ein richtiger Kampf. Es war ein hartes Stück Arbeit, die Gesangsgruppe in den Griff zu bekommen. Manchmal gibt's eben Probleme, wenn man nicht die erste Wahl hat. Aber nachdem wir's geschafft hatten, hat sich die Scheibe gut verkauft«[22], erinnert sich Gabler. Für »Lady Be Good« arbeitete die Band dann sogar ein Head Arrangement aus, mit dem Ella den Song schon beim ersten Versuch aufnehmen konnte, was für eine solche Session ganz erstaunlich war.

»Lady Be Good« blieb bis zu Ellas letzten Auftritten in ihrem Repertoire und wurde zu einem Klassiker, der »Flying Home« an Lebhaftigkeit und Vitalität noch übertraf. Wieder einmal war der Einfluß des Bop ganz deutlich zu spüren, und in *Metronome* hieß es: »›Lady Be Good‹ . . . beweist, daß Ella Gillespies Schule des Jazz kennt.«[23] Und auch bei »Flying Home« tritt die Basis klar zutage, das Arrangement, das die Grundlage aller nachfolgenden Versionen wurde. Oft hielt sie sich relativ eng an die ursprüngliche Aufnahme, doch zusammen mit dem Aufkommen der Langspielplatte wurden ihre Live-Versionen zunehmend länger. »Sie hielt sich immer ziemlich genau an das Arrangement«, sagt Tommy Flanagan, der später häufig zusammen mit Ella spielte. »Fast genauso wie auf der Platte. Aber nur, wenn sie den Song oft sang. Wenn sie ihn jedoch schon eine Weile nicht mehr gesungen hatte, wußte sie nicht mehr so genau, wie sie es das letzte Mal gemacht hatte. Sie streckte die ganze Angelegenheit und bewegte sich weg von der früheren Version, wie um noch einen besseren Weg zu finden.«[24] Später legte der Sänger Mel Torme diesen Song einer eigenen brillanten Scatnummer zugrunde, die er Ella widmete[25], und setzte so einem der besten Jazz Vocals aller Zeiten ein musikalisches Denkmal.

Außerhalb der Aufnahmestudios beschäftigte sich Ella weiterhin intensiv mit dem Bop. Am 5. April gehörte sie zu den Gästen von Art Fords »Saturday Night Swing Show« in Radio WNEW. Die Show war insofern ungewöhnlich, als das gesamte Programm nicht geprobt und die Auswahl sowie die Länge der gewählten Nummern den Künstlern überlassen wurde. Außerdem wurde jede Sendung von Art Ford und seinen Gästen vor einem kleinen Kreis von vielleicht 200 Zuhörern in WNEWs Studio 1 in der Fifth Avenue 565 Ecke 46th Street von Anfang bis Ende improvisiert.

Ella machte zusammen mit Buddy Rich eine Nummer, und das Ergebnis wurde später auf V-Disc aufgenommen. Rich kam hinter seinem Schlagzeug hervor, um sich einen kleinen Schlagabtausch mit Ford zu liefern, und schloß sich dann Ella bei »Blue Skies« an, das dann als »Budella« veröffentlicht wurde. Rich präsentierte ein beachtliches Scat Vocal, bevor Ella ihm mit einer improvisierten Darbietung, die nicht nur bewies, wie gut sie den Bop mittlerweile beherrschte, sondern auch, wie instrumental orientiert ihre gesanglichen Improvisationen waren, die Show stahl. Das, was sie sang, hätte von einem Trompeter nicht besser gespielt werden können.

Die zahllosen Klubs der 52nd Street zwischen Fifth und Sixth Avenue waren schon seit Ende der zwanziger Jahre ein brodelndes Zentrum des Jazz. In den vierziger Jahren war »The Street«, wie man die Gegend nun liebevoll nannte, die Heimat der ersten Bopbands. 1944 spielten Dizzy Gillespie und Oscar Pettiford im Onyx Club, also zur gleichen Zeit, als Coleman Hawkins mit dem Tenorsaxophonisten Don Byas, dem Trompeter Benny Harris, dem Pianisten Thelonious Monk und dem Schlagzeuger Denzil Best nur ein paar Häuserblocks weiter auftrat.

Im Juni 1947 eröffnete Louis Shanowitz den Downbeat Club an der 52nd Street neu, nachdem Rudy Breadbar ein paar Monate zuvor gezwungen gewesen war, die Pforten zu schließen. Um das neue Management einzuführen, verpflichtete man Ella als Zugnummer. Zusammen mit ihrem mittlerweile eingespielten Backgroundtrio unter Ray Tunia trat sie vor vollen Sälen auf und spielte trotz eines verregneten Wochenendes 7500 Dollar ein.

Den folgenden Monat verbrachte Ella erneut in den Aufnahmestudios. Obwohl Milt Gabler die Session mit der Gesangsgruppe The Day Dreamers und einer inzwischen vergessenen Combo betreute, entschied er sich nicht für eine Veröffentlichung des Ergebnisses. »Ein paar von den Sachen haben wir für die Gale Agency gemacht«, sagt er. »Da wollte wohl jemand irgend jemandem einen Gefallen tun oder so was. Ihr Chef hat gesagt: ›Mach die Aufnahme.‹«[26] Das Ergebnis war alles andere als berauschend. Im September war Ella dann wieder in der 52nd Street, zur dritten Wiederauferstehung des Famous Door, das bereits früher im Jahr erneut seine Pforten geöffnet hatte, und danach folgten zwei Wochen im Downbeat Club zusammen mit der Big Band von Dizzy Gillespie.

Billy Shaw von Gales Agentur verpflichtete Ella immer wieder einmal zusammen mit der Big Band von Gillespie, so daß es nur natürlich erschien, daß auch Ella mit von der Partie war, als Dizzy am 29. September sein großes Debüt in der Carnegie Hall gab.

Das Konzert wurde von Leonard Feather präsentiert, der auch als Co-Sponsor des Abends fungierte. Dizzy und Ella wurden, gemeinsam mit dem »Exklusivauftritt« von Charlie »Yardbird« Parker, als Konzert des »New Jazz« angekündigt. Hier nun war der lebende Beweis dafür, daß der Bop auf dem Vormarsch war: »Das Bebop-Banner wird an diesem historischen Abend von dem führenden Instrumentalisten dieser neuen Musikrichtung und von der Sängerin getragen, die sich im Bop als ebenso meisterhaft erwiesen hat wie im Swing«[27], hieß es in *Downbeat*.

Das Konzert war ausverkauft. Das *Metronome*-Magazin schwärmte: »Eine neue Ära des Jazz hat 1947 begonnen.« Ellas Programm, für das sie 500 Dollar erhielt, umfaßte sechs Nummern. »Almost Like Being In Love«, »Stairway to the Stars« und »Lover Man« präsentierte sie zusammen mit der Big Band, und in den letzten Song ist ein Solo von Gillespie integriert, das Ella mit den Worten »Spiel was Nettes für die Leute, Dizzy« einführt – ein Satz, der ihre späteren Begleiter noch jahrzehntelang ermüden sollte.

Gillespie wurde von den Kritikern angegriffen, weil er versuchte, Ella die Show zu stehlen: »Während Ella Fitzgerald sang . . . [stand er] mit einem Blumenbukett, das für sie bestimmt war, da oder tänzelte herum und versuchte, so gut es eben ging, von ihrem Gesang abzulenken.«[28] Doch trotz Gillespies Clownerien, die seine Auftritte sein Leben lang begleiten sollten, wurde das Konzert in der Carnegie Hall zu einem uneingeschränkten Erfolg, der an Duke Ellingtons legendären Auftritt aus dem Jahr 1942 erinnerte.

Downbeat hatte das Konzert auf der Titelseite besprochen, und ebenfalls auf der ersten Seite hieß es fettgedruckt: »JATP Konzert eröffnet Jazzsaison in der Carnegie Hall.« Dann hieß es weiter: »Das leidenschaftliche Kreischen der Tenorsaxophone gellte zum erstenmal in dieser Saison am 27. September in der Carnegie Hall durch die Luft, als Norman Granz' Jazz At The Philharmonic vor einem praktisch ausverkauften Haus ein Mitternachtskonzert gab.«[29]

Granz' Jazz-Zirkus schlug die Stadt in seinen Bann. Star der Show war die Sängerin Helen Humes, und unter den teilnehmenden Musikern befand sich auch Ellas Freund Ray Brown, der bereits zwei Tage später wieder mit Dizzys Big Band spielte.

Im Herbst 1947 wandte sich Ella zum erstenmal wohltätigen Zwecken zu. Edna Blue, die scheidende Vorsitzende des Foster Parents Plan (ein Pflegeelternprogramm, Anm.d.Ü.), bat Ella, ihre Funktion innerhalb der Institution zu übernehmen und zu überlegen, wie man Waisenheimen und benachteiligten Kindern im vom Krieg schwer mitgenommenen Europa helfen könnte. Ella finanzierte daraufhin einen Platz für ein Waisenkind in Neapel. Im Laufe der Jahre wurde sie für ihre Kinderliebe berühmt. Ihre *pro bono*-Konzerte und großzügigen Spenden für karitative Zwecke fanden ihren Höhepunkt in dem 1977 in der Lynwood Section of Watts in Los Angeles gegründeten Ella Fitzgerald Child Care Center. Unter ihren sozialen Anliegen stand der Kindesmißbrauch an oberster Stelle, und das Center wurde zu einem Brennpunkt ihrer Arbeit für die geschädigten Kinder, denen sie jedes Jahr zu Weihnachten Geschenke brachte. Hunderttausende von Dollars kamen bei den jährlichen Dinner-Dance-Wohltätigkeitsveranstaltungen zusammen, auf denen sie ein Aufgebot der besten Entertainer aus Jazz und Populärmusik präsentierte: Frank Sinatra, Sammy Davis Jr., Bing Crosby, Count Basie, John Denver, Quincy Jones, Tom Jones, Cloe Laine, Oscar Peterson, Joe Pass, The Pointer Sisters, Sarah Vaughan und, jedesmal, Ella selbst.

In der Zwischenzeit trat Ella weiterhin mit Dizzys Big Band auf, sang im Oktober im Apollo und ging wieder auf Tournee. Vom 14. November an hatte sie dann ein einwöchiges Engagement am Paradise Theatre von Detroit. Ella bewegte sich mittlerweile seit über einem Jahr im Bebop-Milieu und verbrachte viel Zeit mit Dizzy Gillespie. Deshalb verwundert es auch kaum, daß Ella allmählich begann, in ihrem Scatstil Ähnlichkeiten mit Gillespies Trompetenstil zu entwickeln.

Gillespie war ein erstaunlicher Techniker, und ein wesentliches Merkmal seines Stils bestand darin, daß die durch sein Spiel ausgedrückten Ideen wichtiger waren als der emotionale Gehalt. Dizzys Einstellung zum Bop unterschied sich außerdem von der Charlie Parkers. Parker setzte sich vor allen Dingen mit dem Problem der Zeit auseinander, Dizzy hauptsächlich mit dem der Harmonie. Ella stand Gillespies Ansatz eindeutig näher, denn ganz ähnlich wie ihm waren Ella die Emotionen im Gesang nicht so wichtig, was eher ungewöhnlich ist für eine Sängerin. Ihre Phrasen besaßen nie die rhythmische Komplexität Parkers; statt dessen ließ sie sich mit ihrem untrüglichen Musikgehör von den Harmonien des Bop leiten.

Ende 1947 wurde allmählich klar, daß die American Federation of Musicians wieder einmal etwas gegen die Ausbreitung der Plattenshows im Radio unternehmen würde, die, so behauptete sie, die Musiker um die Arbeit brachten. Bevor am 1. Januar 1948 der Streik ausgerufen wurde, eilte Ella, wie auch die meisten anderen Musiker, ins Studio, um noch schnell Platten aufzunehmen, die man während des Streiks losschlagen konnte. Sie bekam drei Aufnahmetermine Ende Dezember. Am 20. Dezember verschaffte sie auch noch ihrem Freund Ray einen Termin für eine Version ihres »How High the Moon«.

»Das ist wieder ein Song, den sie praktisch in einem Zimmer gemacht hat«, erzählt Gabler. »Ich habe sie dazu gebracht. Wir haben den Song in meinem Büro auf einem kleinen Kassettengerät aufgenommen und dann das Arrangement danach schreiben lassen. Anschließend ist sie gekommen und hat die Sache aufgenommen. ›How High the Moon‹ war eine starke Nummer, da hörte man schon allmählich den Bebop.«[30] Nach dem Klaviereinsatz paraphrasiert die Studioband sofort Birds »Ornithology« als Hintergrund. Ella singt das Thema einen Chorus hindurch ohne Veränderung, bevor sie das Tempo verdoppelt und den Zuhörer sanft in den improvisierten Teil führt:

»How High the Moon is the name of this song,
How High the Moon though the words may bei wrong«
(Der unwissende Zuhörer wird darauf vorbereitet, daß bald eine Scat-Passage folgt)
»We're singing it because you asked for it«
(Subtile Psychologie – wie kann man etwas nicht mögen, das man sich selbst gewünscht hat?)
»So we're swinging it just for you«
(Der persönliche Touch – das ist nur für mich!)

Beim sechzehnten Takt des zweiten Chorus kehrt Ella wieder zum Text zurück und schließt mit einem weiteren Hinweis vor der Wende: »Though the words may be wrong to this song, We're asking how high, high, high is the moon.« Der Zuhörer, der nun ausreichend vorbereitet ist, wird in eine brillante Improvisation geleitet, die in hohem Maße vom Bop beeinflußt ist. Als Ella den zweiten Chorus des improvisierten Teils beginnt, zitiert sie zwölf Takte aus Parkers »Ornithology«, um ihr Ansinnen ganz klar zu machen, und unterstreicht dieses ein paar Takte später noch mit einem betonten »Be-bop!«.

Ellas Fassung von »How High the Moon« glättete die kantigen Konturen des Bop und ebnete so den Weg für ein Verständnis dieser Musikrichtung selbst beim breiteren Publikum. Auch andere Musiker bedienten sich dieser Methode, so zum Beispiel George Shearing, Charlie Ventura oder Stan Getz. Für Ella bedeutete dies, daß sie beim bürgerlichen Publikum genauso gut ankam wie bei den Bop-Fans der 52nd Street.

Nicht alles lief jedoch so reibungslos im Jahr 1947. Ella war es beispielsweise trotz ihrer Popularität und ihrer Plattenerfolge nicht gelungen, sich eine regelmäßige Sendezeit im Radio zu sichern. Unzählige Sänger waren dort zu hören, doch praktisch waren alle weiß, so beispielsweise Milena Miller, Dorothy Lamour und Dorothy Shay. Im November 1947 kritisierte deshalb der Autor Bob Bach in *Metronome* die Werbeagenturen und Radiosender wegen ihres Rassismus.[31] »Es ist notwendig, daß wir Neonpfeile zeichnen, die uns zu dem großen und abscheulichen Schreckensgespenst von Jim Crowism hinter den Kulissen des amerikanischen Radios führen. Ein kleines Beispiel für die gegenwärtige Rassendiskriminierung im Radio ist die Antwort, die mir einer von den Werbebossen gab, als ich vorschlug, Ella in eine große Radioshow aufzunehmen: ›Sie würde sich nicht so gut machen auf den Bildern.‹«[32]

8. Kapitel

Ich kenne keinen besseren Promoter in unserem Land als mich. Und der Grund dafür ist ganz einfach: Ich lasse mich die Sache am meisten kosten. Man muß kein Genie sein, um Veranstalter zu werden, man setzt nur größere Anzeigen in die Zeitung als alle anderen.

Norman Granz.[1]

Ende November 1947 war Ella wieder mit ihrem Trio auf Achse, und Hank Jones begleitete sie am Klavier. Eine Woche lang trat sie zusammen mit Illinois Jacquet am Regal Theatre in Chicago auf und sang bis zum 14. Dezember im Merry-Go-Round Nachtklub in Youngstown, Ohio. Während dieses Engagements machte Ray Brown ihr einen Heiratsantrag.

Ella war entzückt, und am 10. Dezember wurde die Ehe von dem Friedensrichter Cliff M. Woodside geschlossen. Ella gab an, in der North Avenue 608 in Youngstown zu wohnen und 1918 geboren zu sein. Laut Heiratsurkunde war Ray Brown am 13. Oktober 1947 einundzwanzig Jahre alt. Vielleicht korrigierte Ella ihr eigenes Geburtsjahr aus Eitelkeit, um wie Brown noch unter dreißig zu sein. In der Heiratsurkunde stand jedenfalls: »Ella Fitzgerald war am 25. April 1947 neunundzwanzig Jahre alt.« Es erhebt sich die Frage, ob Brown wußte, um wieviel älter als er Ella tatsächlich war.

Als Ella und Ray an Weihnachten nach New York zurückkehrten, ließen sie sich an Ditmars Boulevard 104, Apartment Nr. 47, East Elmhurst, Long Island, nieder. Doch schon bald sah sich Ray Brown einem Interessenkonflikt gegenüber. Er war einer der führenden Bassisten des Bop und betrachtete sein Engagement bei Dizzy Gillespie als Glücksfall. Dizzys Big Band war gerade dabei, eine wichtige Europatournee zu beginnen, die frischgebackene Mrs. Brown jedoch sollte zusammen mit dem Tenorsaxophonisten Illinois Jacquet und seiner Band eine ebenso wichtige Tournee durch die ostamerikanischen Städte anfangen.

Mitte Januar 1948 machte sich das Orchester von Dizzy Gillespie ohne Ray Brown auf den Weg nach Skandinavien, Belgien und Holland. »Als ich Dizzys Band verließ, wurde gerade eine Europatournee vorbereitet, aber ich konnte nicht mitfahren«, erinnert sich Brown. »Ich hatte gerade Ella Fitzgerald geheiratet, und sie wollte natürlich, daß ich in ihrem Trio spielte. Sie hatte Hank Jones als Pianisten. So entschloß ich mich schließlich, in New York zu bleiben.«[2]

Die Tournee mit der Illinois Jacquet Band begann am 16. Januar 1948 in Washington, D. C., und darauf folgte eine Reihe von One Nighters, die am 2. Februar in Minneapolis endete. Die Kombination Ella/Illinois erwies sich als Kassenschlager. Jacquet hatte bereits seit 1944 fleißig am Ruf seiner »Little Big Band« gearbeitet, auch wenn diese Band bis 1947 nur Plattenaufnahmen gemacht hatte. Illinois Jacquet hatte einen Vertrag mit dem Apollo Label und schaffte einen großen Hit mit »Robbin's Nest«, ein Song, von dem Ella gerade selbst erst vor dem Aufnahmestop eine Coverversion mit eigenem Text gemacht hatte.

Als Jacquet Mitte 1947 beschloß, mit einer Band auf Tournee zu gehen, war er gerade mit dem Orchester von Count Basie unterwegs. Zusammen mit den Count-Basie-Musikern Joe Newman, Trompete, J. J. Johnson, Posaune, und Shadow Wilson, Schlagzeug, bildete er den Kern der Gruppe und fügte dazu noch John Malachi, Piano, Al Lucas, Baß, Leo Parker, Baritonsaxophon, und seinen Bruder Russell, Trompete. Die Band wurde praktisch sofort ein Geheimtip.

»Wir hatten die Flexibilität einer kleinen Band und gleichzeitig die Kraft einer Big Band«, erinnert sich Jacquet. »Als ich die Gruppe gründete, haben alle gleich damit begonnen, sich die Stücke zu merken. Schon nach kurzer Zeit brauchten wir keine Notenblätter mehr, weil alle die Nummern auswendig konnten.

Das war das Erstaunliche an dieser Band – daß alle sich die Stücke auswendig merken konnten. Wir hatten eine gewaltige Zugkraft. Sogar in der Carnegie Hall. Dann sind wir zusammen mit Ella Fitzgerald auf Tournee gegangen und haben, trotz Schneestürmen im Januar, alle Rekorde gebrochen.«[3]

Obwohl New York von heftigen Schneefällen heimgesucht wurde, waren alle Plätze der Carnegie Hall, einschließlich zweihundert Plätze auf der Bühne, sogar fürs Mitternachtskonzert am 17. Januar ausverkauft. Die Einnahmen betrugen 7500 Dollar; im Vergleich dazu hatte das Ella/Gillespie-Konzert vom vorhergehenden September nur 5300 Dollar eingebracht. Die Tournee erwies sich als Bombenerfolg – der Termin in Detroit war bereits drei Tage vor dem Eintreffen der Band ausverkauft und brachte einen Umsatz von 13 900 Dollar, während in Hartford 3965 Dollar, in Philadelphia 4250 Dollar, in Boston 5600 Dollar, in Washington D. C. 4000 Dollar, in Cleveland 5100 Dollar, in Buffalo 4400 Dollar, in Pittsburgh 4800 Dollar und in Indianapolis 4650 Dollar in die Kasse flossen. Das war eine Menge Geld im Nachkriegsamerika.

Nach dem Ende der zweiwöchigen Tournee mit One Nighters wurde Ella sofort vom 10. Februar an eine Woche lang ans Oakland verpflichtet und danach eine Woche an Billy Bergs Nachtklub an der Vine Street in Los Angeles. Das Engagement bei Berg fand als Ersatz für einen geplanten Auftritt in Hollywoods Meadowbrook statt, der im vorhergehenden Oktober nicht realisiert wurde, weil das Gagenangebot für Ella nicht hoch genug war.

Noch fünf Jahre zuvor hatte sie alle Angebote angenommen, die man ihr machte, auch wenn sie mit halbprofessionellen Musikern und zwielichtigen Klubs vorliebnehmen mußte. Jetzt jedoch konnte die Agentur von Gale es sich leisten, ein Angebot von Hollywood auszuschlagen, weil man sich offenbar sicher war, anderswo eine höhere Gage fordern zu können. Ella verdiente nun mehr, als sie sich jemals hätte träumen lassen; sie hatte die schwierigste Phase ihrer Karriere überstanden. Hank Jones, der sich ihr in den letzten Wochen des Jahres 1947 anschloß, erinnert sich, daß sie immer an prominenten Veranstaltungsorten auftraten und auf Tourneen in erstklassigen Hotels untergebracht wurden.[4] Ella war auf dem besten Weg, sich als eine der großen Sängerinnen von Jazz und Pop Weltruhm zu erwerben.

Während ihrer Woche bei Berg's zum Beispiel fanden sich jeden Abend zahlreiche berühmte Persönlichkeiten unter den Gästen. Bei einem Auftritt bat Ella Peggy Lee zu sich auf die Bühne, um mit ihr zusammen zu Ehren von Benny Carter, der nun mit David Rose im Publikum saß, Carters Song »Lonely Woman« zu singen. »Die ›First Lady of Song‹ hat ihr gegenwärtiges hohes Ansehen durch die längste Serie von Riesenhits erlangt, die die Musikindustrie jemals erlebt hat«[5], hieß es im *Pittsburgh Courier*.

Ende April kehrte Ella in die Aufnahmestudios zurück und umging den Aufnahmestop, indem sie die Gesangsgruppe The Song Spinners als Begleitung wählte. Alle Sänger waren nach wie vor nicht in der Musikergewerkschaft, so daß der Streik durch sie nicht gebrochen wurde. Die Song Spinners sangen traumhafte Akkorde, während ein Bariton eine etwas wackelige Baßlinie lieferte. Es dauerte jeweils eine Session, bis »My Happiness« und »Tea Leaves« aufgenommen waren, weil die Song Spinners Probleme hatten, die Stücke im Studio zu lernen. Normalerweise produzierte man im Verlauf eines Aufnahmetermins drei 78er Seiten.

»›My Happiness‹ war ein Hit von Don und Sandra Steel, von dem wir eine Coverversion machten«, sagt Milt Gabler. »Es handelte sich um einen zweistimmigen Song, und nach mehreren Anläufen brachte ich die Backgroundsänger auch dazu, im Gleichklang zu singen.«[6] Die Platte kam im folgenden Juni heraus, und »My Happiness« schaffte es in den 21 Wochen, die der Song in den Charts blieb, bis auf Platz sechs. »Trotz der eher ungeschickten Begleitung durch die Song Spinners«, hieß es in *Metronome*, »ist Ella bereits aus zahlreichen Jukeboxes zu hören. Die Beschränkungen, die sich durch die nichtinstrumentalen Aufnahmen nach dem Streik und durch die Songs selbst ergeben, können Ellas wunderbarer Stimme und ihrer professionellen Darbietung nichts anhaben.«[7]

Obwohl sie nun nicht mehr so häufig im Radio zu hören war, trat sie doch als Gast in Ernie »Bubbles« Whitmans Jubilee Show am 25. Mai und 1. Juni auf. Diese Programme wurden für die

Armed Forces Radio Services aufgezeichnet. Üblicherweise hatte der zweite Gast dabei zwei Sendezeiten, der »Star« drei. Ella bekam bei jeder der beiden Shows zwei Sendezeiten und wählte Nummern, die ihre Nähe zum Bop dokumentierten. Sie sang »Lady Be Good« bei der ersten Show und »My Baby Likes to Rebop«, einen gräßlichen Novelty Song, den sie im Dezember für die Decca aufgenommen hatte, bei der zweiten.

Vom 1. Juni an hatten Ella und das Trio dann ein vierwöchiges Engagement im New Yorker Three Deuces an der West 52nd Street 72. Sie hatten unglaublichen Erfolg, so daß die vierwöchige Option im Juni und Juli verlängert wurde und schließlich erst am 31. August endete. Am 21. Juli nahm sich die Gruppe jedoch frei, um bei der World Fair of Music teilzunehmen, die in New Yorks Grand Central Palace stattfand.

Als Teil der »Contrasts in Modern Music« sang Ella eine Mischung aus alten Hits, Novelty Songs und Balladen, darunter »A-Tisket, A-Tasket«, »Cow Cow Boogie«, »Lady Be Good«, eine Coverversion des damaligen Hitparadenspitzenreiters »Nature Boy«, den Nat King Cole bekannt machte, »Summertime« und »The Woody Woodpecker Song«, also ein Programm, das dem ihrer Nachtklubauftritte recht ähnlich war. »The Woody Woodpecker Song«, »Giddap Mule« oder auch »A-Tisket, A-Tasket« erinnerten an Ellas Big-Band-Tage, wo sie sich einen Ruf für Novelty Songs erworben hatte. Bemerkenswert ist, daß, unabhängig davon, was die Musikpresse über die mindere Qualität des Song-Materials sagte, das die Decca ihr für ihre Aufnahmen zur Verfügung stellte, Ella selbst dieses Programm zusammenstellte.

Mehrmals im Verlauf ihrer Karriere nahm sie auch »Mule Train« und »Hernando's Hideaway« in ihr Repertoire hinein. Obwohl sie Gott sei Dank nicht darauf bestand, diese Songs aufzunehmen, redete sie doch so lange auf Milt Gabler ein, bis dieser ihr gestattete, eine Coverversion von Rosemary Clooneys »Come On A-My House« zu machen. Später sorgte dann Norman Granz für ein künstlerisch anspruchsvolleres Programm, doch sogar er ließ sich von ihr breitschlagen, mit ihr das gräßliche »Ringo Beat« aufzunehmen.

Nach ihrem Riesenerfolg im Three Deuces trat Ella in der ersten

Septemberwoche im Chicagoer Rag Doll Club Ecke Western/Devon auf. Auf dem Plakat vor dem Klub war zu lesen: »Letzter Auftritt vor Europatournee.« Bei diesem Engagement verlagerte Ella das Gewicht auf Balladen. Manchen erschien ihre Darbietung deshalb weniger gut, als sie eigentlich hätte sein können. »Was Ella sang... war lieb und nett... Der Satz ›Something sweet and gentle‹ aus ›Robbin's Nest‹ ist bezeichnend für ihre Stimmung... Beim Jump darf man eigentlich nicht sanft sein, doch Miss Fitzgerald war ausgesprochen sanft aufgelegt. Wie lange das noch so gehen soll, wissen wir nicht«[8], hieß es im *Downbeat*-Magazin.

Als man Ella auf das Thema ansprach, antwortete sie: »Ich singe nicht gern nur Bop«[9]; als das Publikum »Flying Home« hören wollte, sang sie »Nature Boy«. Der Grund für diese Gewichtsverlagerung war wohl, daß sie sich bereits auf ein verändertes Programm für ihre Englandtournee vorbereitete. Man hatte sie gewarnt, daß sie dort in Varietétheatern vor einem Publikum auftreten würde, für das das Konzept des Jazz so etwas wie ein böhmisches Dorf war. Also wandte sie sich den Balladen zu und vernachlässigte den Scat.

Vermutlich hatte das jedoch noch mit einem anderen Problem zu tun: Ella war schon immer ein wenig neidisch gewesen auf den Erfolg, den Billie Holiday mit ihren Klassikern für die Commodore- und Decca-Labels hatte. Sie hatte das Gefühl, daß sie nicht genug Anerkennung bekam für ihre eigenen Balladen. Sie selbst betrachtete die Balladen als ihre Spezialität und vergaß darüber offenbar, wieviel Ruhm ihr der Scat eingebracht hatte. »Wenn's nach den Zuschauern ginge, könnte ich den ganzen Abend ›How High the Moon‹ singen«[10], beklagte sie sich. Dieses Problem tauchte während ihrer ganzen Karriere immer wieder auf.

Ella startete ihre erste Reise nach Europa am 15. September 1948 auf der *Queen Mary* von Manhattan Island aus mit Bestimmungsort Southampton in England. Dieser Besuch war sowohl für Ella als auch für Großbritannien sehr wichtig. Jahrelang hatte sich die britische Musikergewerkschaft gegen den amerikanischen Jazz abgeschottet, indem sie es amerikanischen Gastmusikern untersagte, in ihrem Land aufzutreten, wenn nicht ein Gegenengagement für britische Musiker in den Vereinigten Staaten zugesichert wurde. Diese kurzsichtige Politik trug dazu bei, den Jazz in England in eine kulturelle Randposition zu drängen. Ella jedoch galt als »Musikshow«, weil sie an Varietés verpflichtet wurde und somit nicht dem Auftrittsverbot unterlag. Aber auch sie durfte keinen eigenen Drummer mitbringen.

Bei der Landung teilte man ihr mit, daß ihr geplanter Auftritt im Londoner Palladium am 27. abgesagt worden war, weil man Betty Huttons Engagement um eine Woche verlängert hatte. Sie wurde statt dessen ins Empire Theatre nach Glasgow geschickt. Voller Nervosität bot sie dort das gleiche Programm wie im Chicagoer Rag Doll, nämlich eine Mischung aus Hits wie zum Beispiel den »Woody Woodpecker Song« und dazu eine ganze Reihe von Balladen, darunter »Don't Worry About Me« und »Nature Boy«. Das Publikum forderte als Zugabe »My Happiness«.

»›My Happiness‹ war kein Jazz, das war nur ein Popsong, den ich sie habe singen lassen«, erinnert sich Milt Gabler. »Als sie nach England gefahren ist, war die Platte hier bei uns raus und auch dort, bei Brunswick oder so. Und das Publikum wollte den Song hören. Sie hatte nicht gewußt, daß die Platte drüben schon raus war . . . Aber dann erinnerte sie sich wieder – das war auch ein ziemlich einfaches Liedchen –, und sie nahm den Song auf in ihr Repertoire. Als sie mir die Geschichte erzählte, sagte sie zu mir: ›Milt, ich hätte nicht gedacht, daß so ein Popsong so einen Erfolg haben könnte. Die Leute da drüben wollten das Lied von mir hören.‹ Und ich erwiderte: ›Siehst du, genau das sage ich dir doch immer. Solche Songs bringen das Geld für die Miete!‹ Wenn man damals nämlich was machte, das mit Jazz zu tun hatte, zum Beispiel die ersten riffbetonten Sachen, dann verkaufte man höchstens 200 000 Platten. Aber mit einem Song wie ›My Happiness‹ kam man auf eine halbe Million und mehr. Also habe ich gesagt: ›Das bringt uns Geld für die ganzen guten Sachen, die wir machen wollen, und nur so schreibst du schwarze Zahlen.‹«[11]

Eine Woche später trat Ella im Londoner Palladium, damals Europas führendem Vatieté, nach Gracie Fields, einer der englischen Topvarietékünstlerinnen, auf. Doch genau wie im Rag Dolly, konnte auch hier das veränderte Repertoire die jazzorientierten Kritiker nicht überzeugen. So hieß es zum Beispiel in Londons *Melody Maker:* »Wer ihre Stimme so gut kennt und so sehr bewundert wie wir . . . mußte den Eindruck haben, daß er Ella nicht in Bestform erlebt hat.«[12]

Während ihres Londonaufenthalts lernte Ella auch den englischen Jazzkritiker Max Jones kennen und begann eine Freundschaft mit ihm, die über vierzig Jahre lang halten sollte. »Sie war gleich von Anfang an sehr nett«, erinnert er sich. »Sie hatte eine richtige Kleinmädchenstimme, nicht nur beim Singen, sondern auch beim Sprechen. Sie war wirklich liebenswürdig und offen. Damals war mein Sohn gerade erst ein paar Monate alt, und Ella interessierte sich sehr für ihn. Jedesmal, wenn wir uns wiedersahen, fragte sie: ›Wie geht's denn dem Baby?‹«[13]

Ella und Ray, die, so Max Jones, diese Reise wohl als ihre »Flitterwochen« betrachteten, waren in einem anderen Hotel untergebracht als der Pianist Hank Jones. »Ich war erst seit 1945 beim *Melody Maker.* Ich lernte damals auch Hank Jones kennen und traf mich mit ihm in seinem Hotel am Bloomsbury Square. Das war eher so eine Art Pension, und als ich zu ihm kam, sagte er, man sehe ihn schief an der Bar und im Restaurant an. Ihm stellten sich die Nackenhaare auf, wie er es ausdrückte. Wir hatten ein großes Haus in Primrose Hill und genügend Zimmer, also nahmen wir ihn etwa vierzehn Tage bei uns auf. Er war ein eindrucksvoller Gesellschafter, und ich lernte eine Menge von ihm während unserer Gespräche.«[14]

Am letzten Sonntag ihres Aufenthals wurden Ella, Ray und Hank eingeladen, bei Ted Heaths Sunday Swing Session im Londoner Palladium aufzutreten. Heath, Europas größter Big-Band-Leader der damaligen Zeit, sorgte bei seinen Sunday Swing Sessions immer für ein ausverkauftes Haus. »Zwei Wochen vor diesem Konzert«, so *Metronome,* »hatte Ella praktisch nur kommerzielle Sachen gesungen, weil sie im Palladium vor einem Familienpublikum auftrat. Ihr Konzert zusammen mit der Band von Heath, über die sie sich überschwenglich äußerte, gab ihr endlich Gelegenheit, den Engländern zu zeigen, was sie konnte. Nach einer halbstündigen Zugabe mußte sie das Publikum bitten, sie von der Bühne zu lassen.«[15]

Endlich konnte sie ihre Bopsongs »How High the Moon«, »Lady Be Good« und »Flying Home« zum besten geben. »Immer wieder holte die bophungrige Menge sie auf die Bühne.«[16] Am 30. Oktober verließ Ella England an Bord der *Queen Mary* und sprach, so Max Jones, »auch weiterhin in höchsten Tönen von ihrer ersten Begegnung mit dem englischen Publikum und von Freundschaften, die sie zu schätzen gelernt hatte, und von dem Gefühl, England sei so etwas wie eine zweite Heimat für sie geworden«[17].

Vom 24. November an hatten Ella und ihr Trio abwechselnd mit dem Lester Young Quintet ein Engagement am Royal Roost. Aus dem Roost wurde damals live übertragen. Es sind noch ein paar Radiomitschnitte dieser Auftritte erhalten, auf denen das völlig unerhebliche »Old Mother Hubbard« und der Novelty Song »Mr. Paganini« zu hören sind, den Ella nie ganz in Vergessenheit geraten ließ. Ihre Beharrlichkeit in bezug auf diesen Song ließ ihn schließlich ein paar Jahre später doch noch zum Hit werden. Das restliche Repertoire richtete sich nach dem eher jazzorientierten Programm des Roost aus, und man merkt ganz deutlich, daß Ella die Präsentation dieser Mischung aus Balladen und schnellen Nummern Spaß machte.

Das Jahr 1949 begann mit einer Reise in den Süden nach Miami, wo Ella ein Engagement am Monte Carlo Club hatte. Bei ihrem ersten Auftritt am 18. Januar merkte sie, daß von der Publikumsresonanz die künftige Buchungspolitik des Klubs Farbigen gegenüber abhing. Ella nahm die Herausforderung an und landete tatsächlich einen Riesenerfolg. Also engagierte der Klub weiterhin farbige Künstler, was für den Süden alles andere als üblich war.

Ella hatte sich mittlerweile fest in der Nachtklubszene etabliert und trat praktisch überall vor ausverkauften Häusern auf. Doch um sich auch künstlerisch weiterzuentwickeln, brauchte sie neue Herausforderungen. Es war an der Zeit, den Schritt auf größere Bühnen zu wagen. Als sie am 11. Februar 1949 ihren ersten Soloauftritt in der Carnegie Hall hatte, stand sie an einem Wendepunkt ihrer Karriere.

Norman Granz wurde am 6. August 1918 in Los Angeles geboren und wuchs in dem Viertel Boyle Heights auf. 1935 ging er von der High School ab und besuchte dann das University College of Los Angeles. Sein Studium finanzierte er sich als Laufbursche für ein Maklerbüro, fing frühmorgens um sechs Uhr zu arbeiten an und lernte bis spät in die Nacht hinein für sein Studium. 1941 kam er zum Militär, zuerst zum Army Air Corps und später zu den Special Services. Nach seiner Entlassung aus medizinischen Gründen 1943 putzte er in den Warner Brothers Studios für einen Dollar die Stunde.

Seit seiner Zeit am UCLA, wo er als Hauptfach Philosophie studiert hatte, interessierte er sich für den Jazz. Er sammelte zahllose Platten und kannte die Jazzszene von Los Angeles wie seine Hosentasche. Die Musik, die dort gespielt wurde, faszinierte ihn, doch gleichzeitig war er entrüstet über die großen Klubs, die keine farbigen Zuschauer zuließen. Eine neue Regelung, die besagte, daß Klubs mit Hausmusikern diesen einen freien Abend pro Woche geben mußten, half ihm, selbst etwas auf die Beine zu stellen. Er überredete einen Klubinhaber in Hollywood, an dem Abend, an dem die Hausmusiker frei hatten, wöchentliche Jam Sessions einzuführen.

Schon bald hatte er eine ganze Reihe von Klubs an der Hand, jeder davon mit einem anderen Abend, darunter auch Hollywoods führenden Nachtklubbesitzer Billy Berg. Granz besaß genügend Selbstsicherheit, um drei Bedingungen zu stellen: erstens, daß die Musiker eine feste Gage erhielten statt der bei solchen Veranstaltungen üblichen Trinkgelder am Ende des Abends; zweitens, daß man Tische auf die Tanzfläche stellte, um das Publikum zum Zuhören zu zwingen; und drittens, daß auch farbige Zuschauer zugelassen wurden.

Die Musiker kamen aus den unterschiedlichsten Gruppen, die gerade in der Stadt waren, und dazu traten noch einige Stammusiker aus Los Angeles auf. Nat King Cole war häufig am Piano zu hören und auch Lester und Lee Young, der damals dort eine Band hatte. Dazu kamen Gastmusiker aus den Bands von Duke Ellington, Jimmie Lunceford und Count Basie. 1944 wagte Granz den ehrgeizigen Schritt, ein Konzert im Philharmonic Auditorium von Los Angeles zu organisieren, um Geld für die Verteidigung einer Gruppe mexikanischer Jugendlicher zu erwirtschaften, die während der sogenannten »Zoot Suit«-Unruhen (»Zoot Suit« nannte Cab Calloway seinen Bühnenanzug, Anm. d. Ü.) in Los Angeles verhaftet worden waren. Außer Granz setzten sich damals noch andere Hollywoodgrößen, so zum Beispiel Orson Welles und Rita Hayworth, für die Mexikaner ein und organisierten das Sleepy Lagoon Defence Committee.

Granz mußte sich Geld leihen, um die Show zu organisieren, die unter dem Namen »Jazz at the Philharmonic« zu einem Riesenerfolg wurde. »Jazz at the Philharmonic« – JATP – wurde zu einer festen, monatlichen Institution. Granz sorgte außerdem für ein weiteres Novum: Er ließ das erste Konzert mitschneiden. Damals waren Live-Aufzeichnungen noch eine Seltenheit, und Granz hatte Probleme, die Platte tatsächlich auf den Markt zu bringen, weil die Verantwortlichen der Plattenfirma die Publikumsgeräusche als zu störend empfanden.

Schließlich handelte Granz einen Vertrag mit Mercury Records aus, die sich bereit erklärten, seine Aufnahme unter seinem eigenen Label, Clef, herauszubringen. Das war der Anfang dessen, was der Autor John McDonough als »gegenseitige Verkaufsförderung« bezeichnete, »die sich niemand hätte erträumen lassen. Die Alben verhalfen den Konzerten zu mehr Zuschauern, und die Konzerte führten zu höheren Plattenverkäufen. Und schon nach wenigen Jahren war das JATP ein nationales Phänomen.«[18]

Granz entdeckte eine Marktlücke und machte sie sich zunutze. 1952 erzielte er bereits Einnahmen von 1 000 000 Dollar jährlich und sagte: »Ich gebe den Leuten in Des Moines und El Paso den Jazz, den sie sonst nicht hören könnten.«[19] Durch seine Mischung aus Konzerten und Plattenaufnahmen konnte er genug Arbeit bieten, um einige der besten Jazzmusiker anzulocken. »Seine Gagen sind vermutlich die höchsten in der Geschichte des Jazz«, hieß es in *Metronome*. »Man kann getrost behaupten, daß seine Musiker zwei- bis dreimal soviel pro Woche verdienen als irgendwo sonst in Nachtklubs. Man munkelt, daß die Abendgage eines Musikers bei Granz der Wochengage an einem Topnachtklub entspricht.«[20]

Doch Granz' Popularität blieb nicht ganz ohne Widerspruch, denn er setzte eine ganze Anzahl von Mitteln ein, um die Massen zu beeinflussen, so zum Beispiel die sogenannte »Schlacht«. Trompeter, Saxophonisten und Schlagzeuger traten in einem unmittelbaren Schlagabtausch gegeneinander an. Die Menge grölte und johlte, um den jeweiligen Lieblingsmusiker zu unterstützen, und die Musiker ihrerseits machten mitunter die gräßlichsten Verrenkungen, um die Aufmerksamkeit des Publikums auf sich zu ziehen. »Granz' ›Battle‹ verhöhnt den Jazz: Der Abschaum des Jazz gibt sich hier ein Stelldichein«[21], empörte sich *Downbeat* 1946 und verriß dann das Konzert im Chicagoer Opera House am 24. Oktober: »Alle Gräßlichkeiten des heutigen Jazz waren in dieser musikalischen Katastrophe versammelt... Hier ist ganz deutlich zu sehen, was passiert, wenn sämtliche billigen und banalen Tricks oberflächlicher Musiker für die unterste Klasse der Swingenthusiasten aufgeboten werden, für diejenigen nämlich, die sich nur dann freuen können, wenn ein Tenor sich quietschend und heulend bis übers hohe C hinaufquält.«[22]

Doch genau das wollte das Publikum. Die JATP-Konzerte wurden gleichbedeutend mit kreischenden und johlenden Menschenmassen. Mittlerweile kümmerte sich Granz, der wußte, daß nichts mehr schadet als schlechte Publicity, um die Werbung. Im Herbst 1948 hatte er bereits eine ausgeklügelte Organisation hinter sich. Im Vorfeld der beiden JATP-Konzerte in San Francisco zum Beispiel sorgte sein Promotion Manager T. Valerio dafür, daß JATP-Konzertmitschnitte von zwölf Radiostationen in der Bay Area ausgestrahlt, in Radio und Zeitungen bereits fünf Wochen vor dem Konzerttermin Werbung gemacht und genügend Discjockeys durch ein kleines Trinkgeld dazu überredet wurden, die Scheiben von Granz zu spielen. Als der Vorverkauf am Opera House von San Francisco eröffnet wurde, setzte ein Run auf die Karten ein. Egal, was die Kritiker sagten oder dachten oder wie zügellos die Massen sich auch aufführten, die JATP-Konzerte waren ein Riesenerfolg.

Seit seiner ersten JATP-Produktion 1944 hatte Granz sich zum vermutlich cleversten Jazzpromoter der Welt entwickelt. Er hatte alle Fähigkeiten, die ein erfolgreicher Geschäftsmann haben muß:

Verhandlungsgeschick, einen Riecher für lukrative Geschäfte und ein schier unerschöpfliches Reservoir an Energie. Er brüstete sich einmal damit, er könne einen Saal besser füllen als jeder andere: »Ich habe da einen sechsten Sinn«[23], sagte er. Kein anderer Veranstalter war näher am Puls des Jazz als Granz.

Im Verlauf der Jahre war ihm nicht entgangen, wie sehr Ella Fitzgerald die Massen anzog. Immer wieder berichtete die Musikpresse über ihre erfolgreichen Auftritte, ihre ausverkauften Konzerte und ihre Live-Shows. Ihre Platten kamen regelmäßig in die Hitparaden und wurden ständig von den Radiostationen ausgestrahlt, so zum Beispiel »Flying Home«, »Lady Be Good«, »Air Mail Special« oder »How High the Moon«. Diese Scheiben hatten nicht nur bei den Jazzfans Erfolg, sondern auch bei den Musikerkollegen.

Folglich konnte für Granz kein Zweifel an Ellas kommerziellem Potential bestehen. Falls es ihm gelang, Ella Fitzgerald für die JATP-Konzerte zu verpflichten, erhöhte sich automatisch auch deren Attraktivität. Dazu kam noch ihr Ruf als etablierte Künstlerin, den sie sich trotz ihrer einunddreißig Jahre bereits erworben hatte. Möglicherweise ließ sich so der Zorn der Kritiker über einen Illinois Jacquet, der Purzelbäume schlug, während er Saxophonriffs spielte, und über zwanzigminütige Schlagzeugsoli, die die Zuhörer in die Hysterie trieben, abwenden.

Granz war sich sehr wohl darüber bewußt, daß eine Sängerin seine Instrumentalmischung auflockern konnte. Seit 1946 hatte er Helen Humes, die Exsängerin von Count Basie, unter Vertrag, und obwohl er persönlich sie nicht für eine der besten Jazzsängerinnen hielt, liebte das Publikum sie doch. Es gab nur ein Problem: Während die meisten Musiker über die Gagen, die Granz ihnen bieten konnte, höchst erfreut waren, war Ella bereits ein Star, den Granz sich nicht leisten konnte. Außerdem war sie schon seit langem bei Gale unter Vertrag und würde auch keine Aufnahmen für Granz' Clef-Label machen können, weil sie bereits bei der Decca verpflichtet war.

Ende 1948 hatte sich Jazz at the Philharmonic jedoch soweit etabliert, daß selbst Attraktionen wie Duke Ellington, Nat King Cole oder die populäre Band von Stan Kenton an der Westküste zurückstecken mußten. Granz hatte nun das Gefühl, daß sein Gewinn groß genug war, um Ella ein Angebot machen zu können. Im Herbst 1948 trat er in Verhandlungen für seine Tournee 1949, die mit einem großen Konzert in der Carnegie Hall am 11. Februar beginnen sollte.

Machito und sein Orchester wurden am Abend des Konzerts aus dem Clique Club geholt, um zusammen mit Charlie Parker aufzutreten, während die regulären Mitglieder der Tournee, Coleman Hawkins, Fats Navarro, Shelly Manne, Flip Phillips, Tommy Turk, Ella sowie ihre Begleiter Ray Brown und Hank Jones, mehrmals hintereinander spielten und sangen. »JATP beginnt mit Johlen und Kreischen«, lautete die Schlagzeile von *Downbeat*. »Vor fast ausverkauftem Haus startet JATP eine weitere Tournee durchs ganze Land ... Ella Fitzgerald ist wie immer das Zugpferd der Show ... Sie erfreut das Publikum mit zwei Songs.«[24] Ella wurde so fast unmerklich zu einem der Stars des JATP; Granz' Überlegungen machten sich bezahlt.

Als die Truppe Mitte März die Westküste erreichte, konnte sie die Früchte von T. Valerios PR-Arbeit ernten. Man konnte kaum einen der Radiosender der Bay Area anschalten, ohne nicht etwas über die beiden JATP-Konzerte am 17. und 22. zu hören: »Der magische Name Ella Fitzgerald brachte alle Discjockeys der Bay Area aus dem Häuschen. Wenn man dazu noch die andere Werbearbeit nimmt, die Valerio geleistet hatte ... kann man verstehen, warum man munkelt, daß Norman Granz für die beiden Termine eine schöne fünfstellige Summe einstreichen wird.«[25]

Als sie am 25. in Chicago eintrafen, erkrankte Hank Jones an einer Grippe. Ella ließ sich nichts anmerken und sang ihr übliches Repertoire, nur von Baß und Schlagzeug begleitet. Das war mit Sicherheit eine große musikalische Leistung, aber ihre künstlerische Orientierungslosigkeit machte sich wieder einmal bemerkbar. »Ella Fitzgerald präsentierte eine ziemlich miese Auswahl von Songs mit großem Einfühlungsvermögen und persönlicher Ausstrahlung«, berichtete der Chicagoer Kritiker von *Downbeat*. »Wie allerdings ›Old Mother Hubbard‹, ›Oh, Mr. Paganini‹ und ›A Little Bird Told Me‹ in ihr Repertoire kamen, können wir uns nicht erklären.«[26]

Granz, der jedem Auftritt Ellas während der Tournee bis zu ihrem Ende am 30. März in der Brooklyn Academy of Music beiwohnte, befand sich in einem Dilemma. Eigentlich hätte er sich gerne eingemischt, um eine Veränderung ihres Repertoires anzuregen, doch ihm waren die Hände gebunden, weil Ella schon so lange mit Moe Gale zusammenarbeitete. Zwar konnte er Vorschläge machen und hier und da um einen Gefallen bitten, aber das war eigentlich nicht sein Stil. Vielmehr war er gewöhnt, seinen Kopf durchzusetzen. Es würde Zeit brauchen, aber er war davon überzeugt, daß Ella sich mit Hilfe eines aktiven Managements und einer professionellen künstlerischen Führung von einer ausgesprochen populären Nachtklubsängerin zu einer großen Konzertkünstlerin entwickeln konnte.

Am 14. April öffnete Bop City, New Yorks neuester Jazzklub, seine Pforten. Das Ereignis zog die Aufmerksamkeit der ganzen Stadt auf sich. Am Eröffnungsabend wartete eine lange Menschenschlange, die sich über zwei Häuserblocks erstreckte, voller Hoffnung darauf, noch eine Karte zu ergattern. Man schätzte, daß 3000 Gäste Zutritt fanden, jedoch 5000 abgewiesen werden mußten. Eine besondere Zugnummer war Artie Shaws Rückkehr auf die Bühne, der mit einem vierzig Mann starken Symphonieorchester auftauchte, um Werke von Debussy und Ravel zu spielen.

Man muß kaum noch sagen, daß Shaw sich seine Show an einem Veranstaltungsort, der als das Mekka des Bop galt, gründlich verdarb. Sein Auftritt sollte zweimal fünfundvierzig Minuten dauern. Die eineinhalbstündige Quälerei kommentierte *Billboard* lapidar mit: »Bop City bringt Belanglosigkeiten.« Den Fans gefiel das nicht. Nachdem sie Shaws kaum geprobtes Programm über eine Stunde tapfer ertragen hatten, scheuchten sie ihn mit Buhrufen von der Bühne. Dazu kam noch das Versagen der Klimaanlage. Die Männer krempelten die Ärmel hoch, und die Frauen benutzten die Programme als Fächer. Mitten in diesem Durcheinander betrat Ella die Bühne.

Ella wußte sofort, was zu tun war. Sie besann sich auf ihr Boprepertoire und rettete so den Abend. »Trotz des Durcheinanders . . . schlug sie den Saal bei allen Auftritten in ihren Bann. Sie war in wunderbarer Form und bot den zahlenden Zuschauern offenbar genau das, was sie sehen und hören wollten.«[27] Als Ella Billie Holiday unter den Zuschauern entdeckte, fügte sie in den Song »Lady Be Good« die Zeile »Oh, Lady Day Be Good ...« ein.

Unter den Zuschauern befanden sich auch die Chefs von Time-Life-Fortune, Amerikas bedeutendste Dokumentarfilmer, die für die »March of Time«-Serie verantwortlich zeichneten. Entzückt über das, was sie da miterlebten, vereinbarten sie mit Ella und ihrem Trio einen Aufnahmetermin in den Decca-Büros an der West 57th Street. Der Film sollte am 10. Juni gezeigt werden. Weitere Stars des Films waren Guy Lombardo, Bing Crosby, Eddie Duchin und die Corn Cobblers.

Ella flog eigens wegen der Filmaufnahmen zusammen mit ihrem Trio zurück. Als die Produzenten sich nach Abschluß der Dreharbeiten bei Ella für ihre professionelle Arbeit bedanken wollten, konnten sie sie nicht finden und mußten feststellen, daß sie, mit Ray Browns Trio im Schlepptau, in einen wartenden Wagen gesprungen und zurück zum La-Guardia-Flughafen gerast war. So fügten sie in die gesprochene Einführung zu dem Film folgenden Text ein: »Solange es in diesem Land Sängerinnen wie Ella Fitzgerald gibt, wird die Plattenindustrie jedes Jahr Millionen von Scheiben herausbringen, die ihren Weg in die amerikanischen Haushalte finden werden.«

An einem heißen, schwülen Julinachmittag des Jahres 1945 lud Columbia Records die Herren von der Presse ins Waldorf-Astoria Hotel ein, um ihnen die Erfindung eines »revolutionären neuen Produkts mitzuteilen«. Dieses Produkt stellte sich als eine unzerbrechliche Mikrorillenplatte mit einer Spielzeit von etwa 23 Minuten pro Seite heraus. Columbia nannte sie Langspielplatte. Eine neue Ära begann.

Der Übergang zur Mikrorille ging jedoch keineswegs so schnell vonstatten wie der zur CD. Anfangs preßte man die LP noch vorsichtig im 10-Inch-Format, doch allmählich stellte sich die Industrie auf die 12-Inch-Platte um, die es mittlerweile nicht mehr gibt. Auch die Decca, bis dahin die größte Firma, die sich noch nicht für das neue Format entschieden hatte, stieg im November des Jahres 1949 auf die LP um. 1950 waren die 78er Schellackplatten dann nicht mehr der allgemeine Industriestandard und wichen schnell den Mikrorillen mit entweder 33⅓ oder 45 Umdrehungen pro Minute.

Die Aufnahmen, die Ella am 28. April zusammen mit Gordon Jenkins machte, wurden nicht nur als 78er Scheiben herausgebracht, sondern später auch als Teil eines 10-Inch-Langspielplattenalbums, mit dem Titel *Listen and Relax With Ella Fitzgerald*, das 1954 erschien. Zwei Songs, »Happy Talk« und »I'm Going To Wash That Man Right Out Of My Hair«, wurden ebenfalls Teil eines 78er Albums, das im Mai 1949 herauskam und den Soundtrack zu dem Musical *South Pacific* lieferte. Sie tauchten auch wieder auf dem *Listen and Relax*-Album vom 10. April 1950 auf. Das Album zu *South Pacific*, auf dem mehrere Künstler vereint waren, brachte Milt Gabler auf die Idee, ein Album mit Songs aus der Feder eines großen Broadwaykomponisten herauszubringen.

Wenn es zu diesem Zeitpunkt noch Zweifel an Ellas Gesangsqualitäten gegeben haben sollte, ließ »I'm Going To Wash That Man Right Out Of My Hair« 1950 vermutlich alle Kritikerstimmen verstummen. »Kann sie diesen Song aus einem anderen Grund aufgenommen haben als aus dem, ihre Rhythmussicherheit unter Beweis zu stellen?« fragte Will Friedwald. »Sie bringt den mittleren Teil des Refrains halbwegs schnell hinter sich und bereitet ganz mühelos die Bridge mit doppeltem Tempo vor. – Wie ein Gummiball, der in einem leeren Raum auf und ab hüpft. Wenn man ihn in einem niedrigen Raum hüpfen läßt, wird er schneller, weil Decke und Boden näher beisammen liegen. Als Ella bei den kurzen Lines im Release ankommt, wird sie doppelt so schnell, und der Effekt ist einfach berauschend.«[28] Die zeitgenössischen Kritiken sind ebenso enthusiastisch. »Ella singt wirklich gut«[29], heißt es auch im *Metronome*.

Noch zwei weitere Nummern, die am selben Tag aufgenommen wurden, erschienen im folgenden September: »Black Coffee« und »Lover's Gold«. Beide erhielten von *Metronome* B-Bewertungen. »Wie üblich . . . genießen wir ihre Stimme. Alle sind sich darüber einig, daß sie das schwermütige ['Lover's Gold] erstaunlich gut meistert.«[30] Nach der produktiven Session mit Gordon Jenkins wechselte Ella noch schnell in einen anderen Raum der Decca Studios, um sich Louis Jordan und seinen Tympani Five für zwei Aufnahmen anzuschließen: »Baby, It's Cold Outside« und »Don't Cry, Cry Baby«.

Die Session machte Spaß, und wieder einmal war Ella anzumerken, wieviel Freude ihr solche Novelty Songs bereiteten. »Baby, It's Cold Outside«, ein künstlerisch gut gearbeitetes Lied, kam im November auf Platz neun der Charts und blieb dreizehn Wochen in den Hitparaden. »George ist hingerissen von Ellas Anmut im zweiten Chorus«[31], schrieb der Kritiker George T. Simon 1949.

Im Juni und Juli war Ella wieder an der Westküste unterwegs; im Juni hatte sie ein Engagement am Ciro's Club von San Francisco. Der Kritiker Ralph Gleason besuchte »Starlight Roof« des Klubs, um Ellas Auftritt mitzuerleben, und war völlig überwältigt von ihr: »Ella war schlicht und ergreifend großartig. Sie faszinierte das Publikum nicht nur mit ihrem Gesang, sondern auch mit ihrer Anmut und ihrer professionellen Darbietung.«[32]

Im Juli kehrte Ella wegen eines Dauerengagements im Tivoli nach San Francisco zurück. Dort befanden sich hauptsächlich Collegestudenten unter den Zuschauern. Ella hatte sich mittlerweile zu einer so versierten Live-Sängerin entwickelt, daß sie, egal in welcher Situation und vor welchem Publikum sie auftreten mußte, Erfolg hatte.

Am Ende ihrer ersten Woche am Tivoli, genauer gesagt am 20. Juli, ging sie in die Westküstenstudios der Decca in Los Angeles, um Coverversionen von »A New Shade of Blues« und »Crying« aufzunehmen. *Metronome* bewertete die Songs mit B beziehungsweise B plus: »Ella schlägt sich gut ... [und] beeindrukkend.«[33]

Ellas unablässige Erfolge sowohl im Plattenstudio als auch bei Live-Auftritten ließen ihr Einkommen in die Höhe schnellen. 1949 verdiente sie 150 000 Dollar.[34] Eine einwöchige Pause bedeutete einen Einnahmeverlust von fast 3000 Dollar, so daß Ella unerbittlich weiterarbeitete. Aber vom allerersten Tag ihrer Karriere an litt sie unter einer tiefen Angst, was ihre Leistung bei jedem ihrer Bühnenauftritte betraf. Während manche Künstler Erleichterung von diesem unvermeidlichen Streß in Alkohol und

Drogen suchen, fing Ella an zu essen. Mittlerweile konnte sie es sich leisten, gut zu essen, und das tat sie auch. Sie nahm ihre Mahlzeiten in teuren Restaurants ein und bereitete zu Hause kunstvolle und ausgedehnte Speisenfolgen zu. Das blieb natürlich nicht ohne Folgen für ihre Figur, und obwohl ihre Leibesfülle ihr bei Auftritten peinlich war, konnte sie einfach nicht aufhören zu essen. Mit diesem Problem hat sie zeit ihres Lebens gekämpft, hat abwechselnd Diät gelebt und dann wieder Gelage abgehalten, bis sie in den 70er Jahren durch ihre schwache Gesundheit gezwungen wurde, zu ihrem eigenen Wohle abzunehmen.

Um ihre Pfunde zu kaschieren und ihr Übergewicht zu kompensieren, kaufte sie fast schon zwanghaft teure Kleider. »Sie ging immer in die 5th Avenue Höhe 57th Street, da gab's einen Laden mit wunderbaren Kleidern«, erinnert sich Charles Linton. »Wenn sie schmutzig wurden oder am Boden schleiften, zog Ella sie aus und stopfte sie in den Mülleimer. Damals waren 150 Dollar eine ganze Menge Geld, wenn man sie einfach so in den Mülleimer stopfte!«[35]

9. Kapitel

Ella ist richtig aufgeblüht unter der Führung von Norman Granz. Sie hat eigentlich erst den großen Erfolg gehabt, als er sie zu JATP gebracht hat. Ellas Karriere hat danach einen Riesensprung gemacht.

Bill Doggett, Pianist,
Organist, Komponist und Arrangeur.[1]

Als Norman Granz die Musiker für seine Herbsttournee von 1949 zusammenstellte, stand Ella ganz oben auf seiner Liste. Ihre erste Tournee mit JATP früher im Jahr war gut verlaufen. Die Zuschauer liebten sie, und Ella verlieh Granz' Unternehmen Prestige. Ihr Mitwirken bedeutete, daß in den Besprechungen der Musikpresse nicht mehr nur von kreischenden Saxophonen und johlenden Menschenmassen die Rede war.

Doch eine andere Überlegung Granz' war noch wichtiger: Er war überzeugt davon, daß weder Gale noch die Decca Ellas künstlerisches Potential voll ausgeschöpft hatten. Er hielt sie für die größte Jazzsängerin und führte sie auch als solche bei seinen Konzerten ein. Als erster Schritt zur Bestimmung ihrer künstlerischen Richtung diente dabei ihre Teilnahme an den Jam Sessions, die jeweils den Abschluß einer jeden Hälfte der Show bildeten. Nach dem ersten Teil der Tournee hatte sich Ellas Jam Session mit den Blechbläsern schon so gut wie eingebürgert.

Ella hatte bereits mit Nummern wie »Airmail Special«, »Flying Home«, »Lady Be Good« und der, so Granz, »Kennmelodie von Jazz At the Philharmonic«, »How High the Moon«, eigenständigen Erfolg errungen. Das waren genau die Stücke, die die JATP-

Musiker als Grundlage für ihre improvisierten Jams verwendeten. Fast hätte man den Eindruck haben können, daß hier Vorsehung am Werk war.

Ella paßte perfekt in das Konzept von JATP. Wenn sie in »How High the Moon« sang »We're Swinging it because you asked for it«, war das Publikum entzückt. Diese Nummer funktionierte in Nachtklubs genauso gut wie auf der großen Bühne. Ella wechselte sich bei den Chorussen ab, wie Granz es schon damals im September 1947 zusammen mit Dizzy Gillespie auf der Bühne der Carnegie Hall erlebt hatte. Und diese Leistung stellte Ella nach Granz' Ansicht auf eine Stufe mit den größten männlichen Jazzimprovisatoren ihrer Zeit.

Die Herbsttournee begann mit einem ausverkauften Mitternachtskonzert am Sonntag, den 18. September 1949. Ella wurde als Star des Abends angekündigt. Sie hatte in jeder Hälfte des Programms ein eigenes Set, während die Instrumentalisten, sogar die berühmten, sich mit einer oder zwei Nummern während der Show zufriedengeben mußten. Ihre Teilnahme an den Jam Sessions trug noch weiter dazu bei, ihren Namen herauszustreichen. Diese Strategie zahlte sich aus. »Ella Fitzgerald war ein Riesenerfolg; mit einer ganzen Reihe von Songs ist sie eingeschlagen wie eine Bombe«[2], hieß es in *Downbeat*.

Vor dem Konzert ging Roy Eldridge, der Trompeter, in die noch leere Carnegie Hall. Er war, wie üblich, zu früh dran. Als er einen Menschen ganz allein dort sitzen sah, stellte er sich dem jungen Mann vor, der sich seinerseits als Oscar Peterson ausgab und erklärte, er sei eigens aus Kanada eingeflogen worden als Überraschungsgast bei diesem wichtigen Konzert. Er gestand ihm weiter, er sei nervös. Eldridge meinte, der junge Mann müsse wohl ein Pianist sein, wenn Norman sich solche Mühe gemacht habe, und er freue sich schon darauf, ihn zu hören. Peterson bedankte sich bei Eldridge und sagte, er sei schon ganz aufgeregt, weil er sich freue, all die großen Namen im Jazz live auf der Bühne zu erleben.[3] Zusammen mit Eldridge sollten Charlie Parker, Lester Young, Coleman Hawkins und eine Rhythm Section mit Buddy Rich, Hank Jones und Ray Brown auftreten.

Petersons US-Debüt war als Überraschung arrangiert, um die

Vorschriften der Einwanderungsbehörde und der amerikanischen Musikergewerkschaft zu umgehen. Er mußte unter den Zuschauern warten, bis Granz ihn auf die Bühne bat, als befände er sich ganz zufällig im Publikum. Hätte Granz ihn auf normalem Wege verpflichtet, hätte er sich mit einem Haufen Papierkram und verwaltungstechnischen Problemen herumschlagen müssen. Als Peterson auf die Bühne kam, »hatte er einen überwältigenden Erfolg«[4].

Nach dem Konzert machte die Truppe eine Reihe von One Nighters, die fast zwei Monate lang dauerten. In El Paso erhielt Norman Granz eine Rundfunkbearbeitung von »Evelyn Fields«. Wie er nicht ohne Amüsement feststellte, handelte es sich um Ellas Pseudonym. Bis dahin hatte er gedacht, Ella habe ihren Vertrag mit der Decca nur einmal unterlaufen, und zwar damals bei ihren Aufnahmen zusammen mit Benny Goodman in den dreißiger Jahren.

Zusammen mit dem Niedergang der Big Bands kam auch das Ende der großen Tanzsäle im ganzen Land. Jazz konnte man nun fast nur noch in Klubs hören. Granz machte den Jazz fast im Alleingang in den großen Konzertsälen salonfähig durch seine JATP-Tourneen. Und Ella und Oscar Peterson machte er zu internationalen Konzertkünstlern. Sie waren die Musiker, um die herum er sein Plattengeschäft und seine Konzertorganisation aufbaute.

Granz verdiente sich eine goldene Nase an Ella und Oscar, doch machte er auch die beiden ihrerseits zu Millionären. »Eigentlich mag ich den Mann nicht«, sagt Mel Torme. »Aber ich muß neidlos anerkennen, daß er zu Ella gesagt hat: ›Du bist weit mehr als nur eine Sängerin für die Massen, du solltest eigentlich die führende Sängerin der Nation sein und die Leute in Las Vegas und in den größten Nachtklubs von New York in Scharen anlocken.‹ Genau dazu hat er sie dann gemacht, und das rechne ich ihm hoch an. Ich glaube, er hat da wirklich was geleistet.«[5]

Je beliebter JATP wurde, desto unnachgiebiger setzte Granz auch seine finanzielle Kraft ein, um die Rassendiskriminierung zu bekämpfen. Wer seine Konzerte organisieren wollte, mußte einen

Vertrag unterzeichnen, in dem ausdrücklich jede Art von Rassendiskriminierung ausgeschlossen wurde. Das führte dazu, daß in der Geschichte von Charleston, South Carolina, zum erstenmal ein Konzert vor einem gemischten weißen und farbigen Publikum stattfand. Als Granz erfuhr, daß ein Konzert in New Orleans vor einer nach Schwarz und Weiß getrennten Zuhörerschaft geplant war, sagte er kurzerhand ab. 1949 erhielt er als Anerkennung seiner unbeirrbaren Arbeit den Russwurm Award für die Verbesserung der Beziehungen zwischen den Rassen. (Die Auszeichnung wurde von der Negro Publishers Association verliehen.) Granz' Künstler reisten erster Klasse, sie flogen von einem Termin zum nächsten, statt anstrengende Busfahrten auf sich nehmen zu müssen, und er quartierte sie nur in den besten Hotels ein.

Natürlich brachte ihm das seitens der Musiker große Loyalität und großes Vertrauen ein, und Ella bildete da keine Ausnahme. Sie achtete seine Wünsche indirekt; am ersten Abend der zweiten JATP-Tournee in der Carnegie Hall korrigierte sie das Tempo von »How High the Moon« und setzte sich damit über die Stimmen ihrer männlichen Kollegen hinweg. »*Er* [Granz] will es schneller, *er* will es schneller«, forderte sie und schnippte dabei mit den Fingern, bis Buddy Rich am Schlagzeug ihren Vorschlag aufnahm. Wenn *er* »How High the Moon« schneller wollte, dann sorgte Ella dafür, daß *er* seinen Willen bekam. Als Granz Ella dann anbot, ihr besseres Songmaterial für ihre Plattenaufnahmen zu geben als die Decca, wenn sie einen Vertrag bei ihm unterzeichnete, war sie natürlich nicht abgeneigt.

Doch die Agentur von Gale wollte davon nichts wissen. Schließlich hatte sie einen lukrativen Vertrag abgelehnt, den John Hammond zugunsten von Keynote Records für Ella angeregt hatte, und sie hatte recht behalten, als die kleine unabhängige Firma pleite ging. Außerdem betrachtete sie Granz voller Argwohn, der für sie nur wieder so ein Indie (Independant Group) war, ein Ein-Mann-Unternehmen, das so gut wie nichts vorzuweisen hatte und sich vermutlich Ella nur sichern wollte, um Verkaufszahlen und Prestige zu fördern. Sie war ein etablierter Star und ein wichtiges Rad im Getriebe der Hitmaschine von

Decca. Auch für Ella ergab es Sinn, bei einer großen Plattenfirma mit guten Vertriebs- und Werbemöglichkeiten zu bleiben.

Doch Granz hatte es sich in den Kopf gesetzt, Ella für sich zu gewinnen. Er wußte nur noch nicht, wie. Zwar hatte er bereits Aufnahmen von ihr, zum Beispiel den Live-Mitschnitt vom 18. September in der Carnegie Hall, durfte aber jene Teile des Konzerts, in denen sie sang, nicht veröffentlichen, weil er dadurch ihren Vertrag mit der Decca verletzt hätte.

Ende 1949 war er bereits beim zehnten Teil seiner JATP-Serie angelangt. Es handelte sich dabei um Ausschnitte aus seinen Konzerten auf vier 78er Seiten, und auf diesen Platten waren Illinois Jacquet, Howard McGhee, Flip Phillips und Bill Harris zu hören. Die beliebteste Aufnahme war die erste mit der Bophymne »How High the Moon«, von der 150 000 Stück verkauft worden waren. Verglichen mit Ellas Verkaufsziffern bei der Decca waren das natürlich kleine Fische, aber da Granz wußte, wie beliebt sie auf den JATP-Tourneen war, konnte er sich ziemlich sicher sein, daß das Publikum nur auf ihre Jazz Sets von ebendiesen Tourneen wartete. 1949 bestanden keinerlei Zweifel mehr an Ellas Popularität. In der Septemberausgabe von *Metronome* erreichte sie gleich hinter Billie Holiday den zweiten Rang in deren All-Time-All-Star-Umfrage.

Granz ging nun ernsthaft daran, Ella von der Decca abzuwerben. Anfangs versuchte er es noch über Moe Gales Kopf hinweg, um festzustellen, ob so etwas überhaupt im Bereich des Möglichen lag. »Norman hat mich eines Tages angerufen, als er anfing, Ella bei seinen JATP-Tourneen einzusetzen«, erinnert sich Milt Gabler. »Er sagte: ›Weißt du was, Milt, ich kaufe Ellas Vertrag von der Decca.‹ Er hat mir – der Firma – 25 000 Dollar angeboten für den Vertrag. Sie hatte noch ein Jahr, vielleicht auch eineinhalb. Also habe ich gesagt: ›Norman, ich mag Ella genauso gern wie du, und ich würde ihren Vertrag nicht für alles Geld der Erde verkaufen. Ich werde nicht mal Milt Rachman, dem Präsidenten der Gesellschaft, erzählen, daß du 25 000 Dollar geboten hast. Wenn du sie willst, mußt du ihn selber anrufen.‹ . . . Doch das hat er nie getan!«[6]

Statt dessen begann Granz, als Ellas Vertrag bei der Decca

auslief, eine großangelegte Kampagne gegen die Schallplattenfirma, die nach dem Motto, man muß nur genügend Schlamm schmeißen, dann wird schon was hängenbleiben, geführt wurde. Mit Hilfe der Presse griff er die Decca wegen der minderwertigen Songs an, die sie Ella angeblich für die Aufnahmen zur Verfügung stellte, und erklärte Ella, sie solle auch in Interviews ganz klarmachen, daß sie unzufrieden sei mit ihrer Plattenfirma.

»Norman setzte alles daran, um Ella von mir und der Firma loszueisen«, erinnert sich Gabler weiter. »Er hat immer wieder mal in *Downbeat* gesagt, daß ich sie kaputtmache, weil ich ihr schlechte Sachen gebe und so. Klar habe ich ihr auch Popsongs zum Singen gegeben. Ich weiß noch, einmal habe ich ihr ›Crying in the Chapel‹ gegeben, eine Coverversion von einem Countryhit. Sie mochte diese Songs genausowenig wie ich. Aber das Stück hat sich ganz schön verkauft, und das war wieder gut für Ella und für die Firma. Sie konnte solche Sachen recht gut, und wir haben das erste Mal den schwarzen Markt angezapft mit solchen Songs. Ich habe so was gern gemacht, mal neue Sachen für ein anderes Publikum. Jahre später haben sich meine Versuche bestätigt mit Ray Charles und dem tollsten Album, das er je gemacht hat. Das war nämlich Country Music.«[7]

Ganz wie Granz es ihr gesagt hatte, begann Ella, Unzufriedenheit über die Decca zu äußern. In einem Interview mit George Hoefer während der JATP-Tournee vom Winter 1949 sagte sie klar und deutlich, daß sie eigentlich Balladen bevorzuge »statt Blues, Scat oder Bebop«, und gab der Decca die Schuld »für Fehlgriffe bei der Auswahl mancher Stücke«[8].

Andere Kritiker, die im Gegensatz zu Granz kein Interesse daran hatten, die Decca schlechtzumachen, sahen die Sache nicht unbedingt so. Als vier Platten herauskamen, die Ella zwischen September 1949 und März 1950 aufgenommen hatte, schrieb Fred Reynolds, ein etablierter Kritiker der *Chicago Tribune:* »Heutzutage gibt es im Plattengeschäft so viel Durchschnittliches, daß die Vocals von Ella Fitzgerald so erfrischend sind wie *South Pacific*. Hier haben wir endlich eine Sängerin, die zu den perfektesten Künstlern gehört, die die populäre Musik zu bieten hat ... Sie klingt einfach durch und durch aufrichtig, wenn sie Ray Nobles ... ›I Hadn't Any One 'Til You‹ singt. Wenn man sich dieses Lied anhört, muß man sich fragen, ob Noble nicht vielleicht sogar Ella im Hinterkopf hatte, als er das Stück schrieb. ›I Got to Have My Baby Back‹ gehört zu den schönsten Blues-Nummern von 1950 ... Und bei ›Sugarfoot Rag‹ merkt man ganz deutlich, daß die First Lady Spaß daran hat ... Der letzte Chorus von ›Sugarfoot‹ ist reine Improvisation, nur noch die Stimme anstelle der Instrumente ... Dann wäre da noch ›Basin Street Blues‹, eine wundervolle Angelegenheit ... Letztlich zeigt das nur wieder, daß es keinen Ersatz für wahres Talent gibt. Ella tritt den Beweis auf diesen Platten an.«[9]

Für Ellas Session am 20. September 1948 in New York setzte Milt Gabler den Arrangeur Sy Oliver als musikalischen Berater ein. Oliver wurde 1910 geboren und wuchs in Zanesville, Ohio, auf, wo er Trompete spielen lernte und immer wieder einmal bei lokalen Bands arbeitete. Er begann für Zack Whytes Chocolate Beau Brummels, eine kleine Band mit gutem Ruf, zu schreiben und zu arrangieren und arbeitete auch zeitweise mit einer weiteren lokalen Gruppe unter der Leitung von Alphonso Trent zusammen. 1933 schloß er sich dem Orchester von Jimmie Lunceford an, das sich schon bald zu einer der bedeutendsten Bands der Swing-Ära entwickelte, nicht zuletzt wegen Olivers Kompositionen und Arrangements. 1934 arbeitete Oliver sogar noch für andere Bands, während er Fuß faßte bei den Trompetern.

1939 überredete Tommy Dorsey ihn dann, als Arrangeur und hin und wieder auch als Sänger für ihn zu arbeiten. Obgleich er dann 1946 für kurze Zeit eine eigene Band leitete, wollten ihn schon bald mehrere Plattenfirmen als musikalischer Berater für sich gewinnen. Ende der vierziger Jahre hatte er sich bei der Decca einen Ruf als Arrangeur und musikalischer Berater erworben und arbeitete für einige der besten Künstler der Gesellschaft.

Während Olivers erster Session mit Ella machten sie ihre Version von »Basin Street Blues«, bei der Ella im letzten Chorus Louis Armstrong auf witzige Weise nachahmt: »Die Idee hat sie damals in einem Klub von Las Vegas gehabt, als nicht sonderlich viel los war an einem Abend kurz vor Schluß«, berichtete George Hoefer nach der Session. »Ella blödelte mit der Band herum und ... fing an, Louis nachzumachen. Die vier Gäste dort haben sich gekringelt vor Lachen, und jetzt gehört die Nummer fest in ihr Repertoire.«[10] Bevor sie die Version für die Decca aufnahm, probierte sie sie auf einer JATP-Tournee aus, die von Granz mitgeschnitten, aber erst Anfang der achtziger Jahre veröffentlicht wurde. Das Publikum war begeistert.

Am nächsten Tag, dem 21. September 1949, war sie wieder zusammen mit Gordon Jenkins als musikalischem Berater in den Studios, und die beiden Songs, die an diesem Tag aufgenommen wurden, kamen im folgenden Monat heraus. »Auf ihrer neuen Platte von Decca ›A Man Wrote a Song‹ – ›Foolish Tears‹ gibt Ella sich von ihrer besten und schlichtesten Seite«[11], hieß es in der *Chicago Tribune*. Nach einem Aufnahmetermin zusammen mit den Mills Brothers im November 1949 ging sie noch einmal mit Oliver als musikalischem Berater ins Studio, diesmal zusammen mit einer Band, die sich um ihre üblichen Begleiter Ray und Hank gruppierte, um »Doncha Go 'Way Mad« aufzunehmen, eine Nummer, die sie über dreißig Jahre im Repertoire behalten sollte.

Oliver, der 1988 starb, arbeitete sehr gern mit Ella zusammen. Er hatte nie Probleme mit ihr als Künstlerin: »Sy hat immer zu mir gesagt: ›Ich habe Ella einen Vorschlag gemacht, und sie hat mich mit großen Augen angeschaut, als ob sie nicht verstünde, was ich meine‹«, erzählt seine Frau Lillian Oliver-Clarke. »›Und dann ist sie rüber ans Mikrofon, und schon beim erstenmal kam genau das, was ich wollte!‹«[12]

Während ihrer ganzen Ehe mit Sy Oliver ging Lillian Oliver-Clarke ihrer eigenen Karriere als Sängerin nach und arbeitet noch heute als Stimmtrainerin. Früher war sie eine gefragte »Studiosängerin«, eine der wenigen, die alles sofort vom Blatt singen konnten. Sie wirkte bei zahlreichen Plattenaufnahmen und Radioshows mit, mehrere Jahre sogar bei der Perry Como Show und als Mitglied der Ray Charles Singers. Oft arbeitete sie auch als Backgroundsängerin für Ella und konnte sich deshalb ein gutes Urteil über deren Fähigkeiten und Arbeitsweise bilden.

»Wir probten nie vor der eigentlichen Session, und meines

Wissens tat auch Ella das nicht. Wir machten alles während der Session, die normalerweise so um die drei Stunden dauerte, und in dieser Zeit schafften wir mindestens vier Nummern. Wir kamen rein und sangen die Melodie einmal durch. Wir machten das entweder zusammen mit dem Orchester oder der Band oder gingen unseren Part leise am Mikro durch. Wir probten alles vor der Band, probierten es ein- oder zweimal, und dann waren wir bereit zur Aufnahme.

Und Ella war auch bereit. Ich bezweifle, daß sie die Sachen jemals vorher durchgegangen ist, jedenfalls kann ich mich nicht erinnern, daß Sy irgendwann mal vor den Sessions mit Ella zusammengesessen hat. Trotzdem hat es nie Hänger gegeben. Ich meine, wenn wir vier Nummern in drei Stunden machen mußten, dann haben wir eben vier Nummern in drei Stunden gemacht. Und wissen Sie, die waren alle toll, fast schon perfekt. Kein technischer Schnickschnack wie heutzutage. Die Stücke wurden von Anfang bis Ende durchgezogen, ohne Unterbrechung.«[13]

Im August 1950 war Ella zweimal in den Studios, am 15. zusammen mit ihrer Exflamme aus den Tagen von Chick Webb, mit Louis Jordan, der mit seinen Tympani Five »Ain't Nobody's Business If I Do« und »Ill Never Be Free« für die »Sepia«-Serie von Decca machte. Decca fiel es damals immer noch schwer, Jordans Musik »Rhythm and Blues« zu nennen, doch dieses Problem löste sich wie von selbst, als *Billboard* 1949 den Titel der Black Music Charts von »Race« zu »Rhythm and Blues« veränderte und damit auf den Erfolg von Indies wie Savoy oder King reagierte.

Am 25. stand Ella wieder unter der musikalischen Leitung von Sy Oliver zusammen mit Louis Armstrong im Studio. Auf einem Foto, das bei der Session entstand, sind Ella und Louis herzhaft lachend zu sehen. Ihre gute Laune war ansteckend; als »Can Any One Explain (No, No, No)« im November 1950 herauskam, landete der Song auf Platz 30 der Charts.

Unterdessen trat Ella, die noch immer keine eigene Radioshow hatte, ziemlich häufig als Gast in den Shows anderer Künstler auf, oft in denen von Bing Crosby, der selbst sagte, er sei ein großer Fan von Ella. Und als 1949 allmählich das Fernsehen aufkam, erschien sie auch in einer der ersten Jazz Shows, die je im Fernsehen übertragen wurden. Die Show wurde von Esme Sarnoff produziert und von Eddie Condon präsentiert.

Doch trotz der allgemeinen Ansicht, daß sie eine der besten Sängerinnen von Jazz und Pop sei, blieb Ella weiterhin so unsicher wie ganz zu Anfang ihrer Karriere. Nachdem George T. Simon sie 1949 für die Aprilausgabe des *Metronome*-Magazin interviewt hatte, sagte er: »Ich hatte schon oft davor mit Ella gesprochen, und ich habe auch seither oft mit ihr geredet, und jedesmal wieder habe ich ihre Liebenswürdigkeit und ihre Begeisterung feststellen können. Aber dazu kam auch immer der Selbstzweifel. Ich habe mich jedesmal gefragt, warum.«[14]

Diese Selbstzweifel sollten Ella während ihrer ganzen Karriere plagen. Bei Zusammenkünften war sie tief beunruhigt darüber, daß die Leute über sie sprechen könnten, oder genauer, über ihr Gewicht. Wenn sie sich nicht in Begleitung von Freunden befand, wurde sie ausgesprochen nervös, denn sie spürte, daß sie bei Umgangsformen ein Defizit hatte. Dieser emotionale Komplex könnte mit einem möglichen Mißbrauch als Kind von ihrem Stiefvater zusammenhängen. Was immer auch der Grund dafür gewesen sein mag, es war jedenfalls klar, daß sich hinter dem Image des kleinen Mädchens eine Frau verbarg, die im Grunde ihres Herzens ein kleines Mädchen war. Ihre Manager wußten das und versuchten, diesen Teil ihres Charakters herunterzuspielen. Mit dieser Aufgabe wurden ihre Presseagentin Virginia Wicks und später Mary Jane Otwater von Granz' Agentur betraut. Beide wußten, wie ungern Ella interviewt wurde, und taten ihr Bestes, um Reporter und Journalisten von ihr abzuhalten. Sie beschränkten den Zugang auf ein Minimum und setzten dafür eine Reihe von harmlosen und nichtssagenden Presseinformationen in die Welt, die im Verlauf der Jahre zur Herausbildung einer »Ella-Fitzgerald-Legende« führten.

Als Ella und Rays Trio beispielsweise während des Jahreswechsels 1949–50 in Chicago waren, verbreitete ihre Presseagentur eine dieser typischen abgedroschenen Geschichten, um von der wirklichen Ella abzulenken. »Ella Fitzgerald konnte bei ihren Auftritten an den Marbro und Uptown Theatres kaum einmal von der Bühne gehen, ohne ›Lady Be Good‹ oder ›Flying Home‹ zu singen, zwei Bop-Nummern, die sie haßt, weil sie persönlich viel lieber Balladen singt. ›Aber‹, meint Ella, ›wenn mich jemand darum bittet, muß ich die Songs eben bringen. Kürzlich in Texas dachte ich, ich würde wenigstens während eines Sets darum herumkommen. Es war schon fast Schluß und nur noch zwei ältere, grauhaarige Ladies da, beide alles andere als Bop-Typen. Sie waren ein wunderbares Publikum, und ich war so froh, einmal sanfte Lieder singen zu können. Zum Abschluß fragte ich sie, ob sie sich einen bestimmten Song wünschten, und sie wollten doch tatsächlich ›Lady Be Good‹ hören!‹«[15]

Manchmal wurden Geschichten wieder aufgewärmt, die sich bereits vor Jahren ereignet hatten – wie zum Beispiel die, wie Ella im Fahrstuhl steckenblieb, um ein unverfängliches und gewinnendes Bild von ihr aufrechtzuerhalten.

Wenn Ella tatsächlich Interviews gab, war sie verlegen und unsicher wegen ihres Gewichts und ihrer Herkunft. »Sie ist ein wenig zögerlich, sobald sie nicht mehr auf der Bühne steht«, sagte Bill Coss von *Metronome* 1953. »Das zeigt sich durch eine ganz bestimmte Art zu reden oder sich zu bewegen ... Die schüchterne, übermäßig bescheidene Frau, die ›How High the Moon‹ auf den größten Bühnen der Nation singt, unterscheidet sich nicht allzusehr von dem Mädchen, das damals ›A-Tisket, A-Tasket‹ schrieb.«[16]

Doch Menschen gegenüber, denen sie vertraute und die sie kannte, konnte sie entwaffnend offen und ehrlich sein. »Sie werden vermutlich keinen Star kennen, der sich weniger darüber bewußt ist, was publikumswirksam ist oder nicht, als Ella«, erklärte die Presseagentin Virginia Wicks dem Schriftsteller und Journalisten Leonard Feather. »Sie kommt mich besuchen, und wir reden dann über dieses und jenes, und sie ist einfach reizend. Dann versuche ich vorsichtig, das Gespräch auf einen Reporter von *Life* oder *Time* zu lenken, der sie sehen möchte, und schon verändert sich ihr Gesichtsausdruck, sie stampft mit dem Fuß auf und sagt: ›Verdammt, Virginia, ich kann jetzt nicht – ich muß *einkaufen gehen!*‹ Und dann bleibt sie eine ganze Weile quengelig und sagt vielleicht irgendwann einmal: ›Na schön.‹«[17] Feather selbst bemerkte: »Wenn Ella eingeschnappt ist, sieht sie genauso aus wie das kleine Mädchen in dem Song, das als Antwort auf die Zeile ›Was it green?‹ einen Schmollmund macht und singt: ›No, no, no, no.‹«[18]

In Wirklichkeit war Ella nur die Musik wichtig, und sie war froh, wenn sie alle beruflichen Angelegenheiten delegieren konnte. Moe Gale hatte sogar eine schriftliche Vollmacht und konnte für sie Verträge unterzeichnen. »Sie ist ein sehr einfacher Mensch, und das meine ich keineswegs abwertend«, sagt Mel Torme. »Sie ist nur – ihre Bedürfnisse sind einfach, die Art und Weise, wie sie das Leben anpackt, ist einfach.«[19]

Im September 1950 war Ella wieder im Studio, um eine Reihe von Nummern für die 10-Inch-Langspielplatte *Ella Sings Gershwin* aufzunehmen. Da sich die Langspielplatte jedoch noch immer nicht völlig durchgesetzt hatte, wurde Ellas Gershwin-Set ursprünglich in allen drei gängigen Umdrehungsgeschwindigkeiten aufgenommen. Sie wird darauf nur von dem Pianisten Ellis Larkins begleitet. »Ich habe das arrangiert«, erinnert sich Milt Gabler. »Ich wollte schon immer Gershwin mit ihr zusammen machen. Und wir haben die Sachen damals auf 10-Inch-LP aufgenommen. Später wollten wir dann auch noch eine 12-Inch-LP machen, also habe ich noch ›Lady Be Good‹ und ›Lucky So and So‹ hinzugefügt, und mit Hilfe von Duke Ellington haben wir es dann tatsächlich geschafft, die Platte rauszubringen! Mir hat es schon immer gefallen, wie Ellis Sänger begleitete. Das waren einfach Sternstunden; Ella liebte es, mit Ellis zu singen.«[20]

Bei *Ella Sings Gershwin* kommt ihr Talent eigentlich am richtigen Ort zum Einsatz. Sie singt völlig ungekünstelt und versucht nicht, dem, was sie zum besten gibt, eine emotionale Dimension aufzuzwingen, sondern überläßt die subjektive Interpretation voll und ganz dem Zuhörer.

Der Erfolg dieser Nummern liegt wohl darin begründet, daß sie gleichzeitig emotional distanziert und persönlich klingen. Ella gelingt dieser Effekt durch ihre makellose Diktion (auf die sie selbst sehr stolz war), durch ihre klare, reine Stimme und durch ihre präzise Intonation, die es ihr erlaubte, ihre Stimme ganz ruhig durch das Mikrofon klingen zu lassen, ohne auch nur einmal unsicher zu werden.

Doch genauso wichtig ist das kreative Zusammenspiel zwischen Sänger und Begleiter. Ellis Larkins schafft einen Hintergrund für Ellas Stimme, der diese tiefgründig klingen läßt. Er spaltet den Song auf und setzt ihn so wieder zusammen, daß er Ellas Stimme unauffällig und doch erfinderisch unterstützt. »Technisch gesehen ist er einfach ein Wunder«, sagt der Komponist Alec Wilder. »Ihm gelingen seine unendlich feinen musikalischen Vignetten durch völlig entspannte Finger, durch sein Gefühl und seine Liebe zur Musik . . . Er ist ein wahrhaft meisterlicher Begleiter . . . Was am Ende herauskommt, ist immer ein Understatement . . . Er ist stark und direkt, ohne jemals aggressiv zu wirken. Seine harmonischen Einfälle der linken Hand und seine Bass Lines sind ein Wunder an Einfallsreichtum und Überraschungen.«[21]

Ella Sings Gershwin stellte so etwas wie einen künstlerischen Höhepunkt ihrer Karriere dar, und nun folgte eine ganze Reihe von Sessions, die dazu dienten, so Gabler, »all die guten Sachen zu finanzieren, die wir machen wollen«. Im September nahm sie »Molasses, Molasses« und »Santa Claus Got Stuck In My Chimney« auf, Nummern, die man ihr später als typische Decca-Produkte dieser Periode ankreidete. Dieser Termin war der vorerst letzte zusammen mit Ray Brown, der nach etlichen Duosessions zusammen mit Oscar Peterson nun von diesem eingeladen wurde, sich mit dem Gitarristen Irving Ashby anzuschließen und auf eine Tournee durch Kanada zu gehen. Weder Ella noch Ray ahnten zu diesem Zeitpunkt, daß Rays intensiver werdende Verbindung zu Oscar Peterson neben Ellas konstanter beruflicher Belastung ein weiterer Faktor für die schrittweise Verschlechterung ihrer Beziehung sein würde.

Zwar wurden im Verlauf der fünf Sessions nach dem Gershwin-Album ausschließlich kommerzielle Nummern produziert, aber Gabler versuchte doch, auch Stücke mit Ella zu machen, die ihrem Gespür für den Jazz gerecht wurden. So entstand beispielsweise im Juni 1951 der mittlerweile zum Klassiker gewordene Song »Smooth Sailing«. Gleichzeitig bestand Ella allerdings darauf, am selben Tag eine Coverversion von Rosemary Clooneys Hit »Come On-A My House« aufzunehmen.

»Wir waren damals eine kleine Gruppe bei der Aufnahme von ›Smooth Sailing‹«, erinnert sich Lillian Oliver-Clarke. »Wir haben in der Session drei Lieder gemacht. Ich kann mir nicht vorstellen, daß Sy ›Mixed Emotions‹ ausgewählt hat, das wir am selben Tag ebenfalls gemacht haben, also wird wohl Milt Gabler den Song gewollt haben. Nur Ella konnte so eine Melodie phantastisch klingen lassen. Wieder gab es keine Probe. Wir haben alles direkt während der Session gemacht, denn wir konnten ja alle vom Blatt singen, und ›Smooth Sailing‹ wurde einfach großartig. Es ist schon komisch, denn als Ella beim JVC-Festival 1991 hier in New York auftrat, war ich ganz erstaunt: ›Mein Gott, sie singt doch glatt nach all den Jahren ›Smooth Sailing‹!«[22]

»Smooth Sailing« ist ein weiteres Beispiel für Ellas virtuosen Scat, wenn auch weniger hektisch als seine Vorgänger. Darin ist schon das erdige Gefühl der allmählich entstehenden Hard-Bop-Bewegung zu spüren. Diese Rückwendung zu den Ursprüngen wird besonders deutlich durch Bill Doggetts Orgel und die einfachen Call-Response-Strukturen zwischen Stimmen und Instrumenten. Ein starker, gospelähnlicher Back Beat, der auch ein bißchen nach Big Band klingt – diese Verbindung hat es in der Big-Band-Musik mit ihren Call-Response-Strukturen schon immer gegeben –, verleiht der Darbietung ein swingendes Element, das von Anfang bis Ende durchgehalten wird.

Doggetts Orgel und die Ray Charles Singers übernahmen die Saxophon- und Trompetenpassagen, um die herum Ella ihre Improvisationen spann. Das Ergebnis war sicherer, benutzerfreundlicher, bodenständiger Scat, der beim Publikum ankam. Als der Titel im September 1951 erschien, rutschte er sofort in die Hitparade, wo er sechs Wochen lang blieb und bis auf Platz 23 gelangte. »Die Session damals ist gut gelaufen«, erinnert sich Bill Doggett. »Ella und wir alle hatten großen Spaß.«[23]

Im April hatte Ella zusammen mit dem Buddy Johnson Orchestra ein Engagement am Regal Theatre in Chicago, und am 21. Juni trat sie mit dem Hank Jones Trio im New Yorker Café Society auf. Hie und da wurde Kritik laut an ihrer Stimme.

Manche Kritiker beschuldigten Ella, ihre Stimme sei »seelenlos«, so zum Beispiel Barry Ulanov von *Metronome:* »Die Stimme ist nach wie vor da, aber die Seele ist verschwunden.« Bill Coss, der Ellas Auftritt im Café Society für *Metronome* besprach, kam zu dem Schluß: »Irgend etwas an Ella fehlte... aber Phrasierung, Intonation und Projektion sind noch immer da. Und Ella ist nach wie vor die Größte.«[24] Ellas ursprünglich vierwöchiges Engagement wurde bis zum September verlängert.

Und im September 1951, nach fast fünfzehn Jahren währenden Erfolgen in Presse und Hitparaden – was an sich schon eine Seltenheit war, weil farbige Künstler nur selten den Sprung von den »schwarzen« Charts in die »weißen« schafften – erschien der erste Artikel über Ella in der *New York Times.*

Eine gewisse Überheblichkeit war jedoch unverkennbar: »Wenn sie ins Rampenlicht tänzelt, wird man den Eindruck nicht los, ein großes, fröhliches Kind vor sich zu haben...«, meinte Carter Harman. »Als ich vor kurzem mit ihr und ihren Freunden zusammensaß und sie ein wenig unangenehm berührt dabei beobachtete, wie sie eine ganze Packung Eiskrem verschlang, weil sie angeblich ihrem rauhen Hals guttat... sagte jemand, ein Stil klinge wie der andere, und Miss Fitzgerald überwand ihre Schüchternheit gerade lange genug, um zu widersprechen: ›Die Leute sagen immer, der eine klingt wie der andere‹...

Wie jeder sensible Künstler spürt sie sofort, was für ein Publikum sie vor sich hat. Wenn sie merkt, daß den Zuhörern ihr Programm gefällt, lächelt sie gewinnend und macht das, was das Publikum will... Einmal sang sie einen ›ganzen Abend lang‹ Balladen für eine gierige Menge. Bei anderen Gelegenheiten zieht sie alle Register ihres Talents für die Nachahmung. Sie kann einen Chorus so knurren, daß er genauso klingt wie Louis Armstrong, sie kann aber auch vor sich hin zwitschern wie Rose Murphy, das ›Chee-Chee Girl‹.«[25]

Als Ray Brown von seinem Engagement mit Oscar Peterson zurückkam, hatte auch Ella gerade ihre Verpflichtung am Café Society hinter sich gebracht. Anfang Oktober beschloß sie umzuziehen. Schon bald nach der Eheschließung hatten die beiden einen kleinen Jungen adoptiert, den leiblichen Sohn ihrer Schwester Frances, den das Paar Ray Jr. taufte. Sie brauchten mehr Platz und zogen Ende 1951 in die Murdoch Avenue 179, St. Albans, in das Apartment Nr. 7 um. Um Ray Jr. kümmerte sich Ellas Tante Virginia, die auch Ella nach Tempies Tod unter ihre Fittiche genommen hatte und ihr nun als Kinderfrau und Hausmädchen zur Hand ging. Ella, die einmal gesagt hat, das einzige, was noch besser sei als singen, sei noch mehr singen, gefiel sich in ihrer Rolle als Teilzeitmutter, doch ihre Karriere war ihr immer wichtiger als ihr Stiefsohn. Das wurde auch Ray schon bald klar, und so ergaben sich immer wieder Spannungen zwischen den beiden. Im Alter von sechzehn (als er schon gut einsachtzig groß war) begeisterte er sich für die Rockmusik der sechziger Jahre. Er lernte Schlagzeug bei Bill Douglass, doch zu Ellas Schrecken schloß er sich einer Beat-Gruppe an. Sie wollte, daß er mehr tat, als nur diesen, wie sie es ausdrückte, »Ringo Beat« zu spielen, und bestand darauf, daß er seine Studien fortsetzte.

Doch wie für so viele andere Kinder auch, wurde die Musik zum Medium der Auflehnung für Ray Jr. Das Gefühl, vernachlässigt worden zu sein, wurde immer stärker. Eigentlich hatte er Lehrer werden wollen, ging jedoch im letzten Jahr sehr zum Leidwesen seiner Mutter ohne Abschluß von der High School ab und zog nach Seattle, wo er sich der örtlichen Gruppe der American Federation of Musicians anschloß, um eine Laufbahn als Schlagzeuger und Sänger einzuschlagen. Ella konnte dagegen nichts unternehmen, und die beiden hatten nur hin und wieder Kontakt miteinander. Als Ray Jr. beschloß zu heiraten, lernte Ella die Braut erst bei den Hochzeitsfeierlichkeiten kennen: »Ich wartete darauf, daß eine kleine Farbige den Gang entlangmarschiert«, erzählte sie Leonard Feather 1983, »und was sehe ich da? Eine Rothaarige! Ich glaube, sie ist Schottin oder Irin. Ein wirklich nettes Mädchen. Eigentlich sollten sie letztes Weihnachten kommen, aber da hatte er einen Job in Portland.«[26] Mit der Geburt von Ellas erster Enkelin im Jahr 1985 wurden die Familienbande wieder enger, denn Ella liebt das Kind abgöttisch. Ray Jr. und seine Familie verließen Seattle schließlich, um näher bei seiner Mutter zu wohnen. Seine Mitgliedschaft bei der Musikergewerkschaft lief aus, und sein Ausflug in die Musik war zu Ende.

Schon bald nach dem Umzug ins traute Heim traten die ersten Spannungen auf. Ella war der Meinung, daß Rays Platz sowohl beruflich als auch privat an ihrer Seite war. Ray selbst jedoch wollte lieber seine Karriere mit Oscar Peterson weiterverfolgen und ließ sich diesmal nicht erweichen. Doch wenigstens machten sie noch zusammen ihre vierte JATP-Tournee, die Ende 1951 im Russ Auditorium in San Diego, Kalifornien, ihren Abschluß fand.

Als Ella im Januar 1952 wieder in die Decca-Studios zurückkehrte, trennten sie bereits drei Sessions und zwölf Songs von dem Aufnahmetermin für »Smooth Sailing«. Es war an der Zeit, wieder etwas für das breite Publikum zu tun. So wählte Milt Gabler »Airmail Special« aus, eine Zugnummer während der JATP-Konzerte, und dazu praktisch eine Gegennummer zu »Smooth Sailing«, nämlich »Rough Riding«. Ella wurde dabei von Ray Brown und seinem Trio begleitet, jedoch nicht, wie alle Diskographen behaupten, von Hank Jones am Piano, sondern von Teddy Wilson.[27] Um das Big-Band-Feeling von »Smooth Sailing« zu simulieren, setzte Gabler wieder Bill Doggett und die Ray Charles Singers ein. »Air Mail Special« folgt, wie alle Scatsongs von Ella, einem vorgegebenen Muster. In diesem Fall handelt es sich dabei um eine Orchestrierung von Count Basie. Und wieder haben wir hier eine Nummer, die sie bei Live-Auftritten erarbeitete. Sie ist ganz ähnlich der Basis, die sie am 18. September 1949 in der Carnegie Hall verwendete und die von Granz mitgeschnitten wurde.

Ella beeindruckt sofort durch ihren rhythmischen Schwung und erhebt sich über die einführenden Töne der Ray Charles Singers, um sich dann mit einem Eifer in die »orchestrierten« Teile zu stürzen, dem ihre Begleiter kaum noch folgen können. »Rough Riding« hingegen verwendet den gleichen mittleren Bounce wie sein Vorgänger und wird zu einem Bravourstück des Riff und Scat. Beide Nummern strafen die Kritiker Lügen, die meinen, Ellas Zeit bei der Decca sei sozusagen verloren gewesen. Auch »Goody Goody«, ein Titel, der im folgenden Monat aufgenommen wurde, blieb jahrzehntelang in ihrem Repertoire.

Ellas Schwäche für Novelty Songs sorgte dafür, daß »Mr. Paganini« niemals ganz in Vergessenheit geriet. Während ihrer nächsten Session im Juni nahm sie die definitive Fassung mit dem Titel »You'll Have To Swing It (Parts 1 & 2)« auf und machte den Song schließlich mit Hilfe von Sy Olivers Arrangement zu einem Klassiker.

»Sie hat einfach wundervolle Sachen gemacht mit Sy«, erinnert sich Lillian Oliver-Clarke. »›Mr. Paganini‹ ist eigentlich mein Lieblingsstück, eine richtige Tour de Force. Der Song gehört zu den wichtigsten aus dieser Zeit, und sie hatte ihn noch Jahre später im Repertoire.«[28] Er umfaßte beide Seiten einer 78er Platte und wurde Ende 1955 auch in die LP *Sweet and Hot* aufgenommen. »Ursprünglich handelte es sich dabei um eine Nummer aus einem Bing-Crosby-Film, die Martha Raye sang«, sagt Milt Gabler. »Ella hatte den Song bereits damals mit Chick Webb gemacht; es handelte sich um ein Remake. Das war eine tolle Platte!«[29]

Unterdessen begann nun das ehrgeizigste JATP-Projekt, das Granz bis dahin auf die Beine gestellt hatte. Am 26. März brach die Truppe vom Idlewild Airport aus nach Europa auf. Granz hatte schon seit 1948 seine Fühler nach Europa ausgestreckt und war 1950 sogar selbst über den großen Teich gefahren, hatte aber keinen Erfolg gehabt. 1952 jedoch wurde durch die Vermittlung der Agentur von Nils Hellstrom eine Tournee durch Skandinavien möglich, die am 30. März im Stockholmer Konzertsaal begann. In Paris hatte die Gruppe dann endlich drei Tage frei. Granz, Oscar Peterson und Flip Phillips nutzten die Zeit und reisten einen Tag nach London, um die dortigen Sehenswürdigkeiten zu besuchen. Diese Reise entbehrte nicht der Ironie, denn die britische Musikergewerkschaft hinderte noch immer alle amerikanischen Musiker daran, in England aufzutreten. Folglich ging der Jazz sozusagen spurlos an Großbritannien vorüber.

Für Granz war das Erstaunlichste an dieser Tournee das Fehlen von Rassenvorurteilen. Es kam nur zu zwei Zwischenfällen, und in beide waren amerikanische Staatsbürger verwickelt. Der erste ereignete sich im Amsterdamer Victoria Hotel. Ella und ihre Hilfe Georgiana Henry setzten sich an die Bar des Hotels und unterhielten sich dort, während sie an ihren Drinks nippten. Zwei amerikanische Soldaten kamen herein und wollten sich ebenfalls an die

Bar setzen. Als sie jedoch Ella und Miss Henry dort entdeckten, machten sie kehrt und nahmen an einem eigenen Tisch Platz.

Ihr Verhalten war so auffällig, daß alle anderen Gäste sich zu Ella an der Bar gesellten. Selbst der Barsänger wandte den Soldaten den Rücken zu, die beschämt eine Runde für alle ausgaben. Der zweite Zwischenfall ereignete sich in Frankfurt nach einem Auftritt, wo der Trompeter Roy Eldridge von Freunden in einen Klub eingeladen wurde und wo der amerikanische Oberkellner sich weigerte, ihn zu bedienen. Doch diese Vorfälle waren harmlos im Vergleich zu dem, was noch kommen sollte.

10. Kapitel

Jedes Jahr warte ich auf die Tournee. Manchmal ist das ganz schön hart, aber ich denke mir, wenn ich bei Jazz At the Philharmonic mitmache, gewinne ich Fans.

Ella Fitzgerald 1956.[1]

Im September und Oktober 1952 war Ella wieder zusammen mit JATP durch die Staaten unterwegs. Der erste Auftritt fand am 13. September statt, und danach bereiste die Truppe 57 Städte in den Vereinigten Staaten und Kanada, darunter auch zum erstenmal Hawaii und Alaska. Die Gruppe bestand aus Buddy Rich, dem Gene Krupa Trio, dem Oscar Peterson Trio, Lester Young, Flip Phillips, Roy Eldridge, Charlie Shavers, Ray Brown, Barney Kessel und Hank Jones.

Bei dem ganzen Wirbel, für den Granz' Jam Sessions in Presse, Radio und Konzertsälen sorgten, war es nur natürlich, daß die Decca gleichzeitig zur Tournee auch eine Platte von Ella herausbrachte. Diese Strategie zahlte sich aus. Die Koppelung von »Trying« und »My Bonnie« kam ab Ende September vier Wochen lang auf Platz 21 der Charts. »My Bonnie«, ein eher ungewöhnlicher Popsong, hat Versionen der unterschiedlichsten Künstler erlebt, darunter auch die von Ray Charles in seinem Hitalbum *What 'd I Say*.

Ella hatte die Titel im vorhergehenden August aufgenommen, und als sie dann herauskamen, erhielt sie von *Downbeat* fünf Sterne[2] – die maximale Bewertung (Die Skala reicht von eins bis fünf). Ein weiteres Produkt derselben Session im August war *Ella's Contribution To the Blues*. Bei ihrem mittlerweile zweiten Ausflug in diese zwölftaktige Musikrichtung benutzte sie den

Blues eher als eine Reihe von Akkordwechseln, die ihren Scat unterlegen, denn als Blues mit seiner typischen dreizeiligen Strophenform. Von Anfang bis Ende geht sie dabei total instrumental vor. Der Scat klingt ganz mühelos; sie entwickelt ihre Ideen logisch und zusammenhängend und swingt kraftvoll wie eh und je zusammen mit Hank Jones.

Der Blues blieb immer ein Buch mit sieben Siegeln für Ella. Dizzy Gillespie sagte einmal, er habe noch nie gehört, daß Ella Fitzgerald den Blues geschafft hätte. Blues Vocals haben etwas Erdiges, Ursprüngliches an sich, das nicht so recht zu der Leichtigkeit von Ellas Stimme passen will. Auch wenn die umgekehrte Argumentation, daß John Lee Hooker oder Ligthnin' Hopkins sich vermutlich auch nicht allzu gut schlagen würden, wenn sie Cole Porter singen müßten, stimmt, bleibt doch die Tatsache bestehen, daß eine ganze Reihe bedeutender Jazzsängerinnen – unter ihnen Billie Holiday, Anita O'Day, Carmen McRae oder Dinah Washington – den Blues genauso überzeugend meisterten wie den Popsong. Möglicherweise wäre Ella durchaus imstande gewesen, mit Hilfe ihrer Nachahmungsgabe auch den Blues in den Griff zu bekommen, wie sie es zum Beispiel im November 1953 beim JATP mit ihrer Einleitung von »Why Don't You Do Right« bewies. Doch sie strebte nach Reinheit. Wie auch andere Musiker ihrer Generation, hielt Ella den Blues für unter ihrer Würde. Da Ella sich immer ihrer niedrigen Herkunft schämte, versuchte sie natürlich, ihren sozialen Status zu verbessern. Als sie damals mit Haywood Henry ausging, lag ein Teil des Reizes in der Tatsache, daß er einen Collegeabschluß hatte. Für ihn war der Blues eine Musikrichtung der Unterschicht, und genau damit wollte Ella nun überhaupt nicht in Verbindung gebracht werden. »Damals war der Blues noch nicht anerkannt, wie er es heute ist«, erinnert sich Henry. »So komisch das auch klingen mag, aber sogar wir, die wir Musik studiert hatten, schauten herab auf diese billige Unterhaltung; wir hielten überhaupt nichts davon.«[3]

Es ist interessant, daß Ella sich nicht nur gegen das soziale Stigma des Blues wehrte, sondern sich musikalisch vor allen Dingen an Musikern orientierte, die besonders bekannt sind für ihre Interpretation amerikanischer Popsongs, wie zum Beispiel

Louis Armstrong, Boswell und Billie Holiday. Auch eines der bedeutendsten Vorbilder für ihren Scatgesang, ihr »instrumentelles« Singen, nämlich Leo Watson, war kein Bluessänger. Und als sie sich schließlich in Richtung Bop orientierte – »Manchmal hatte ich das Gefühl, daß ich den anderen hinterherhinkte, und das tat ich auch«[4], sagte sie einmal –, nahm sie sich nicht den eher vom Blues beeinflußten Charlie Parker zum Vorbild, sondern die klaren und doch komplexen Darbietungen von Dizzy Gillespie.

Im November 1952 kam Ellas Version von »Walkin' By the River« auf Platz 29 der Charts und wurde so zu ihrem zweiten Hitparadenerfolg in diesem Jahr. Der Song war im September zusammen mit dem Leroy Kirkland Orchestra aufgenommen worden und stellte ein weiteres Beispiel für einen Popsong dar, den Ella mit einer fast schon flüchtig anmutenden Leichtigkeit meisterte. 1953 machte Norman Granz dann trotz Ellas erfolgreicher Zusammenarbeit mit der Decca klar, daß er sie für seine eigene Gesellschaft wollte. Doch weder Milt Gabler noch Moe Gale gedachten, klein beizugeben. Granz wußte aber, daß Ellas Vertrag mit der Decca 1953 auslief, und bereitete sich ernsthaft auf Verhandlungen vor.

»Moe Gale war ihr offizieller Agent«, erinnert sich Gabler. »Aber im Grunde hatte er es verdient, sie an Granz zu verlieren. Schließlich bekam sie ihre ganze Arbeit durch Norman, der sie eigentlich managte. Aber Moe Gale hatte diese schriftliche Vollmacht, und er unterzeichnete einen weiteren Dreijahresvertrag bei der Decca, weswegen Norman damals alles andere als glücklich war über mich. Also bekam ich Ella noch ein paar Jahre länger, als Norman eigentlich recht war, und ich wollte sie auch nicht aufgeben.«[5]

Moe Gale beschaffte Ella Arbeit, doch Granz verhalf ihr zu einem künstlerischen Profil. Obwohl Gale ihr 1953 Engagements am La Vie en Rose, am Birdland, am Paramount und am Chicago Theatre vermittelte und eine Tournee zusammen mit der Woody Herman Band organisierte, waren es doch die JATP-Tourneen, die ihr zu ihrem eigentlichen Ruf verhalfen. Im Februar und März resite die Truppe wieder nach Europa, und diesmal gab sie sogar zwei Konzerte in London. Granz umging das absurde Verbot der englischen Musikergewerkschaft, indem er sich erbot, zwei Benefizkonzerte zugunsten von Flutopfern in Devon zu geben. Der Journalist des *New Musical Express* war verwundert, daß Ella nach dem Konzert den Tränen nahe war, überzeugt davon, sie habe einen schlechten Auftritt gehabt, obwohl das Publikum sie stürmisch feierte.

Im Juni stand Ella erneut mit Bill Doggett an der Orgel im Plattenstudio, um »Cryin' in the Chapel«, ihren größten Decca-Hit der fünfziger Jahre, aufzunehmen, der im September vier Wochen lang auf Platz fünfzehn der Charts landete. Beruflich konnte sie einen Erfolg nach dem anderen verbuchen, doch privat zeichneten sich Schwierigkeiten ab. Ihre Ehe ging allmählich in die Brüche, weil Ray Brown nun darauf bestand, trotz Oscar Peterson und JATP-Tourneen seine eigene Karriere voranzutreiben.

Die beiden sahen sich immer weniger. Schließlich beschlossen sie, sich zu trennen, und ließen sich am 28. August 1953 in Juarez, Mexiko, scheiden. Ray Brown zog aus und überließ Ella das Sorgerecht für den adoptierten Ray Jr. Beruflich jedoch arbeiteten sie immer wieder einmal zusammen.

Im Oktober und November ging JATP wieder auf Tournee, und diesmal wurden Ella und Ray von Oscar Peterson und seinem Trio, von Benny Carter, Willie Smith, Roy Eldridge, Charlie Shavers, Ben Webster, J. C. Heard und Ellas neuem Pianisten Ray Tunia begleitet. Tunia war im Sommer für Hank Jones gekommen, der die ewige Herumfahrerei satt gehabt und beschlossen hatte, freiberuflich in New York zu arbeiten. Tunia hatte während der vierziger Jahre schon mit den Bands von Lucky Millinder und Tab Smith zusammengearbeitet und begleitete später Pearl Bailey und Mae Barnes.

Die Tournee führte zuerst quer durch die Vereinigten Staaten und dann nach Hawaii, von wo aus die Truppe für vierundzwanzig Konzerte nach Japan flog. Dieser Besuch war der erste eines amerikanischen Jazzensembles, das dort vor einem zivilen Publikum spielte. Im April des Vorjahres hatte Gene Krupa zusammen mit seinem Trio amerikanische Militärstützpunkte in Japan besucht und war erstaunt gewesen über das allgemeine Interesse der Bevölkerung am Jazz. Nur aufgrund von Krupas Begeisterung schloß Granz Japan in seine Herbsttournee ein.

Als sie dort ankamen, sorgten sie für eine Sensation. Sie fuhren in offenem Wagen durch Tokio und wurden mit einer Konfettiparade begrüßt, über die alle Zeitungen berichteten. Bei ihrer Ankunft im Hotel kam das Personal eigens heran, um die Musiker willkommen zu heißen, und Ella erhielt einen riesigen Blumenstrauß. Dieser Empfang war großartig und mehr als erstaunlich, wenn man bedenkt, daß die Vereinigten Staaten und Japan noch acht Jahre zuvor Todfeinde gewesen waren und Amerika nicht davor zurückgeschreckt war, Atombomben auf Nagasaki und Hiroshima abzuwerfen.

Granz arrangierte, daß ihr Konzert im Nichigeki-Theater in Tokios Ginza-Distrikt mitgeschnitten wurde. Das japanische Publikum war erstaunlich gut informiert, so daß ein Zuhörer sogar deutlich vernehmbar »Lady Be Good« forderte, genau wie die JATP-Fans zu Hause. Ella ließ sich von der guten Laune des Publikums mitreißen und tat Dinge, die im Hintergrund schiefgingen, mit einem Achselzucken ab. Auf der Bühne bot sie eine Mischung aus Balladen wie »Body and Soul«, »I Got It Bad and That Ai'nt Good« oder »My Funny Valentine« und ihren üblichen JATP-Stücken, so zum Beispiel die schnelle Nummer »How High the Moon« oder »Lady Be Good«, sowie einige ihrer Decca-Hits wie »Smooth Sailing« und »Frim Fram Sauce«.

Bei »Frim Fram Sauce« bekommen wir vielleicht den besten Eindruck von der Entertainerin Ella Fitzgerald auf Platte. 1946 hatte sie die Nummer zum erstenmal zusammen mit Louis Armstrong aufgenommen; nun ahmte sie ihn erstaunlich genau nach, und zwar mit großer Freude, wie man deutlich hört. Ella imitierte Armstrong mit so viel Liebe, daß sich weder Musiker noch Publikum ihrem Bann entziehen konnten, und das nützte Ella aus.

Es fällt schwer, sich vorzustellen, daß Lady Day oder Carmen McRae oder Anita O'Day den Zuhörern so schamlos Lacher entlockt hätten, wie Ella es tat. Doch genau diese Neigung deutet auf eine enge Verwandtschaft zwischen Louis Armstrong und Ella Fitzgerald hin, die die reine Nachahmung übersteigt. Armstrong, so Gary Giddins, war ein Künstler, der gleichzeitig auch Entertainer war, und umgekehrt. Und Ella war auf ihre Weise genauso sehr Entertainerin wie Louis Armstrong. Es war ihr immer wichtig, wie sie »beim Publikum ankam«. Was das Publikum wollte, bekam es auch, selbst wenn es sich dabei um so gräßliche Nummern wie »Hernando's Hideaway« oder »Mule Train« handelte. Wenn Armstrong seinerseits mutmaßte, er könne seine Zuhörer mit sich schier überschlagenden hohen C's begeistern oder mit seinem berühmten Augenrollen, dann ließ er dem Publikum eben seinen Willen. Beide gierten nach Applaus und stellten deshalb auch hin und wieder künsterlische Erwägungen hintan.

Im Dezember nahm Ella einen weiteren Novelty Song auf, »Somebody Bad Stole the Wedding Bell«, doch es war nicht diese Nummer, die von den Kritikern gelobt wurde, sondern die Rückseite. *Jazz Journal* bezeichnete »Melancholy Me« beispielsweise als »geglückte Darbietung«[6]. »Melancholy Me« kam auch im März 1954 eine Woche auf Platz 25 der Charts. Der Dezember 1953 brachte einen weiteren Wendepunkt ihrer Karriere: Ihr Vierjahresvertrag mit Moe Gale lief aus, und sie ernannte Norman Granz zu ihrem persönlichen Manager. »Moe Gale war der Ansicht, daß der Manager der King ist«, erinnert sich Milt Gabler, »und deshalb hat Granz sie auch übernommen ... Schließlich konnte es ja auch nicht ewig so weitergehen!«[7]

Nun trennten sich also unwiderruflich die Wege der beiden. Ella hatte zu Beginn ihrer Karriere Gale dringend gebraucht, denn ohne einen weißen Manager hätte sie im Showbusineß, das von weißen Geschäftsleuten beherrscht wurde, keine Chance gehabt. Gale war sich sehr wohl darüber bewußt, wie abhängig Ella in dieser Hinsicht von ihm war. »Er hat mich mit seinen Verbindungen beeindruckt«, meint Gabler. »Schwarze Künstler hatten normalerweise keine Radioshows, aber er schaffte es immerhin, sie als Gast bei den unterschiedlichsten Programmen unterzubringen, weil er gute Verbindungen zur NBC hatte. Er hatte gern enge Kontakte zu Leuten mit Macht, und er hatte auch genug Geld durch die Talente, die er vermittelte, und durch den Savoy Ballroom. Gale gehörte die Miete dort – wenn nicht sogar das ganze Gebäude.«[8]

Gale hatte Ellas Angelegenheiten immer ziemlich selbstgefällig geregelt und war auch bei ihren Finanzen nicht anders verfahren. Voller Schrecken mußte sie feststellen, daß sie hohe Steuerschulden hatte und die Finanzbehörden ihr im Nacken saßen. 1953 berichtete das *Time*-Magazin, daß Ella allein durch JATP 50 000 Dollar jährlich einnehme[9], doch offenbar wurde davon nichts für die Steuer zurückgelegt. Sobald Gale auf Ella verzichtete, regelte Granz die Angelegenheit aus eigener Tasche.[10]

Das hat Granz nie vergessen, und auf dieser Basis entwickelte sich eine erstaunlich enge Bindung zwischen Künstlerin und Manager. »Ella und Gale trennten sich im Guten«, meint Bill Doggett. »Aber damals passierte ziemlich viel. Offenbar hatte Ella das Gefühl, sie müßte eigentlich mehr und bessere Jobs bekommen und mehr Geld. Also war ihr Verhältnis vermutlich nicht so gut. Als dann Norman Granz auf der Bildfläche auftauchte, hat er sie ohne große Schwierigkeiten von Moe losbekommen, sobald ihr Vertrag ausgelaufen war. Ella mochte keine unehrlichen Sachen.«[11]

Anfang 1954, nachdem Ella die Umfragen von *Metronome* und *Downbeat* schon das dritte Jahr hintereinander angeführt hatte, mußte Ella ins Krankenhaus. »Das war kurz, nachdem Norman sie übernommen hat«, sagt George Wein. »Es war sehr ernst. Damals dachten alle, sie könnte nie wieder singen, denn sie hatte Probleme mit dem Hals. Die Sache wurde vertuscht, aber es war wirklich ernst.«[12] Plötzlich schien ihre bisher so erfolgreiche Karriere gefährdet. Ella hatte einen Knoten an den Stimmbändern. Doch anders als Miles Davis, dessen Stimme nach einer ähnlichen Operation nicht viel mehr als ein heiseres Krächzen war, weil er die ganze Zeit seiner Rekonvaleszenz hindurch herumbrüllte, ging Ella keinerlei Risiko ein. Nach der Operation sagte sie sechs Wochen lang fast kein Wort und war Ende März wieder völlig genesen. Am 24. März stand sie bereits im Plattenstudio. Als Ergebnis der Session mit Gordon Jenkins wurde »I Need« veröffentlicht, ihr letzter Hit für die Decca, der im Mai 1954 eine Woche lang auf Platz 30 der Charts kam.

Nur wenige Wochen, nachdem Ella im Frühjahr 1935 zur Band von Chick Webb stieß, verbeugt sie sich zusammen mit Bardu Ali im Savoy Ballroom in Harlem. *(Sammlung Malcolm Nicholson)*

Ellas allererste Aufnahme – »Love and Kisses«, zusammen mit Chick Webb und seinem Orchester, am 12. Juni 1935. *(Sammlung Malcolm Nicholson)*

Das Apollo Theatre, Harlem, im Jahr 1990, wo noch immer die berühmte Amateur Night stattfindet. Sie wurde im Herbst 1934 zum erstenmal veranstaltet und brachte Ella als wohl bedeutendste Jazzsängerin hervor. *(Stuart Nicholson)*

Ella zusammen mit Chick Webb und seinem Orchester am Mikrofon im Randall's Island Stadium, ein Auftritt am 29. Mai 1938, der von Radio WNEW übertragen wurde. Der Anlaß war Martin Block's Outdoor Swing Session, eine Benefizveranstaltung zugunsten von arbeitslosen Musikern. *(Unterlagen von Max Jones)*

1932 gab Carl Van Vechten im Alter von zweiundfünfzig Jahren seine Karriere als Kritiker und Romancier auf, um farbige amerikanische Schriftsteller, Maler und Entertainer zu fotografieren. Seine Aufnahme von Ella stammt aus der Zeit um 1940.
(Library of Congress)

Ella in der Barton Hall, Cornell, Ithaca, im Jahr 1938.
(Institute of Jazz Studies, Rutgers University)

Ellas lange Freundschaft mit Duke Ellington begann während ihrer Zeit bei Chick Webb. Auf dem Foto von 1938 lacht sie gerade zusammen mit ihm, dem Bassisten Alvis Hayes und der Ellington-Sängerin Ivie Anderson über einen Scherz. *(Magnum)*

Nach dem Tod von Chick Webb im Juni 1939 veröffentlichte die Decca unverzüglich ein Erinnerungsalbum mit 78er Platten. Mittlerweile war Ellas Name gleichbedeutend mit der Webb-Band geworden.
(Sammlung Malcolm Nicholson)

Mario Bauza, 1933 bis 1938 der Trompeter in Chick Webbs Band, auf einem Foto von 1991. Im Spiegel sind der Autor (links) und Phil Schaap zu sehen. *(Sammlung Malcolm Nicholson)*

Charles Linton im Jahr 1991. Linton war von 1933 bis 1938 Sänger bei Chick Webb. 1934 bat Webbs Agentur ihn, eine Sängerin für Webbs Band zu suchen. Er entschied sich für Ella Fitzgerald. *(Stuart Nicholson)*

Chick Webb und sein Orchester im Jahr 1938. Webb (am Schlagzeug) wird flankiert von Bardu Ali (links) und Ella (rechts). *(Unterlagen von Max Jones)*

Ella zusammen mit Chick Webb auf der Bühne des Apollo, Herbst 1936.
Tanzmusik mit (von links nach rechts) Taft Jordan, Beverly Peer und Bardu Ali.
(Kansas City Museum, Missouri)

Nach dem Tod von Chick Webb übernahm der Schlagzeuger Bill Beason seinen Platz, und die Band wurde unter Ella Fitzgeralds Namen weitergeführt. Das Foto zeigt sie bei einem Auftritt im Harlemer Savoy im Jahr 1940. *(Institute of Jazz Studies, Rutgers University)*

Ella und ihr Trio im Rag Doll in Chicago, September 1948. Ray Brown, den Ella am 10. Dezember 1947 heiratete, spielt Baß; der Name des Schlagzeugers ist nicht bekannt. *(Wayne Miller/Magnum)*

Ella im Aufnahmestudio, 1950. *(Unterlagen von Max Jones, mit freundl. Genehmigung von Verve Records)*

Nab Ella Fitzgerald, Gillespie in Dice Game

Houston Dice Cops Give Ella & Boys a Bad Shake

Houston, Tex., Oct. 8 (U.P.).—A vice squad broke up a dice game in the dressing room of singer Ella Fitzgerald but waited until the first performance was over before taking her to the station.

Vice officers at a one-night stand of "Jazz at the Philharmonic" walked into the singer's dressing room just as saxophonist Illinois Jacquet rolled his point.

But the officers, led by Vice Squad Sgt. W. A. Scotton, beat Jacquet to the pot and scooped up $185 and the dice.

Others Seized

Miss Fitzgerald, Jacquet, trumpet player Dizzy Gillespie, singer Georgianna Henry and producer Norman Granz were arrested.

At the station, Miss Fitzgerald, dressed in a decollette gown of blue taffeta and a mink stole, dabbed at her eyes with a wispy handkerchief.

"I have nothing to say," she said as she was booked for shooting dice. "What is there to say?" I was only having a piece of pie and a cup of coffee."

Not Actually Shooting

Sgt. Scotton agreed that Miss

Ella Fitzgerald
But the show goes on.

Play 'Guys & Dolls' Dice Bit on Cops; Aud Unsegregated

$10 Awaiting Singer At Police Station

Ella Fitzgerald, 4 Others Nabbed on Gaming Charge

Music Hall Raid

'Jazz' Quint Seized For Crap-Shooting

Heard Says Dice Raiders 'Little Bit Over-Zealous'

Beim Jazz at the Philharmonic im Oktober 1955 in Houston, Texas, bestand Norman Granz darauf, daß die Rassentrennung aufgehoben wurde. Die Houstoner Polizei reagierte darauf mit einer fingierten Drogenrazzia, die gegen Ella und andere Musiker des JATP gerichtet war. *(Malcolm Nicholson)*

Swing Into Spring, eine von Texaco gesponsorte Fernsehsendung mit Benny Goodman, Ella Fitzgerald und Peggy Lee. Das Foto stammt vom 10. April 1959. *(Institute of Jazz Studies, Rutgers University)*

Ella im Jahr 1958. Am liebsten sang sie damals Balladen.
(Dennis Stock/Magnum)

Norman Granz (links) zusammen mit Ella, Flip Phillips und Buddy DeFranco hinter der Bühne bei einem JATP Anfang der fünfziger Jahre. *(Irwin Kleiner/Unterlagen von Max Jones)*

Ruby Dee (links) und Nat »King« Cole bei den Dreharbeiten von Allen Reisners *St. Louis Blues* im Jahr 1958. *(Paramount/Unterlagen von Max Jones)*

Werbefoto für das *Cole Porter Songbook*, 1956. *(Aquarius)*

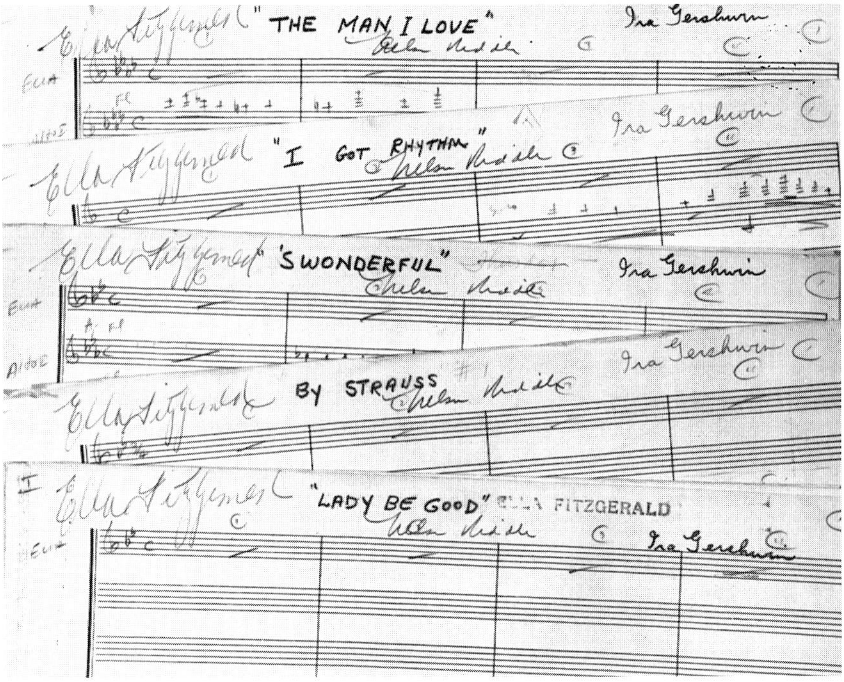

Ellas Noten zu *Ella Fitzgerald Sings the George and Ira Gershwin Songbook*, arrangiert und geleitet von Nelson Riddle. Dieses Album ist nach Meinung der meisten Kritiker das beste aus dem Songbook-Zyklus. *(State Historical Society of Wisconsin)*

Eine hochkarätige Kombination: Count Basie und Ella Fitzgerald Ende der siebziger Jahre. *(Hans Harzheim/Unterlagen von Max Jones)*

Ellas musikalische Begleiter (von rechts oben):
Paul Smith, Lou Levy, Jimmy Rowles, Tommy Flanagan.
(Paul Smith; Stuart Nicholson)

Ella Ende der siebziger Jahre. *(David Redfern)*

Fünf Tage später machte sie wieder eine Aufnahme mit Ellis Larkins. »Ich habe sie ihre zwölf Lieblingstitel aussuchen lassen«, erinnert sich Milt Gabler. »Wir haben eine LP mit ihren Lieblingsnummern gemacht; sie hätte mir eine ganze Menge Stücke nennen können, aber wir haben uns auf zwölf beschränkt für das Album. Norman krittelte in der Presse an mir herum, also ließ ich Ella selbst die Nummern auswählen [lacht], und sie hat sie zusammen mit Ellis gemacht!«[13]

Das Album kam unter dem Titel *Ella – Songs In a Mellow Mood* heraus und ist in vielerlei Hinsicht das Äquivalent zu ihrem vielgepriesenen Gershwin-Album, auch wenn eine oder zwei Nummern darauf merkwürdig anmuten mögen, so zum Beispiel »Imagination«, ein Stück, das sie ursprünglich 1940 zusammen mit ihrer Big Band aufgenommen hatte. Im Juni 1954 ging sie ins Studio, um »Lullaby of Birdland« zu machen. »Ich wollte ein Album mit ihren Bopsachen herausbringen«, erzählt Gabler. »Also haben wir sie ›Lullaby of Birdland‹ singen lassen und das Album *Lullabies of Birdland* mit ihren Bopsongs gemacht, eine LP mit allen Riffnummern, die sie über die Jahre hinweg gesungen hatte.«[14] Während der gleichen Session nahm Ella eine weitere Scat-Blues-Mischung auf, einen Song mit dem Titel »Later«, den sie sich im Verlauf einer JATP-Tournee erarbeitet hatte. Dabei handelt es sich um die vermutlich lebhafteste Aufnahme für die Decca, und der Tenorsaxophonist gibt darauf ein paar Quiekser im allerschönsten JATP-Stil zum besten.

Die Decca hatte sich anfangs nur sehr vorsichtig an das neue Plattenformat mit 33⅓ Umdrehungen herangewagt, war jedoch mittlerweile, das heißt 1954, überzeugt davon, daß das neue Medium beim Publikum ankommen würde. Also stellte man Ellas »Riffnummern« von *Lullabies of Birdland* noch ein weiteres Sammelalbum mit dem Titel *Listen and Relax* zur Seite, auf dem eine Auswahl von Stücken mit Gordon Jenkins zu hören war, dem musikalischen Berater, der sich später als einer der wichtigsten Mitarbeiter von Frank Sinatra erweisen sollte.

Im Juni hatte Ella ein Engagement im Basin Street, einem schummrigen, höhlenartigen Klub Ecke 51st Street/Broadway. Der Anlaß war Ellas 19. Jahr im Showbusineß. Dieses merkwürdige Jubiläum erstaunte nicht nur das Publikum, sondern auch Howard Taubman, einen Reporter der *New York Times*: »Das ist schon eine seltsame Zahl, aber Presseagenten lassen sich offenbar nicht auf runde Zahlen festlegen.« Jedenfalls trat Ella am 1. Juni um Mitternacht vor einem ausverkauften Haus mit illustren Gästen von Broadway, Theater, Radio, Fernsehen und von der Plattenindustrie auf. Unter den Organisationen, die Vertreter sandten, um Ella zu ehren, befanden sich Le Jazz Hot aus Frankreich, Musica Jazz aus Italien, Club Deritmo aus Spanien, Bladid Jazz aus Island, Blue Rhythm aus Indien und Tempo aus Australien. Auf der Bühne gaben sich Pearl Bailey, Eartha Kitt, Dizzy Gillespie und Harry Belafonte ein Stelldichein. Dazu kamen Telegramme von Lena Horne (in Paris), Billy Eckstine (in London), von Benny Goodman, Fred Waring, Rosemary Clooney, Ray Anthony, Guy Lombardo, den Mills Brothers, Lionel Hampton, Louis Armstrong und unzähligen anderen. Audrey Hepburn kam zu spät, so daß die Geschäftsleitung des Klubs noch mit viel Mühe einen Tisch für sie suchen mußte. Ein großes Ereignis also.

Im Verlauf des Abends bekam Ella insgesamt achtzehn Auszeichnungen, doch den Höhepunkt der Veranstaltung stellte die Verleihung einer Plakette dar, die Ella für den Verkauf von 22 Millionen Platten überreicht wurde. Als Steve Allen, der Conférencier, sie bat zu singen, begann Ella folgendermaßen: »Wahrscheinlich wünscht sich jeder, geliebt zu werden. Und das Wissen, daß Sie alle mich lieben wegen meines Gesangs, ist fast zu viel für mich. Verzeihen Sie mir, wenn ich nicht die richtigen Worte finde. Vielleicht kann ich sie singen, und Sie werden mich besser verstehen.«[15]

Dann wurde ihre erste Plattenaufnahme überhaupt gespielt – »Love and Kisses« –, gefolgt von ihrer 237. Aufnahme »Who's Afraid?«. Als das Orchester »A-Tisket, A-Tasket« begann, stimmte sie ohne Gefühlsduselei ein. Sie weinte ein bißchen, aber »Miss Fitzgerald war ganz ungekünstelt. Natürlich weiß sie, was man von ihr als Entertainerin erwartet, aber sie ist herzlich und scheut sich nicht, Gefühle zu zeigen«[16], hieß es in der *New York Times*.

Ellas Leistung, nämlich etwa 22 Millionen Schallplatten seit ihrem Aufnahmedebüt zusammen mit Chick Webbs Band im Juni 1935 verkauft zu haben, war für die damalige Plattenindustrie bemerkenswert. Hier war eine füllige, schwarze Künstlerin mittleren Alters, die so ganz ohne Sex-Appeal Popmusik sang und der es gelungen war, sich in den Vereinigten Staaten einen Namen zu machen, wo erst zwei Jahre später die Rassentrennung in den öffentlichen Verkehrsmitteln abgeschafft werden sollte.

»Andere populäre Sänger werden im allgemeinen mit einer bestimmten Musikrichtung in Verbindung gebracht«, hieß es in *Newsweek*. »Ella Fitzgerald hingegen setzt ihr Talent ein und hat dank ihrer unvergleichlichen Anpassungsfähigkeit ein ganz und gar ungewöhnliches Durchhaltevermögen bewiesen ... Die unterschiedlichsten Anforderungen von Swing, Dixieland, Calypso, Ballade und Pop bewältigt Miss Fitzgerald mit unerschütterlicher Leichtigkeit.«[17]

Doch inmitten all des Glanzes wurden auch kritische Stimmen laut. Beobachter, die Ellas Karriere über die Jahre hinweg mitverfolgt hatten, bekamen allmählich den Eindruck, daß sie sich auf den Lorbeeren ausruhte, die sie sich in den Nachtklubs erworben hatte. George T. Simon, der ihren Auftritt im Basin Street besprach, meinte beispielsweise: »Allerdings muß ich eine Klage anführen ... Es handelt sich dabei um Ellas mangelnde Spritzigkeit, besonders wenn sie mit Riffs anfängt ... Ich würde mir wünschen, daß sie sich nicht mehr so stark auf die ›sicheren Nummern‹ verläßt, auf die Chorusse wie in ›Lady Be Good‹, die sie nun schon tausendmal immer auf die gleiche Weise wiederholt hat. Zu viele von uns ... haben genau diese Chorusse schon zig Male gehört.«[18]

Im Frühjahr 1954 verließ Ray Tunia Ellas Gruppe und wurde durch John Lewis ersetzt: »Norman Granz bat mich, zu der Gruppe zu kommen«, erzählt er. »Das war nicht das erste Mal, daß er mich fragte. Er hatte sich schon 1950 erkundigt, aber damals hatte ich mich entschieden, wieder ans Musikcollege zurückzugehen. 1954 überlegten die Mitglieder des Modern Jazz

Quartet gerade, ob sie sich der Musik ganz widmen sollten oder nicht. Ich nahm den Job bei Ella an ... Alle Musiker, mit denen ich unterwegs war, hatten große Achtung vor ihr, und egal was sie machte, sie war einfach gut.«[19]

Am Samstag, den 17. Juli traten Ella und ihr neues Trio – Lewis am Piano, Jimmy Woods am Baß und Shadow Wilson am Schlagzeug – beim ersten Newport Jazz Festival auf, das George Wein produzierte. Das Konzept wurde später weltweit institutionalisiert und war ein weiterer wichtiger Schritt in die Richtung, den Jazz aus den Nachtklubs auf die großen Bühnen der Welt zu holen. Ella und ihr Trio waren die letzte Gruppe vor der All-Star-Jam-Session, die den Abend beschloß.

Obwohl Ella wegen all der Musiker, die vor ihr drangewesen waren und jetzt zuhören würden, aufgeregt war, hatte sie doch alles wieder im Griff, sobald sie ins Rampenlicht trat: »Egal, ob sie nun nervös war oder nicht – Ella Fitzgerald hat die Massen in Leidenschaft versetzt. Am Ende ihrer Darbietung gab es ohrenbetäubenden Applaus«[20], schreibt Burt Goldblatt, der das Festival als Fotograf dokumentierte.

Bereits achtundvierzig Stunden später, sozusagen noch den Applaus des Newport Jazz Festivals im Ohr, machte Ella die genau entgegengesetzte Erfahrung. Sie war zusammen mit ihrem Mädchen Georgiana Henry und ihrem Begleiter John Lewis nach Australien unterwegs und hatte einen Platz in der ersten Klasse des Flugzeugs. Der Flug startete am Montag, den 19. Juli, von San Francisco aus. Die Gruppe sollte eine Reihe von Konzerten in Australien und Neuseeland geben, die Granz für sie arrangiert hatte. Granz wollte sich später mit ihnen treffen. Als das Flugzeug zum Auftanken einen Zwischenstopp in Honolulu machte, wurden die Plätze von Ella und ihren Begleitern an weiße Fluggäste vergeben. Sie waren gezwungen, in Honolulu drei Tage auf den nächsten Anschlußflug zu warten. Folglich mußten die Konzerte in Sydney abgesagt werden. Granz sah rot.

Das war genau die Situation, gegen die Granz schon seit langem hart kämpfte. Es handelte sich um offenen, institutionalisierten Rassismus. Er strengte sofort einen Prozeß an, und als die Sache im Dezember vor Gericht kam, lautete die Klage folgendermaßen:

»Die Verweigerung erfolgte vorsätzlich und böswillig und war motiviert von einem Vorurteil gegen die Kläger Fitzgerald, Lewis und Henry, das sich auf deren Rasse und Hautfarbe bezog. Dieses Verhalten setzte die Kläger einer ungerechten Diskriminierung sowie unangemessenen und unsinnigen Vorurteilen aus.«[21]

Der Vorfall war nicht nur demütigend und peinlich, sondern wurde noch zusätzlich verschlimmert durch die Weigerung der Pan Am, Ella und ihre Begleiter ihre persönliche Habe, die sie während ihres Zwischenaufenthaltes auf ihren Sitzen gelassen hatten, holen zu lassen. Ella und Granz forderten 25 000 Dollar Schadensersatz plus eine Strafe von 50 000 Dollar, Lewis und Miss Henry wollten 10 000 Dollar Schadensersatz plus eine Strafe von 50 000 Dollar. Ein Sprecher der Fluggesellschaft sagte, es handle sich um ein »Versehen«. Schließlich einigte man sich außergerichtlich auf eine nicht bekannte Summe.

Im Februar und März 1955 experimentierte Granz mit einer Mini-JATP-Tournee und reiste mit Ella und dem Oscar Peterson Trio nach Europa. Bei ihrer Rückkehr hörte Ella voller Freude, daß Granz für sie eine Rolle in dem Hollywoodfilm *Pete Kelly's Blues* ausgehandelt hatte. An einem strahlenden Frühlingsmorgen Ende März 1955 bestieg sie zusammen mit ihrem Mädchen Georgiana und ihrem Pianisten Don Abney, der erst vor kurzem John Lewis ersetzt hatte, am La-Guardia-Flughafen ein Flugzeug nach Hollywood. Damals hielt sie die Rolle in dem Warner-Brothers-Film für das Beste, was ihr jemals passiert war. Der Star, Regisseur und Produzent Jack Webb spielte die Rolle eines Kornett spielenden Musikers, der im Kansas City der Prohibitionszeit gegen Gangster kämpft. Peggy Lee übernahm die Rolle von Rose Hopkins, einer alkoholabhängigen Gangsterbraut, und wurde für einen Oscar nominiert, Ella erhielt als Maggie Jackson eine Nebenrolle als Nachtklubsängerin.

Der Film dokumentiert einen brillanten Auftritt Ellas in einem Nachtklub und vermittelt einen authentischen Eindruck davon, wie ein solcher Live-Auftritt im Jahr 1955 wohl ablief. »Hard Hearted Hannah« strotzt vor rhythmischer Kraft. »Die wunderbare Ella Fitzgerald... füllt die Leinwand aus und auch den Soundtrack mit ihren einprägsamen, geschmeidigen Gesichtszügen und ihrer Stimme«[22], hieß es in der *New York Times*.

Drei Songs, die Ella in dem Film sang, kamen bei der Decca heraus. Sie wird dabei von Don Abney und Joe Mondragon, Baß, und von Larry Bunker, Schlagzeug, begleitet. »›Ella Hums the Blues‹, ›Pete Kelly's Blues‹ und ›Hard Hearted Hannah‹ haben wir von einem Tape weg gemacht«, erinnert sich Gabler. »Die Songs waren aus *Pete Kelly's Blues*. Der Soundtrack wurde für den Film aufgenommen, und wir haben uns das Tape besorgt.«[23] Granz hatte Ella für die Dauer ihres Aufenthalts an der Westküste noch ein Engagement im Mocambo, einem noblen Nachtklub in Hollywood, besorgt. Dabei hatte ihm Marilyn Monroe geholfen, die, während sie sich von einem kleineren Eingriff im November 1954 erholte, Ella in einem Klub in der Nähe ihres Hauses in Hollywood hörte und zu einem begeisterten Fan wurde.

Granz und Marilyn Monroe übten zusammen Druck aus auf Charlie Morrison, den Inhaber des Mocambo, einer »Jazzsängerin« die Pforten eines der exklusivsten Nachtklubs in Amerika zu öffnen. Am ersten Abend sorgte die Monroe dafür, daß sich genügend Berühmtheiten im Publikum befanden, so zum Beispiel Judy Garland und Frank Sinatra. Das Engagement wurde zu einem Riesenerfolg, und Ella sang Abend für Abend vor einem ausverkauften Haus, so daß Morrison sich schließlich dazu durchrang, Ellas Engagement zu verlängern. Danach vermittelte Granz ihr einen Vertrag mit dem riesigen Fairmont Hotel in San Francisco, wo sie als erste Jazzsängerin überhaupt in dem berühmten Venetian Room des Hotels auftrat.

Von Mitte September 1955 an begab sich Ella wieder wie jedes Jahr auf die Herbsttournee des JATP. Diesmal sollte die Reise nach Texas gehen, und es waren Konzerte geplant in Houston und Dallas. Granz war sich völlig darüber im klaren, daß diese Termine vermutlich Probleme bringen würden, denn Houston war eine Stadt, in der die Rassentrennung nach wie vor strikt praktiziert wurde. Als sie am 7. Oktober in der Music Hall der Stadt auftraten, heuerte er acht Polizisten, angeführt vom persönlichen Chauffeur des Bürgermeisters, Lieutenant Sam Clauder, für die damals fürstliche Summe von 25 Dollar pro Mann an, für den Fall, daß es unter den Zuschauern zu Unruhen kommen würde. Doch während des Konzerts schlichen sich fünf Angehörige der Houstoner Sittenpolizei, die Beamten E. L. Kennedy. E. F. Thomas, A. J. Burke und Robert Schultea unter der Führung von Sergeant W. A. Scotton mit dem Vorwand hinter die Bühne, sie seien begeisterte Jazzfans.

Ihre eigentliche Absicht war es jedoch, Granz zu zeigen, was man in Houston von seinen »liberalen« Ansichten hielt. Gelegenheit dazu bot sich in Ellas Garderobe, wo Ella und Georgiana gerade einen Imbiß zu sich nahmen und dabei einem Würfelspiel zwischen Dizzy Gillespie und Illinois Jacquet zusahen. Granz, der ebenfalls zugesehen hatte, wollte gerade gehen, als die Beamten eintraten und sofort ihre Waffen zückten.

Als ein Beamter in Richtung Toilette verschwand, setzte Granz ihm sofort nach. Es war klar, daß der Besuch der Beamten als »Drogenrazzia« gedacht war und daß der Polizist vorhatte, in dem allgemeinen Durcheinander ein Päckchen Drogen in der Toilette zu verstecken. Als er sich von Granz dabei ertappt fühlte, wandte er sich wutentbrannt um, bedrohte ihn mit der Waffe und sagte: »Eigentlich sollte ich dich kaltmachen.«

Am Ende mußten Ella, Georgiana, Dizzy, Illinois und Norman Granz auf die Polizeiwache, wo man ihnen zur Last legte, an einem illegalen Würfelspiel teilgenommen zu haben. Durch einen bemerkenswerten Zufall war die Presse genau zum richtigen Zeitpunkt zur Stelle. Statt einer sensationellen Schlagzeile, wie die Beamten sie sich wohl gewünscht hätten, wurden jedoch nur ein paar kleinere Artikel daraus. Granz hatte das Schlimmste verhindert. In der *Daily News* hieß es: »Houstons Polizei erwischt Ella und die Boys bei Würfelspiel«, wogegen in *Variety* auch das letztlich für Granz positive Ergebnis der Aktion herausgestellt wurde. »Granz & Co. spielen Katz und Maus mit Houstons Polizei – keine Rassentrennung im Publikum.« Die *Houston Post* schien eher verwirrt über den Zwischenfall: »Miss Fitzgerald trug ein ausgeschnittenes Kleid aus blauem Taft und eine Nerzstola und war wohl eine der bestgekleideten Frauen, die jemals die Houstoner Polizeiwache von innen gesehen haben.«[24]

Verständlicherweise wollte die Presse wissen, warum man grundlos so viele Männer eingesetzt hatte. Die Angeklagten wurden unterdessen erst einmal vorübergehend festgenommen; es wurde eine Kaution von 10 Dollar festgesetzt. Der Polizeichef Jack Heard bezeichnete seine Männer als »ein wenig übereifrig. Wir hätten die Männer anderswo sinnvoller einsetzen können. Natürlich müssen wir dafür sorgen, daß die Bürger das Gesetz achten, aber dabei sollte auch der gesunde Menschenverstand walten.«[25] Am 24. Oktober sprach der Richter W. E. Bell Ella, Norman Granz und Georgiana Henry von allen Anklagepunkten frei.

Doch das genügte Granz noch nicht; er setzte seine Anwälte auf den Fall an und schaffte es schließlich, daß auch die Anklage gegen Dizzy Gillespie und Illinois Jacquet fallengelassen wurde. Am Ende kostete es Granz über 2000 Dollar, um die insgesamt 50 Dollar Kaution wiederzubekommen, aber letztlich ging es ihm ja ums Prinzip. »Ja, und ich war völlig unschuldig dazugekommen«, sagte Ella später. »Ich war dagesessen und hatte meinen Kuchen gegessen [lacht]. Die Polizisten nahmen uns auf die Polizeistation mit, und dort hatten sie tatsächlich die Frechheit, mich um ein Autogramm zu bitten.«[26]

Mittlerweile hatte Milt Gabler große Probleme, Ella dazu zu bringen, daß sie ihre vertraglichen Verpflichtungen gegenüber der Decca erfüllte. Granz fühlte sich auf den Schlips getreten, weil er im letzten Moment noch ausgebootet worden war, und begann, alle Arten von Entschuldigungen zu erfinden, warum Ella nicht ins Aufnahmestudio gehen konnte. »Angenehm war das nicht damals, als er sie davon abgehalten hat, ihre Verpflichtungen bei uns zu erfüllen. Zwischen den Aufnahmeterminen gab es zu lange Pausen, man mußte dann einfach machen, was möglich war. Er hat sie von mir ferngehalten, so gut es ging. Da war sie zum Beispiel in New York, und ich brauchte fast zwei Tage, bis ich einen Aufnahmetermin mit ihr bekam. Ich konnte mich auch gar nicht richtig mit ihr darüber unterhalten, was sie machen sollte. Einmal haben wir uns eine Nummer vorgenommen, die sie für Bing Crosby gemacht hatte, damit sie ihre vertraglichen Verpflichtungen erfüllte. Sie hatte etwas aufgenommen, eine Bearbeitung für eine Bing-Crosby-Sendung, und wurde von John Scott Trotter begleitet. Bei uns begleitete John Trotter Ella normalerweise nicht, aber sie hatte eben schon ein paar Aufnahmen für die Show gemacht, und deshalb haben wir die Nummer von der Bearbeitung genommen.«[27]

Ellas Vertrag mit der Decca lief dann auch nicht die vollen drei Jahre. »Wir haben sie ein Jahr früher gehen lassen«, erinnert sich Gabler. »In unserem Vertrag war ein Minimum von zwölf Stükken pro Jahr, drei Sessions mit jeweils vier Nummern, festgelegt. Granz hat sie schließlich ganz zu sich herübergezogen, als wir die *Benny Goodman Story* machten. Norman hatte ein paar von den Musikern unter Kontrolle, die in dem Film auftraten. Ich mußte das Soundtrack-Album zu dem Film bei der Decca herausbringen, ein Doppelalbum. Aber er hat uns die Rechte an den Künstlern nicht gegeben. Also haben wir uns geeinigt: Er ließ mich die zwölf Songs aufnehmen, die Ella pro Jahr machen sollte, und zwar in vier oder acht Wochen oder so, und danach gehörte sie ihm.«[28]

Doch obwohl Granz sich mit Gabler geeinigt hatte, machte er es der Decca weiterhin schwer, Ella in die Studios zu holen. »Wir hatten noch zwei Sessions zu machen, bis der Vertrag zu Ende war, und wir wollten die Benny-Goodman-Soundtracks herausbringen. Sonny Burke produzierte sie drüben an der Westküste, eine Scheibe mit Benny Carters Band und eine weitere zusammen mit André Previn«[29], erinnert sich Gabler. Die Platten mit Carter und Previn kamen schließlich Ende 1955 auf der LP *Sweet and Hot* heraus, zusammen mit der langen Version von »You'll Have To Swing It« von Sy Olivers Orchester und zwei Nummern mit John Scott Trotter. Abgesehen von der Nummer mit Oliver handelte es sich nur um Standardstücke; von Konzept und Ausführung her hätte das Album auch gut und gerne aus Ellas nachfolgender Zeit beim Verve Label stammen können.

Diese Songs sind so etwas wie eine Vorstufe zu den epischen Liedzyklen, die die Aufnahmen der nächsten Jahre prägen sollten. Herrlich langsame Nummern wie »It Might As Well Be Spring«, »Thanks For the Memory« oder »You'll Never Know« bezeugten Ellas vorbildliche Kontrolle von Intonation, Artikulation und

Klangspektrum, die viele Sänger, von Crosby bis Sinatra, so an ihr bewunderten. Die Stücke mit Carter sind sozusagen die »heiße« Seite des Albums; darunter befinden sich auch die hervorragenden »Old Black Magic« und »Old Devil Moon«. Es wird ein Rätsel bleiben, warum dieses Album so lange im Hintergrund geblieben ist, denn es schlägt sich wacker im Vergleich mit den meisten Alben für Granz und stellt, wie alle Platten, die Gabler mit ihr machte, ein hervorragendes Beispiel für ihre Zeit bei der Decca dar.

»Schließlich ging die Zeit mit Ella mit zwei Sessions in New York zu Ende. Ich habe diese Aufnahmen mit Tootie Camarata gemacht. Ja, und ob es mir leid getan hat, sie ziehen zu lassen! Während der ganzen Zeit hatte ich nur ein einziges Mal Probleme mit ihr. Sie hatte ihre Stimmbänder überanstrengt. Damals trat sie an einem Ort irgendwo an der Küste auf, ich weiß den Namen nicht mehr auswendig, ich weiß nur noch, daß die Künstler da im Freien singen mußten. Und während dieser Zeit mußten wir eine Session im Studio ein paarmal machen. Wir bekamen die Aufnahmen einfach nicht hin, weil sie schon nach dreißig Minuten heiser wurde. Ich mußte also die Band eine Woche später wieder bestellen, und wir haben's noch einmal probiert, aber ihre Stimme war immer noch nicht da.

Wir brauchten insgesamt drei Sessions für die Aufnahme. Aber eigentlich war das nicht ihre Schuld; von Rechts wegen hätte man den Termin absagen müssen. Das war das einzige Problem, das ich mit ihr im Studio je hatte.

Als Granz sie zu seinem Label geholt hat, hat er es auch nicht besser gemacht als ich. Das glaube ich wirklich nicht. Er hat mit ihr dieses Gershwin-Album produziert und die anderen großen Alben, und dafür hat er viel Lob bekommen. Aber eigentlich habe ich damals schon solche Sachen angefangen, zusammen mit Ellis Larkins. Er hat einfach gemacht, was ich auch gemacht habe, nur mit dem Unterschied, daß er keine Popfilme im Rücken hatte, wo er sich auch noch um Coverversionen kümmern mußte.

Wir konnten ihr ein größeres Publikum verschaffen, wenn wir

eine Coverversion von jemandem machten, der bei einem anderen Label war. Auf diese Weise wurde sie an dem Geschäft der anderen Firma beteiligt. Die Auwahl der Songs und die Popsachen zusammen mit den Jazzstücken brachten ihr ein Publikum mit einer breiten Popbasis. Das habe ich immer so gemacht. Ich habe zum Beispiel eine richtige Popsängerin aus Billie gemacht. Eigentlich mußte ich sie nicht dazu machen, denn das steckte schon in ihr. Dadurch bekam sie nur noch ein größeres Publikum. Auch Ella hatte eine Menge Fans, als Norman sie übernahm.«[30]

1954 hatte Ella über 22 Millionen Platten für die Decca verkauft. Und trotz Granz' negativen Äußerungen in der Presse hatten ihre Aufnahmen von der Musikpresse und den Tageszeitungen fast immer gute Kritiken bekommen. Wenn man die zeitgenössischen Besprechungen heute liest, kann man sich kaum vorstellen, warum spätere Kritiker diese Platten als zweitrangig einstuften.

Heutzutage wird Gablers Einfluß auf Ella fast völlig vernachlässigt und vergessen angesichts der gewaltigen Erfolge, die sie unter Norman Granz für das Verve-Label erzielte. Doch als der Mann, der verantwortlich war für Ellas Plattenaufnahmen zwischen 1943 und 1955, spielte Gabler eine bedeutende, wenn auch oft unterschätzte Rolle für ihre Karriere. Er war nicht nur derjenige, der sie 1953 am Tiefpunkt ihrer Laufbahn mit einer Reihe von Hits wieder aufbaute, sondern er legte auch den Grundstein für ihre späteren Erfolge in den fünfziger und sechziger Jahren, indem er ihr zu einem riesigen Publikum verhalf, wie es in dieser Größenordnung Jazzsänger normalerweise überhaupt nicht kennen.

Obwohl er sich diese große Fangemeinde sozusagen mit kommerziellen Popsongs erkaufte, erkannte Gabler schon 1945 Ellas Fähigkeiten als Jazzsängerin und bestand darauf, mehrere Scatnummern aufzunehmen, deren Beliebtheit die Grundlage ihres späteren Erfolges mit JATP bildete. Außerdem sah Gabler viele der Dinge voraus, die Norman Granz dann später weiter ausbaute. Als er Ella zum Beispiel ein Album mit Gershwin-Nummern aufnehmen ließ, folgte Granz ihm nach und machte zusammen mit Ella unzählige Alben mit Melodien von großen Komponisten des Broadway.

Gabler war es auch, der Ella mit Louis Armstrong zusammenbrachte und eine wunderbare Geistesverwandtschaft zwischen den beiden entdeckte. Granz machte sich diese Entwicklung später zunutze und produzierte eine ganze Reihe von Alben mit den beiden. Gabler deutete mit seinem »Broadway«-Konzept und seinem *South Pacific*-Album bereits den Weg zu Granz' *Porgy and Bess* mit Ella und Louis.

Man mag argumentieren, daß Gabler Ella nicht in eine eindeutige künstlerische Richtung zu lenken verstand, aber man darf auch den zeitlichen Kontext nicht vergessen. Schließlich mußte Gabler sich mit den Gegebenheiten auseinandersetzen, die die 78er Platte mit sich brachte. Granz konnte bereits die Vorteile der Langspielplatte mit 33⅓ Umdrehungen ausnutzen. Egal für welche der großen Plattenfirmen Ella auch Anfang der fünfziger oder die ganzen vierziger Jahre hindurch gearbeitet hätte, ob bei RCA Victor oder bei Columbia, sie hätte immer auch Coverversionen der Hits von anderen Sängern machen müssen so wie bei der Decca.

Aufgrund dieser Marktgegebenheiten konnte eigentlich kein Sänger und auch keine Big Band von sich behaupten, künstlerisch völlig rein zu sein. Deshalb war es sozusagen noch ein Fingerzeig des Schicksals, daß Ella zu Gabler kam. Man stelle sich nur vor, was passiert wäre, wenn sie in die Fänge eines Mannes wie Mitch Miller von der Columbia geraten wäre, der es fast geschafft hätte, große Künstler wie Frank Sinatra, Rosemary Clooney oder Tony Bennett zu verheizen.

Wenn man die Beschränkungen berücksichtigt, unter denen Gabler arbeiten mußte, muß man wohl sagen, daß seine Bedeutung für Ellas Karriere im allgemeinen unterbewertet wird. Das hängt zum großen Teil damit zusammen, daß die Decca sich weigerte, viele von Ellas Songs aus der Zeit zwischen 1943 und 1955 neu aufzulegen und so die weit verbreitete Ansicht zu korrigieren, daß alles, was sie für dieses Label aufnahm, minderwertiger Pop war. Natürlich gab es, und das gibt Gabler ganz offen zu, etlichen »Schund«. Doch auch die künstlerische Qualität von »A-Tisket, A-Tasket« läßt sich anzweifeln.

Wer weiß schon so genau, was das Publikum anspricht. Im

Musikgeschäft ist alles möglich. 1939 war »Begin the Beguine« zum Beispiel ein fast vergessener Song von Cole Porter, der es nie geschafft hatte, in die Charts zu kommen. Doch als Artie Shaw die Nummer neu aufnahm, hatte er einen Riesenhit damit.

Granz war sich aber offenbar darüber im klaren, daß in den Archiven der Decca mehr Kostbarkeiten schlummerten als »Schund«. 1992 entdeckte der Musikwissenschaftler Phil Schaap, daß Granz einen einzigartigen Fünfundzwanzig-Jahres-Vertrag mit der Decca ausgehandelt hatte, der ihm das Recht gab, seine Zustimmung zu Sammelalben zu verweigern. Die Decca hatte lediglich das Recht, Platten im ursprünglichen Format wiederaufzulegen. Da die Langspielplatte aber Anfang der fünfziger Jahre noch in den Kinderschuhen steckte, blieb der Decca herzlich wenig Material, das sie ohne die Zustimmung von Granz wiederauflegen konnte. Offenbar wurde diese Abmachung in den achtziger Jahren auf unbestimmte Zeit verlängert.[31]

Das war ein kluger Schachzug von Granz, der Ella so ein für allemal den Weg verbaute, sich eigenständig mit ihrer Vergangenheit auseinanderzusetzen. Letztlich bedeutete das, so Will Friedwald, daß »MCA (die unglücklicherweise die Rechte am Decca-Katalog hat) das Publikum glauben macht, alle Sachen von Decca seien Schund, weil sie nur die schlechtesten Nummern für die Anthologien auswählt und diese dann perverserweise ihre ›größten Hits‹ nennt«[32].

Auch Dan Morgenstern meint: »Zu sagen, daß die Decca Ella ausgenützt hat, stimmt eigentlich nicht. Sie hat schließlich auch eine ganze Menge *guter* Dinge machen können, und dabei denke ich nicht nur an das Gershwin-Album zusammen mit Ellis Larkins.«[33] Die Jahre mit Gabler sind gekennzeichnet von einem prekären Gleichgewicht zwischen kommerziellen Erfordernissen und künstlerischem Anspruch. Und meist war es sogar Gabler selbst, der diesen künsterlischen Anspruch ins Spiel brachte.

Ella wurde, so stellte Nat Hentoff bereits in den fünfziger Jahren fest, weniger aufgrund ihrer persönlichen Überzeugung als durch die Macht der Umstände allmählich zu einer Jazzsängerin. »Wenn man ihr die Auswahl ihrer Songs selbst überlassen hätte«, meint er, »hätte Ella vermutlich noch mehr aktuelle Popsongs als

Jazznummern gewählt.«[34] Als Ella sich im Februar 1955 bei Hentoff beklagte, sie wolle eigentlich mehr Popsongs wie »Teach Me Tonight« oder »The Man That Got Away« singen[35], zielte diese Klage weniger darauf ab, *daß* sie kommerziellen Pop singen mußte, sondern eher darauf, daß sie diesen kommerziellen Pop nicht selbst wählen konnte.

11. Kapitel

Ich glaube kaum, daß irgend jemand behaupten würde, Ella habe eine intellektuelle Beziehung zu den Texten ihrer Lieder.

Sylvia Syms, Sängerin.[1]

Norman Granz brauchte einige Monate, um Ella in die Plattenstudios zu bringen, nachdem er sie von der Decca abgeworben hatte. Er gründete ein neues Label, das er mit der ihm eigenen Begeisterung Verve nannte. Doch die Vorbereitungsarbeiten erwiesen sich als schwierig. Granz hatte, abgesehen von seinen Labels Clef und Norgram, noch Tochtergesellschaften wie Philo, Stinson, Ash, Alladin, Down Home und Vanguard. Die Verpflichtung von Ella bedeutete eine fast völlige Umstrukturierung seiner Aufnahmetätigkeit, denn er beabsichtigte, das Verve-Label um seinen Star herum aufzubauen, und er gründete eigens für sie die berühmte Verve »4000« Serie. Das Label bezeichnete er von Anfang an als »Popfirma«, und der Presse sagte er: »Ella wird auch Pop-Singles machen für Verve.«[2]

Zwei Jahre zuvor, 1953, hatte Granz damit begonnen, mit Oscar Peterson für sein Clef-Label mehr als 120 Stücke für 10 Musikalben aufzunehmen, die von den besten Songschreibern der letzten drei Jahrzehnte verfaßt worden waren. Bekannt wurden diese Aufnahmen mit Songs von Cole Porter, Irving Berlin, George Gershwin, Duke Ellington, Jerome Kern, Richard Rogers, Vincent Youmanns, Harry Warren, Harold Arlen und Jimmy McHugh als *Peterson and the Composer Series.* Das Thema, von Milt Gablers 1950 produziertem Album *Ella Sings Gershwin* inspiriert, kam gut an. Nachdem dieses Konzept hinreichend auf seine Möglichkeiten überprüft worden war, ging Granz daran, die Idee auf eine größere

Aufnahme zu übertragen. Erneut arbeitete er sich durch den Kanon der Topleute im Jazz und unter den Broadwaykomponisten, und dieses Mal bediente er sich seiner neuen Errungenschaft, Ella Fitzgerald, die von einem vorzüglichen Orchester unterstützt wurde.

Sobald er die diversen Aktivitäten um seine Labels unter einen Hut gebracht hatte, machte er sich an zwei Projekte mit Ella, nämlich an ein Album mit Cole Porter Songs und an ein Live-Album mit Mitschnitten von ihren Auftritten im Venetian Room des Fairmont Hotels in San Francisco zum Jahreswechsel. Während ihres Engagements dort durfte ihr Trio – Don Abney am Piano, Vernon Alley am Baß und Jackie Mills am Schlagzeug – zu Anfang eines jeden Abends eine Instrumentalnummer spielen. Normalerweise ließ Ella ihren Musikern selten solche Freiheiten, weil sie sich aufgrund ihrer eigenen Unsicherheit nicht mit der sei es auch nur geringen Möglichkeit auseinandersetzen wollte, daß ihr eigenes Trio ihr die Show stehlen könnte.

Granz gab jetzt eine Presseerklärung nach der anderen ab. Einmal behauptete er sogar, er verhandle gerade mit Gene Kelly über ein gemeinsames Album mit Ella, auf dem die beiden Duette, deren Broadwaygeschichte bis 1908 zurückreiche, singen würden. Doch was Ella dann schließlich für ihre neue Plattenfirma machte, war keines der von Granz angekündigten Projekte. Der Mitschnitt aus dem Fairmont wurde, so der Musikwissenschaftler Phil Schaap, nie verwirklicht, und offenbar war das bei dem Vorhaben mit Gene Kelly genauso. Statt dessen kam es zu einem Aufnahmetermin für Granz' Clef-Label am 25. Januar 1956. Als der Grundstein für Verve gelegt war, übernahm er die Spitzensänger einfach von den anderen Labels. Doch angesichts des Zermürbungskrieges, den Granz in der Musikpresse gegen die Decca geführt hatte, erschienen die Nummern, die er selbst ihr dann zum Singen gab, ziemlich enttäuschend – »Stay There«, »The Sun Forgot To Shine This Morning«, »Too Young For the Blues« und »It's Only a Man«.

Am 7. Februar jedoch machte sich Granz ernsthaft an die Arbeit und begann, das *Cole Porter Song Book* aufzunehmen. Ursprünglich war es als einzelne LP geplant, doch als er und sein musikalischer Berater Buddy Bregman anfingen, passende Nummern von Cole Porter für das Projekt zu sammeln, wurde schon bald klar, daß ein Doppelalbum nötig sein würde. Porter, ein amerikanischer Playboy der dreißiger Jahre, komponierte Songs, die zu seiner Zeit in der vornehmen Gesellschaft als Inbegriff von Mode und geistvollem Witz galten. Alec Wilder bemerkt, daß viele seiner Lieder ausschließlich dem Amüsement seiner sozialen Kreise dienten: »Die Texte wagten sich nur selten in Gebiete vor, die mit Zärtlichkeit oder Verletzbarkeit zu tun hatten«, schreibt er. »Selbst wenn sie sich mit emotionalen Ausnahmesituationen befaßten, gelang es ihnen oft, durch geschliffene Umgangsformen und ein wenig gesellschaftlichen Glanz Distanz zu den Gefühlen zu bewahren.«[3]

Porters Songs vermitteln die Illusion, daß wir unsere Emotionen ganz oberflächlich leben können; sie sind aufrichtig und anrührend, aber sie erzählen nur die halbe Wahrheit. Doch Porters Texte waren immer mit außerordentlich gut komponierter Musik unterlegt. Er hatte von den Komponisten populärer amerikanischer Musik vielleicht die profundesten Kenntnisse in seinem Fach überhaupt. Jedenfalls wurde die populäre Musik durch seine Kompositionen nicht nur geistreicher, sondern auch komplexer.

Folglich konnte man der Kombination Cole Porter und Ella Fitzgerald eigentlich nur mit Spannung entgegensehen. Ella mit ihrer perfekten Technik neigte nicht dazu, dem vorgegebenen Material ihre subjektive Deutung aufzuzwingen, und Porters Emotionen waren bestenfalls ironisch gemeint, wenn nicht ohnehin Schall und Rauch. Das heißt, hier verbanden sich eine Sängerin und ein Komponist, die beide eher distanziert an die Materie herangingen. Wenn man dann noch das Geschrei und Gezetere von Granz bedenkt, das der Produktion der Cole-Porter-Platten vorausging, verwundert es doch, daß sie nicht noch viel besser wurden.

Zum Teil liegt das an Buddy Bregmans Orchestrierungen. Sie sind funktional, aber einfallslos und stecken voll von Standardelementen aus dem Repertoire von Tanzbands. Ihre wesentlichste Schwäche liegt wohl darin, daß sie Ella nicht genug in den Vordergrund stellen, wie zum Beispiel Nelson Riddle das in den vergangenen beiden Jahren mit Frank Sinatra bei Capitol gemacht hatte. Auf den drei Alben, die er produziert hatte, bevor Ella ins Studio ging, um das Porter-Set aufzunehmen, nämlich *Songs For Young Lovers*, *Swing Easy* und *In the Wee Small Hours of the Morning*, erreichten Arrangeur und Sänger eine Einheit, die für die populäre Musik beispiellos war. Doch merkwürdigerweise machte sich Granz Riddles Begabung für die Orchestrierung erst vier Jahre später zunutze. Ellas Gershwin-Album wurde zu einer zeitlos beeindruckenden Sammlung.

Nicht nur eine einfallslose Orchestrierung minderte die Qualität des Porter-Albums, sondern auch die Tatsache, daß Granz bei den Aufnahmen vermutlich immer die Uhr im Auge hatte. Natürlich kostete jede Minute im Studio Geld, und man konnte nie sicher sein, ob sich die Platte letztendlich auch verkaufte. Aber man wird das Gefühl einfach nicht los, daß Granz sich bei dem Album zu oft mit Passagen zufriedengab, die zwar gut, aber nicht ausgezeichnet waren. Bei »Too Darn Hot« beispielsweise klingt Ellas Stimme ein wenig ausgefranst, als habe sie schon einen langen, harten Tag im Studio hinter sich. Und an manchen Stellen ist auch ihre Atemtechnik alles andere als ausgefeilt.

»Ich habe Ella 1956 kennengelernt, als sie mit den Songbook-Alben angefangen hat«, erinnert sich der Pianist Paul Smith. »Cole Porter, Rodgers und Hart – ich habe die ganzen Alben gemacht. Damals habe ich sie nicht begleitet, ich habe nur die Aufnahmetermine gemacht, ich war seinerzeit bei der NBC. Wir haben kaum einmal eine zweite Aufnahme gemacht, ich kann eigentlich nur sagen, daß wir die Stücke eins nach dem andern heruntergespielt haben. Wir sind die Strophen durchgegangen, um sicherzugehen, daß sie sie kann, und dann haben wir die Songs aufgenommen!«[4]

Als das Album im Frühjahr 1956 herauskam, wurde das Cover von dem Künstler David Stone Martin gestaltet, eine neue Idee, die nun bei vielen weiteren Platten von Verve eingesetzt wurde. Granz gab eine Presseerklärung ab, in der es hieß, er habe dem Komponisten die Platte in seiner Penthouse-Wohnung in den Waldorf Towers vorgestellt. »Ihr Stil ist einfach wundervoll«, soll Cole Porter daraufhin gesagt haben.

Granz sorgte so geschickt für Publicity, daß die Alben sogar in der *New York Herald Tribune* besprochen wurden: »Sie singt die Songs ganz klar und ohne Schnörkel und versieht sie hier und da mit einer kleinen persönlichen Note.«[5] Die Platten kamen auf Platz 15 der Charts von *Billboard*, was für ein Doppelalbum eher ungewöhnlich war, und landeten am 23. Juli 1956 auf der Liste von *Downbeat* auf dem zweiten Platz der meistverkauften Jazzalben.

In Großbritannien entwickelte sich eine Nummer aus dem Album »Ev'ry Time We Say Goodbye« zu einem Lieblingsstück des »Forces-Favorites«-Programms und wurde während der nächsten Jahre fast wöchentlich gespielt. In den fünfziger und sechziger Jahren war dieses Sonntagmittagprogramm ausgesprochen beliebt, so daß der Song auch seine ganz eigene Bedeutung bekam. Viele Briten verbanden dieses eine Stück bald stärker mit dem Namen Ella Fitzgerald als jedes andere.

Das Cole-Porter-Album entwickelte sich zu einem der meistverkauften Jazzalben aller Zeiten, wurde seit seiner Erstveröffentlichung immer wieder neu aufgelegt – anfangs noch als LP, später dann als CD – und verhalf dem Verve-Label zur wirtschaftlichen Rentabilität. »Nachdem ich Verve gründete, begannen sich die Dinge zu ändern«, sagte Granz später. »Wir hatten fast sofort einen Hit mit Ellas *Cole Porter Songbook*. Das Album wurde zur elftbesten Platte des Jahres. Das war der Wahnsinn für mich ... durch Verve hatte ich das erste Mal auch kommerziell Erfolg.«[6] Doch wie Will Friedwald ganz richtig bemerkt: »Der Riesenerfolg des *Cole Porter Songbook* zeugt eher von der Güte der Idee ... als von der Qualität der Platte selbst.«[7]

Im Mai 1956 verschaffte Norman Granz Ella ein Engagement im exklusiven Starlight Roof des Waldorf-Astoria, wo sie zusammen mit dem Count Basie Orchestra auftrat. Während ihrer ganzen Karriere hatte sich Ella sowohl musikalisch als auch persönlich immer stark zu Count Basie hingezogen gefühlt. Mittlerweile waren die beiden eng befreundet, und sie kam ausgesprochen gut mit den Mitgliedern der Band zurecht, die ihr den Spitznamen

»Siss« gaben. Für die Gäste des Waldorf-Astoria, von denen vermutlich nur die allerwenigsten auf die Idee gekommen wären, einen Jazzklub zu besuchen, stellten Ella und Count Basie so etwas wie eine unbekannte Größe dar. Sie waren an Cabaret und große Tanzkapellen gewöhnt, aber wie würden sie auf diese zwei Jazzstars reagieren?

Am ersten Abend ihres Engagements gab es Probleme: Der Bühnenwechsel von Count Basie zu Ellas Trio dauerte ziemlich lange, und das Publikum wurde allmählich ungeduldig. Ella wußte genau, was auf dem Spiel stand, und wurde nervös. Außerdem hatte sie Schwierigkeiten mit dem Mikrofon. Eine Weile mühte sie sich ab, die Menge mit den folgenden Nummern für sich zu gewinnen: »It's the Lovely«, »I've Grown Accustomed to His Face«, »Cheek to Cheek« und »Lady Be Good«, das normalerweise immer ankam beim Publikum.

Nach »Black Magic«, »Caravan« und »Witchcraft«, so Gene Knight in seiner Kolumne »Knight Watch«, hatte Ella es geschafft: »Sie hat die Leute mit ›I Love You Porgy‹ glücklich gemacht. Mit ›Angel Eyes‹ (meiner Meinung nach die beste Nummer) begeisterte sie sie noch ein Stück mehr, mit der Scatnummer ›How High the Moon‹ schlug sie die Leute völlig in ihren Bann, und nach dem abschließenden Blues zusammen mit der Band von Count Basie waren alle ganz aus dem Häuschen.«[8] Das Engagement am Waldorf-Astoria entpuppte sich als Riesenerfolg und bildete die Grundlage für weitere Verpflichtungen an ebenso exklusiven Nachtklubs im ganzen Land.

Während Ella und die Band von Count Basie am Waldorf-Astoria auftraten, hatten sie auch einen gemeinsamen Aufnahmetermin im Studio für das Album *Metronome All-Stars 1956*, auf dem viele der Stars aus den Leserumfragen jenes Jahres unter der Leitung von Bill Coss zu hören waren. »Die Männer von Count Basie brachten ihre übliche gute Laune mit«, erinnert sich Coss. »Sie redeten über die Witze des Vorabends und forderten lauthals Sandwiches und Pappbecher. Count Basie und der Arrangeur Ralph Burns kamen kurz darauf mit Ella herein, die sich beklagte, daß sie eigentlich keine richtige Bluessängerin sei und ein wenig Angst habe, mit der Band zu singen. Ralph zeigte der Band, was er mit ›April in Paris‹ gemacht hatte... eine mitreißende Darbietung mit dieser ganz speziellen Anmut, die Ella einem Text verleihen kann... Dann trat Joe Williams auf die Bildfläche, und es herrschte fast eine Stunde lang Verwirrung, weil niemand entscheiden konnte, was Joe und Ella zusammen singen sollten.«[9]

Schließlich brachten die beiden »Every Day I Have the Blues« und eine improvisierte Scatversion von »Party Blues«. »Joe und Ella sangen eine Scatpassage nach der anderen. Vielleicht war das symbolisch für die lockere und entspannte Atmosphäre, die während dieser Session herrschte, bei der Joe, Ella und die Band die kraftvollste Seite des modernen Swing und all dessen, was den Jazz ausmacht, zusammenfaßten.«[10]

Ellas und Basies Wege kreuzten sich wieder beim Newport Jazz Festival im Juli. Basie beschloß den ersten Abend am Donnerstag, den 5. Juli, mit donnerndem Applaus, während Ella zusammen mit ihrem Trio – Don Abney, Benny Moten, Baß, und der neue Schlagzeuger Gus Johnson – den zweiten beendete. Vor ihr trat Louis Armstrong auf, den sie sowohl als Mensch wie auch als Musiker vergötterte. Doch die Kritiker verrissen ihn: »Zu viel Louis, nicht genug Ella«, hieß es in *Downbeat*. »Er hat uns den endgültigen Beweis geliefert, daß mehr nötig ist als nur rollende Augen, ein Taschentuch auf dem Kopf und die alten Paramount-Theatre-Nummern, um einen Auftritt bei einem Jazzfestival zu rechtfertigen.«[11]

Ella hingegen hatte das Publikum völlig in der Hand. »Mit ihrer Lebhaftigkeit, die sich mit klarem Stil und absolutem Musikgehör verbindet, wird sie zu einem Phänomen unter den Jazzsängern, und sie begeisterte die Menge schon bald. Die Leute bekamen, was sie wollten, und ließen sie fast nicht mehr von der Bühne«[12], hieß es im *Christian Science Monitor*.

Vielleicht würden sich heute noch mehr Menschen an ihren großen Erfolg beim Newport Jazz Festival erinnern, wenn nicht Duke Ellingtons Band sich wie Phönix aus der Asche erhoben hätte. Die sensationellen Ovationen, die er an jenem Abend bekam, machten sein Comeback zu einem der wichtigsten Ereignisse im Jazz der damaligen Zeit.

Den restlichen Juli hatte Ella ein Engagement an George Weins

Storyville Club in Boston. »Wir zahlten ihr 2500 Dollar die Woche. Man darf nicht vergessen, daß das Bier damals nur 60 Cents kostete und ein Glas Whisky 95 Cents. Aber sie war ihr Geld wert, weil sie ungemein populär war«[13], erinnert sich Wein. Diese Popularität beeindruckte sogar die abgebrühtesten Zuhörer: »Selbst die Kellnerinnen blieben auf ihrem Weg von der Bar zu den Tischen stehen, wenn Ella sang«[14], schrieb Dom Cerulli in *Downbeat*.

Die Wirkung, die diese mittlerweile ziemlich übergewichtige Dame mittleren Alters auf das Publikum ausübte, war schon erstaunlich. Durch ihre bemerkenswerte Verbindung aus mädchenhaftem Charme und Können konnte sie sich so manches leisten: »In ›I Can't Give You Anything But Love‹ zirpte Ella einen Chorus ganz im Stil von Rose Murphy und dann noch einen ähnlich wie Louis Armstrong«, fuhr Cerulli fort. »Irgendwie schaffte sie es, auch noch an ›Davy Crockett‹ und ›Blue Suede Shoes‹ zu erinnern.«[15]

Das Engagement am Storyville war eine Chance für den Schlagzeuger Gus Johnson, der eben erst die Band von Count Basie verlassen hatte und danach mit Lena Horne zusammenarbeitete, sich Ellas Gruppe anzuschließen. Er sah ausgesprochen gut aus und machte auch sofort Eindruck auf Ella. Schon bald munkelte man in Künstlerkreisen, daß Ella hinter ihm her sei, und schließlich ging das Gerücht, die beiden hätten ein Verhältnis miteinander.

»Ich habe mich 1956 Ella angeschlossen«, sagte Johnson 1979. »Und ich war neun Jahre lang mit ihr zusammen, bis 1965. Ich habe wirklich gern mit ihr zusammengearbeitet ... Natürlich hatte sie auch ihre Macken. Sie ist zum Beispiel ziemlich unsicher ... Sie wollte, daß die Leute sie mochten. Meiner Meinung nach war sie völlig in Ordnung, aber sie wollte alles immer noch besser machen ... Norman Granz, ihr Manager, war auch eine ganz schöne Nummer. Wie gesagt, jeder hat seine Macken, aber ich mag auch ihn. Er versteht einfach sein Geschäft. Ich habe nie Probleme gehabt mit ihm – kein einziges Mal.«[16]

Kurz nach dem Engagement am Storyville Ende Juli wurde Don Abney krank, und Ella brauchte kurzfristig einen Pianisten.

Tommy Flanagan wurde empfohlen. »Ich war gerade frisch nach New York gekommen«, erinnert er sich. »Es war 1956, und da habe ich das erste Mal zusammen mit Ella gespielt. Ich wurde von einer Cousine von ihr empfohlen, deren Mann in der Band von Dizzy war. Wahrscheinlich hat sich Billy Mitchell, der auch in der Band war, mit ihm unterhalten, und vermutlich hat er irgendwas gesagt, daß Ella einen Pianisten braucht oder so. Jedenfalls haben sie sich umgesehen, und da bin ich aufgetaucht. Schließlich hatte ich ja Zeit.

Ich habe ungefähr einen Monat mit Gus Johnson und dem Bassisten Benny Moten zusammengespielt. Danach habe ich erst in den sechziger Jahren wieder etwas mit ihr gemacht. Sie hatte Noten für alles, eine Menge Sachen. Nicht nur Noten für ihr Trio, sondern auch welche für Bandarrangements, das waren wirklich eine Menge Sachen. Aber erst bei meiner zweiten Zusammenarbeit mit ihr haben wir auch Big-Band-Sachen gemacht. Am Anfang hat sie, glaube ich, kein sonderlich großes Vertrauen in mich gehabt [lacht]. Schließlich hat sie mich ja nicht gekannt, ich war nur empfohlen worden, und ich habe einfach versucht, meine Arbeit zu machen.«[17]

Flanagans Einstand bei Ella Fitzgerald muß ziemlich furchtbar gewesen sein. Jedenfalls erzählt Gus Johnson folgendes: »Als Tommy Flanagan damals zu uns gestoßen ist, haben wir in einem Klub in Cleveland gespielt, und an seinem ersten Abend hat er wirklich sein Bestes gegeben, aber sie hat sich irgendwann während der Show umgedreht und ihn fast zu Tode erschreckt. Ich habe das gesehen und ihr gesagt: ›Dreh dich wieder um!‹ Ich glaube, damit habe wiederum ich sie ganz schön schockiert. Also bin ich gleich nach der Show zu ihr, um mir meine Kündigung abzuholen, aber offenbar hatte sie die Sache schon verdaut. ›Schließlich ist das sein erster Abend heute‹, habe ich ihr gesagt. ›Er kennt sich noch nicht aus, und er ist nervös.‹«[18]

Im August 1956 flog Ella an die Westküste, wo sie ein Engagement bei Zardi's hatte, einem ausgesprochen beliebten Klub. Am 15. August trat sie dann im Hollywood Bowl auf, beide Male mit einem Quartett um den Pianisten Paul Smith. Im Hollywood Bowl spielte sie ein kurzes Set allein und schloß sich dann Louis

Armstrong und seinen All Stars an. Granz schnitt ihre Auftritte bei beiden Gelegenheiten mit[19], brachte jedoch nur wenige Stücke von dem Hollywood-Bowl-Konzert heraus. Drei Tage später war sie wieder zusammen mit Louis Armstrong im Studio, um das Album *Ella and Louis* aufzunehmen.

Der alte Zauber der Aufnahmen von Ella und Satchmo für die Decca ist auch hier wieder zu spüren. Ella und Louis ergänzen sich harmonisch bei einer zeitlos klassischen Darbietung, auch wenn Louis offenbar nach einer langen Reihe von One Nighters ziemlich erschöpft war.

»Als sie das Album zusammen mit Louis machte«, erzählte Norman Granz Leonard Feather, »bestand sie darauf, daß er die Melodien auswählte, und sie sang sie alle in seiner Tonart, auch wenn diese nicht die richtige für sie war.«[20] Wesentlich an Granz' *Songbook*-Serie (ein paar Tage nach dem Aufnahmetermin zusammen mit Louis Armstrong machte er bereits ein Album mit Stücken von Rodgers und Hart) und an der Zusammenarbeit von Ella und Louis war, daß beides eine Marktlücke füllte. Vielleicht war diese Musik nicht das richtige für die Fans der JATP-Konzerte, aber sie besaß große Anziehungskraft für eine ganze Generation von Menschen, die in der Ära der Big Bands großgeworden war und der die spätere Entwicklung der populären Musik in Richtung Bop und Rock 'n' Roll eher fremd war. In ihrer Jugend hatten sie in den Gängen des Paramount und in den Tanzsälen in ganz Amerika den Lindy Hop getanzt. Jetzt hatten sie Söhne und Töchter, die sich zur Musik von Elvis Presley oder Bill Haley bewegten, einem Schützling Milt Gablers. Diese Musik war weit, weit entfernt von dem, was sie in ihrer Jugend gehört hatten.

Sie interessierten sich noch immer für die populäre Musik, und es fiel ihnen leicht, sich mit Ella und dem leichten Charme ihrer Duette mit Louis Armstrong zu identifizieren. Anders als die Musik ihrer Söhne und Töchter war das, was Ella machte, nicht bedrohlich und eignete sich auch als Hintergrundmusik zu einem kleinen Plausch beim Kaffee oder zu einem Abendessen mit Freunden. Die Lieder der Broadway-Komponisten aus den späten zwanziger, dreißiger und frühen vierziger Jahren waren ihre Popmusik, die Musik, mit der sie sich identifizierten. Wo sonst konnten sie diese Songs noch so hören, von einer Sängerin, die diese Lieder für sich selbst sprechen ließ, statt sie mit dem emotionalen Ballast ihrer eigenen Lebenserfahrung zu beschweren? Ella ließ die Songs, wie sie waren.

Um das *Rodgers and Hart Songbook* bis Ende August 1956 fertigzustellen, war Ella jeden Tag zusammen mit einem Orchester im Studio, das wieder von Buddy Bregman geleitet wurde. Als das Album 1957 herauskam, landete es auf Platz elf der *Billboard*-Charts und wurde zu einem neuerlichen kommerziellen Erfolg für Ella unter Granz' Führung. Doch genau wie bei seinem Vorgänger verdirbt auch hier die Oberflächlichkeit von Bregmans Orchestrierung vieles. Besonders deutlich wird das an den Stellen, wo Ella nur von einer Rhythm Section unter der Führung von Paul Smith am Piano begleitet wird. Denn dort erwacht das Album eigentlich zum Leben.

Bei den Big-Band-Passagen kommt es zu einer Auseinandersetzung zwischen Mensch und Instrument, die für Ella weniger gut ausgeht als beispielsweise für Frank Sinatra. Er fühlte sich eher zu Hause inmitten der dröhnenden Trompeten und Posaunen, die seine Sängerpersönlichkeit noch unterstrichen. Doch bei Ella wirkt die geballte Kraft der Instrumente eher fehl am Platz, weil sie im Grunde genommen eine bescheidene Sängerin ist. Sie singt ihre Lieder einfach und ungekünstelt; je schlichter ihre Begleitung, desto menschlicher wirkt sie.

Genau wie das *Porter Songbook* hat auch das *Rodgers and Hart Songbook* bei näherer Betrachtung eine ganze Reihe von Mängeln. Hier wird zum Beispiel ziemlich deutlich, daß Ella die dem jeweiligen Song anhaftenden musikalischen Charakteristika bedeutend wichtiger sind als das Libretto. Diese Veräußerlichung und Formalisierung der Songs funktioniert gut bei Liedern wie »Manhattan« oder »Mountain Greenery«, versagt aber zum Beispiel bei einer Nummer wie »Ten Cents a Dance«, weil der Text hier eine Verinnerlichung fordert. Die Sängerin muß sich in den Inhalt des Textes hineindenken und dann das Lied so singen, als wäre sie die verlotterte Tänzerin. Aus diesem Grund gelang es auch Chris Connor, einer fähigen, aber musikalisch weit weniger begnadeten Sängerin als Ella, dem Song mehr Leben zu verleihen als Ella. Auch andere Lieder verlieren durch diesen Mangel an Verinnerlichung. »Bewitched, Bothered and Bewildered« ist das Bekenntnis einer mittelalterlichen Schickeria-Angehörigen, die sich wider besseres Wissen aus der Reserve locken läßt, dann aber eine herbe Enttäuschung erlebt. »Give It Back to the Indians« ist die ironische Aufzählung von großstädtischen Spleens aus der Sicht eines New Yorkers, und »To Keep My Love Alive«, eine Nummer aus *A Connecticut Yankee* von 1943, ist das Geständnis einer Mörderin aus dem Mittelalter.

Granz' Problem, seinem Star Material zur Verfügung zu stellen, das seine Stärken unterstrichen hätte, läßt die Songbooks an manchen Stellen wie Burgen, die auf Sand gebaut sind, erscheinen. Granz war offenbar nicht klar, daß Quantität nicht unbedingt auch Qualität bedeutete. Und genau hier liegt der innere Widerspruch der Songbooks. Während viele der Songs die Stärken Ellas herausstreichen, sind jedoch mehrere Lieder dabei, die ihre Schwächen ganz deutlich werden lassen, und zwar deshalb, weil sie einfach nicht zu ihrem Stil passen.

Es ist möglicherweise erhellend, Granz' quantitativen Ansatz mit der Art und Weise zu vergleichen, wie beispielsweise Frank Sinatra aus seinen Platten in sich schlüssige Alben machte. Bei Sinatra folgt ein Song logisch auf den anderen, und die Stücke bedingen einander, nicht nur inhaltlich, sondern auch stilistisch. Ein gutes Beispiel hierfür sind »Only the Lonely«, »In the Wee Small Hours of the Morning«, »Come Fly With Me« oder »Songs for Swinging Lovers«. In diesem Zusammenhang sollte man vielleicht noch erwähnen, daß Frank Sinatra sich wehrte, als Capitol nach dem Erfolg von Ellas Songbooks begann, den inneren Aufbau seiner kleinen Meisterwerke aufzubrechen und sie zu neuen, nach Komponisten geordneten Sammlungen zusammenzustellen.

Noch während Ella das *Rodgers and Hart Songbook* Anfang September zum Abschluß brachte, begann sie zusammen mit einer kleinen Gruppe, die aus Paul Smith am Piano, Stuff Smith an der

Geige und Ben Webster am Tenorsaxophon bestand, die Arbeit am *Duke Ellington Songbook*. Doch Duke Ellington selbst ins Studio zu bekommen erwies sich als ausgesprochen schwierig. Er hatte ständig Termine, und so gelang es Granz erst Ende Juni 1957, ihn und sein Orchester vier Tage lang ins Studio zu holen. Unterdessen wurde Jimmy Jones geschickt, um Ellas Noten zu holen und so Duke Ellington die Vorbereitung für die Session zu erleichtern. Doch das führte zu nichts, weil Duke Ellington keinen einzigen Song vorbereitet hatte, als er kam. »War das eine Hektik damals«, erinnerte sich Ella. »Duke hat die Arrangements praktisch erst entwickelt, als wir schon an der Arbeit waren. Duke ist einfach ein Genie. Ich bewundere ihn sehr, aber seine Arbeitsweise war schon manchmal nervenaufreibend.«[21]

Folglich macht das *Duke Ellington Songbook* auch einen zusammengestückelten Eindruck. »Wir haben [es] unter den widrigsten Umständen gemacht, die man sich vorstellen kann«, erinnerte sich Granz 1979. »Er war bei der Columbia unter Vertrag, aber ich hatte Johnny Hodges. Als Hodges 1956 wieder zu der Band zurückkehrte, gelang es mir, ein paar Konzessionen auszuhandeln. Ich konnte Duke für eine LP haben, sogar für zwei, wenn er zusammen mit Ella sang. Wir planten schon lange im voraus, aber als es dann endlich soweit war, hatte Duke kein einziges Arrangement vorbereitet. Ella mußte die regulären Arrangements der Band verwenden. Sie machte ein Vocal, wo normalerweise ein instrumentaler Chorus zu erwarten war. Um vier LPs herauszuschinden, haben wir noch ein paar kleine Sachen mit Hodges, Ben Webster und so dazu gemacht.«[22]

Bei manchen Passagen mit dem ganzen Orchester improvisiert Ella zu den Standardarrangements von Duke Ellington, während sie bei anderen einfach nur die bereits existierenden Ellington-Arrangements anstelle eines Sängers oder Instrumentalisten aus dessen Band singt. Nur bei wenigen Songs entwickelt Ellington tatsächlich ein paar völlig neue Arrangements, so zum Beispiel bei »Caravan«.

Folglich muß man sich beim Hören der Platten fragen, wie das Album wohl geworden wäre, wenn Ellington sich auf diese Aufnahmetermine genauso gut vorbereitet hätte wie später auf »And

His Mother Called Him Bill« oder »The Far East Suite«. Doch die Motive von Duke Ellington sind nicht immer so leicht zu durchschauen. Wollte er sich überhaupt vorbereiten auf die Session? Wollte er sich wirklich dieser Sängerin Ella Fitzgerald unterordnen? Das Zentrum des Albums bilden nicht, wie man eigentlich erwarten würde, bekannte Kompositionen Ellingtons mit Ella, sondern ein völlig neues, vierteiliges Instrumental mit dem Titel *Portrait of Ella Fitzgerald*, das seine eigene Band bestreitet. Die einzige Verbindung, die dabei übrigens zu Ella Fitzgerald hergestellt wird, besteht in dem ungewöhnlichen Entschluß Duke Ellingtons, jedes Stück mit einer gesprochenen Einleitung voll Charme und Liebe zum anderen Geschlecht zu versehen.

Das gibt uns möglicherweise einen Hinweis darauf, wie Ellington an dieses Projekt heranging, denn selbst in seiner Autobiographie wiederholt er noch einmal das uneingeschränkte Loblied auf Ella.[23] Fast bekommt man den Eindruck, daß er sich bei Ella entschuldigt, ihr die Session verdorben zu haben, während er sich doch gleichzeitig selbst nichts dabei vergab. Ellington war zu stolz, um sich unterzuordnen, und beim *Duke Ellington Songbook* merkt man das ganz deutlich.

Nach ihrer Rückkehr von der jährlichen JATP-Tournee im Herbst hatte Ella im Oktober 1956 ein Engagement im exklusiven Mocambo am Sunset Strip. Der Erfolg ihres Porter-Albums machte sich bereits bemerkbar: Sie schlug Roberta Sherwood, die vor ihr in dem Klub aufgetreten war, obwohl Walter Winchell eine noch nie dagewesene Werbekampagne für Miss Sherwood im Radio gestartet hatte. Im Vergleich dazu kam Ella fast ohne Vorankündigung in Charlie Morrisons »Mo« und trat trotzdem jeden Abend vor ausverkauftem Haus auf.

Im Mocambo hatte sie eine Begleitband von der Westküste, die von Barney Kessel an der Gitarre angeführt wurde. Dazu kamen der Bassist Max Bennet, der Schlagzeuger Larry Bunker und der Pianist Jimmy Rowles. »Ich habe das erste Mal mit Ella zusammengearbeitet, als wir ein Engagement im ›Mocambo‹ hatten«, erinnert sich Rowles. »Dann habe ich in den sechziger Jahren noch ein paar Platten mit ihr gemacht und schließlich in den Achtzigern noch einmal mit ihr zusammengearbeitet, und zwar ungefähr drei Jahre lang.«[24]

Am 20. Januar 1957 stand Ella wieder im Aufnahmestudio, um »Hear My Heart« und »Hotta Chocolota« zu machen, die sich von der Qualität her kaum von dem unterschieden, was Granz der Decca in früheren Jahren angekreidet hatte. In der letzten Januarwoche trat sie dann im New Yorker Paramount Theatre zusammen mit Nat »King« Cole und Count Basie und seinem Orchester auf, mußte jedoch mitten in der Sonntagsvorstellung wegen akuter Unterleibsbeschwerden von der Bühne.

Sie wurde sofort ins Krankenhaus gebracht. In einer 75minütigen Operation wurde ihr ein Abszeß entfernt. Wie wichtig sie inzwischen für die JATP-Tournee geworden war, läßt sich vielleicht daran ablesen, daß Granz wegen Ellas Erkrankung sofort die ganze Europatournee im März absagte. Da sich jedoch die europäischen Veranstalter lauthals gegen diese Entscheidung wehrten, setzte er die Tournee für Mitte April neu an, auch wenn das nicht unerhebliche Kosten und Probleme verursachte. Ella überwand ihre Krankheit mit eisernem Willen und trat bereits Ende März wieder in einer Fernsehshow bei Ed Sullivan auf.

Etwa um dieselbe Zeit beschloß Ella, von New York City an die Westküste zu ziehen, weil sie dort mittlerweile mehr Zeit verbrachte als in New York. Während ihrer Genesung kaufte sie sich ein Haus in der Hepburn Avenue 3971 in Los Angeles und zog sofort dort ein. Dieser Umzug war nur logisch, weil sie so auch näher bei Granz wohnte, auf dessen Ratschläge sie sich nun fast blind verließ.

Granz, ein typischer Westküstenamerikaner, hatte nicht eine Sekunde daran gedacht, selbst nach New York zu ziehen, obwohl JATP ein so großer Erfolg war, sondern behielt sein Büro im North Canon Drive 451 in Beverly Hills. Ella war ganz begeistert von dem neuen zweistöckigen Haus mit eigenem Grund. »Ich habe mein Haus selbst eingerichtet«, erzählte Ella Mary Okon, kurz nachdem sie eingezogen war. »Sicher würde ich gern ... mehr Zeit mit meinem Adoptivsohn Ray Jr. verbringen. Aber deswegen würde ich niemals meine Tourneen aufgeben. Oh, es ist natürlich manchmal hart, unterwegs zu sein, aber ich würde es vermissen, wenn ich nicht vor den Menschen singen könnte.«[25]

Nachdem sie sich wieder ganz von ihrer Operation erholt hatte, ging Ella zusammen mit Roy Eldridge, dem Geiger Stuff Smith und dem Oscar Peterson Trio mit dem Bassisten Ray Brown und dem Schlagzeuger Jo Jones sowie ihrem eigenen Begleiter Don Abney auf eine lange JATP-Tournee, die sie nach Italien, Deutschland, in die Schweiz, nach Spanien, Frankreich, Holland und in die skandinavischen Länder führte. Ihre Stockholmer Konzerte am 25. und 29. April im Konserthuset wurden vom schwedischen Radio übertragen. Ellas Eröffnungsnummer war eine Coverversion eines Hits, den Guy Mitchell in den Staaten bekannt gemacht hatte und Tommy Steele in Großbritannien, nämlich »You've Got Me Singing the Blues«. Ihr Set umfaßte »Angel Eyes«, »Lullaby of Birdland«, »Tenderly«, »Do Nothing Till You Hear From Me« aus Duke Ellingtons Repertoire und »April in Paris« aus Count Basies Repertoire, einschließlich einer reduzierten Form des Wild Bill Davis Arrangements für Gesang und Trio. »I Can't Give You Anything But Love« befand sich noch immer in ihrem Programm, und zwar mit Nachahmungen von Louis und Rose Murphy.

Als Ella dann im Juni wieder zurückkam, konnte sie sich keine Ruhe gönnen, denn sie hatte bereits ein reizvolles Angebot, im berühmten New Yorker Copacabana aufzutreten. Es handelte sich dabei um das wichtigste Engagement seit ihrem Auftritt im Waldorf-Astoria, und ein erfolgreiches Debüt bedeutete, daß noch mehr exklusive Nachtklubs im Land die Pforten für sie öffnen würden. Die Musikpresse hatte sich vor ihrer Verpflichtung dort schon in Spekulationen über ein Engagement und Ellas Erfolgsaussichten ergangen.

Sie war die erste schwarze Künstlerin, die dort auftrat, und begab sich somit auf unbekanntes Territorium. Diese Tatsache wurde besonders deutlich, weil das Copa sie nach einem älteren Komiker erst als zweite Programmnummer ankündigte. Doch erneut faszinierte Ella das Publikum mit demselben Repertoire wie während der JATP-Tournee. Wieder einmal war ihr Auftritt ein voller Erfolg, und der Inhaber des Klubs versprach ihr, sie beim nächsten Mal an erster Stelle anzukündigen. Die gute Presse half Granz, die Besitzer der riesigen Klubs von Las Vegas endlich dazu zu überreden, daß sie Ella ihre Pforten öffneten.

Im Juli trat Ella wieder im Rahmen des Newport Jazz Festivals auf. Doch diesmal ging es nicht so gut. Ellas Begleittrio mit Don Abney am Piano, Wendell Marshall am Baß und Jo Jones am Schlagzeug spielte ihr nicht gut genug. »Sie war ganz offensichtlich unzufrieden mit den Musikern, die sie begleiteten«, schrieb Bill Coss. »Obwohl der Schlagzeuger tatsächlich Probleme mit dem Takt hatte, war der eigentliche Grund doch ein Mikrofon, das ein- oder zweimal pfiff und sie in eine ganz und gar unprofessionelle Panik versetzte.«[26]

Ella machte ihrem Unwillen Luft, indem sie den Kopf über ihren Begleiter schüttelte. Ihr halsbrecherisches »Airmail Special« jedoch, das sie mit einem so hohen Ton abschloß, daß das Publikum vor Schreck zusammenzuckte, brachte die Sache wieder ins Lot. Um den Auftritt abzurunden, sang sie noch eine Louis-Armstrong-Imitation, »I Can't Give You Anything But Love«.

Ursprünglich war geplant, Louis Armstrongs Geburtstag während dessen Auftritt zu feiern. George Wein, der das Festival organisiert hatte und Armstrongs letzten Auftritt noch in Erinnerung hatte, bat ihn, sein Repertoire ein wenig zu verändern und ein paar seiner alten Hot-Five- oder Hot-Seven-Nummern und dazu noch ein Duett mit Ella zum besten zu geben. Doch das wollte Louis nicht. Aber man hatte einen Kuchen vorbereitet, und Ella, die noch immer ihr Bühnenkleid trug, war unter den Gratulanten, die sich hinter der Bühne einfanden, um Louis Armstrong ihre Glückwünsche zu überbringen. Als man den Kuchen auf die Bühne karrte, bekam Louis Armstrong einen Wutausbruch. Fuchsteufelswild spielte er »The Star Spangled Banner« und marschierte weg. Hinter der Bühne brüllte und fluchte er dann lauthals über Wein, so daß alle im Park ihn hören konnten.

Während dieses Newport Festivals schlugen die Wellen auf allen Ebenen ziemlich hoch. Norman Granz, der höchst erfreut darüber war, einen Plattenvertrag an Land gezogen zu haben, der es ihm erlaubte, das ganze Konzert mitzuschneiden, veranstaltete aus diesem Anlaß ein privates Fest im nahegelegenen Viking-

Hotel. Als man ihn fragte, warum er die Lorillards, die Schirmherren des Festivals und Hauptinitiatoren, nicht eingeladen habe, meinte er nur: »Ich mache mir nichts aus der guten Gesellschaft, und deshalb will ich diese Leute auch nicht hier haben.«[27]

Eine Woche später trat Ella zusammen mit Lionel Hamptons Orchester und Louis Armstrong in Atlantic City auf. Vor 2000 Zuschauern sprang ein Mann auf die Bühne und versetzte ihr einen Kinnhaken von rechts. Dabei brüllte er: »Du hast einen anderen Mann.« Ella stolperte zurück, während Polizei und Musiker den Mann überwältigten. Er wurde später als der 29jährige William Edward Fitzgerald (nicht mit Ella verwandt), wohnhaft in Atlantic City, identifiziert, der sich in psychiatrischer Behandlung befand.

Mittlerweile wuchsen die Spannungen in Ellas Privatleben. Ella war erfolgreich, doch sie hatte niemanden, mit dem sie die Freude darüber teilen konnte. Sie fühlte sich allein und verletzlich. In einem Interview für den *New York Mirror* vertraute sie Sidney Fields an: »Ich möchte wieder heiraten. Ich suche immer noch. Jeder braucht einen Menschen, der ihn durchs Leben begleitet.« Fields kommentierte Ellas Wunsch folgendermaßen: »Das also fehlt in Ellas Leben. Sie ist einsam.«[28]

12. Kapitel

Die Romanze war etwas, was sie eigentlich nicht erlebt hat in ihrem Leben. Sie hatte ganz normale Empfindungen – das galt auch für die Lust –, aber irgendwie hat das nie geklappt bei ihr.

Lou Levy, Pianist.[1]

1957 hatte Ella einen Erfolg nach dem anderen. Zwei der für sie wichtigsten One Nighters lagen vor ihr, nämlich die »Ella Fitzgerald Night« im Hollywood Bowl am 20. Juli und eine Benefizveranstaltung vor dem monegassischen Herrscherhaus am Ende des Monats.

Als sie sich am 29. Juli auf dem Weg nach Monte Carlo befand, wurde in einer aus Oslo kommenden Presseverlautbarung behauptet, sie habe heimlich den Norweger Thor Einar Larsen geheiratet. Die *New York Post* nahm die Geschichte dankbar auf: »Ella Fitzgerald heiratet heimlich Norweger ... Miss Fitzgerald, mittlerweile um die Vierzig, hielt sich angeblich zusammen mit Thor Einar Larsen in einem Vorort von Oslo auf ... Die Sängerin hat die Berichte über ihre Heirat bestätigt ... Bei Miss Fitzgeralds letztem Auftritt vor ihrer Europatournee Anfang dieses Monats während des Newport Jazz Festivals, wo man Louis Armstrong ehrte, war von einer Wiederverheiratung der lebhaften Sängerin noch keine Rede.«[2]

Das war der Anfang einer bizarren Episode in Ellas Leben. Aus Einsamkeit hatte sie Anfang des Jahres während ihrer Skandinavientournee mit JATP eine transatlantische Affäre begonnen. In Oslo zeigten sie und Larsen stolz ein Foto, auf das sie folgenden

Satz geschrieben hatte: »Meinem geliebten Thor, meinem Geliebten und Mann.« Drei Tage später war sie dann in Kastrup, Dänemark, wo sie vom *Ekstra Bladet* interviewt wurde: »Die weltberühmte Jazzsängerin Ella Fitzgerald war heute auf dem Weg von Oslo nach Nizza auch in Kastrup. Angeblich ist sie seit zwei Jahren mit dem norwegischen Impresario Thor Larsen, Stabek, verheiratet. In Kastrup teilte sie *Ekstra Bladet* mit, daß sie nicht mit Thor Larsen verheiratet sei, doch sie sagte das mit einem breiten Lächeln und strahlenden Augen. ›Der Gedanke gefiele mir nicht schlecht. Aber ich hätte Thor Larsen gar nicht vor zwei Jahren heiraten können, weil er zu diesem Zeitpunkt mit einer Schwedin verheiratet war, von der er sich erst jetzt hat scheiden lassen‹ . . . Auf die Frage, ob sie vielleicht in Nizza heiraten wolle, antwortete sie: ›Das würde wohl jeder vermuten.‹ Thor Larsen hat ein Visum für die USA beantragt.«[3]

Fast hätte man den Eindruck haben können, als wünsche sich Ella, daß die Liebeslieder, die sie schon so lange sang, endlich wahr wurden. »Sie hat so etwas Naives an sich«, sagt der Pianist Paul Smith. »Sie ist wie ein kleines Mädchen. Wenn sie unglücklich war, schmollte sie wie eine Achtjährige, was sie irgendwie ja auch war. Ich habe sie immer für eine Lady gehalten, die nie so recht erwachsen geworden ist . . . Sie ist eine sehr sanfte Frau, sie liebt Kinder, und sie ist selbst so eine Art Kind, tief in ihrem Innersten. Sie ist nie romantisch gewesen. Das war wie in dem Film *The Roman Spring of Mrs. Stone* mit Vivian Leigh. Da war eine ältere Dame, die sich in Italien immer mit den jungen Kerlen herumtreibt. Ella war einsam, und von Zeit zu Zeit sind einfach Männer aufgetaucht, mit denen sie dann eine Weile zusammengelebt hat, aber ich glaube nicht, daß sie je einen davon geheiratet hat.«[4]

Ella war in bezug auf das andere Geschlecht ziemlich naiv. Sie war alles andere als eine der konventionellen Schönheiten, fühlte sich von Aufmerksamkeiten geschmeichelt und ließ sich leicht ausnützen. Wenn Ella einen Mann attraktiv fand, ließ sie ihn das auch spüren. »Einmal bin ich zusammen mit Ella bei einer Fernsehshow aufgetreten. Das ist schon Jahre her damals bei WNYC, einem lokalen Sender – ich habe mich wirklich gewundert, daß sie so was macht, aber vermutlich hat sie damals gerade ein Engagement an einem Klub gehabt, und vielleicht hat ihre Presseagentin das für eine gute Idee gehalten. Jedenfalls hatte der Typ eine jazzorientierte Sendung, und da sind wir aufgetreten.

Hinterher haben wir uns ein Taxi nach Uptown geteilt. Sie wohnte im Americana. Auf dem Weg ins Hotel ist sie dann sehr zutraulich geworden. Und als wir da waren, hat sie gesagt: ›Warum kommst du nicht mit rauf. Komm doch noch mit auf einen Drink.‹ Sie war scharf auf mich! Aber selbst wenn ich nicht nein gesagt hätte, wäre da immer noch die Presseagentin gewesen, die von der Idee sicher nicht so viel gehalten hätte. Aber ich fand das süß. Sie war ganz offen und ehrlich und richtig süß«, erinnert sich der Pianist Lou Levy.[5]

Am 15. August berichtete das *Jet*-Magazin, daß man Larsen festgenommen hatte, weil er einer jungen Frau, mit der er verlobt war, Geld gestohlen hatte. Er wurde in Schweden zu fünf Monaten Zwangsarbeit verurteilt und durfte bis 1. Januar 1963 nicht mehr in die USA reisen.[6]

Vor ihrer Abreise nach Europa hatte Ella fleißig in den Aufnahmestudios in Los Angeles gearbeitet und am 23. Juli *Ella and Louis Again* gemacht, das auf Platz 12 in den Album Charts von *Billboard* gekommen war. Am nächsten Tag nahm sie an einer ganztägigen Session mit einem Streichorchester unter der Leitung von Frank DeVol teil. Nach ihrer Rückkehr von dem Benefizkonzert in Monte Carlo zugunsten an Kinderlähmung Erkrankter stellte sie am 13. August *Ella and Louis Again* fertig und begann fünf Tage später die Arbeit an *Porgy and Bess,* wieder zusammen mit Louis. Während sie sich in die Arbeit stürzte, tat ihre Presseagentur ihr möglichstes, alle Schäden abzuwenden, die die unglückliche Affäre mit Larsen vielleicht hinsichtlich ihrer Karriere mit sich brachte. »Die hiesigen Behörden werten Ellas und Larsens Verneinungen als normal in Fällen heimlicher Eheschließung«, hieß es in *Jet*. »Das gilt besonders für den vorliegenden Fall, wo Miss Fitzgerald es möglicherweise als beruflich unklug erachten müßte, mit einer solchen rassenüberschreitenden Ehe in Verbindung gebracht zu werden.«[7]

Als Ella und Louis am 18. August mit der Arbeit an *Porgy and Bess* begannen, sollte das für beide das bisher anspruchsvollste gemeinsame Projekt werden. Sie wurden unterstützt von einem Orchester unter der Leitung von Russell Garcia, und die Idee stammte von Norman Granz. Doch wieder herrschte eine Diskrepanz zwischen Plan und Ausführung: »Ich habe Louis immer unter den schlechtesten Bedingungen bekommen«, beklagte sich Norman Granz. »Wir haben monatelang alles vorbereitet – wie bei der *Porgy-and-Bess*-Langspielplatte mit Ella –, und im letzten Augenblick stellte sich dann meistens heraus, daß er genau an dem Abend irgendwo ein Konzert hatte. Und dann mußten wir natürlich alles in Eile machen.»[8]

Granz war gezwungen, sich bei der Aufnahme von Gershwins Musik gewisse Freiheiten zu nehmen, indem er Ella alle weiblichen Rollen gab und Louis mit Ausnahme des »Buzzard Song«, den Ella übernahm, auch wenn er für eine Männerstimme geschrieben war, alle männlichen. Sowohl Ella als auch Louis bewältigen Gershwins Material mit erstaunlicher Aufrichtigkeit. Ella beispielsweise ist fast schon perfekt bei der Aufnahme von »I Want To Stay Here«. Armstrongs Vocals sind unnachahmlich, doch die Trompete läßt manchmal zu wünschen übrig. Gegenüber dem Glanz von Garcias Orchester klingen seine schweren Synkopierungen oft manieriert.

Ende September startete Granz seine vorerst letzte JATP-Tournee durch Amerika. Zusammen mit Ella traten auf das Oscar Peterson Trio, Roy Eldrigde, Lester Young, Stan Getz, Coleman Hawkins, J. J. Johnson, Illinois Jacquet, Flip Phillips, Sonny Stitt, Jo Jones und das Modern Jazz Quartet. Ende 1957 betrugen Granz' Einnahmen aus den von ihm organisierten Konzerten und Mitschnitten angeblich zehn Millionen Dollar.

Mittlerweile war er Multimillionär und dachte daran, sich allmählich aus dem Berufsleben zurückzuziehen. Er verbrachte immer mehr Zeit in Europa und siedelte schließlich 1959 nach Genf in die Rue Marignac 13 um. Hier baute er eine der umfassendsten privaten Picasso-Sammlungen der Welt auf.

Je größer Verve wurde, desto weniger schien Granz sich für das Management des Unternehmens zu interessieren. Im Herbst 1960 machte MGM ihm ein Angebot für Verve Records über die Summe von 2 750 000 Dollar, und im Spätsommer 1961 war der Abschluß perfekt, einschließlich der Übergabe des Büros.

An Oscar Peterson und Ella jedoch hatte Norman Granz unvermindert großes Interesse, und was Verve/MGM betraf, übte er nach wie vor völlige Kontrolle über ihre Aufnahmen aus. Sie waren mittlerweile internationale Stars, die selbst ein stattliches Einkommen aufzuweisen hatten. Bei Tourneen traten Oscar und Ella als Gespann auf, wobei Oscar Peterson mit seinem Trio im Regelfall den ersten Teil bestritt und Ella, die von Granz als »der Star unserer Show« angekündigt wurde, den zweiten.

Sofort nach Abschluß der JATP-Tournee von 1957 ging Ella in die Paramount Studios von Hollywood, um wieder eine Nebenrolle in einem Film zu spielen. Diesmal mimte sie sich selbst in der Robert-Smith-Produktion *St. Louis Blues* unter der Regie von Allen Reisner. Als Star des Films spielte Nat »King« Cole W. C. Handy, und dazu traten Eartha Kitt, Pearl Bailey, Cab Calloway und Mahalia Jackson auf. Der Streifen war alles andere als bemerkenswert, und die Musik mußte viele Mängel in Dialog und Handlung wettmachen. Der Film hatte im Loew's State in New York am 11. April 1958 Premiere und wurde von den Kritikern unterschiedlich aufgenommen.

Die JATP-Tournee von 1957 führte zum ersten der klassischen Live-Alben von Ella für Verve, das 1958 herauskam. *Jazz at the Opera House* war auch das erste, das stärker noch als ihre Studioaufnahmen spüren ließ, daß Ella dem Publikum geradlinigen Jazz bot.

Ihre Live-Aufnahmen zeugen davon, daß sie für das Publikum und mit ihm lebte, daß der Auftritt vor den Zuhörern für sie das Wichtigste war. »Die Musik, das Singen, das ist ihr Leben«, sagt Paul Smith. »Deshalb hat sie auch so lange gesungen. Sobald sie die Bühne betrat, lebte sie wieder auf. Und der Rest von ihrem Leben – na ja, eine richtige Familie hatte sie ja nicht. Egal wie erfolgreich sie war, und das war sie weiß Gott wirklich, sie hatte doch auch immer ein bißchen Angst, ob die Leute sie auch mögen würden. Das war ihre Herausforderung. Als wir im Paramount in San Francisco auftraten, einem exklusiven Hotel, hat sie alle

Rekorde gebrochen. Aber jedesmal wieder, wenn wir dort waren, hat sie hinter dem Vorhang hervorgelugt und gesagt: ›Hoffentlich mögen mich die.‹ Und ich habe dann geantwortet: ›Was bleibt denen schon anderes übrig, als dich zu mögen!‹«[9]

Jazz at the Opera House kam 1986 auf CD neu heraus und umfaßte Ellas ganzen Auftritt am Chicago Opera House vom 29. September 1957 in Stereo sowie ihren Auftritt am Shrine Auditorium in Los Angeles vom 7. Oktober in Mono. Begleitet von Oscar Petersons Trio – Herb Ellis, Gitarre, Ray Brown, Baß, und Jo Jones, Schlagzeug –, beweist Ella ihre bemerkenswerte Stetigkeit. (Die meisten Songs wurden an beiden Veranstaltungsorten aufgenommen, und manche davon unterscheiden sich in der Länge nur um eine Sekunde.) Die mittlerweile vierzigjährige Ella befand sich auf der Höhe ihrer Fähigkeiten. »Ich kann nur sagen, daß Ella der Traum eines jeden Begleiters ist«, sagt Paul Smith. »Ella war bei allen Dingen immer sehr beständig. Sie tat nie etwas Unmusikalisches. Man wußte, wann sie eine Note halten würde oder was sie machen wollte. Viele Sänger können das nicht. Man muß riechen, was sie wollen, man weiß einfach nicht, was sie vorhaben. Sie machen es bei den Proben so, und auf der Bühne machen sie es wieder anders. Ella war so musikalisch, daß es ganz einfach war, sie zu begleiten. Natürlich machte sie nicht immer alles gleich, aber durch ihre Beständigkeit war es leicht, ihr zu folgen. Normalerweise kann man sagen: Je schlechter ein Sänger, desto schwerer ist es, ihn zu begleiten.«[10]

Im Oktober vollendete Ella das *Ellington Songbook* und nahm zwei Alben mit leichten Swingnummern auf, bei denen sie vom Frank-DeVol-Orchester begleitet wurde: *Like Someone in Love* und *Hello Love*. Das Ergebnis einer weiteren Session mit DeVol im November des folgenden Jahres war *Ella Sings Sweet Songs for Swingers*. Bei diesen Alben wagte Granz endlich auch einmal einen Blick über den Zaun zu Capitol und Frank Sinatra und griff dessen Idee des »Konzept«-Albums auf: Die Aufnahmen mit Ella und DeVol richteten sich, wie es in den Liner Notes zu den Originalaufnahmen von *Like Someone in Love* heißt, an »Liebende«, ganz ähnlich wie Frank Sinatra sich in seinen ersten Alben für Capitol an »unsere städtische Jugend« wandte. An Ellas

Songbooks reichen diese Alben nicht ganz heran, aber immerhin handelt es sich dabei um gute Songs, die auch gut präsentiert werden.

Im November war Ella wieder mit ihrem Trio auf Achse. Don Abney jedoch hatte die ständige Herumfahrerei satt und beschloß zu kündigen, um in New York freiberuflich zu arbeiten. Norman Granz fragte daraufhin Lou Levy während eines Aufnahmetermins am 22. Oktober 1957, ob er nicht Don Abney ersetzen wolle: »Ich kann mich genau daran erinnern«, erzählt Levy. »Ich machte gerade zusammen mit Stan Getz und Gerry Mulligan eine Aufnahme bei Capitol Towers in Hollywood, das Album hieß *Getz and Mulligan in Hi-Fi.* Damals arbeitete ich gerade mit Peggy Lee zusammen, und er sagte im Scherz – allerdings glaube ich gar nicht, daß er es so scherzhaft meinte, wie er es sagte –: ›Würdest du nicht gern mal mit einer richtig guten Sängerin zusammenarbeiten?‹ So hat er mich gefragt, daran erinnere ich mich noch genau. Ich weiß zwar nicht mehr, was ich darauf geantwortet habe, aber es hat sich dann so ergeben, daß ich ein paar Jahre lang mit Ella zusammengearbeitet habe und dann wieder zu Peggy Lee zurück bin, und danach war ich noch mal mit Ella zusammen.«[11]

Ella begann das Jahr 1958 mit einem Engagement am Chicagoer Chez Paree und machte stolz Werbung für ihre Rolle in dem Film *St. Louis Blues,* indem sie die Songs daraus in ihr Repertoire aufnahm. Im folgenden Monat war sie dann im Moulin Rouge in Los Angeles. An keinem der beiden Veranstaltungsorte war jemals zuvor ein Jazzkünstler aufgetreten, so daß Ellas Scheitern eigentlich schon vorprogrammiert zu sein schien. Doch wieder einmal schlug sie das Publikum völlig unerwartet in ihren Bann. »Die Drossel bestritt ihren ganzen Auftritt vom fest installierten Mikrofon aus und zwang das Publikum so, sich auf ihre Stimme zu konzentrieren«[12], schrieb ein aufmerksamer Kritiker.

Im Februar handelte Benny Goodman für die Texaco Company ein einstündiges Fernsehspecial aus, das im Rahmen der Texaco-Star-Theatre-Serie gesendet werden sollte. Dieses Programm war ausgesprochen populär; es wurde eine 45er Platte als Werbung für die Show gemacht, und Goodman selbst trat in Hy Gardners Fernseh-Talkshow und Jack Paars »Tonight Show« Anfang April auf und erzählte von den Gästen seiner eigenen Sendung, darunter Ella, Jo Stafford, Ray Eberle und Harry James sowie eine Big Band mit Topstars, die eigens für die Show zusammengestellt wurde.

Das zentrale Thema war eine Rückbesinnung auf die große Zeit des Swing. Als die Show dann schließlich am 9. April gesendet wurde, war Ella der wichtigste Gast mit insgesamt sechs Nummern. Die Show *Swing Into Spring* bekam begeisterte Kritiken, und Goodman wurde für eine weitere Ausgabe verpflichtet, die 1959 gemacht werden sollte. Doch unglücklicherweise erneuerte die Texaco nach der zweiten Show am 10. April 1959, bei der Ella und Peggy Lee, die ehemalige Schülerin von Benny Goodman, auftraten, ihre Option nicht.

Ellas interessanteste Fernsehauftritte waren jedoch vermutlich die zusammen mit Frank Sinatra. So war sie zum Beispiel am 9. Mai 1958 in seiner *Frank Sinatra Show* zu Gast und noch einmal am 13. Dezember 1959 bei einem Timex Spectacular mit dem Untertitel *Frank Sinatra: An Afternoon With Friends*. Diese Auftritte wiesen bereits den Weg zu Sinatras mittlerweile legendärer Sendung *A Man and His Music*. Bei all diesen Gelegenheiten war deutlich zu spüren, wie sehr Sinatra seine Zusammenarbeit mit Ella genoß. Hier trafen sich zwei Giganten der modernen Musik, und das Zusammenspiel war perfekt. Die eher zurückhaltende Swingsängerin und der extrovertierte Swingsänger, beide jedoch auf der Höhe ihres Ruhms, schienen zusammen die Kraft zu haben, Berge zu versetzen. Da waren große Dinge zu erwarten.

Doch die beiden traten später kaum noch miteinander auf. »Ich war damals nicht mit ihnen zusammen, als sie zusammenarbeiteten«, erzählt Paul Smith, »aber Ella hat gern mit ihm zusammen gesungen. Sinatra hat ihr bei der Show *A Man and His Music* sogar seine Garderobe überlassen. Aber man munkelt, daß Norman sich damals eingemischt und Melodien vorgeschlagen hat, die die beiden miteinander machen sollten. Frank hat es aber nicht allzu gern, wenn man ihm vorschreibt, was er tun oder lassen soll, also hat er Norman aus dem Studio werfen lassen. Nach dieser kleinen Auseinandersetzung haben sich die beiden nie mehr so richtig vertragen, und Norman hat Ella nicht mehr mit

Frank zusammen auftreten lassen. Er hat sie einfach zu teuer gemacht. Wenn Frank mit ihr zusammenarbeiten wollte, zum Beispiel in der Radio City Music Hall, hat Norman gesagt, in Ordnung, gut, aber das kostet dich eine schöne Stange Geld, und das war's dann.«[13]

Für das Publikum war das fast so etwas wie eine kleine Tragödie. »Norman wollte immer das Sagen haben«, bestätigt Lou Levy, »aber Frank Sinatra läßt sich von niemandem etwas sagen. Tja. Mit Cäsar streitet man sich eben nicht herum.«[14] Die Geschichte beweist nur wieder einmal Granz' völlige Kontrolle über Ella.

Wenn Ella tatsächlich mit Frank Sinatra hätte zusammenarbeiten wollen, hätte Granz letztlich nichts dagegen unternehmen können. Doch sie stand ganz unter seinem Einfluß. »Ich würde sagen, Granz war so etwas wie ein Guru für sie«, meint Paul Smith. »Er hat ihre Karriere in einem Maße bestimmt, daß er ihr praktisch alle Engagements verschafft hat, und sie ist dann einfach aufgetreten, wo er wollte. Zum Beispiel hatten wir in Europa jeweils zwei Konzerte an einem Tag, an unterschiedlichen Orten. Das eine Konzert war von sechs bis neun, dann haben wir ein Flugzeug genommen und sind noch zu einem Mitternachtskonzert vierhundert Meilen entfernt geflogen. So hart hätte das eigentlich nicht sein müssen, wissen Sie, wir hätten es wirklich ein bißchen ruhiger angehen lassen können.

Musikalisch gesehen hatte Norman ganz klare Abneigungen und Vorlieben. Er machte pauschale Aussagen, so sagte er zum Beispiel einmal, er hasse alles, was Stephen Sondheim je geschrieben habe. Wenn Ella einen Song von Stephen Sondheim machen wollte, redete er so lange auf sie ein, bis sie ihn wieder aus dem Programm nahm, um einen Streit mit ihm zu vermeiden.«[15]

Viele von Ellas Begleitern mußten sich auch gefallen lassen, daß Granz die Melodien für Ellas Programm zusammenstellte. »Er hat alles geplant«, erinnert sich Lou Levy. »Er hat die Songs ausgesucht und mir am Anfang des Konzerts eine Liste gegeben, wenn er zufällig da war. Sie hat die Sachen nicht selbst ausgesucht.«[16]

Granz kontrollierte nicht nur im großen und ganzen, was Ella sang, sondern entschied auch, welche Musiker eingestellt oder gefeuert wurden. Ella kam einfach seinen Wünschen nach. Als Granz im September 1958 eigenmächtig den Trompeter Roy Eldridge für die Begleitgruppe von Ella engagierte, war das eine musikalisch völlig überflüssige Entscheidung, die nur zu Spannungen zwischen Ella und Roy führte. Beide ließen sich jedoch nichts anmerken, um Granz zu gefallen. Granz blieb der beherrschende Faktor in Ellas Leben, sogar noch in den achtziger Jahren, wo sie, um den alten Scherz zu zitieren, vermutlich das Telefonbuch hätte singen können, und das Publikum wäre darüber noch immer beglückt gewesen.

Jimmy Rowles, der seit Anfang der achtziger Jahre mit Ella zusammenarbeitete, hatte in den fünfziger Jahren zusammen mit Billie Holiday einige Aufnahmen für Verve gemacht und damals schon erfahren müssen, wie Granz arbeitete. »Er hat seinen Einfluß auf Billie vorgeführt, als ich eine ganze Reihe von Platten zusammen mit ihr, Benny Carter, Sweets und Ben Webster gemacht habe. Billie wollte ›I Never Had a Chance‹ singen, aber er ließ sie nicht, weil er den Song nicht mochte. Bei Ella war's das gleiche. Plötzlich ist er in Europa aufgetaucht und hat sich in ihrer Garderobe mit ihr getroffen. Kurz vor dem Auftritt hat er dann einfach die Hälfte der Nummern herausgenommen, die wir geprobt hatten – wir hatten uns da wirklich eine nette Show zusammengestellt. Und plötzlich mußten wir Nummern machen, die wir schon sechs Monate nicht mehr gespielt hatten! Ich habe das nie verstanden. Ich glaube, er hat das gemacht, um alles durcheinanderzubringen. Ich kenne ihn, das hat er schon damals bei Lee und Lester Young so gemacht, als Billie mit uns zusammengearbeitet hat.«[17]

Mitte April 1958 reiste Ella mit ihrem eigenen und dem Oscar Peterson Trio zu einer Reihe von Konzerten nach Europa. Am 25. April traten sie im Teatro Sistina in Rom auf, wo das Konzert mitgeschnitten wurde, ohne daß die Künstler davon wußten. Die Bänder lagen in den Archiven von Polygram, bis der Musikwissenschaftler Phil Schaap sie 1987 entdeckte und veröffentlichte. Als der Mitschnitt schließlich 1988 als *Ella in Rome – The Birthday*

Concert herauskam, führte das Album den ganzen Sommer lang die Charts an. »Eins meiner Ziele war es, die bestmögliche Tonqualität für die Neuauflage zu finden«, meint Phil Schaap. »Im Archiv der Polygram habe ich immer wieder festgestellt, daß die Tapes falsch archiviert werden. Eines Tages arbeitete ich gerade an einem völlig eigenständigen Oscar-Peterson-Projekt und entdeckte eine versiegelte Schachtel mit einem römischen Poststempel vom 28. April 1958. Es war schon merkwürdig genug, daß das Päckchen aus Rom stammte, aber noch interessanter waren sein Umfang und seine Größe. So etwas gab es nicht allzu oft. Es schien sich um ein Konzert von Oscar Peterson zu handeln, doch dann kam eine lange Pause, die ich abwartete, weil jemand Ella für den zweiten Teil ankündigte.

Als nächstes hatte ich das Problem, das ganze Konzert zu finden. Es gibt 130 000 Tapes in den Gewölben von Polygram, aber zum Glück sind sie nach Farbkodes sortiert, und so habe ich dann neun Schachteln gefunden. Peterson und anschließend Ella, alles auf Dreispurstereo, was 1958 noch ganz selten war. Schließlich gelang es mir, das Konzert zusammenzustellen. Ich denke mir, daß Norman Granz ein Live-Album als Nachfolger von *Opera House* machen wollte. Die *Songbooks* verkauften sich gut. Er beauftragte die RCA in Rom, die Tapes zu machen, aber als sie sie zurückschickten, waren sie nicht abgemischt. Also legte Norman die Sachen weg und vergaß sie, das passierte ihm hin und wieder mal, und dreißig Jahre später haben wir dann einen Ella-Klassiker, ein wichtiges Dokument aus ihrer besten Zeit.«[18]

Insgesamt entdeckte Schaap 28 Nummern aus den Nachmittags- und Abendkonzerten, unter denen sich auch etliche Duplikate befanden. Schließlich wurden achtzehn Stücke zur Veröffentlichung aufbereitet. Das Album ist bemerkenswert, nicht nur weil Ella sich von ihrer besten Seite gibt, sondern auch weil Lou Levy, Max Bennett am Baß und Gus Johnson sich zu einer erstaunlich geschlossenen Einheit verbunden hatten. Bennett und Levy hatten im vorhergehenden Jahr bereits ein gemeinsames Album bei RCA aufgenommen, *Lou Levy: A Most Musical Fella,* und sich mit Johnson geeinigt, 1958 als Lou Levy Trio für Jubilee Records Platten zu machen.

»Ich habe nicht mal gewußt, daß sie *Ella in Rome* aufgenommen haben«, erzählt Levy. »Als die Platte herauskam und ich eine kriegte, dachte ich: ›Mein Gott, das war aber ganz netter Swing damals.‹ Es war einfach toll! So viel Schwung dahinter, das hätte man im Studio nie bekommen. Wir waren unterwegs und gut drauf, wie eine Mannschaft im Sport – je mehr man spielt, desto besser wird man. Und das galt auch für unsere Gruppe und Ella. Wir haben uns einfach in Stimmung gespielt. Es war großartig, Ella war großartig, und weil wir nicht wußten, daß wir aufgenommen werden, haben wir an überhaupt nichts gedacht, wir haben einfach nur gespielt.«[19]

Mehr als jedes andere Album aus dieser Zeit definiert *Ella in Rome* ihre Fähigkeiten. Darauf finden sich Songs von großen Komponisten wie Gershwin, Richard Rodgers, Cole Porter, ihr unbeschwertes »I Can't Give You Anything But Love« mit ihren Imitationen von Louis Armstrong und Rose Murphy, die Scatnummern »Lady Be Good«, »Stompin' at the Savoy«, Stücke aus dem *Ellington Songbook* und eine Version von »St. Louis Blues« einschließlich einer Scateinlage.

Die römische Version von »I Love You Porgy« gehört vermutlich zum Besten, was Ella Fitzgerald je auf Platte gemacht hat. Es handelt sich dabei um eine einfühlsame Darbietung und ein bemerkenswertes Beispiel dafür, daß sie durchaus in der Lage war, einen Song zu »internalisieren«, also die wirkliche Bedeutung eines Liedes zu ergründen, eine Fähigkeit, für die Ella, wie wir bereits gesehen haben, eigentlich nicht unbedingt bekannt war. »Ich habe miterlebt, wie sie die Menschen Abend für Abend begeisterte«, sagt Lou Levy. »Ein riesiges Publikum, 18 000 Leute oder noch mehr. Was diese Leute hörten, wenn sie die Augen zumachten, war eine phantastische Sängerin, und was sie sahen, war eine Frau, die Spaß hatte am Singen.«[20] *Ella in Rome* zeugt vielleicht mehr als alle anderen ihrer Live-Alben von Ellas Freude an der Musik.

Die Gruppe setzte ihre Tournee durch Europa fort. Als sie zu einem fünfzehntägigen Abstecher nach England einreisen wollte, beschlossen die britischen Zollbehörden nachzuprüfen, ob ein notwendiger Zusammenhang zwischen Jazz und Drogen bestand.

Doch selbst nach einer langen Suche konnten sie nichts finden. Bei Ray Brown hatte man eine Leibesvisitation vorgenommen, Ellas Gepäck hatte man durchsucht, Vitamintabletten schickte man zur Analyse ins Labor, und eine Tube Zahnpasta, die Granz gehörte, wurde aufgeschnitten, um den Inhalt zu überprüfen. Die Durchsuchung dauerte so lange, daß ein geplantes Fernsehinterview abgesagt werden mußte. »Durchsuchung der Zollbehörden erzürnt Ella«, hieß es in der *New York Post*. »›Ich bin noch nie im Leben so gedemütigt worden. Und dabei habe ich schon eine Menge Reisen gemacht‹«[21], sagte Ella mit bitterer Stimme.

Im Juli 1958 hatten Ella und Duke Ellington ihren ersten großen gemeinsamen Auftritt in der Carnegie Hall, wo sie das *Ellington Songbook* vorstellten. Die *New York Times* war alles andere als beeindruckt. Es handelte sich dabei jedoch um den Beginn einer Zusammenarbeit zwischen Granz und Ellington, die die Wege von Ella und Duke Ellington die folgenden Jahre verbinden sollte.

Im Juni trat Ella in Manhattans exklusivem Nachtklub Copacabana auf. Für alle deutlich sichtbar hatte sie an Gewicht verloren. »Ich habe 32 Pfund abgenommen«, sagte sie. »Und man hat mir so viele Komplimente gemacht, daß ich unbedingt noch weitere zehn Pfund abnehmen möchte.«[22] Doch das schaffte sie nie, weil ihre Nervosität sie immer wieder dazu trieb, große Mengen zu essen.

Unterdessen machten Granz und Ella neue *Songbooks*. Im März beispielsweise hatten sie ein Irving-Berlin-Album zusammen mit dem Orchester von Paul Weston fertiggestellt. »Paul Weston hatte ein festes Orchester, das er bei allen Aufnahmen einsetzte«, erinnert sich Paul Smith. »Ich habe damals alle Termine von Weston gemacht und dazu noch die von Billy May. Paul wollte, daß seine Rhythm Section zu seinem Stil paßt – das war ein kühler, glatter, ziemlich ausgeklügelter kommerzieller Jazz. Aber als er die Aufnahme mit Ella gemacht hat, habe ich ihm vorgeschlagen, eine lebhaftere Rhythm Section zu verwenden, hauptsächlich die Leute von Billy May, mit denen ich ebenfalls zusammenarbeitete – Alvin Stoller am Schlagzeug, Joe Mondragon am Baß und Al Henrickson an der Gitarre –, weil diese glatte Rhythm Section einfach nicht zu Ella paßte. Also hat er das gemacht, und ich glaube, daß das Irving-Berlin-Album eins der besseren ist aus der *Songbook*-Serie.«[23]

Berlins manchmal ausgesprochen gewundenen Wortspielereien (»I want to peep through the deep, tangled, wild wood / Counting sheep 'til I sleep like a child would«) werden von Westons schlichten Arrangements wunderbar ergänzt. Dieses Album streicht Ellas meisterhafte Diktion besonders heraus. Das war auch die Meinung der National Academy of Recording Arts and Sciences, die ihr 1958 bei ihrer Gründungssitzung einen »Gramophone Award« (»Grammy«) als beste Sängerin verlieh. Außerdem gewann sie die Kategorie »Beste Jazzdarbietung eines einzelnen« für ihr *Duke Ellington Songbook*. Doch das verwundert nicht sonderlich, denn ihre Konkurrenten waren Matty Matlock mit *Dixieland Story*, Jonah Jones mit *Baubles, Bangles and Beads* und *Jumpin' With Jonah* sowie George Shearing mit *Burnished Brass*.

Im November 1958 versuchte Granz es wieder einmal mit einem neuen Ansatz für Ella und brachte sie mit Marty Paichs Dek-Tette zusammen. 1956 hatte Mel Tormes *Lulu's Back in Town* für eine Sensation unter den Musikern gesorgt. Die Verbindung von Ella und Paich funktionierte weit weniger gut; auch Torme fiel es schwer, den Zauber von »Sings Fred Astaire«, »Prelude to a Kiss« oder »Swings Schubert Alley« zu wiederholen. Paich und Torme gelang es, die schwierigen Melodien verführerisch einfach klingen zu lassen, was nur möglich ist, wenn sich ein einfallsreicher Sänger und ein experimentierfreudiger Arrangeur zusammentun. Die Verbindung Ella/Paich war eine einseitigere Angelegenheit, der es am Reiz des Neuen und am musikalischen Esprit mangelte, die Torme seinen Darbietungen verlieh. Das lag vor allem an der Auswahl der Songs, die hauptsächlich für Big Bands geschrieben waren.

Anders als bei Songs von Cole Porter oder Irving Berlin, die als solche unabhängig sind, erscheinen die Big-Band-Nummern zu stark mit der einzelnen Darbietung verbunden – Roy Eldridge und »Little Jazz« oder »Knock Me a Kiss«, Bon Bon mit »720 in the Books« oder Eddie Sauters meisterhaftes Arrangement von »Moonlight on the Ganges« für Benny Goodman beispielsweise. Das gleiche gilt auch für »Ella Swings Lightly«.

Die *Songbook*-Serie erreichte 1959 mit den fünf Alben des Gershwin-Sets unter der musikalischen Leitung von Nelson Riddle ihren Höhepunkt. Lou Levy, der Pianist, erinnert sich: »Wir haben mehrere Wochen lang an dem Album gearbeitet. Ella kam ins Studio und sang, die Hände über den Ohren, in der kleinen Zelle, die sie dort aufgestellt hatten. Wir spielten die Nummern nacheinander runter, ziemlich schnell, obwohl man das später nicht hörte. Nelson Riddle war einfach phantastisch.

Wir gingen die Arrangements durch, um sicher zu sein, daß keine schlechten Noten drin waren, und dann versuchte Ella sich daran. Ich kann mich nicht erinnern, daß wir die Sache jemals bei ihr zu Hause durchgegangen wären, aber sie war immer gut vorbereitet. Ella konnte Noten lesen, zwar nicht wie ein Musiker aus einem Symphonieorchester, aber sie hatte ihr eigenes System, und das funktionierte. Sie lernte die Melodie und den Text, und dann ging's los. Sie hatte nie Probleme mit der Intonation.

Wir haben die Platten wahnsinnig schnell gemacht, das mußten wir auch, denn auf dem Gershwin-Set sind eine Menge Songs. Fünf LPs – das sind ganz schön viele Lieder. Und trotzdem waren Wiederholungen kaum nötig, weil die Musiker alle großartig waren.

Ich habe Nelson einfach toll gefunden. Das zeigte sich besonders an Frank Sinatras Platten, aber auch an denen von Ella. Nelson hatte einen trockenen Humor, er war wirklich ein intelligenter Kerl. Und er war geduldig. Als Dirigent war er eher merkwürdig, ganz anders als die Leute vom College, aber das, was er sagen wollte, hat er trotzdem rübergebracht.«[24]

Das Gershwin-Album kam sofort in die Charts von *Billboard*, was für ein Set mit fünf LPs ziemlich ungewöhnlich war. »Das Gershwin-Album ... ist beispiellos in seiner Intelligenz und Beständigkeit«, schrieb der Kritiker Gary Giddins 1983. »[Ella] trifft nie den falschen emotionalen Ton. Obwohl sie keine tiefgründigen Interpretationen der Texte liefert, unterläuft sie aber auch deren Bedeutung nicht.«[25]

Riddles ganz eigener Stil war auf dem Gershwin-Set weit weniger deutlich zu spüren als bei seinen späteren Arbeiten zusammen mit Ella, so zum Beispiel *Ella Swings Gently With Nelson* oder *Ella*

Swings Brightly With Nelson. Außerdem war es bei den Bedingungen, unter denen alle *Songbooks* aufgenommen wurden, unmöglich, alles zu verinnerlichen, so daß sich immer wieder einmal eine Kluft ergab zwischen Sänger und Song. Wie schon bei der Decca hatte Ella auch bei Verve nur selten Zeit, sich mit dem Material auseinanderzusetzen, bevor sie ins Aufnahmestudio ging, was natürlich zu einer emotionalen Distanz zwischen ihr und dem Text beitrug.

Bei dem folgenden *Harold Arlen Songbook,* einer Hommage an einen Komponisten, dessen Hang zum Jazz wohl noch stärker als der Gershwins war, gelingt Ella oft nur bei den wirklich bekannten Melodien eine bemerkenswerte Darbietung, so zum Beispiel bei »Blues in the Night« oder »That Old Black Magic«. Hier helfen ihr die Arrangements von Billy May, der sich weniger ehrfurchtsvoll an seine Aufgabe macht als Nelson Riddle. Bei anderen Liedern von Arlen scheint Ella, so Max Harrison, den Sinn völlig mißzuverstehen. »Ich habe fast den Eindruck, daß Miss Fitzgerald die Neigung hat, in eher unkommunikativen Gesang zu verfallen, wenn sie sich nicht so ganz sicher ist, was sie mit einer Nummer machen soll.«[26]

Im Herbst 1958 schickte Granz Oscar Peterson und Ella wieder zusammen auf Tournee durch Nordamerika und gesellte noch den ausgezeichneten Trompeter Roy Eldridge dazu, was er bis 1965 noch einige Male tat. Obwohl Eldridge den ganzen Abend mit Dämpfer spielen mußte, bekam er doch auch zwei eigene Nummern, um sein Können zu beweisen. »I Can't Get Started« und eine Riffnummer, die auf »I Got Rhythm« basierte.

1959 übernahm Ray Bryant den Platz am Klavier, und der Gitarrist Herb Ellis, der das Oscar Peterson Trio wegen Alkoholproblemen verlassen hatte, wurde zum Leader der Gruppe. Ellis war mittlerweile mit Hilfe der Anonymen Alkoholiker von der Flasche losgekommen, und Granz wollte ihm helfen, wieder Fuß zu fassen. »Wir haben damals eine Bell Television Show gemacht zusammen mit Gus Johnson und Wilfred Middlebrooks. Ich war der Leader der Band und der einzige Weiße der Gruppe«, erinnert sich Ellis. »Man hat Norman Granz gesagt: ›Wir wollen einen anderen Gitarristen.‹ Norman fragte natürlich, warum. Und er fand den Grund heraus.«[27]

Der Grund war, daß die Verantwortlichen von Bell Television nicht gleichzeitig weiße und schwarze Musiker vor der Kamera haben wollten. »Daraufhin hat Norman ihnen gesagt, daß sie mich nehmen müssen, weil ich der Leader bin. Tja, und dann haben sie einfach das Bild verschwimmen lassen, mit Vaseline auf dem Objektiv, so daß man eigentlich nichts mehr erkennen konnte. Norman hat sich daraufhin in einer zweiseitigen Anzeige in *Variety* darüber ausgelassen. Und er hat es ihnen gezeigt.«[28]

Granz war außer sich, denn egal welche Mängel er als Manager von Ella auch haben mochte, kämpfte er doch nach wie vor gegen die Rassendiskriminierung. Es steht außer Zweifel, daß seine Anzeige in *Variety* und die wichtigen Fragen, die daraus resultierten, starken Einfluß auf die zukünftige Programmpolitik der NBC nahmen. »Ich manage Ella Fitzgerald«, hieß es in Granz' offenem Brief an *Variety*. »Vor einigen Monaten kamen die Vertreter von Henry Jaffe, der eine Show mit dem Titel ›The Bell Telephone Hour‹ zusammenstellt, auf mich zu und fragten mich, ob Ella Fitzgerald in dieser Show bei dem Teil ›Tribute to Gershwin‹ auftreten könne. Natürlich stimmte ich zu . . . Man fragte mich weiter, ob es mir recht wäre, wenn Teddy Wilsons Trio zusammen mit Ella Fitzgerald auftreten würde, und ich stimmte auch diesem Punkt zu.

Bei einem Treffen sagte mir Barry Wood, es gebe Probleme mit der Integration von farbigen und weißen Künstlern bei der Show, und ich drückte meine Verbitterung über diese Politik aus, glaubte jedoch, es wäre besser, Ella in der Show zu lassen und sich dann mit der Frage zu befassen, wenn sie aktuell würde.

Ungefähr eine Woche vor Beginn der Proben zu der Show rief mich Al Lapin an, der die Sendung organisierte, und fragte mich, ob es mir recht sei, wenn Ellas Bassist und Schlagzeuger zusammen mit Teddy Wilson spielten statt der beiden eigentlichen Mitglieder von Wilsons Trio. Ich stimmte diesem Vorschlag zu und schlug außerdem vor, daß Teddy Ellas Gitarristen nehmen könne, weil dieser sie immer begleitete. Doch der Beauftragte der

Gesellschaft sagte, das sei nicht nötig, weil man vorhabe, lediglich Teddy Wilson und die beiden schon erwähnten Männer einzusetzen. Ich sagte: ›Gut, das soll mir recht sein, aber wenn das Wilson Trio Ella begleitet, wird auf jeden Fall ein Quartett daraus, weil der Gitarrist zusammen mit Ella auftreten muß.‹ Er sagte, er werde sich wieder mit mir in Verbindung setzen.

Eine Stunde später rief mich Barry Wood, der Produzent, an: ›Wenn Sie darauf bestehen, einen Gitarristen einzusetzen, soll uns das recht sein, aber dann muß es ein Farbiger sein . . .‹ Ich fragte Wood, warum das nötig sei, und er antwortete, der Sponsor, die Bell Telephone Company, wolle keine gemischtrassigen Gruppen in ihren Shows.

Ich kann mir beim besten Willen nicht vorstellen, warum die Bell Telephone Company keine gemischtrassige Gruppe in ihrer Fernsehshow will, aber ich bin mir sicher, daß kein Mensch in den Südstaaten auf die Idee kommen wird, das Telefon abzumelden, nur weil er in einer von Bell gesponserten Fernsehshow eine Gruppe mit Farbigen und Weißen gesehen hat.

Ich habe Barry Wood erklärt, daß es mir ums Prinzip gehe und ich den weißen Gitarristen deshalb auf keinen Fall aufgeben werde. Wir haben uns eine Weile herumgestritten, und schließlich sagte Wood, daß er, obwohl er persönlich meine Argumentation verstehen könne, im Interesse der Sponsoren darauf bestehen müsse, daß ich den weißen Gitarristen nicht einsetze. Ich antwortete, in diesem Falle würde ich Ella Fitzgerald aus der Show nehmen.

Nach einer weiteren Auseinandersetzung erklärte er sich bereit, den weißen Gitarristen zuzulassen. Gleichzeitig erklärte er mir jedoch, daß ich mich zwar prinzipiell durchgesetzt habe, daß die Gruppe jedoch in der vereinbarten Zusammensetzung nie im Fernsehen zu sehen sein werde. Wie alle, die sich die Show angeschaut haben, wissen, hat er mit seiner Drohung recht gehabt. Auf dem Fernsehschirm waren lediglich Ella Fitzgerald und Teddy Wilson zu erkennen, aber nicht die gemischtrassige Begleitgruppe . . .

Ich fordere [die NBC] deshalb auf, sich mit den Menschenrechten und der Würde des Menschen auseinanderzusetzen . . . und mit einer Sponsorenpolitik, die das Rassenvorurteil in Amerika fördert. Es geht dabei nicht nur um die Frage, daß die Welt auf uns blickt, wie es so oft heißt, sondern es geht dabei schlicht und ergreifend um die Achtung vor dem Mitmenschen ...«[29] Der Brief war mit Norman Granz unterzeichnet.

13. Kapitel

Ella ist ehrlich. Sie ist eine füllige Frau, die so natürlich singt, daß sie sich dabei in ein kleines Mädchen verwandelt. In ein hübsches kleines Mädchen. Sie besitzt die Würde der Unschuld und singt unschuldig. Sie ist fest im Jazz verwurzelt, und zwar in dem fröhlichen, eindringlichen Jazz, den die coolen jungen Männer fast zu Eis haben erstarren lassen.

Herb Caen, The Houston Post, 7. Jan.

Zwei der besten Alben von Ella stammen aus dem Jahr 1960. Das eine, *Mack the Knife: Ella in Berlin*, wurde – abgesehen von den *Songbooks* – ihr bekanntestes Album, das andere, *Let No Man Write My Epitaph*, ihr am wenigsten bekanntes. Bei beiden läßt sie ihrer Intuition freien Lauf. Ohne das Korsett eines vorgegebenen Arrangements blüht sie richtiggehend auf. Während die *Songbooks* mit ihren streicherbetonten Passagen Ella einem großen Publikum zugänglich machten, blieb sie bei Live-Auftritten eine ungekünstelte, schnörkellose Jazzsängerin.

Doch nur durch die Popularität der *Songbooks* war es Ella gelungen, sich von den JATP-Traditionen freizumachen und ein Publikum für sich zu gewinnen, das sich nicht nur für Jazz interessierte. »Sie werfen sich in Schale und besuchen einen Premierenabend von Ella in diesem Hotel oder jenem Nachtklub«, erinnerte sich Mel Torme. »Nicht, weil sie ihren Gesang oder ihre geschickte Auswahl der Songs zu würdigen wissen, sondern weil es sich um ein gesellschaftliches Ereignis handelt, um eine Gelegenheit, von ihresgleichen gesehen zu werden.«[1]

Granz brauchte zehn Jahre, um Ella von den Jazzklubs in Amerikas exklusive Nachtklubs und Konzertsäle zu bringen. Sein nächster Schritt war, ihr die Bühnen der Welt zu erschließen. Er organisierte ihre Tourneepläne von Genf aus und sorgte dafür, daß sie immer öfter in Europa auftrat. »Ich bin das erste Mal 1960 mit Ella auf Tournee gegangen, und zwar ungefähr ein halbes Jahr«, erinnert sich der Pianist Paul Smith. »Ich hatte bei den Aufnahmeterminen mitgemacht, und Norman war zufrieden mit mir. Also habe ich mich für die Tournee von der NBC beurlauben lassen. Wir sind Anfang des Jahres nach Europa gefahren. In Deutschland ließ Norman unsere Konzerte in Hamburg und Stuttgart, insgesamt so ungefähr in sechs oder acht Städten, mitschneiden. Das war unser ganz normales Programm, aber als wir dann nach Berlin kamen, spielten wir in der Deutschlandhalle zum erstenmal Ellas Version von ›Mack the Knife‹, und daraus wurde dann das Album *Ella in Berlin*.

Das war die erste Version und auch die beste. Ella hat sich irgendwie im Text verheddert, aber genau das ist das Schöne an der Platte. Sie hat es immer geschafft, sich aus solchen Sachen wieder herauszuwinden, und das macht das Album so attraktiv! ›Mack‹ ist wahrscheinlich ihr bestes Lied von 1960. Von da an hat sie es immer im Repertoire gehabt, genau wie ›Tisket‹ oder ›How High the Moon‹.«[2]

Im August 1960 brachte Granz »Mack the Knife« als Single heraus, die vierzehn Wochen lang in den Charts war und bis auf Platz 27 hochkletterte. Der Song sorgte dafür, daß *Mack the Knife: Ella in Berlin* zu einem ihrer populärsten Alben wurde. Die Platte bekam zwei Grammys, den einen für die beste gesangliche Leistung einer Sängerin auf einer Single und den anderen für das beste Album einer Sängerin. Von den ersten Takten von »Gone With the Wind« an spielen Ella und ihre Gruppe – Smith, Jim Hall an der Gitarre, Wilfred Middlebrooks am Baß und Gus Johnson am Schlagzeug – voller Kraft und Elan. Die 12 000 Fans, die in die Deutschlandhalle gekommen waren, gaben Ella eine Energie, die sie in den Aufnahmestudios nie hätte bekommen können.

Bei dem Song »Gone With the Wind« beispielsweise beweist Ella ihre Fähigkeit, sich innerhalb einer vorgegebenen Form erstaunlich frei zu bewegen. Trotz der Beschränkungen durch Text, Melodie und Harmonie läßt sich bei keiner Phrase vorhersagen, wie sie sie gestalten wird. Sie überrascht immer wieder durch subtile rhythmische Veränderungen oder eine unvorhergesehene Variation in der Melodie. Fast könnte man das Stück als eine Zusammenfassung ihres Stils *en miniature* bezeichnen.

Smith, ein ausgezeichneter Begleiter und zur damaligen Zeit der wohl gefragteste Studiomusiker der Westküste, machte über dreihundert Sessions pro Jahr. Er hilft Ella auf der Platte, den Schwung zu halten, indem er ihr bei jeder neuen Melodie den Einsatz gibt. Kurz vor »Loreley« neckt er sie wegen der Geschwindigkeit, mit der sie die Strophen singt – das war übrigens ein Scherz, den sie sich mit den meisten Musikern leistete –, indem er selbst die Melodie übertrieben schnell spielt. »Bei Ella mußte man die Strophen schon kennen«, erinnert sich Lou Levy. »Es gab eine ganze Menge Strophen, und sie ist einfach darüber hinweggefegt! Nehmen Sie zum Beispiel ›Just One of Those Things‹, das ging folgendermaßen [singt den Text übertrieben schnell], und dabei kommt ein Akkord nach dem anderen, zack, zack, zack. Da mußte man ganz schön aufpassen! Sie war einfach rasend schnell.«[3]

Ella besaß eine rhythmische Intensität, die sich nicht nur auf die schnellen Tempi beschränkte, sondern auch bei den langsamen zu spüren war. Sie konnte mit einer Selbstvergessenheit swingen, die nur wenige *Instrumentalisten* im Jazz erreichten. Andere Sänger und Sängerinnen konnten davon nur träumen beziehungsweise sie um ihre makellose Intonation und ihre Stimmbeherrschung beneiden. Doch darüber hinaus vermittelte sich die Freude, die sie selbst am Singen hatte. Die Kreativität, die durch die Wechselwirkung zwischen Sängerin und Publikum entstand, fehlt jedoch mit Ausnahme von *Ella Sings Gershwin* zusammen mit Ellis Larkins und »Let No Man Write My Epitaph« fast ganz bei den Studioaufnahmen. Man muß unterscheiden zwischen der begnadeten Sängerin, die im Aufnahmestudio praktisch alles, was man von ihr verlangte, mit einer, wie Whitney Balliet es einmal nannte, »glatten Perfektion« singen konnte, und der Sängerin, die mit ihrem Publikum eine kreative Symbiose einging.

Anfang 1960 übernahm Ella für Columbia Pictures eine Nebenrolle in dem Film *Let No Man Write My Epitaph*, in dem es um die sozialen Beziehungen einer Gruppe von Menschen am Rande der Gesellschaft geht. James Darren, Shelley Winters, Burl Ives und Jean Seberg agieren in einem düsteren Melodram, das im Chicago der fünfziger Jahre angesiedelt ist und auf einem Roman von Willard Motley basiert. Ella spielt darin die Rolle einer resignierten Drogensüchtigen, für die sie schon aufgrund ihrer Leibesfülle ziemlich deutlich fehlbesetzt war. Aber jedenfalls hatte sie so Gelegenheit, »Reach For Tomorrow« zu singen. Granz beschloß, sich die Publicity für den Film zunutze zu machen und ein Album mit dem Titel des Films aufzulegen. Der Film, der dann im November 1960 herauskam, erwies sich als Flop und das Album ebenfalls.

»Die Songs kamen 1991 noch einmal als CD heraus, und zwar unter dem Titel *The Intimate Ella*«, sagt Paul Smith. »Wir haben die Platte zusammen gemacht, nur sie und ich am Klavier. Ich würde jedem Sänger raten, sich die Scheibe anzuhören und darauf zu achten, wie *leicht* das klingt... Sie tat das sehr gerne, und deshalb sang sie auch so gut. Ein durchschnittlicher Sänger hätte seine liebe Mühe damit, diese Songs – ›Melancholy Baby‹, ›September Song‹, ›Who's Sorry Now‹, ›I Can't Give You Anything But Love, Baby‹, ›Angel Eyes‹ – so gut zu machen.

Auf dem Soundtrack zu dem Film sang sie nur einen oder zwei Songs. Aber Norman hatte die Idee, daß man die Werbung für *Let No Man Write My Epitaph* eigentlich nutzen könnte. Wir haben die ein oder zwei Lieder, die sie sang, noch einmal neu aufgenommen und dazu noch ungefähr zwölf andere Melodien ausgesucht, damit wir ein Album zusammenbekamen. Es ist eines der wenigen Alben, wo niemand ihr reinredete. Da gab es keine langen Hornpassagen und auch keine Soli von Oscar vor und nach jedem Chorus und auch keinen ›Sweets‹ Edison oder Roy Eldridge, die ihr ihren Erfolg streitig machen wollten. Sie sang einfach gerne Balladen, und wenn sie erst einmal in der richtigen Stimmung war, mochte sie das lieber als die schnellen Nummern.«[4]

Das Album wurde am 14. und 19. April in Los Angeles aufgenommen und ist, was die Qualität der Aufnahme anbelangt, ausgesprochen gut. Das trägt zur Zeitlosigkeit dieser Platte bei.

Smiths' Begleitung ist makellos. Er unterstützt die Sängerin, statt sie zu überdecken. Einfühlsam und unaufdringlich setzt er seine brillante Technik ein, um sie zu ergänzen. Ella ihrerseits macht diese Aufnahme mit ihrer präzisen Artikulation, ihrer perfekten Atemtechnik, ihrer Fähigkeit, tiefe und hohe Noten gleichermaßen mühelos *sotto voce* zu singen, sowie ihrer Modulation und ihrem geschmackvollen Einsatz des Vibrato zu einer ihrer allerbesten.

Obwohl mehrere der Melodien schon als Mitschnitte auf Platte existierten, so zum Beispiel »Angel Eyes«, »Misty« und eine Parodie von »I Can't Give You Anything But Love, Baby«, hatten die *Epitaph*-Versionen doch eine Reinheit, die sie wie befreit vom Ballast ihres eigenen Stils erscheinen lassen. Jeder Song klingt, als würde er zum allerersten Mal gesungen. »Das ist nicht die Ella der Bühne oder der Marathonshows«, schrieb Max Jones 1960. »Das ist eine völlig neue Sängerin, die sich auseinandersetzt mit dem leicht melancholischen Material . . . Ella ist nicht gerade die emotionalste der Jazzsängerinnen, aber diesmal ist es ihr gelungen, auf ihre eigene nachdenkliche, wenn auch unbekümmerte Weise in die Songs einzudringen.«[5]

Mitte der sechziger Jahre schloß sich der Pianist Lou Levy zusammen mit Herbie Ellis wieder der Begleitgruppe von Ella an. Sie verbanden sich mit Wilfred Middlebrooks und Gus Johnson zu einem harmonischen Ensemble. Die Tournee war anstrengend, aber, so Levy: »Ich war damals erst Ende Zwanzig, und das Reisen machte mir Spaß. Jeden Tag eine andere Stadt, wunderbare Hotels, wunderbare Mahlzeiten, neue Erfahrungen, neue Eindrücke. Wahrscheinlich war das schon ganz schön hart, aber mir fiel das eigentlich nicht auf, schließlich war ja alles neu für mich.«[6]

Im Januar 1961 befand sich Ella gerade auf Tournee in Australien, als sie gebeten wurde, am 20. des gleichen Monats nach Washington, D. C., zurückzufliegen und ein paar Minuten bei der Gala anläßlich der Amtseinführung von Präsident John F. Kennedy in der National Guard Armory zu singen. Ella war von Frank Sinatra eingeladen worden, dem man die Aufgabe übertragen hatte, die Feierlichkeiten zu organisieren.

Die Gala sollte nicht nur dazu dienen, den Sieg von Kennedy zu feiern, sondern auch, die leeren Kassen der Demokraten wieder zu füllen, die wegen des Wahlkampfs ein Defizit von 4 Millionen Dollar zu beklagen hatten. Die festliche Veranstaltung erbrachte anderthalb Millionen Dollar. Sinatra war es nicht nur gelungen, Ella aus Australien zu holen, sondern auch Gene Kelly aus der Schweiz und Sidney Poitier aus Frankreich. Er setzte die Freigabe von Ethel Merman für einen Abend durch und brachte die Veranstalter auch dazu, die Broadway-Show *Becket* einen Abend ruhen zu lassen, damit Anthony Quinn und Sir Laurence Olivier anwesend sein konnten. Unter den anderen Gästen befanden sich Leonard Bernstein, Bette Davis, Nat »King« Cole, Jimmy Durante, Juliet Prowse, Mahalia Jackson, Harry Belafonte, Milton Berle, Helen Traubel und das Nelson Riddle Orchestra. »Heute abend erlebten wir Meisterhaftes«, sagte Präsident Kennedy.

Im Februar war Ella dann wieder zur achten aufeinanderfolgenden Tournee in Europa und trat am 11. des Monats erneut in der Deutschlandhalle auf. »Letztes Jahr, als wir unser Eröffnungskonzert in Berlin gaben, durften wir uns freuen, eines der besten Alben präsentieren zu können, das der Star unserer Show jemals gemacht hat, und es schien nur recht und billig, das Konzert ›Ella Returns to Berlin‹ zu nennen«, sagte Granz zu Beginn des Abends. Der Mitschnitt wurde 1991 erstmals veröffentlicht, und einige der Nummern von *Ella Returns to Berlin* gehören zu ihren besten Live-Stücken auf Platte. Auf dem Album ist die gesamte Show zu hören, einschließlich der Zugaben und der Jam Session mit dem Oscar Peterson Trio. Wieder bereitete Phil Schaap dieses noch unveröffentlichte Material auf. »*Ella in Rome* zu finden war viel schwieriger. Da es sich aber um eine echte Entdeckung handelte, hatte die Polygram Interesse, noch mehr herauszubringen. Es gab zwei Exemplare des *Berlin*-Konzerts, keins davon jedoch das Originalband, und ich war anfangs bestürzt über die Tonqualität der beiden Tapes. Mit Hilfe der zwei Kopien war ich jedoch in der Lage, das Konzert so weit wieder aufzubauen, daß man es veröffentlichen konnte. Ich würde vermuten, daß es sich dabei um einen Radiomitschnitt handelte; das europäische Radio übertrug solche Ereignisse fast immer, und Granz sagte sich vermutlich, das ist eine professionelle Aufnahme, sie klingt in Ordnung, also nehmen wir die. Aus seinen einführenden Bemerkungen wird ziemlich deutlich, daß er von Anfang an eine Veröffentlichung im Sinn hatte. Vielleicht kam die Platte damals nur deswegen nicht heraus, weil Verve sich gerade im Umbruch befand. Die MGM hatte die Firma übernommen, und die Leute da hatten andere Prioritäten als Norman. Vermutlich hat man die Sache schlicht vergessen.«[7]

An diesem Abend in Berlin schien einfach alles zu stimmen; genau wie bei *Ella in Rome* und *Ella in Berlin* steht hier der Jazz im Vordergrund, und endlich kann sie den Teil ihrer Sängerpersönlichkeit zeigen, der so lange im Schatten der *Songbooks* stand.

»Ich glaube, das Publikum hat ihre Aufrichtigkeit gespürt«, sagt Levy. »Sie hatte einen wundervollen Sound und einen richtig harten Swing – vermutlich den härtesten Swing der Branche. Die meisten Leute würden mir da wahrscheinlich zustimmen. Das Publikum war ganz aus dem Häuschen, und Ella tat das natürlich gut. Die Gruppe war in sich geschlossen, und das Programm war es auch; alles lief wie am Schnürchen, es gab kein Wenn und Aber, alles war richtig harter Swing. Und sie hat die Leute begeistert. Sie hat das wirklich genossen, das hat man jeden Abend wieder gesehen. Eigentlich war sie schrecklich schüchtern, aber wen würde es nicht freuen, wenn einem die ganze Welt zu Füßen liegt, auch wenn man dabei rot wird!«[8]

Ihre Tournee vom Februar 1961, die sie zusammen mit dem Oscar Peterson Trio machte, war ihre bis dahin teuerste. Sie bereisten ganz Europa, füllten Belgrads größten Konzertsaal mit einem Konzert, das in ganz Jugoslawien ausgestrahlt wurde, fuhren weiter nach Griechenland, Israel – »wir gaben ein Konzert in Tel Aviv für die Armee und dann eines für die Zivilbevölkerung«, erinnert sich Levy –, in die Türkei und den Iran. Nach ihrer Rückkehr machte Ella nur eine kurze Pause und trat dann bis Ende April im Basin Street East in New York auf. Danach fuhr sie wieder an die Westküste, wo sie im Mai in Hollywoods Crescendo auftrat und Granz ihre Show mitschnitt.

Entgegen der Information aus den »Liner Notes« zu *Ella in Hollywood* hatte es keinerlei Personalwechsel gegeben. Der Gitarrist ist nicht Jim Hall, sondern Herbie Ellis. Das Album beginnt mit einem Arrangement Lou Levys von »This Could Be the Start of Something Big«, dann folgen drei Nummern, die sie bereits früher und besser in Berlin aufgenommen hatte. Die besondere Attraktion dieses Albums sind zwei Scatnummern, »Take the ›A‹ Train« und »Airmail Special«. Martin Williams hat »A Train« eine »erstaunliche, ausgedehnte Tour de Force des Scat«[9] genannt. Darin verwebt sie Teile des Ray-Nance-Trompeten-Solos aus der Originalaufnahme von Duke Ellington und entwickelt ihre Ideen und musikalischen Motive völlig logisch und zusammenhängend. Am Höhepunkt ihres Solos kehrt sie an den Anfang ihrer Karriere zurück und erinnert an die mitreißenden Riffs der Big Bands, die die Zuhörer vor Begeisterung aus den Sitzen gehoben hatten.

Auf der Platte fand sich außerdem noch eine neue Version von »Mr. Paganini«. »Sie sang das Lied einfach gern«, sagt Levy. »Das war so eine Art Herausforderung für sie. Es hat so viele Tempowechsel, daß es fast schon so etwas wie eine eigenständige kleine Symphonie ist. Sie schien die abgehackte Struktur zu genießen; es war immer wieder Text, Swing, Chorus und so weiter. Aber für mich war ›Mr. Paganini‹, als singe Al Jolson ›Swanee‹ oder so!!«[10]

Im folgenden Monat holte Granz Ella und ihr Quartett für eine Studioaufnahme mit ihrer regulären Truppe, was sonst so gut wie nie passierte. »Auf das Album war ich besonders stolz«, erinnert sich Lou Levy. »›Clap Hands Here Comes Charlie‹ wurde mir übertragen. Norman sagte zu mir: ›Hier ist eine Liste mit Liedern. Such dir mit Ella die aus, die du machen möchtest, schreib die Arrangements dazu, und dann bringen wir das Album raus.‹ Ich glaube, es ist wirklich gut geworden. Wie alle Jazzmusiker klang Ella am besten, wenn die Sachen um sie herum nicht zu kompliziert waren.«[11]

Als das Album 1962 herauskam, bekam es in *Downbeat* vier Sterne und folgende scharfsinnige Besprechung: »Von den zahlreichen Ella-Fitzgerald-Alben stellen nur wenige wirklich gute Beispiele für ihre Qualitäten als Jazzsängerin dar. Dieses Set gehört zu ihren besten. Nur allzu oft hat man bei ihren Platten den Eindruck, sie würden am Fließband gefertigt, was dazu führt, daß man bei dieser großartigen Künstlerin – die doch musikalisch immer gleich gut zu sein scheint – manchmal den Eindruck hat, daß sie glatt und oberflächlich ist, was natürlich dem Publikum entgegenkommt. Dank der hervorragenden Rhythm Section und Levys Einfühlungsvermögen als Begleiter ist diese Session durchgehend leicht und luftig. Es ist ein ausgesprochenes Vergnügen, Miss Fitzgerald zu hören, wie sie mit nur vier Musikern spielt statt mit schwerfälligen Orchestern, mit denen sie sich so oft belasten muß.«[12]

Aus der Sicht des Jazzfans stellen Ellas Alben mit Paul Smith und Lou Levy den Höhepunkt ihrer Schallplattenkarriere dar. Beide waren in der Lage, sie so zu begleiten, daß ihre Stimme klang, als bekäme sie Flügel. Auch in den sechziger und siebziger Jahren hatte sie mit Tommy Flanagan einen kongenialen Begleiter, doch ihrer Stimme war zu diesem Zeitpunkt das Alter schon deutlich anzumerken.

Zusammen mit Levy und Smith schien sie ausgesprochen gern zu arbeiten, das hört man ihren kreativen Darbietungen auf Platte deutlich an. Ihre Stimme war mittlerweile gereift (man vergleiche sie nur einmal mit den Mitschnitten aus Japan von 1952) und durch ihre praktisch allabendlichen Auftritte seit 1935 abgerundet und in sich gefestigt.

Nicht nur Ellas Stimme war so gut wie nie, auch von ihrem Repertoire kann man das sagen. Deshalb gehören die Alben, die sie zusammen mit Smith und Levy machte, zum besten in ihrer umfangreichen Diskographie. Später, als sich Pop und Rock immer mehr durchsetzten, nahm sie dann zunehmend Songs aus diesen Genres in ihr Repertoire auf, genau wie übrigens die meisten anderen Jazzmusiker auch. Sie wurde es müde, »immer die gleichen alten Lieder zu singen«, und sang praktisch alles, was ihr unter die Finger kam: lateinamerikanische Nummern, Kennmelodien von Seifenopern und einmal sogar eine Melodie aus einer Rosinenwerbung. Doch Ende der fünfziger und Anfang der sechziger Jahre bildeten sie, ihre Lieder und ihre Begleiter noch eine perfekte, harmonische Einheit.

1961 begann Ella eine weitere Affäre. »Sie war mit einem Typ von einer dänischen Luftfahrtgesellschaft zusammen. Er war blutjung, hatte rosige Wangen und blaue Augen. Er kam aus Kopenhagen«[13], erinnert sich Lou Levy. Am 16. August berichteten *Ekstra Bladet* und *Berlingske Tidende*, Ella halte sich in Kopenhagen auf. »Ella Fitzgerald wird in Dänemark bleiben«, hieß es in *Berlingske Tidende*. »Sie sucht inkognito ein Wohnung.«[14] Elf Tage später bestätigte die Zeitung dann: »Ella Fitzgerald lebt am Meer! Sie hat eine Wohnung in Kopenhagen, und Norman Granz hält sich häufig in der Stadt auf. Wir konnten schon Oscar Pettiford und Dolphy bei uns begrüßen, und nun haben wir auch noch Ella Fitzgerald in unserer Mitte. Diese Wohnung am Meer wird voraussichtlich ihr Zuhause werden, soweit Menschen, die so viel auf Achse sind wie sie, überhaupt ein Zuhause haben können. Die große Sängerin weiß, daß Dänemark nicht Amerika oder Paris ist. Aber hier findet sie den Frieden und die Ruhe, wonach sie sucht, sagt sie. Sie will sich jedoch nicht über ihre Zukunftspläne äußern und verweist an ihren Manager Norman Granz, der sich ebenfalls in der Stadt aufhält. ›Ella liebt Dänemark, und sie will hier zwischen ihren vielen Tourneen wohnen.‹«[15]

Ihre Suche nach einem geeigneten Haus mußte Ella unterbrechen, um am 6. August vor 110 000 Menschen im West Side Tennis Club aufzutreten. »Ihre Stimme hat eine natürliche Kraft und ein sicheres Gefühl für den Swing«, schrieb George T. Simon. »Sie riß das Publikum mit sich und wurde natürlich tatkräftig und einfühlsam unterstützt von dem Pianisten Lou Levy.«[16] Am 25. war sie wieder in Kopenhagen, wo sie für Verve eine Aufnahme mit einer dänischen Rhythm Section machte. Danach zog sie sich in ihr neues Haus in Strandevejen 417, Klampenborg, einen Vorort von Kopenhagen, zurück.[17]

Ihre Telefonnummer stand nicht im Telefonbuch, aber wenn ihre Fans sie sehen und sprechen wollten, konnten sie sie oft dabei beobachten, wie sie hausfraulichen Tätigkeiten nachging, einkaufte, im Garten arbeitete oder das Haus einrichtete. Sie behielt dieses Haus drei Jahre lang, auch wenn die Affäre mit dem Dänen bereits nach zwölf Monaten wieder vorbei war, und kehrte oft nach Kopenhagen zurück, um die einfachen Menschen wiederzusehen, die sie in ihrer Umgebung kennengelernt hatte. Auch mit der Nachbarin, die versuchte, ihr Dänisch beizubringen, hatte sie sich angefreundet und nannte sie liebevoll »meine Mutter«[18].

1963 hatte sie ihre Adresse in Klampenborg immer noch nicht aufgegeben und zog in Erwägung, ihre Verbindungen zu Dänemark noch durch den Kauf einer regelmäßigen Basis zu verstärken, an der sie innerhalb des Landes auftreten konnte. »Ella Fitzgerald, der schwedische Showkönig Simon Brehm und der amerikanisch-schweizerische Impresario Granz haben unlängst den Kopenhagener Jazzklub ›Montmartre‹ besichtigt, um zu entscheiden, ob sie ihn erwerben wollen.«[19] Das Vorhaben wurde jedoch nicht realisiert, und schon wenige Monate später verkaufte Ella ihre Habe in Dänemark und nahm ihre teuren dänischen Möbel mit nach Beverly Hills.

Anfang 1962 bekam Bill Doggett einen Anruf von Norman Granz: »Ich war in New York, und er sagte: ›Ella würde gerne mit dir zusammen ein Album aufnehmen. Meinst du, du könntest das machen?‹ Ich antwortete, er solle mir nur die Melodien und die Noten schicken, dann würde ich mich gleich an die Arbeit machen. Ich durfte die Musiker für die Session auswählen und nahm nur die besten. Wir haben die Aufnahme innerhalb von zwei Tagen gemacht, und es ist eins der besseren Swing-Alben von ihr geworden. Die Sessions waren einfach super. Ich spielte ihr meine Ideen vor und fragte sie: ›Was hältst du davon?‹ Und sie sagte: ›Mach du die Arrangements, und ich singe sie dann schon.‹ Genau so haben wir es dann auch getan. Wir haben das Arrangement einmal geprobt, sie hat mitgesungen und gesagt: ›Gut, so machen wir's!‹ Und so ging das die ganze Zeit. Alle Nuancen waren von Anfang an da. Sie war flink wie ein Wiesel!«[20]

Rhythm Is My Business kam im Herbst 1962 heraus. Der beste Titel auf dem Album ist interessanterweise eine Reminiszenz an Ellas Tage bei der Decca, »Rough Ridin'«. »Die Betonung liegt auf dem Swing. Doggetts einfache, kraftvolle Arrangements bilden einen wirkungsvollen Hintergrund für Miss Fitzgerald – der besten Rhythm-Sängerin, wenn es ums Swingen geht... Sie vermittelt nicht das gleiche Gefühl von persönlicher Beteiligung, wenn sie Balladen singt, auch wenn ihre Arbeit technisch gesehen makellos ist«[21], hieß es in *Downbeat*, wo sie dreieinhalb Sterne für ihre Leistung bekam.

Im November war Granz wütend auf das Lincoln Centre in New York, weil die Verantwortlichen seiner Aussage nach Ella dort nicht auftreten lassen wollten. Ein Sturm tobte in den Seiten der *New York Post*. Duke Ellington, der damals eben unter Granz' Fittichen war, lieferte noch weiteren Zündstoff, indem er sagte, wenn Ella nicht dort auftreten dürfe, wolle auch er das nicht. Das Centre hatte ein schriftliches Exposé ihres Programms gefordert, um zu beurteilen, ob das, was sie singen wollte, »angemessen war«. Unterdessen ging der angestrebte Termin am 11. November an Dizzy Gillespie und Mary Lou Williams, die sich einen Monat früher um den Abend beworben hatten. Das Komitee für Jazz- und Folkmusik hatte in Wahrheit gar keine Gelegenheit, Ella abzulehnen, weil es nie konsultiert worden war. Granz ging einfach davon aus, daß Ellas Name genügte. Er hatte recht, doch die Antwort des Centre, man wolle wissen, was sie vortragen werde, wurde von einem Sprecher folgendermaßen formuliert: »Wir finden, daß der Veranstaltungsort den Künstler fordern sollte.«[22] Ella, die während ihrer Europatournee im Skiort Gstaad vor der monegassischen Fürstin Gracia Patricia aufgetreten war und danach an mehr als dreißig der größten Konzertsäle der Welt, konnte sich wohl erlauben, selbst über ihr Programm zu entscheiden.

Anfang 1962 kehrte Paul Smith wieder zu Ella zurück und begleitete sie am Klavier. »Ich war 46 Wochen mit ihr unterwegs. Wir machten damals auch eine Europatournee und traten in den exklusiven Nachtklubs auf, meist jedoch nur einen Abend. Sie arbeitete wirklich die ganzen 46 Wochen und gönnte sich kaum einmal ein bißchen Ruhe. Den Baß spielte Wilfred Middlebrooks, und Stan Levey war am Schlagzeug. Am Ende beschlossen Stan Levey und ich, unsere Smokings nach unserem letzten Auftritt in Seattle zu verbrennen. Wir sagten: ›Mensch, so hart wollen wir nicht mehr arbeiten!‹ Wir haben nie verstanden, wie sie das gemacht hat; sie hatte das vorher schon jahrelang gemacht und machte es auch die folgenden Jahre. Wenn sie auf die Bühne trat, erwachte sie zum Leben. Und wenn die Show vorbei war, fuhr sie gewöhnlich mit ihrer Hilfe ins Hotel zurück. Das war schon ein einsames Leben.«[23]

Im Juli stand sie dann wieder zusammen mit Count Basie im Aufnahmestudio, dessen Gesellschaft sie schon immer genossen hatte. »Unser erstes Album mit der Fist Lady of Swing war schon etwas ganz Besonderes. Es wurde unter dem Titel *Ella and Basie* veröffentlicht, und das Arrangement stammte von Quincy [Jones]. Und wie immer, wenn man mit Ella zusammenarbeitete, hatte man kaum das Gefühl zu arbeiten, so viel Spaß machte das«[24], sagt Count Basie.

Ella and Basie: On the Sunny Side of the Street ist sehr viel befriedigender als die Verbindung mit Duke Ellington auf dem *Duke Ellington Songbook*. Ella paßte gut zu Basies Band, und Basie nahm sich sogar die Zeit, bei »Dream a Little Dream of Me« selbst Orgel zu spielen. »Der besondere Charme dieser Aufnahmen liegt in der Verbindung des spezifischen Fitzgerald-Sound mit dem absolut männlichen Klang der Band von Count Basie«[25], schrieb John Tynan in *Downbeat*.

Als die erschöpften Paul Smith und Stan Levey nach fast einem Jahr ständiger Reisen kündigten, trat Norman Granz an Tommy Flanagan heran und fragte ihn, ob er bei Ella Piano spielen wolle. »Wahrscheinlich hatte ich das zweite Mal einen besseren Ruf«, sagt Flanagan mit einem ironischen Lächeln. Er hatte bis dahin mit einigen Jazz-Größen bereits Aufnahmen gemacht, so zum Beispiel mit Miles Davis, Sonny Rollins und John Coltrane. »Denn diesmal rief Granz mich an. Sie trat im Basin Street East auf, und ich hatte Zeit. Ich hatte davor mit Coleman Hawkins zusammengearbeitet, aber der machte im Augenblick nicht so viel. Das war meine Chance, regelmäßige Arbeit zu bekommen, was ich auch wollte.«[26] Als Flanagan sich Ellas Gruppe anschloß, spielten dort schon Les Spann, Gitarre, Jimmy Hughart, Baß, und Gus Johnson, Schlagzeug. Nachdem Les Spann die Band verlassen hatte, begann Granz, den Trompeter Roy Eldridge immer häufiger in Ellas kleiner Combo einzusetzen. »Er spielte mit uns, als ich bei Ella war«, erinnert sich Paul Smith. »Roy schuldete Norman

Granz eine ganze Stange Geld, wie viele andere Musiker auch. Damals in JATP-Zeiten sagte er immer: ›Wenn du Geld brauchst . . .‹ Und dann hat er das Geld vorgestreckt und alles in einem kleinen schwarzen Buch notiert. Musiker können im allgemeinen sehr schlecht mit Geld umgehen. Wenn sie ein Sakko sahen, das ihnen gefiel, und kein Geld hatten, um es zu kaufen, gingen sie einfach zu Norman und sagten: ›Hey Man! Ich brauche hundert Dollar.‹ Norman schrieb das dann in sein kleines schwarzes Buch, und nach sechs Wochen kam die Abrechnung.

Roy war ein Typ, der unterwegs unheimlich viel Geld ausgab. Er verdiente vielleicht sechstausend Dollar in sechs Wochen und gab achttausend aus! Also buchte Norman ihn für eine weitere Tournee, um seine zweitausend Dollar wieder reinzukriegen. Oder er spannte ihn mit Ella zusammen, wo er den ganzen Abend mit einem Dämpfer spielen mußte und höchstens mal ein Solo kriegte. Eigentlich war das nicht das richtige für ihn. Und für Ella war das oft ziemlich ärgerlich . . .

Das Trio hätte eigentlich ausgereicht. Wir hielten uns zurück, wie ein guter Begleiter das eben tut, und deshalb war es auch ärgerlich, daß sich ständig jemand hinter ihr aufspielte. Aber die meiste Zeit hing das damit zusammen, daß Norman sein Geld wieder hereinspielen wollte.«[27]

Eldridge (1911–1989) war ein offener und ziemlich impulsiver Trompeter. Er gilt als der Mann, der die Virtuosität von Louis Armstrong weiterentwickelte und mit der Mobilität eines Coleman Hawkins verband und so den Weg zum Bop wies. Folglich war die Rolle, die er in Ellas Band spielte, alles andere als angemessen und künstlerisch keineswegs befriedigend. Nicht nur er selbst, ein höchst begabter Instrumentalist, wurde in seiner Kreativität gehemmt, sondern auch er stand einer ebenso begabten Sängerin im Weg.

Als Ella und Roy jedoch zusammen ins Aufnahmestudio gingen, um im Oktober 1963 *These Are the Blues* zu machen, wurden ihre künstlerischen Unzulänglichkeiten miteinander nicht auf den ersten Blick sichtbar. Roys Rolle entsprach der eines Louis Armstrong oder eines Joe Smith, der hinter Bessie Smith spielt. Das Problem war nur, daß Ella eben keine Bessie Smith war, wie sie bei

Smiths' »Jail House Blues« ganz deutlich bewies. Ella gab nicht ein einziges Mal in ihrer ganzen Karriere vor, eine Bluessängerin zu sein. Obwohl ihre Darbietungen nie die erdige Kraft einer Dinah Washington oder einer Helen Humes hatten, gerät das Album nie zu einer Travestie widersprüchlicher Stile. Das, was Ella singt, singt sie gut, aber eher wie ein Instrumentalist, der sich an den Blues heranwagt, als wie eine echte Bluessängerin. John Tynant, der das Album für *Downbeat* besprach, gab ihm vier Sterne.

»Roy sagte, es sei sehr schwierig gewesen, das Album mit den Bluesnummern zu machen«, meint Dan Morgenstern, ein enger Freund von Eldridge. »Nicht nur deshalb, weil sie keine Bluessängerin war, sondern auch, weil sie ihm nur ein einziges Solo gab auf dem ganzen Album. Doch Roy sagte das nicht im Zorn, sie war nun mal so. Aber er war doch recht froh, als er nicht mehr mit ihr zusammenarbeiten mußte.«[28]

Eldridge hatte alles andere als einen leichten Stand. »Roy war lieb und nett, aber die ganze Sache war ziemlich unnötig«, erinnert sich Lou Levy. »Roy hat das Beste daraus gemacht, wir haben alle das Beste daraus gemacht. Aber in so einer Situation muß man sich meiner Meinung nach doch fragen, ob es sinnvoll ist, noch einen Solisten dazuzunehmen, wenn man eigentlich einen Star mit einer Rhythm Section hat. Ich meine, Rhythm Sections bekommen heutzutage kaum noch Soli. Bei *Ella in Rome* und *Ella Returns to Berlin* hatte ich, glaube ich, kein einziges Solo. Wenn dann noch ein Instrument dazukommt, wo soll man das noch unterbringen? Also spielte Roy so vor sich hin, um irgendwo ein Plätzchen zu finden und seine Anwesenheit vor sich selbst zu rechtfertigen. Aber Norman und Roy waren enge Freunde. Norman mochte Roy sehr gern und nahm ihn sozusagen unter seine Fittiche.«[29]

Wie unangemessen Eldridges Rolle war, läßt sich am besten an der Platte *Ella at Juan-les-Pins* vom Juli 1964 ermessen, wo er zusammen mit Tommy Flanagan am Klavier, Bill Yancey am Baß und Gus Johnson am Schlagzeug spielt. Eldridge wirkt heute für den Zuhörer genauso aufdringlich wie für Ella. »Es war schon merkwürdig, wie er ausgenutzt wurde«, erinnert sich Flanagan.

»Ich weiß ja nicht, wie lange das schon so ging ... aber zwischen den beiden gab es jede Menge Spannungen.«[30]

Doch Ella schlug sich trotzdem gut, und Martin Williams führt »You'd Be So Nice to Come Home to« als gutes Beispiel für ihren Stil an.[31] Im Vergleich zu ihren vorhergehenden Live-Alben fehlt jedoch das Überschäumende. Dies wurde ersetzt durch den Glanz des perfekten Künstlers bei der Arbeit. Ella war der Star des Festivals, und ihr Auftritt wurde vom französischen Fernsehen gefilmt. Phil Schaap, der die Tapes zusammen mit anderen unveröffentlichten Materialien zu einer CD zusammenstellte, weist darauf hin, daß nur Mono-Tapes der zweiten Generation existieren, die, so meint er, von den Originalmitschnitten des RTF aufgenommen wurden.

Eine Nummer, »The Cricket Song«, war ein improvisiertes Duett mit dem Zirpen von Grillen auf der Bühne. Schaap meint, die Anregung für die Aufnahme dieses Songs in das Album sei von Ella selbst gekommen, die immer auf einen Hit aus war. Vielleicht glaubte sie, das Lied würde den Verkauf fördern wie damals der Text von »Mack the Knife« aus dem Konzert in Berlin. Aber da täuschte sie sich.

Ella lieferte sogar hin und wieder eine eigene Komposition, von der sie meinte, sie würde ein großer Erfolg werden. Eine Nummer, das gräßliche »Ringo Beat« (»Don't knock the rhythm of the kids today/Remember they're playing the Ringo Way«), war von den Beatles inspiriert und ein gutes Beispiel für Ellas Vorgehensweise. »Manche der Songs, die sie schrieb, waren, sagen wir mal, ziemlich furchtbar [lacht]«, meint Tommy Flanagan. »Genauso wie manche Sachen von früher, noch aus den Tagen von Chick Webb, das war alles ziemlich kommerziell.«[32]

Die Verbindung Ella/Roy war eine musikalische Mußehe nach dem Willen Granz' gewesen, doch 1966 war Ella gezwungen, sich noch stärker den Umständen zu beugen. Als ihr Vertrag bei MGM/Verve auslief, hatte sie, die sich nun auf der Höhe ihres Könnens befand, zum erstenmal in ihrer langen Karriere keinen Vertrag mehr. Granz, der damals auch Duke Ellington vertrat, bot John Hammond von Columbia Records ein Paket mit zwei Ellington-Alben und einem Album von Ella an. Hammond jedoch antwortete, Ella sei toll, aber er habe Bedenken bezüglich der Nummern von Ellington. Ellington war in den fünfziger Jahren bei Columbia gewesen und, so Hammond: »Die Sachen von Ellington haben wir zum größten Teil schon in besseren Aufnahmen.«[33]

Genau wie Granz erwartet hatte, nahm Columbia das Paket nicht an, und Ella hatte nach wie vor keinen Plattenvertrag. Indem Granz Ellington mit Ella verknüpfte, verbaute er sich einen Vertrag mit einer großen Plattenfirma. »Ein Paket mit Material von Duke Ellington und Ellas Trio wurde abgelehnt, weil damit der Kauf von zwei Duke-Ellington-LPs verbunden war, die niemals mit Ella hätten gekoppelt werden dürfen«[34], schrieb Hammond später.

14. Kapitel

Ella sang einfach alles.

Lou Levy, pianist.[1]

Als Ella im Oktober 1964 den ersten Abend im Flamingo Room in Las Vegas auftrat, trug sie eine blonde Perücke. Dinah Washington hatte eine getragen, und Ella ahmte sie nach. Das ging etwa zwei Jahre lang so. »[Ihre] neuen blonden Haare verleihen ihr eine schaurige Ähnlichkeit mit Sophie Tucker«[2], hieß es im *Toronto Globe and Mail*. Sie war jetzt, so *Time*, »eine Multimillionärin, kann sich Kleider von Don Loper leisten und kauft ewig neue Sachen für ihr Haus in Beverly Hills.«[3] Doch der Erfolg hatte seinen Preis. »Irgendwann mal ist man ganz oben und ganz allein«, vertraute sie Leonard Feather an. »Da oben kann es ziemlich einsam sein, und man hat nicht mehr so viel, worüber man sich freuen kann.«[4]

Während ihres Aufenthalts in Deutschland 1965 forderten die ständigen Reisen, ihre Konzertauftritte und die Studiotermine schließlich ihren Tribut. »Die höchstbezahlte Sängerin im Showbusineß hat sich ihren Lebensunterhalt die letzten acht Jahre durch mörderische Auftritte auf der ganzen Welt verdient«, hieß es in der *Houston Post*. »Zwei Konzerte pro Abend ... manchmal in zwei verschiedenen Städten ... waren bis letzten Monat ganz normal. ›In München bin ich einfach durchgedreht‹, sagt sie ... ›Mein Schlagzeuger mußte mich packen und von der Bühne holen. Die Leute ahnten zwar, daß etwas nicht in Ordnung war, wollten aber nicht gehen. Ich beruhigte mich ein bißchen. Dann bin ich wieder raus und habe versucht, noch ein paar Songs zu singen.‹«[5] Auf Anraten der Ärzte mußten mehrere Konzerte in England abgesagt werden. »Wir konnten ihr ihre Gage nicht zahlen, wenn sie nicht zweimal pro Abend auftrat«[6], sagte ein Vertreter von Granz.

Ella reagierte erstaunlich offen und wandte sich ganz direkt gegen ihren Manager: »Ein Konzertsänger würde sich nie zu den Dingen breitschlagen lassen, die wir machen. Das wäre zu viel Mühe. Man hat Angst, nein zu sagen, denn dann sagen die Leute, man weiß nicht zu würdigen, was sie für einen getan haben. Manche Menschen werden sehr ärgerlich, wenn man krank ist.«[7]

Im Juli stand sie dann schließlich wieder auf der Bühne und trat in Anaheim zusammen mit Nelson Riddle und seinem Orchester auf. »Sie strahlt die gleiche Energie aus wie früher unter ihrer neuen blonden Perücke ... Es gibt keine andere Swingsängerin im Jazz, die ihr unheimliches Gefühl für Tempo oder ihre makellose Intonation hätte. Außerdem kann auch niemand eine Combo oder eine Band so antreiben und so viel Begeisterung beim Publikum erzeugen wie sie«[8], schrieb der Kritiker von *Downbeat*.

Als sie im Oktober 1965 zusammen mit Duke Ellington wieder ins Aufnahmestudio ging, waren acht Jahre seit ihrer letzten Zusammenarbeit anläßlich der *Songbook*-Session vergangen. Diesmal lief alles glatt. Granz war umgänglich, da er gerade erst am 22. August Hanne, eine frühere Stewardeß, geheiratet hatte. Duke Ellington, der diesmal besser vorbereitet war und Arrangements von Gerald Wilson, Jimmy Jones und Billy Strayhorn dabeihatte, tanzte sogar zwischen den Aufnahmen zu *The Brownskin Gal in the Calico Gown* einen Shuffle mit Ella. Nach der Session gab Ella für alle Beteiligten eine Party bei sich zu Hause.

Im folgenden Monat verließ Tommy Flanagan die Band, aber die Zeit, die er mit Ellington und dessen Band verbracht hatte, hinterließ einen unauslöschlichen Eindruck bei ihm. »Es war toll für mich, die Passagen zu hören, die die Band von Ellington spielte. Das klang immer ganz anders, es klang wie alles, was Ellington geschrieben hatte. Schon allein der Klang dieser Band machte das Album zu einer tollen Platte, alles wurde erfaßt von diesem Ellington-Sound.«[9] Ellas neuer Pianist war Jimmy Jones, der zusammen mit Joe Comfort am Baß und Ed Thigpen am

Schlagzeug ihre neue Gruppe bildete. Doch wieder machten sich die Anstrengungen der Tourneen bemerkbar, und am Ende des Monats ging sie ins Mt. Sinai Hospital, weil sie unter Erschöpfungszuständen litt, und ließ sich von Kopf bis Fuß untersuchen.

Im Januar 1966 schickte Granz Ella und Duke Ellington zusammen nach Europa, wo sie am 12. Februar in der Londoner Royal Festival Hall auftraten. Ihr Konzert im Konserthuset von Stockholm wurde vom schwedischen Radio übertragen. Granz sicherte sich die Aufnahmen und brachte sie als *The Stockholm Concert, 1966* im Jahr 1984 heraus. Hier wird wieder einmal deutlich, wie stark Ella auf das Publikum und die Umstände reagierte. Sie singt begeistert gegen die stampfende Band im Hintergrund an – was in der gemäßigten Studioatmosphäre niemals möglich gewesen wäre –, und wird schließlich zu einem Teil der energiegeladenen Darbietung von Ellington und seiner Band.

Als sie nach der Tournee in die Staaten zurückkehrte, trat sie als Star im Fairmont auf; diesmal spielte Jim Hughart den Baß, und Gus Johnson saß am Schlagzeug. Später im Jahr wurden Ella und Duke Ellington erneut für das Newport Jazz Festival und das Jazz Festival von Nizza, das in Juan-les-Pins veranstaltet wurde, verpflichtet. Wieder veränderte sich die Besetzung ihrer Gruppe: Joe Comfort übernahm erneut den Baß, und Ed Thigpen spielte in Newport das Schlagzeug. In Nizza hingegen war Grady Tate der Drummer. Das Konzert in Newport lief wunderbar. »Dieses Jazzkonzert läßt sich nicht mehr übertreffen«, schrieb Dan Morgenstern in *Downbeat*.[10]

In Juan-les-Pins erhielt Ella die Nachricht, daß ihre Halbschwester Frances plötzlich gestorben war. Sie kehrte sofort zur Beerdigung in die Staaten zurück und sagte das Konzert am 25. Juli ab, trat jedoch am 27., 28. und 29. Juli bereits wieder auf. Trotzdem war ihr die Trauer über den Verlust von Frances, mit der sie seit ihrer Kindheit ein enges Verhältnis gehabt und für die sie auch finanziell gesorgt hatte, deutlich anzumerken.

Trotz dieser Begleitumstände beschloß Norman Granz, das Konzert am 27. zu filmen. Es war ein ehrgeiziges Vorhaben, Ellas und Duke Ellingtons Zusammenspiel auf Zelluloid bannen zu wollen. Duke und die Band spielten gut an jenem Abend, aber Ella, die noch ziemlich durcheinander war, weinte oft. Duke Ellington, der merkte, wie schlecht es Ella ging, verkürzte die erste Hälfte des Konzerts, um Ella zu schonen.

Als er dann zum letzten Set wieder auf die Bühne kam, hatte er den Eindruck, Ella sei nicht mehr in der Lage aufzutreten. Norman Granz jedoch wollte seinen Film. Als die Band immer lauter wurde, brüllte Granz Ellington zu, er solle Ella singen lassen. Doch Ellington spielte nur noch lauter und länger und sagte hinterher, er habe sich über Granz' Grobheit und sein mangelndes Einfühlungsvermögen geärgert.

Es kam zu einer hitzigen Auseinandersetzung zwischen Duke Ellington und Granz. Ihr Verhältnis war danach nie wieder so wie früher und führte schließlich zur Trennung 1967. »[Duke] bat mich, mit Norman zu sprechen und die Wogen zu glätten«, erzählt Renee Diamond, eine enge Freundin Duke Ellingtons. »Das habe ich auch gemacht. Wir haben so ungefähr eine Stunde geredet, und Norman hat mir erklärt, was er von Duke hält. Es war schrecklich. Am Ende jedoch war der Zorn verraucht. Er sagte, er sei verärgert darüber, daß Ella nicht mehr gesungen habe. Das verderbe ihm seinen Film, denn schließlich sei Ella ja als der Star angekündigt. Ich verstand, daß er enttäuscht war, aber ich verstand nicht, warum er Duke Vorwürfe machte. Soweit ich das beurteilen konnte, war Ella nicht mehr zu einem Auftritt fähig.«[11]

Es steht außer Zweifel, daß Ella ziemlich erschüttert über den Tod ihrer Halbschwester war. »Als meine Schwester starb«, sagte Ella im folgenden Jahr zu Bent Henius, »mußte ich zur Beerdigung nach Hause fliegen. Es fiel mir schwer, bei meiner Rückkehr zusammen mit Duke Ellingtons Band aufzutreten. Aber ich sagte mir: ›Du mußt für sie singen. Nur so kannst du deine Gefühle ausdrücken‹.«[12] Ellas Schmerz ist auf dem Doppelalbum *Ella & Duke at the Côte d'Azur* (das bei seiner Veröffentlichung im Frühjahr 1967 vier Sterne von *Downbeat* erhielt) an manchen Stellen deutlich zu spüren, zum Beispiel, wo sie Teile von »Lullaby of Birdland« fast herausbrüllt. Und am Ende grüßt sie noch Mel Torme und fügt einen kurzen Scat aus seiner Version von »Lullaby« ein. »Nach ihrem Auftritt in Las Vegas habe ich es nur bedauert, nicht mehr solche Sachen miterlebt zu haben«[13], sagte

George Shearing, als er die Aufnahme seiner Komposition im folgenden Jahr hörte. Trotz ihres privaten Kummers hielten die Kritiker und das Publikum Ellas Europatournee für ihr erfolgreichstes Unternehmen seit Jahren.

Anfang 1967 trat Ella dann wieder zusammen mit Duke Ellington in Europa auf, und der Londoner Kritiker Derek Jewell bezeichnete diesen Auftritt als »reife, meisterliche Leistung«. Später im Jahr folgte dann noch ein gemeinsames Konzert in den Vereinigten Staaten. Ihre Auftritte zusammen waren mittlerweile fast schon legendär. Henry Pleasants beschrieb einmal, wie Dietrich Fischer-Dieskau sofort nach einem Konzert in Washington, D.C. zum Flughafen eilte, um noch rechtzeitig zu einem Auftritt von Ella und Duke Ellington in der New Yorker Carnegie Hall zu kommen. Angeblich soll er ausgerufen haben: »Ella und der Duke zusammen. Man kann nie wissen, wann sich diese Chance wieder bietet.«[14]

Fischer-Dieskau hatte völlig recht mit seinen Befürchtungen. Die Zusammenarbeit endete, als Granz einen Wutanfall wegen eines Mißverständnisses bezüglich eines Engagements von Duke Ellingtons Schwester bekam. Unter anderem sagte Granz, Ellington wisse nicht zu würdigen, was er für ihn tue. Ellington war weniger nachgiebig als Ella und trennte sich schließlich von Granz.

Nach ihrer Rückkehr aus Juan-les-Pins ruhte Ella sich erst einmal ein wenig aus, bevor sie im November 1966 im Riverboat, einem Klub im Keller des Empire State Building, auftrat. Am ersten Abend holte sie Tony Bennett auf die Bühne, um mit ihm gemeinsam eine Version von »I Left My Heart in San Francisco« zu singen, sehr zur Freude der Anwesenden, unter denen sich Berühmtheiten wie die Komponisten Harold Arlen und Cy Coleman, der Richter David Edelstein, der legendäre Klubbesitzer und Entertainer Bricktop sowie Donnie Stevens und John Hammond befanden.

Hammond war höchst beeindruckt von Ellas Auftritt und besuchte eine Woche später eine weitere Vorstellung. Da er wußte, daß Ellas Plattenvertrag mit Verve/MGM ausgelaufen war, versuchte er seinen Vorgesetzten von der Columbia dazu zu bringen, Ella für sich zu gewinnen. In einem internen Memo an William P. Gallagher schreibt er: »Während ihres Engagements im Riverboat hat Ella Fitzgerald alle Rekorde gebrochen. Ich bin mittlerweile zweimal dort gewesen und davon überzeugt, daß sie so gut ist wie nie zuvor. Sie ist zweifelsohne die derzeit beste Sängerin im Geschäft. Es hat früher bereits Gespräche zwischen der Columbia und ihrem Manager Norman Granz gegeben. Doch diese Gespräche haben zu nichts geführt ... Ich würde der Columbia empfehlen, ernsthafte Verhandlungen mit Ella Fitzgerald über eine Verpflichtung zu beginnen ohne jegliche Bedingungen für sie. Auf ihrem Gebiet ist sie eine so einzigartige Künstlerin wie Horowitz oder Joan Sutherland ... Meiner Meinung nach wären wir wirklich im wahrsten Sinn des Wortes verrückt, wenn wir sie nicht sofort unter Vertrag nehmen würden ... Sie hat noch Jahre der Kreativität vor sich ... Deshalb würde ich sofortige ernsthafte Gespräche mit Ella und Granz dringend empfehlen.«[15]

Hammond setzte sich mit aller Kraft für Ella ein. Und sein Wort zählte bei der Columbia. Er war wesentlich beteiligt gewesen am Erfolg von so großen Künstlern wie Benny Goodman, Count Basie, Billie Holiday oder Teddy Wilson und hatte erst kürzlich Aretha Franklin und Bob Dylan für das Label verpflichtet. In den siebziger Jahren nahm er dann Bruce Springsteen unter Vertrag. Es hätte keinen einflußreicheren Fürsprecher im Musikgeschäft geben können für Ella jetzt, wo Verve/MGM sie nicht mehr wollten. Aber nicht nur Hammond war eine starke Persönlichkeit, sondern auch Granz. Der erhoffte und aus Ellas Sicht auch nötige Vertrag kam nie zustande.

Im Januar 1967 gehörte Ella zu den neun Frauen, die die *Los Angeles Times* zu den Frauen des Jahres wählte. Es wurde eine Feier im Gebäude der *Times* abgehalten, um ihre Verdienste nicht nur um Südkalifornien, sondern auch um den Status der Frauen überall zu würdigen. Ironischerweise hatte die Kommune, die sie so ehrte, Restriktionen vereinbart, die Ella daran hinderten, in »weiße« Wohngebiete in Beverly Hills zu ziehen, wohin sie jetzt eigentlich wollte.

Im März beschloß Granz, eine Amerikatournee für JATP zu organisieren. »Ab 25. März werden wieder die vertrauten Buchstaben JATP auf den amerikanischen Festzelten zu sehen sein«, verkündete *Downbeat*. »Denn dann wird Norman Granz, der von 1945 bis 1957 JATP-Auftritte in allen größeren Städten der USA organisiert hat, das erste Konzert auf heimischem Boden seit zehn Jahren eröffnen. Zum gegenwärtigen Zeitpunkt sind folgende Künstler verpflichtet: Duke Ellington Orchestra, das Oscar Peterson Trio, die Trompeter Roy Eldridge und Clark Terry, die Saxophonisten Benny Carter und Zoot Sims sowie die Sängerin Ella Fitzgerald.«[16]

Auf dem Höhepunkt der Rockbegeisterung war es ein mutiges Unterfangen, mit einem ambitionierten Jazzprogramm auf Tournee zu gehen. Das Musikpublikum, das sich seit den zwanziger Jahren zum großen Teil aus Collegestudenten zusammensetzte, lauschte verzückt den erregenden neuen Klängen der Beatles, der Rolling Stones, der Beach Boys und Sängern und Sängerinnen wie Janis Joplin, die alle zu der Pop-Rock-Welle gehörten. Paradoxerweise trug der Jazz selbst auch zu dieser Entwicklung bei, weil er für weite Teile des Publikums allmählich zu kompliziert wurde. Granz konnte zwar einen bescheidenen finanziellen Erfolg für sich verbuchen, erklärte jedoch, daß das den Aufwand nicht wert sei, und zog sich wieder in sein Seehaus in Genf zurück.

Im September 1967 machte Granz für Ella einen Vertrag mit dem Westküstenlabel Capitol und verzichtete auf jede künstlerische Einflußnahme. Kurze Zeit später verkündete der Produzent Dave Dexter, er habe vor, einen »völlig neuen Sound«[17] für die Sängerin zu entwickeln. Das erste Album bestand aus religiösen Songs – *Brighten the Corner* –, und darauf folgte eine Country-Music-Platte mit dem Titel *Misty Blue*. Schließlich machte er noch ein Album mit Weihnachtsliedern, *Ella Fitzgerald's Christmas*. Die Jahre bei Capitol waren nicht besonders gut für Ella, und sogar die Zusammenarbeit mit Benny Carter und einer kleinen Combo mit Jimmy Jones, »Sweets« Edison und Georgie Auld auf der Scheibe *30 By Ella* wirkte ziemlich oberflächlich und schwunglos.

Im Frühjahr 1968 besuchte Ella zum erstenmal Ungarn zusammen mit dem Tee Carson Trio. Keeter Betts spielte dabei den Baß und Joe Harris das Schlagzeug. Das Debakel von München war mittlerweile vergessen, und auf dem Tourneeplan standen Amsterdam, Basel, Berlin, Brüssel, Düsseldorf, Frankfurt, Grenoble, Hamburg, London, Mailand, Paris, Rotterdam, Stockholm, Stuttgart, Wien und Zürich. Die 35tägige Tour endete am 6. März in Kopenhagen. »Manchmal bin ich schon ein bißchen müde«, sagte sie später. »Aber jedesmal, wenn ich auf die Bühne trete und das Publikum sehe, vergesse ich diese Müdigkeit. Das schöne Gefühl kommt wieder zurück, und mir geht es gut.«[18]

Danach machte sie ihre übliche Runde durch die exklusiven Nachtklubs von Amerika, den Rainbow Grill in New York, das Flamingo Hotel in Las Vegas, das Coconut Grove in Los Angeles. Als sie im November im Venetian Room des Fairmont Hotels in San Francisco auftrat, hatte sie wieder Tommy Flanagan als Pianisten dabei. »Wir haben damals vierzig bis fünfundvierzig Wochen im Jahr gearbeitet«, erinnert er sich. »Viel Zeit für andere Dinge blieb da nicht. Sie nahm sich ein paar Wochen frei an Weihnachten und einen Monat im Sommer. Sie macht das einfach zu gern, der Applaus ist ihr das Wichtigste.«[19]

Im Januar 1969 fand eine Pressevorführung eines Fernsehspecials mit Duke Ellington und Ella statt. Nach Ellas Version von »Lady Be Good« gab es so großen Applaus, daß der Vorführer die Nummer wiederholte. Das passierte nicht gerade häufig bei einem so abgebrühten Pressepublikum. Doch die Show wurde nicht ein so großer Erfolg, wie sie es eigentlich hätte sein können. Sie wurde im Januar über KTLA in Los Angeles ausgestrahlt und begann im Garten von Ellas Haus in Beverly Hills, wo sie »People« für ihren Adoptivsohn Ray Jr. und ihre beiden Nichten sang. Die nächsten 60 Minuten erinnerte Ella sich dann zurück an ihre Zeit mit den Big Bands und wechselte zwischen einem Trio mit Duke Ellington am Piano, Dukes Band und einer Gruppe unter Jimmy Jones.

Im März war sie wieder im Fairmont Hotel, wo sie zusammen mit Flanagan, Frank De Rosa von der Don Ellis Band am Baß und Ed Thigpen aus Oscars Trio am Schlagzeug auftrat. Die Vorstellungen wurden für das Prestige-Label aufgenommen, und bei

»Sunshine of Your Love« übernahm Granz wieder die Produktion.

Während ihrer ganzen Karriere hatte Ella immer mindestens eine oder zwei Popnummern im Programm. Jetzt, wo der Rock so erfolgreich war, hatte sie zahlreiche Hitparadenerfolge im Repertoire, Songs, die eigentlich vom Stil her nicht zu ihr paßten. »Sie macht gern aktuelle Sachen, kommerzielle Nummern, aber aus denen mache ich mir nicht so viel«[20], meinte Flanagan.

Als *Ella* gerade richtig zum Weihnachtsgeschäft herauskam, betrieb Reprise mit einem ziemlich deutlichen Seitenhieb auf Ellas Decca-Vergangenheit Werbung dafür: »Wird's nicht langsam Zeit, daß jemand etwas aus Ella macht?« Doch das Problem der Aufnahmen für Prestige und Reprise lag darin, daß Ella, Norman Granz und Richard Perry, der Ella produzierte, offenbar nicht merkten, daß die Zeiten für Coverversionen von Hits, wie Ella sie damals bei der Decca gemacht hatte, vorbei waren.

Durch solche Coverversionen wurde lediglich das Original verwässert. Bei »Heard It Through the Grapevine« beispielsweise war es unmöglich, nicht an die Originalversion von Marvin Gaye zu denken. Sänger und Song verbinden sich in der Darbietung zu einer Einheit. Pop und Rock haben trotz der eher mäßigen Texte und der schlichten Melodien Erfolg, weil die Präsentation zu einem eigenständigen Faktor wird und sowohl musikalische als auch nichtmusikalische Aspekte wie Stil, Mode oder Sex-Appeal in die Darbietung mit einfließen.

Der Jazz dagegen hing in hohem Maße von der Interpretation ab und war darauf gerichtet, die Emotionen des Textes darzustellen, die musikalischen Eigenarten des Songs zu präsentieren oder beides. Ella entging dieser feine Unterschied jedoch. Sie kündigte vielmehr ihr Trio Flanagan, De Rosa und Thigpen als »New Sound« an. »Ich möchte nicht, daß die Leute mich, wie es so schön heißt, für ›Schnee von gestern‹ halten. Ich möchte auf der Höhe der Zeit bleiben«[21], erklärte sie der Interviewerin Patricia Davis 1968.

Beim Jazz Festival von Nizza 1971 beispielsweise gab sie ein zweitklassiges Medley aus Bossa-Nova-Melodien zum besten, darunter »Something« von den Beatles, »Close to You« von den

Carpenters und »Put a Little Love in Your Heart« von Del Shannon. »Oft haben wir kommerzielles Zeug gemacht, nur um des Effektes willen«[22], sagt Flanagan.

Wenn man sich *Ella à Nice* anhört, ist man erschüttert, wie sehr das Alter im Vergleich zu den Aufnahmen mir Levy und Smith aus den frühen sechziger Jahren ihrer Stimme zugesetzt hat. Sie verwendet nun viel öfter kurze, abgehackte Phrasen, und ihre Stimme klingt härter. Früher konnte sie die Noten mit müheloser, glockenklarer Stimme halten, jetzt wird die Technik des Singens sehr viel deutlicher hörbar. Früher strömten die Noten ganz selbstverständlich aus ihrem Mund, jetzt hat man den Eindruck, daß sie hervorgepreßt werden.

Ihren Aufenthalt in Nizza mußte Ella verkürzen, weil sie wieder einmal Probleme mit den Augen hatte. Termine in anderen Teilen Frankreichs und in Baalbek, Tunesien, mußten abgesagt werden. Ella begab sich zuerst in ein Krankenhaus in Paris und ging dann nach Massachusetts, um sich am Eye and Ear Infirmary am rechten Auge den grauen Star entfernen und um am linken Auge eine Blutung behandeln zu lassen. Nach einer langen Pause hatte sie ein vierwöchiges Engagement am Flamingo in Las Vegas. Während dieser Zwangspause lernte sie Portugiesisch, um ihre Aussprache im mittlerweile obligatorischen Bossa-Nova-Teil ihres Repertoires zu verbessern.

Vor ihrer Reise nach Nizza jedoch erfuhr Ella vom Tod Louis Armstrongs am 6. Juli 1971. Sie ging mit einer dunklen Brille zu seinem Begräbnis, und als George Wein sie begrüßte und fragte, ob sie etwas singen werde, erwiderte sie: »Ich bin zum Trauern hier.«[23]

Wenige Tage später trat sie zusammen mit Oscar Peterson im Wollman Rink des Central Park auf. Sie beeindruckte mit einem fast perfekten »Body and Soul«, verdarb aber alles mit einer zusammengestückelten Version von »Mas Que Nada«, das voll von gekünstelten lateinamerikanischen Effekten steckte. Unter den Zuschauern befand sich auch Benny Goodman. Als Ella das merkte, versetzte sie ihre Begleiter in Angst und Schrecken, weil sie unbedingt »Goodnight My Love« singen wollte, einen Song, den sie 1936 zusammen mit ihm gemacht hatte. »Das war ein bemerkenswertes Beispiel für ihr ausgezeichnetes Gedächtnis und das Improvisationsgeschick des Tommy Flanagan Trios«[24], hieß es in der New York Times.

Zwischen dem 24. Mai und dem 2. Juni 1972 hatte Ella ein Engagement am Fairmont Hotel in Los Angeles, das sie aber im letzten Augenblick absagte. Für sie sprang Ray Charles ein, und die einzige Erklärung des Fairmont war ein knappes »Absage hängt mit einem Interessenskonflikt zusammen«.

Dieser Interessenskonflikt war ein Konzert im Civic-Auditorium von Santa Monica zusammen mit Count Basie, das von Norman Granz organisiert wurde. Granz hatte offenbar mittlerweile den Eindruck, daß sein Rückzug aus dem Geschäft doch verfrüht war. 1971 hatte er JATP beim Monterey Festival wiederaufleben lassen und war zufrieden gewesen. Und danach hatte er Count Basie, Joe Williams, Roy Eldridge und Eddie Vinson nach Europa geschickt und war noch zufriedener gewesen. Aber das Konzert mit Ella und Count Basie war in zweifacher Hinsicht eine Überraschung: Erstens verkündete Granz, daß er es mitschneiden wolle, und zweitens beschloß er, am Ende eine neunzigminütige Jam Session im Stil von JATP zu machen.

»Ich weiß nicht, was in mich gefahren war, aber ich habe beschlossen, es aufzunehmen«, sagte Granz später. »Und wo ich schon dabei war, packte ich noch ein paar Überraschungsgäste dazu. Oscar Peterson war gerade in der Stadt, und außerdem konnte ich noch Stan Getz, Roy Eldridge, Harry Edison, Ray Brown und ein paar andere verpflichten. Es machte Spaß und lief auch gut, also dachte ich mir, schauen wir mal, wie sich das als Platte macht. Ich habe das Ganze über Versand gemacht, und es war eine Katastrophe. Es wurden nur ungefähr hundertfünfzig Stück verkauft. Aber irgendwie sind ein paar nach Europa gelangt, und die Polydor hat mich angerufen und gefragt, ob ich wieder ins Plattengeschäft einsteigen wolle. Dann würden sie mir nämlich weltweiten Vertrieb garantieren. Das Angebot war einfach zu gut, als daß ich es hätte ausschlagen können. 1972 hatte ich alle Art-Tatum-Sessions von der MGM gekauft, und außerdem hatte ich auch noch ein paar alte JATP-Konzert-Tapes, die damals beim Verve-Verkauf 1959 nicht mit dabei gewesen waren. Da die Musiker nicht bezahlt worden waren, konnte ich sie nicht verkaufen. Aber wenigstens hatte ich etwas zum Veröffentlichen, bis ich wieder neue Aufnahmen machen konnte. Ich baute eine Gruppe von unabhängigen Vertriebsleuten auf, die den amerikanischen Markt versorgen sollten. Sie zahlten sich aus, bis ich 1975 zur RCA ging. Ich nannte das Label Pablo, nach meinem Lieblingsmaler Pablo Picasso.«[25]

Die Aufnahme kam bei Pablo als Drei-Alben-Set heraus, und Ella hatte ein eigenes Album. Manche Stücke darauf sind mit der Band von Count Basie (hauptsächlich mit Arrangements von Marty Paich), andere mit Tommy Flanagans Trio und der Rest mit einer Jam Band im Stil von JATP. Wieder einmal versteigt sich Ella zu aktuellen Popsongs mit Carole Kings »You've Got a Friend« und »Theme From Sanford & Son« und Marvin Gayes »What's Going on?« »Ich liebe Marvin Gaye«, sagte Ella. »Als ich sein ›What's Going On?‹ sang, fragten manche Leute: ›Warum machst du das? Das ist doch ein Protestsong.‹ Da habe ich ihnen geantwortet: ›Das empfinde ich nicht so, für mich ist das einfach nur gute Musik.‹«[26]

Trotz Ellas naivem Charme kann man sich diese Nummern heute fast nicht mehr anhören. Die Band von Count Basie hatte die Rock-Rhythm-Section-Passagen der Zeit alles andere als im Griff und klang wie eine Hotelband, und Ella hörte sich ebenfalls keineswegs sicher an.

Ende Juni 1972 fuhr Granz wieder mit Ella, Roy, Oscar und Al Grey zum Festival von Nizza. Nach dem Festival sollte sie in Verona auftreten. Dort machten sich ihre Augenbeschwerden wieder bemerkbar, und sie wandte sich an einen örtlichen Arzt, der wiederum ihren amerikanischen Spezialisten konsultierte. Als sie in Saint Tropez ankam, hatte sich ihr Zustand so verschlimmert, daß sie das Konzert absagen mußte. Autos mit Lautsprechern fuhren durch die Straßen und baten die Leute, die Tickets hatten, ihr Geld wieder zurückzufordern. Ella flog unterdessen wieder nach Massachusetts zum Eye and Ear Infirmary, wo ein Sprecher sagte, sie habe sich einer Operation unterzogen, bei der mit Laser der graue Star aus ihrem linken Auge entfernt worden sei.

Anfangs trug sie noch Kontaktlinsen, die sie aber als lästig empfand und deshalb wieder ablegte. Das erste Mal nach ihrer Operation trat sie im Rahmen eines Benefizkonzerts für die Retina Foundation in der Bostoner Symphony Hall auf. Als sie sich wieder stark genug fühlte, nahm sie eine Einladung zum »All Star Swing Festival« in der New Yorker Philharmonic Hall am 23. Oktober an. Den Filmmitschnitt des Konzerts, das von Doc Severinson präsentiert wurde, strahlte die NBC am 29. November aus; als Video hatte es in den achtziger Jahren zum großen Erfolg. Das Konzert wurde von Timex gesponsert, einer Firma, die schon Ende der fünfziger Jahre Interesse für den Jazz bewiesen hatte mit ihren »Swing Into Spring«-Sessions.

Es handelte sich dabei um ein Stück Jazzgeschichte, denn hier trafen sich so berühmte Persönlichkeiten wie Duke Ellington und Count Basie mit ihren jeweiligen Orchestern, das Benny Goodman Quartet in der ursprünglichen Besetzung mit Goodman, Lionel Hampton, Teddy Wilson und Gene Krupa, dazu das Dave Brubeck Quartet mit Paul Desmond und Gäste wie Dizzy Gillespie, Bobby Hacket oder Earl Hines und, natürlich, Ella mit ihrem Trio. Ella, die mittlerweile abgespeckt hatte und eine starke Brille trug, ließ sich von Count Basie auf die Bühne helfen, wo sie die Show eröffnete und von einem begeisterten Publikum empfangen wurde. Sie sang zusammen mit der Band von Count Basie »Lady Be Good« und gab dann später noch mit ihrem Trio »Goody, Goody« und »Body and Soul« zum besten. Ihr verschmitzter Kommentar lautete: »Das ist ein wunderbarer Abend für mich mit all diesen Berühmtheiten, besonders, weil ich die einzige Frau hier bin!« Zu Ehren des verstorbenen Louis Armstrong sang sie, unter anderen vor dessen Witwe Lucille, »Hello Dolly« und stimmte schließlich noch in das Pianoduett von Count Basie und Duke Ellington in »One O'Clock Jump« ein. Ganz unerwartet trat dann auch noch Dizzy Gillespie auf die Bühne und forderte Ella zu einigen der alten »Savoy Steps« auf. Trotz ihres Alters tanzten die beiden erstaunlich leichtfüßig.

Im Dezember war sie zusammen mit Count Basie wieder in San

Francisco, wo sie Mitte des Monats ein sechstägiges Engagement am Circle Star Theatre hatten. Ella war schon zwei Jahre lang nicht mehr öffentlich in Nordkalifornien aufgetreten, und das Publikum war überrascht darüber, wie schlecht sie sah. Man mußte ihr auf die Bühne helfen, aber ihre berühmte Lebhaftigkeit war noch immer zu spüren. Ella sah nun ein, daß sie ihre Eitelkeit überwinden und auch bei Bühnenauftritten ihre Brille tragen mußte.

1973 hatte Granz sein Pablo-Label soweit aufgebaut, daß er sein erstes Album zusammen mit Ella und dem Gitarristen Joe Pass machen konnte, den er ebenfalls betreute. »Beim ersten Album, das wir miteinander machten, gingen wir ins Studio, und Granz brachte ein paar Melodien und Notenblätter mit«, erinnert sich Pass. »Ich hatte noch nie mit ihr zusammengearbeitet und deshalb auch keine Ahnung, ob sie proben wollte und in welcher Tonart sie sang. Sie suchte sich einfach eine Melodie aus wie zum Beispiel ›Gee Baby, Ain't I Good to You‹, und ich fragte sie: ›Welche Tonart?‹ Und sie antwortete: ›Tja . . .‹ Dann summte sie ein bißchen vor sich hin, ich fand die Tonart, und wir haben das ganze Album so gemacht! Ohne Proben. Wir sind einfach nur die Melodien durchgegangen. ›Ach, das gefällt mir‹, sagte sie. Wir haben das Lied versucht und dann auch gleich aufgenommen. Bei den ganzen Sachen, die wir miteinander gemacht hatten, insgesamt vier Alben, keine Proben. Wir haben einfach nur Melodien ausgesucht! Ich konnte die Tonart wechseln, alles, was ich wollte. Sie begriff es sofort, kein Problem! Sie war wie ein Instrumentalmusiker, wenn's ums Zusammenspielen ging.«[27]

Das Album mit Pass war nicht das erste, bei dem sie nur von der Gitarre begleitet wurde. Diese Kombination konnte man schon einmal hören bei »They All Laughed« und »Nice Work If You Can Get It« aus dem *Gershwin Songbook*. Die vier Studioalben von Ella und Pass gehören mit den Stücken, die sie zusammen mit Ellis Larkins beziehungsweise mit Paul Smith machte, zum Besten, was von ihr auf Platte existiert. Bei den Songs mit Klavierbegleitung befand sich Ella noch auf der Höhe ihrer Fähigkeiten, doch bei der Zusammenarbeit mit Pass macht sich allmählich das Alter bemerkbar. Die Alben mit Pass wurden innerhalb eines Zeitraums von dreizehn Jahren aufgenommen – *Take Love Easy* 1973, *Fitzgerald & Pass ... Again* 1976 und *Speak Love* 1986. In ihrem Gesang schwingt so etwas wie eine trotzige Schönheit mit, wenn sie auf jedem Album ein bißchen mehr mit der Phrasierung manövrieren muß, damit man die altersbedingten Schwächen ihrer Stimme nicht hört.

»Ella hat sich beim Singen immer ihr Talent zunutze gemacht«, sagt Paul Smith. »Sie hat nie Gesang studiert und auch nie Stunden genommen. Wenn man da nicht aufpaßt und nicht auf die Stimme achtet, kommt irgendwann der Zeitpunkt, wo man Probleme mit dem Vibrato bekommt, denn dann hat man die Stimmbänder so überdehnt, daß man sie nicht mehr unter Kontrolle hat. Genauso war es auch bei ihr, aber nicht nur bei ihr, sondern auch bei Sinatra oder Billy Eckstine.«[28]

Von 1972 an fand das Newport Jazz Festival an Veranstaltungsorten rund um New York statt. Als man Ella einlud, 1973 dort aufzutreten (das letzte Mal war sie 1970 dabeigewesen), beschloß man, das Konzert als Retrospektive unter dem Motto *Salute to Ella* zu gestalten. John Hammond handelte einen Plattenvertrag für die Columbia Records aus. Ella sang für eine Gage von 25 000 Dollars, zahlbar an Ellas Agentur Salle Productions, eine Firma, die natürlich von Granz geleitet wurde, für das Columbia-Label. Dieser Betrag deckte die gesamten Kosten für die Musiker und Salles Provision von zwölf Prozent.

Eine in Anlehnung an das Chick-Webb-Ensemble zusammengestellte Band (deren Mitglieder alle nach dem Tarifvertrag bezahlt wurden) spielte unter der Leitung von Eddie Barefield. Ellis Larkins wurde eingeladen, um seine einzigartigen Decca-Duette zusammen mit Ella zum besten zu geben (er erhielt eine Gage von 1000 Dollar), und man brachte eine Jam-Band, bestehend aus Roy Eldridge, Al Grey und Eddie »Lockjaw« Davis zusammen, die man Jazz at Carnegie All Stars nannte und die einen Eindruck von einem typischen JATP-Ensemble geben sollte. Ellas Quartett mit Tommy Flanagan, Joe Pass, Keeter Betts und Freddie Waits bestritt den Rest der Show.

Die *New York Times* kündigte die Webb-Band mit der Schlagzeile »Ella erweckt das Savoy zu neuem Leben« an und bildete dazu ein Foto ab, auf dem die Band in einem Probenraum an der West 52nd Street zu sehen war. Ella selbst tauchte zu keiner der Proben auf, so daß die Band nicht die geringste Ahnung hatte, welche Nummern sie machen wollte. Sie probte vorsorglich die alten Zugnummern »Let's Get Together«, »A-Tisket, A-Tasket«, »Stomping at the Savoy«, »Indian Summer«, eine Version von »Smooth Sailing« und das Original von »Gemini«. Alles, was sie wußte, war, daß sie während des Konzerts fünf Stücke spielen sollte.

Auf Album erschienen nur drei Nummern. »Ich habe das meiste von den Sachen mit der Band herausgenommen, weil es längst nicht an das herankommt, was ich von der Chick Webb Band in Erinnerung habe«[29], teilte Hammond Granz mit. Als er dann später das Album fertigstellte, sagte er zu Irving Townsend: »Wir haben die Nummern von Ella übers Handmikro aufnehmen müssen, was natürlich nicht die allerbeste Qualität ergab. Aber trotzdem hat sie nie besser geklungen. Die Seiten eins und vier entsprechen ihren Auftritten in der zweiten Hälfte des Konzerts, und die Seite zwei, wo sie ziemlich nervös und manchmal auch ein bißchen zittrig klingt, ist der erste Auftritt der ersten Hälfte. Vielleicht habe ich zu viele JATP-Instrumentals aufgenommen, aber zumindest Roy Eldridge ist unglaublich gut, und die Rhythm Section ist ebenfalls die beste Begleitung, die sie seit langem gehabt hat.«[30]

Zehn Tage später war sie in Houston, Texas, wo die *Houston Post* sie in Redelaune antraf. Ella erzählte ganz offen von den Problemen, die sie mit den Augen hatte: »›Allmählich sehe ich mit dem rechten Auge wieder ein bißchen, wollen wir hoffen, daß das so weitergeht‹ ... Sie schüttelte den Kopf und lehnte sich im Sessel zurück, die schmerzenden Augen fast geschlossen. Das rechte Auge rollte manchmal ein wenig nach oben, ohne daß sie das verhindern könnte ... ›Wissen Sie, ich arbeite nicht mehr so rasant wie früher‹, gab sie zu und schloß mit einem entschuldigenden Lächeln wieder die Augen ... ›Hauptsächlich mache ich Einzelkonzerte und das normale Sommerprogramm, aber im Moment genügt mir das.‹« Davor hatte sie dem Publikum im Astrodome schon gesagt, daß es sich um ihren ersten Auftritt dort seit

1955 handelte, wo »wir einmal eine kleine Auseinandersetzung hatten. Aber natürlich habe ich damals nicht beim Würfelspiel mitgemacht!«[31]

Statt der anstrengenden Tourneen wagte sie sich nun auf ein neues Gebiet vor und sang zusammen mit Symphonie-Orchestern. »Das gibt mir Gelegenheit, ein paar von den Melodien zu singen, die wir zwar aufgenommen haben, aber normalerweise nicht in Nachtklubs machen können, Sachen mit vielen Streichern und Hörnern«[32], sagte sie. 1973 sang sie mit insgesamt sechs solchen Orchestern, nämlich den Boston Pops, dem Pittsburgh Symphony, dem New Jersey Symphony, dem Cincinnati Symphony, dem St. Louis Symphony und dem Oklahoma Symphony. In den folgenden Jahren wurden solche Veranstaltungen immer häufiger, und bis 1975 war sie schon mit insgesamt vierzig Symphonie-Orchestern in den ganzen Vereinigten Staaten aufgetreten. Ihr Konzert mit den Boston Pops unter Leitung von Arthur Fiedler wurde vom Fernsehen übertragen und enthielt Nummern wie »That Old Black Magic, »Down in the Depths on the 90th Floor«, »Good Morning Heartache« und »People«. Die Cole-Porter-Nummer »Down in the Depths« stammte aus einem von Granz beim Atlantic-Label für Ella produzierten Album, das im Juni 1972 aufgenommen worden war und gerade als *Ella Loves Cole*, arrangiert und dirigiert von Nelson Riddle, herauskam.

Unterdessen hatte Granz begonnen, Pablo Records mit mehreren Mainstream-Künstlern zu verstärken. Viele von ihnen wirkten bei *Fine and Mellow: Ella Fitzgerald Jams* mit. Es handelte sich dabei um eine gemischte Session, wie Granz sie nun häufiger für sein Label zusammenbaute. »Das ist Jazz, wie ich ihn verstehe – Jamming«[33], sagte er und faßte so grob die Philosophie seines Labels zusammen. Ella bahnte sich auf dem Album ihren Weg durch die instrumentalen Nummern, ähnlich wie sie es auch bei JATP tat. Doch die Live-Sängerin Ella dieser Zeit lernt man am besten auf *Ella in London* kennen, das im April 1974 in Ronnie Scotts Klub mitgeschnitten wurde.

Im Jahr zuvor hatte Joe Pass (der ebenfalls von Granz gemanagt wurde) von Zeit zu Zeit mit Ella und Oscar Peterson zusammengearbeitet. Ende 1973 verließ er plötzlich Oscar Petersons Gruppe und wurde durch Barney Kessel ersetzt. Im Januar 1974 schloß er sich der Band von Ella an, bei der jetzt Tommy Flanagan, Keeter Betts und Bobby Durham spielten. Pass war jedoch alles andere als ein Klotz am Bein wie Eldridge, sondern fügte sich harmonisch ein.

Am 25. Mai 1974 starb Duke Ellington. Ellas Freundschaft mit ihm reichte bereits in die Tage zurück, als sie noch bei Chick Webb Sängerin war. Man bat sie, bei Duke Ellingtons Begräbnisgottesdienst in der New Yorker Kathedrale St. John the Divine zu singen. Sie trug Ellingtons »Solitude« und ein herzerweichendes »Just a Closer Walk with Thee« vor und las die fast fünf Zentimeter großen Buchstaben von einem Pult vor ihr ab. Ella hatte Duke Ellington, der ihr einmal versprochen hatte, eine Broadway-Show mit ihr als Star zu schreiben, nicht nur wegen seiner Verdienste um die Musik geschätzt, sondern auch als väterlichen Freund, an den sie sich hin und wieder wandte, wenn sie Rat brauchte. Sein Tod war ein schwerer Schlag für sie. Nach dem Gottesdienst sagte sie, sie wisse nicht einmal mehr, ob sie den Text auch richtig gesungen habe.

1974 gab die University of Maryland bekannt, daß man ein neues Institut Ella Fitzgerald Center for the Performing Arts nennen wolle. Damit war dieses Gebäude eines der ersten, das nach einem schwarzen Künstler benannt wurde, und es handelt sich vermutlich auch um eine der wichtigsten Auszeichnungen, die Ella in ihrer langen Laufbahn erhalten hat.

Im Juni 1974 trat Ella zusammen mit Frank Sinatra und Count Basie in Caesars Palace in Las Vegas auf. Der Höhepunkt der Show war »The Lady Is a Tramp«, das jeden Abend wieder stehende Ovationen erhielt. Sinatra, der gerade dabei war, sein Comeback zu organisieren, war so bestärkt von dieser Reaktion, daß er zusammen mit den beiden anderen in New York auftreten wollte. Sie hatten dann auch tatsächlich im September 1975 ein zweiwöchiges Engagement am Uris Theatre. Es wurde lediglich als »The Concert« angekündigt und hatte großen Erfolg. Innerhalb von zwei Wochen spielte die Show erstaunliche 1 088 000 Dollar ein, eine Rekordeinnahme für Broadway-Shows. »[Sinatra] war am lockersten und besten, als er zusammen mit Miss Fitzgerald das

Finale sang, wo sie sich gegenseitig die Melodien vorgaben. Sie sang ein sanftes ›They Can't Take that Away From Me‹, er ein herzhaftes ›At Long Last Love‹ und beide zusammen ein swingendes ›Lady Is a Tramp‹«[34], berichtete die *New York Times*. Doch Norman Granz stellte sich noch immer einem gemeinsamen Album in den Weg.

Im Mai 1975 arbeitete Ella mit Oscar Peterson zusammen. Es entstand *Ella and Oscar*, eine Platte, an der auch Ray Brown am Baß mitwirkte. Peterson war nicht nur ein ausgezeichneter Pianovirtuose, sondern auch ein hervorragender Begleiter. Auf diesem Album übernahm er beide Rollen, was eine gewisse Unruhe und Unausgewogenheit in die Platte bringt.

Im Juli trat Ella dann zusammen mit ihrem regulären Trio beim Montreux Jazz Festival auf, was zu der Aufnahme *Ella: Montreux, 1975* führte. Dieses Album und das darauffolgende *Montreux '77* zeigen Ella das letzte Mal in einer optimalen Auftrittsumgebung. Bei den folgenden Aufnahmen mußte sie sich mit mehr Jam-Bands und größeren Orchestern auseinandersetzen.

Montreux 1975 zeichnet sich vor allem durch Flanagans ausgezeichnete Begleitung aus. Schon der energiegeladene Anfang von »Caravan« macht deutlich, daß hier einer der ganz großen Jazzpianisten am Werk ist. Aber »Caravan« bezeugt auch den allmählichen altersbedingten Verfall von Ellas Stimme. Flanagan blieb es überlassen, solche Mängel mit seinem atemberaubenden Spiel zu überdecken.

Verglichen mit der Version von *Ella in Rome* mit dem mühelosen Hin- und Hergleiten zwischen den Noten, der hohen Flexibilität und den hin und her springenden Phrasen, wurde hier doch sehr deutlich, daß ihre Stimme nicht mehr so war wie früher, auch wenn sie durch ihre Energie die altersbedingten Schwächen wettzumachen versuchte. »Teach Me Tonight« singt sie mit einem fast schon erschreckend starken Vibrato, das alles andere als anziehend wirkt, und auch bei »Wave« mit seinem sich langsam entfaltenden Thema, das den Sänger höher und tiefer führt, als er eigentlich zu gehen bereit ist, hat Ella ihre Mühe. Die Bandbreite der Töne ist ihr hier fast zuviel, doch das kaschiert sie, indem sie Schnörkel im Stil von Sarah Vaughan einführt.

Am 29. Februar 1976 bekam Ella ihren achten Grammy Award für *Fitzgerald and Pass... Again.* Bei der Verleihung erhielt auch Mel Torme einen Grammy als bester Arrangeur für sein *Gershwin Medley.* Als Teil der Show wurden Ella und Mel auf die Bühne gebeten. »Sie haben uns zusammen auf die Bühne geholt, und wir haben ›Lady Be Good‹ gesungen«, erzählte er 1991. »Das gehört zu den Höhepunkten meines Lebens. Ich habe einen Brief vom Vorsitzenden der NARAS, der National Academy of Recording Arts and Sciences, bekommen – Ella sicherlich auch –, in dem er schrieb: ›Die stehenden Ovationen, die Sie und Ella bekamen, sind der längste Beifall, den wir jemals bei einer unserer Grammy-Verleihung erleben durften. Danke.‹ Daraufhin sagte Ella öffentlich, sie wolle ein Album mit mir machen. Doch Norman Granz stellte sich quer.

Tja, und ich bin ziemlich verärgert darüber, weil ich schließlich immer wieder als Ellas männliches Alter ego bezeichnet werde. Folglich hat sie 1990 in einem langen Interview mit *USA Today* nochmals gesagt: ›Ich möchte wirklich ein Album zusammen mit Mel machen.‹ Wahrscheinlich glaubt Granz, ich sei nicht gut genug, um mit ihr zusammen zu singen. Und Sie fragen mich, wie eigenständig diese Frau ist – ich bin mir sicher, daß sie das privat schon ist, doch beruflich gesehen müßte sie sagen: ›Tut mir leid, daß ich über deinen Kopf hinweg entscheide, Norman, aber ich würde gern ein Album mit Mel machen.‹ Aber sie wird's nicht tun, weil er so eine Art Guru ist für sie.«[35]

15. Kapitel

Ella Fitzgeralds Stimme ist nicht mehr so wie damals, als sie vierzig war, das ist ziemlich deutlich zu hören, aber darum geht es nicht. Es geht vielmehr um die große Klugheit und das Wissen, die sie sich in ihren vielen Sängerinnen-Jahren erworben hat und die sie auch dann noch dem Publikum vermittelt, wenn sie nicht mehr so hoch oder tief wie früher singen kann. Wenn Leute sagen, Ella oder Frank Sinatra sollten den Beruf an den Nagel hängen, ist das albern und unverantwortlich, denn wir können immer noch viel lernen von dem, was Alter und Erfahrung ihnen gebracht haben. Ich höre mir lieber Ella Fitzgerald an, die keine Spitzenleistung mehr bringt, als zehn andere Sänger, die sich auf der Höhe ihrer Fähigkeiten befinden.

Loren Schoenberg, Tenorsaxophonist, Pianist,
Bandleader und Musikwissenschaftler. [1]

Im Herbst 1978 trennte Tommy Flanagan sich von Ella. Er sagte, er habe sich dazu entschlossen, als sie innerhalb von zwei Tagen von der Provence nach Newcastle-upon-Tyne, dann zurück in die Provence und von dort aus nach Wolf Trap, Virginia, reisten. »Wir hatten im Vertrag keinen Zeitpunkt festgelegt«, sagte er. »Es ist nach zehn Jahren nur einfach zu Ende gegangen – unsere Wege haben sich getrennt. In all der Zeit, in der ich Ella begleitet habe, hatte ich den Eindruck, daß ich einfach nicht gut genug bin als Solist. Dann hatte ich irgendwie das Gefühl, daß ich mich selbständig machen will.«[2]

Flanagan war die ständige Herumfahrerei satt und hatte im selben Jahr bereits einen leichten Herzanfall erlitten. Trotzdem war es ein Risiko für einen Mann seines Alters, sich aus der Sicherheit, die ihm eine große Sängerin wie Ella bot, zu lösen und allein sein Glück in Pianobars und bei ausländischen Plattenlabels zu versuchen. Er schaffte es und hatte so endlich Gelegenheit, sein großes Talent unter Beweis zu stellen. »Erstklassige Improvisation bedeutet, daß man auf den Notenblättern genau die Noten findet, die der improvisierende Solist gerade gespielt hat. Und das ist bei Flanagan so«[3], sagte Whitney Balliet.

Flanagan wurde durch Paul Smith ersetzt. »Ich bin 1978 wieder zu ihr gestoßen«, erzählt er.

»Zwischen 1978 und 1990 war ich immer mal ein paar Jahre mit ihr zusammen. Wenn die Herumfahrerei wieder zuviel wurde, ging ich. Und wenn sie nicht mehr so viel reiste, kam ich wieder zurück.

Ich hatte ungefähr sechzehn Jahre nicht mehr für sie gearbeitet, nur ein paar Commercials zusammen mit ihr gemacht, also war das das erste Mal nach etlicher Zeit, daß wir uns wiedersahen. Als erstes haben wir mit Nelson Riddle einen Aufnahmetermin für *Dream Dancing* gehabt. Und mir ist gleich aufgefallen, daß Ellas Stimme nicht mehr so war wie früher. Ich hatte sie die ganzen Jahre hindurch nicht gehört, und jetzt fiel mir dieses Zittern auf, und das Vibrato hatte sie auch nicht mehr ganz im Griff. Ella selbst hat das auch gemerkt.«[4]

Der größere Teil von *Dream Dancing* wurde 1972 für das Atlantic-Label aufgenommen und kam kurze Zeit später unter dem Titel *Ella Loves Cole* heraus. Es war als neues Album mit Cole-Porter-Material gedacht und umfaßte auch ein paar Stücke, die während der Sessions für das *Cole Porter Songbook* noch nicht aufgenommen worden waren. Zusammen mit zwei weiteren Nummern aus dem Jahr 1978 – dem Titelsong und »After You« – kam das Album später im Jahr bei Pablo heraus. In gewisser Hinsicht gibt es einen Eindruck von dem, was möglich gewesen wäre. Die Arrangements von Nelson Riddle bilden einen weit besseren

Rahmen für Ella als die von Buddy Bregman und machen aus dem Album so etwas wie ein Postskriptum für die Nachwelt.

Granz nahm weiterhin eine Platte nach der anderen auf mit seinen beiden Zugpferden Ella und Oscar, was bei den Kritikern zu einer Art Ermüdung führte. Bei seiner Suche nach neuen Wegen für Ella fehlte es Granz allerdings nicht an Phantasie. 1978 zum Beispiel spannte er sie bei »Lady Time« mit Jackie Davis an der Hammondorgel und Louis Bellson am Schlagzeug zusammen. Ein anderes Problem nach fast einem halben Jahrhundert ständiger Plattenaufnahmen war, überhaupt Stücke zu finden, die Ella noch nicht aufgenommen hatte. Das wurde ziemlich deutlich bei *A Classy Pair* und *A Perfect Match,* beide zusammen mit Count Basie.

Basies Band lag sozusagen in den letzten Zügen (er starb 1984 an Krebs) und hatte längst nicht mehr die Energie wie in den fünfziger und sechziger Jahren. Basie war gesundheitlich angeschlagen, hatte erst vor kurzem einen Herzanfall gehabt und sich eine Virusinfektion zugezogen. »Ich bin mittlerweile ganz schön vertattert«, sagte er zu Albert Murray. »Aber sie wissen immer noch, was ich will, wenn ich mit den alten Sachen anfange ... Sie wissen, worauf ich hinauswill, und richten sich danach.«[5] Ella, die selbst nicht mehr die Jüngste war, gelang es jedoch, der Band durch ihre eigene Energie noch einmal Schwung zu verleihen.

Bei *A Classy Pair* und *A Perfect Match,* die im Februar 1979 beziehungsweise im Juli des folgenden Jahres aufgenommen wurden, tritt sie in Wettstreit mit den mächtigen Blechbläsern. Wenn das stellenweise auch etwas gezwungen wirkt, hat doch das Zusammenspiel dieser Swing-Ära-Veteranen einen ganz eigenen Charme. Auf *A Perfect Match* folgte *Digital III at Montreux* mit zwei weiteren Big-Band-Nummern und einer Reihe von Aufnahmen mit kleineren Gruppen, die bei Ellas Auftritt am 12. Juli 1979 zusammen mit dem Paul Smith Trio, Joe Pass und dem Baßvirtuosen Niels-Henning Orsted-Pedersen mitgeschnitten wurden. Die Stimme klingt jetzt dunkler, und ihre Ausflüge ins Reich der Phantasie, die früher so leichtfüßig daherkamen, wirken jetzt ein wenig gezwungen.

Mittlerweile beschränkte sie sich fast ausschließlich auf ihr übliches Repertoire. »Als sie älter wurde, hatte sie nicht mehr so stark den Wunsch, etwas Neues auszuprobieren«, bemerkte Paul Smith. »Sie machte erprobte und bewährte Dinge, denn das wollten die meisten Leute hören. Sie hatte das Gefühl, daß neue Songs sich nur ein paar Wochen in den Hitparaden halten und dann wieder verschwinden. Außerdem sind die Sachen im allgemeinen auch nicht sonderlich gut. Hin und wieder tauchte dann doch ein gutes Stück auf, aber während der letzten zwölf Jahre, in denen ich mit ihr zusammengearbeitet habe, haben wir nicht so schrecklich viel Neues gemacht. Ihr war klar, daß die Leute von ihr die Standardsachen hören wollten – sie wollten keinen Song von Michael Jackson!«[6]

Bei ihrem Auftritt mit ihrem Trio, Pass und Orsted-Pederson im April 1979 bemerkte die *New York Times* eine Veränderung ihres Verhaltens auf der Bühne, das Kritiker wie Publikum schon seit Jahrzehnten verwundert hatte: »Trotz ihrer langjährigen Erfahrung... scheint sie sich auf der Bühne nie wohl gefühlt zu haben. Ihre Sprüche zwischen den Songs klingen oft mechanisch, und man hat das Gefühl, daß sie die Lieder sozusagen als Schutzschild gegen das Publikum verwendet. Hier jedoch schien sie mit sich im reinen zu sein und sich selbstsicher und leicht von einem Song zum nächsten zu bewegen...«[7]

Im September erweiterte Ella ihre *Songbook*-Reihe noch um ein Album mit dem Titel *The Antonio Carlos Jobim Songbook*. »Ella... beweist ihr gutes Ohr für fremde Sprachen durch die portugiesischen Songs auf der Platte«[8], meinte Granz – Ellas Sprachstudien hatten sich ausgezahlt. Auf der Platte sind Clark Terry, Zoot Sims und Joe Pass sowie zahllose Mitglieder der Rhythm Section unter der Leitung des Schlagzeugers Paulinho da Costa zu hören. Ella erfüllte sich mit diesem Album den Wunsch, eine ganze Aufnahme mit brasilianischen Nummern zu machen, die sich an den Bossa-Medleys aus ihren Live-Auftritten orientierten. Doch mittlerweile assoziierten die Kritiker diese Versuche eher mit minderer Qualität, und dieses Album klingt auch eher flüchtig und hingeworfen.

1981 trennte sich Smith eine Weile von dem Trio. »Als ich die Band verließ, begegnete Norman zufällig Jimmy Rowles auf der

Straße und fragte ihn: ›Hey, möchtest du für Ella spielen?‹ So einfach lief das. Jimmy ist ein sehr guter Musiker, und er ist ein paar Jahre bei ihr geblieben, bis ich wieder zurückkam«[9], erinnert sich Smith. Rowles ist einer der großen, aber unglücklicherweise unterschätzten Pianisten im Jazz. »Er ist ein Vollblutmusiker«, sagt Michael Hashim, der in den achtziger Jahren Aufnahmen zusammen mit ihm machte. »Er kann eine alte Zugnummer wie ›Limehouse Blues‹ spielen und gleich darauf eine moderne, komplexe Jazzkomposition wie Wayne Shorters ›Momma G‹, ohne daß ein Bruch entsteht. Er hat eine so starke Musikerpersönlichkeit, daß er praktisch alles spielen kann, und man merkt sofort, das ist Jimmy Rowles.«[10]

Rowles, der bereits mit Sängerinnen wie Billie Holiday, Peggy Lee, Sarah Vaughan, Vic Damone oder Carmen McRae zusammengearbeitet und sogar einmal Marilyn Monroe Gesangsstunden gegeben hatte, fügte sich ohne Probleme in seine Rolle als Ellas Begleiter.

Im Februar 1981 veranstaltete die Firma Memorex eine Party zu Ehren von Ella, die 500 000 Dollar für eine Werbekampagne unter dem Motto »Is it live . . .« erhalten hatte, wo Ella mit ihrer Stimme ein Glas zerbersten läßt. Der Werbespot gewann zahlreiche Preise. Für Ella war dieser Ausflug in die Werbebranche nicht nur finanziell lukrativ, sondern mehrte auch ihren Ruhm bei einem nicht jazzorientierten Publikum.

Am Abend des 25. April wurde eine Feier anläßlich von Ellas Geburtstag veranstaltet, diesmal im exklusiven Fairmont Hotel von New Orleans. »Ella trat im Blue Room auf, wo die Fans die Geburtstagstorte nach der Show hereintrugen. Miss Fitzgerald ist 63 Jahre alt«[11], hieß es in *The Times-Picayune*. Ella hielt also den Mythos ihres Geburtsjahres noch immer aufrecht.

Mittlerweile machten sich die Anstrengungen ihres Sängerinnen-Lebens und das Alter immer mehr bemerkbar. »Sie hatte abgenommen und wurde auch leichter müde«, erinnert sich Jimmy Rowles. »Nach einer Show merkte man einfach, daß sie schwer gearbeitet hatte. Trotzdem gab sie immer noch vier oder fünf Zugaben. Sie mochte solche Auftritte einfach und war Klasse.«[12]

Das einzige Album, das Rowles während seiner letzten Engagements bei Ella zusammen mit ihr machte, war *The Best Is Yet to Come* vom Februar 1982. Es wurden zwei Ensembles eingesetzt, das eine war eine erweiterte Jazzcombo, das andere eine von der Zusammensetzung her eher ungewöhnliche Gruppe mit Streichinstrumenten und Hörnern. »Norman sagte, er habe den konventionellen Klang der Streicher einfach satt«, erklärte Nelson Riddle, unter dessen Leitung das Album entstand. »Deshalb einigten wir uns auf vier Flöten, acht Celli und vier Waldhörner. Durch die Überlagerung der Hörner mit Flöten oder Celli gelang es mir, einen ganz ähnlichen Klang zu erzeugen wie Debussy in ›La Mer‹.«[13]

Wie vergleicht nun Jimmy Rowles, der sowohl Ella als auch Billie Holiday begleitete, die beiden Sängerinnen? »Nun, Ella machte mir nie den Eindruck, daß sie wirklich in dem Song drin steckte, daß sie den Text auch fühlte wie Lady. Ich glaube nicht, daß es jemals eine Sängerin gegeben hat, die sich so sehr in einen Song hineinversetzen und die tragische Geschichte dieser Liebeslieder so gut erzählen konnte wie Billie Holiday. Das soll keine Kritik sein an Miss Fitzgerald, aber es gibt eben nur ganz wenige Sänger, die eine Tiefe der Darbietung erreichen wie Billie Holiday. Außerdem war das sowieso nicht Ellas Stärke, soweit ich das beurteilen kann. Sie beherrschte den Plauderton einfach nicht so gut wie Billie Holiday. Billie sagte einfach, was sie machte, ganz ähnlich wie Louis Armstrong. Was er sang, kam von Herzen.«[14]

Trotz dieser Betrachtungsweise hat Jimmy Rowles größte Hochachtung vor Ella als Sängerin und preist sich glücklich, mit ihr zusammengearbeitet zu haben. Paul Smith dagegen meint: »Ella ist eine echte Sängerin, Billie achtete nur auf den Stil. Wenn ich mir eine von ihnen aussuchen könnte, würde ich mich immer für Ella entscheiden. Billie hatte jede Menge Probleme, sie war drogensüchtig, und die Leute liebten solche Skandale. Aber bei Ella gab's keine Skandale, sie hat ein ehrliches Leben geführt . . . So was gibt keine Munition für die Journalisten.«[15]

Lou Levy sagt zum gleichen Thema: »Viele Leute sagen, Ella dringt nicht in den Song ein, aber ich frage mich, ob das stimmt. Ich glaube, sie macht alles andere so gut, daß das die Leute ablenkt.

Ein anderer Sänger singt nicht ganz so gut, und die Leute können das verstehen. Vielleicht muß man es dem Zuhörer einfach leicht machen und tragisch klingen wie Billie. Meiner Meinung nach hat Billie manchmal ein bißchen dick aufgetragen, vielleicht nicht absichtlich, aber wenn Billie das machte, hatte das die gegenteilige Wirkung auf mich, es klang schon fast wieder komisch.«[16]

Die Meinungen darüber, wie sich Ellas und Billies Gesang unterscheiden, werden vermutlich auseinandergehen, solange ihre Lieder gespielt werden. Doch durch einen Stilvergleich wird der Schlüssel zu Ella Fitzgeralds Kunst deutlich. Denn wenn Billie Holiday sowohl Opfer als auch Anklägerin war, stellte Ella Fitzgerald so etwas wie die Puritanerin der Bohème dar und zwang ihren Songs niemals ihre eigenen Gefühle auf oder versuchte, ihre tiefere Bedeutung zu enthüllen. Ihre Stimme bewahrte immer Distanz zum Text, und Benny Carter meint: »Ihre gesangliche Qualität und ihre innere Spannung entsprechen einander praktisch immer, egal was sie singt.«[17] Ella strahlte ein Gefühl entwaffnender Aufrichtigkeit aus und dazu eine harmlose Erotik, die auf Männer wie Frauen gleichermaßen wirkte: »Dieser warme Klang ... ist ein Teil von ihr«, meinte die Sängerin Rosemary Clooney, »eine Projektion ihrer Persönlichkeit. Das bewegt und nimmt den Zuhörer für sie ein, weil sie so offen und kindlich ist.«[18]

Über Billie Holiday dagegen äußert sich die Sängerin Sylvia Syms, eine Freundin von Ella und Billie, folgendermaßen: »Billie Holiday hat eine große Seele und im Vergleich zu Ella so gut wie keine Stimme. Aber für mich kamen die Dinge, die Billie sang, aus der Tiefe des Lebens. Natürlich hängt das damit zusammen, wie man das Leben versteht und welchen persönlichen Hintergrund man hat. Technisch gesehen ist Ella ein phantastisches Erlebnis, aber ich glaube nicht, daß ich nach einem Auftritt von Ella jemals nach Hause gegangen bin und über die Verzweiflung nachgedacht habe, die das Leben mit sich bringen kann. Wir haben es hier mit zwei völlig verschiedenen Gefühlen zu tun: Lady war wegen ihrer Probleme, die sie mit Drogen hatte, die personifizierte Lebensqual, ganz anders als Ella. Egal welche Schwächen Ella auch gehabt haben mag, man wußte einfach, daß sie ein ehrliches und fröhliches kleines Mädchen ist.«[19]

Billie Holiday hatte die Fähigkeit, Songs zu personalisieren. Diese Fähigkeit war so stark ausgeprägt, daß sie in späteren Jahren ein Lied mit ihren eigenen Lebenserfahrungen aufladen konnte. Ähnlich wie Judy Garland war sie gebrochen vom Leben, während Sänger wie Frank Sinatra oder Edith Piaf niemals diesen Eindruck machten. Billie Holiday setzte ihre Persönlichkeit ein, um ihren Auftritten eine zusätzliche Dimension zu verleihen, und ihre Darbietungen verbanden sich zu einer Mischung aus Subjektivität und Song. Bei Ella bekam man nur den Song.

Obwohl Ella niemals etwas von sich selbst preisgab, blieb sie sich doch treu. Ihre Naivität und ihre Unbeholfenheit waren ebenso offensichtlich wie ihre Freude an der Musik. Diese Freude wollte sie mit anderen teilen. »Manche Leute haben den Eindruck, daß sie zu ›süß‹ ist für den Jazz, und bezeichnen Billie Holiday als die ernsthafte Jazzsängerin«, meint Niels-Henning Ortsted-Pederson. »Aber das Gefühl habe ich nie gehabt. Schließlich hat die Freude das gleiche Recht, ausgedrückt zu werden, wie die Trauer. Ich habe mit ihr zusammengearbeitet, und für mich verkörpert Ella die Freude.«[20]

Ella hatte, wie gesagt, ein weit weniger starkes Interesse am Text als die meisten zeitgenössischen Sängerinnen und Sänger, und während der achtziger Jahre wurde die Kluft zwischen den musikalischen Qualitäten eines Songs und dem Text für sie immer größer. Im Mai 1982 hielt sie sich beispielsweise in Houston auf, wo John Scarborough ihr Konzert für die *Houston Post* besprach: »Ganz wesentlich war die Gegenwart von Jimmy Rowles, dem groß angekündigten, aber noch immer viel zu wenig gelobten Pianisten. Ella sang nicht nur swingenden Jazz. An diesem Punkt ihrer schon fast legendären Karriere scheint sie immer mehr Freude am Material zu bekommen und die wörtliche Bedeutung des Textes zu erweitern, wenn es gerade paßt – nicht durch bewußte Abstraktion, sondern eher durch eine völlige Konzentration auf die rein musikalischen Aspekte, die dahinterstecken.«[21]

Ellas Beschäftigung mit dieser Abstraktion, die beispielsweise im Vergleich zu Betty Carter noch harmlos war, diente vorrangig dazu, den allmählichen Verfall ihrer Stimme zu kaschieren. Sie verwendete nun kürzere Phrasen, um Unsicherheiten bei Vibrato und Atemtechnik zu überdecken; statt längere Zeit bei gehaltenen Noten zu verweilen, fügte sie zusätzliche Silben in den Text und hüpfte zwischen ihnen hin und her. Diese Technik zeigt sich besonders deutlich bei »Nice Work If You Can Get It« zusammen mit Andre Previn am Piano und Niels-Henning Orsted-Pederson am Baß vom Mai 1983.

Im Frühjahr 1983 kündigte Jimmy Rowles. »Das einzige, womit ich nicht fertigwurde, war die ständige Herumfahrerei. Ich weiß nicht, wie sie das geschafft hat. Wir sind einfach furchtbar viel unterwegs gewesen. Brutale Sachen, zum Beispiel ein One Nighter in New York und dann in Caracas, Venezuela, ein *One Nighter*, man muß sich das einmal vorstellen! Ich hatte nicht einmal Gelegenheit, mir die Stadt anzuschauen. Gleich am nächsten Morgen bin ich wieder heimgeflogen. Zu Hause habe ich mich dann aufs Sofa gelegt, und schon wieder hat das Telefon geklingelt, und man sagte mir, daß wir fünfundzwanzig One Nighters durch Skandinavien machen. Ich mußte damit aufhören, ich mußte einfach das Handtuch werfen.«[22]

Rowles wurde durch Paul Smith ersetzt, und im Juni traten Ella und er im Kennedy Center und danach im Rahmen des 1983er Kool Jazz Festivals (dem früheren Newport Festival) in der Carnegie Hall auf. »Die unvergleichliche Sängerin trug neunzig Minuten lang ihr Standardrepertoire vor ... und das Publikum hörte gar nicht mehr auf zu klatschen.«[23]

1982 setzte sich Shin Watanabe, einer der größten Musikverleger von Japan, mit Norman Granz in Verbindung, der ein JATP-Konzert organisieren wollte, um an den dreißigsten Jahrestag des ersten Japanauftritts der Gruppe im Jahr 1953 zu erinnern. Wieder einmal kündigte Granz Ella und Oscar Peterson als Stars der Show an. Charlie Shavers, Ben Webster, Bill Harris, Gene Krupa und Willie Smith aus der ursprünglichen Besetzung von 1953 waren mittlerweile gestorben, und Roy Eldridge hatte sich auf sein Altenteil zurückgezogen. Um wenigstens etwas vom alten Geist der Gruppe zu retten, verpflichtete Granz »Sweets« Edison und Clark Terry, Trompete, J.J. Johnson und Al Grey, Posaune,

Zoot Sims und Eddie »Lockjaw« Davies, Tenorsaxophon, Joe Pass, Gitarre, Niels-Henning Orsted-Pederson, Baß, und Louis Bellson, Schlagzeug, sowie Ellas Trio, bestehend aus Paul Smith am Piano, Keter Betta am Baß und Bobby Durhan am Schlagzeug.

Im Oktober 1983 verließ die Gruppe die Boeing 747 im Flughafen von Tokio. Anders als 1953 achtete kaum jemand auf sie, als sie von zwei unauffällig gekleideten Vertretern des Impresario begrüßt wurden. Die Zeiten hatten sich geändert, die JATP-Truppe war nun eine unter vielen, die jedes Jahr Japan besuchten. Das Konzert im Yoyogi-Stadion wurde aufgezeichnet und erschien 1987 unter dem Titel *Return to Happiness: Jazz at the Philharmonic Yoyogi National Stadium, Tokyo, 1983* auf zwei CDs. Ellas Auftritt nimmt dabei die zweite Hälfte der zweiten Scheibe ein; Granz kündigte sie als Star des Abends an. Angefeuert durch ein begeistertes Publikum, trotzt sie, besonders bei »All of Me« und der alten JATP-Zugnummer »Flying Home« dem Alter und läßt noch einmal die alte Stimme erahnen, mit der sie die Höhenflüge ihrer Phantasie so leicht in die Tat umsetzen und sich sogar noch gegen die Hörner in der Band behaupten konnte.

Doch die Anstrengungen des Reisens machten sich bemerkbar. Im August 1985 beklagte sie sich über Atemnot und wurde ins George Washington University Hospital in Washington, D.C., eingeliefert, wo man Flüssigkeit in den Lungen feststellte. Doch schon nach einem Monat trat Ella wieder im Hollywood Bowl auf. Sie hatte abgenommen und schien noch immer Atembeschwerden zu haben. Trotzdem hielt sie weiterhin an ihrem hektischen Programm fest.

Im Juni 1986 eröffnete sie das JVC Jazz Festival (das frühere Newport und dann Kool Jazz Festival) in der New Yorker Avery Fisher Hall. Dort besann sie sich wieder auf die alten Songs zurück, die die Grundlage ihres Repertoires bildeten, und sang ein *My Fair Lady*-Medley und einige Nummern, die sie 1936 zusammen mit Benny Goodman aufgenommen hatte.

Nach einem Auftritt im Artpark von Lewiston wurde sie wegen einer plötzlichen Schwäche, die man anfangs als »Erschöpfung wegen zu großer Hitze« diagnostizierte, ins nahegelegene Niagara Falls Hospital eingeliefert. Drei Tage später wurde sie wieder entlassen, aufgemuntert durch die Nachricht, daß sie keinen Herzanfall erlitten habe und, wie ein Arzt es ausdrückte, »von der inneren Verfassung her 150prozentig, körperlich fast 100prozentig« in Ordnung sei. Anfang September kam dann die Nachricht, Ella befinde sich wegen einer nicht näher genannten Krankheit in einem Krankenhaus von Los Angeles. Später wurde bekannt, daß sie sich am Cedars-Sinai Medical Center einer Operation am offenen Herzen hatte unterziehen müssen, wo sie am 19. August eingeliefert worden war. Ein Sprecher des Krankenhauses teilte mit, Miss Fitzgerald mache gute Fortschritte. Mary Jane Outwater bestätigte der Presse gegenüber, daß Ella ihre Engagements für den Rest des Jahres abgesagt habe.

Doch nicht einmal diese Operation minderte ihre Entschlossenheit, weiterhin aufzutreten. Im Juni 1987 hatte sie ein Engagement am El Camino College in der Nähe von Los Angeles. Die Reaktion des Publikums war überwältigend, worauf Ella sagte, der Applaus sei so gut wie eine Arznei. Sie hatte noch ein paar weitere Auftritte und mußte dann im August erneut ins Krankenhaus, diesmal wegen einer Zehenamputation aufgrund ihrer Diabetes. Es dauerte Monate, bis sie sich wieder erholt hatte, aber schließlich trat sie im März 1988 in Palm Springs auf, und im Frühjahr kam *Ella in Rome: The Birthday Concert* heraus.

»Norman und Ella reagierten völlig unterschiedlich darauf, daß *Ella in Rome* auf Platz eins von *Billboard* landete«, sagt Phil Schaap, der das Album produzierte. »Granz war nicht sonderlich glücklich darüber, daß die Platte herauskam. Ich weiß nicht so genau, warum, schließlich bekam sie ja vertragsgemäß ihr Geld, und soweit ich weiß, wurden die Vereinbarungen eingehalten. Und da die Scheibe ein großer Erfolg war, machte sie damit wohl auch einen ganz schönen Profit. Vielleicht lag's ja daran, daß auf der Platte nicht stand ›Produziert von Norman Granz‹. Ich weiß es nicht.

Das Album blieb den ganzen Sommer über die Nummer eins, und ich weiß, daß Ella es liebte. Sie hat in ihren Konzerten darüber gesprochen, wie glücklich sie sei, wieder ganz oben zu sein. Als ich sie im Juni 1988 traf, war sie ausgesprochen zuversichtlich, und es steht außer Zweifel, daß die Platte wie ein Katalysator wirkte und zu ihrem neuerlichen Erfolg beitrug. Denn zum damaligen Zeitpunkt ihrer Karriere hätte sie keine so starke Platte machen können, und die Presse beschäftigte sich ausschließlich mit negativen Dingen, daß sie im Krankenhaus war und so. Ich habe ihr die Platte am Nachmittag des Konzerts bei Keter Best in der Wohnung vorgespielt, und sie hat mir zugestimmt, daß das ihre beste ›Porgy‹-Version überhaupt sei. Sie war ganz hingerissen davon!«[24]

Durch den Erfolg von *Ella in Rome* bekam Ellas Karriere wieder Aufschwung. Es gab Höhepunkte, wie zum Beispiel 1987 die Verleihung der National Medal of Arts durch Präsident Reagan, und Rückschläge wie den Auftritt im Hollywood Bowl vom Juli 1988, wo sie stürzte. Sie scherzte: »Na schön. Ich bin in Ordnung. Ich singe einfach von hier unten weiter«[25], als Paul Smith und das Trio ihr zu Hilfe eilen wollten. Der Vorfall beweist, wie entschlossen Ella war, um jeden Preis aufzutreten. Viele Leute im Publikum hatten den Saal in der Pause verlassen, weil sie nicht glaubten, Ella sei noch in der Lage, den zweiten Teil zu bestreiten. Doch genau das tat sie, sitzend, mit »I Fell For You«.

Je öfter Ella auftrat, desto mehr schien sie sich zu erholen, doch privat isolierte sie sich immer stärker. Eine Weile hatte sie wohl einen Freund. »Sie hatte jemanden in Philadelphia, den sie gut leiden konnte«, sagte Lou Levy. »Ich weiß nicht, wie er hieß, aber ich glaube, er hatte was mit der Polizei zu tun.«[26] Ella sorgte ironischerweise selbst in hohem Maße für diese Isolation. Salle Productions wurde von Mary Jane Outwater geleitet, die sich sehr bemühte, Presse und Fans von Ella abzuhalten. Im Verlauf der Jahre spielten Salle Productions und Mary Jane eine immer größere Rolle bei der Abschottung Ellas. Jim Haskins beispielsweise weist darauf hin, daß Mary Jane nicht nur Fanpost, sondern auch Briefe von Freunden abfing[27] und so Ellas Gefühl der Isolation verstärkte.

Sogar Freunde an der Westküste erzählten, daß es zunehmend schwieriger wurde, an sie heranzukommen.[28] Doch selbst wenn Ella sich gegen Mary Jane durchgesetzt hätte, hätte sie es immer noch mit Norman Granz zu tun gehabt, und gegen ihn lehnte sie sich nie auf.

Trotzdem ist Ella im Grunde genommen ein glücklicher Mensch, besonders wenn sie mit Leuten zusammen ist, die sie gut kennt. »Sie hat wirklich Sinn für Humor«, erinnert sich Jimmy Rowles, der selbst recht witzig sein kann. »Das wurde immer dann deutlich, wenn sie das Gefühl hatte, daß man sie mochte – sie hörte etwas, oder jemand erzählte ihr etwas, und wenn ihr das gefiel, konnte sie ganz herzlich darüber lachen. Sie lachte gern, und sie redete gern über Musik und Songs. Das sind ihre Lieblingsthemen.«[29] Doch wenn eine Tournee zu Ende war, hörten auch die kleinen Scherze und Neckereien auf, die sie mit den Musikern austauschte, und sie kehrte zurück in ihren prachtvollen Elfenbeinturm in Beverly Hills.

Der britische Kritiker Max Jones, der seit ihrem ersten Auftritt in England 1948 mit ihr befreundet ist, meint: »Ella war ihrem Wesen nach nicht gesellig und wartete darauf, daß die Leute auf sie zugingen. Und je berühmter und reifer sie wurde als Künstlerin, desto weniger wagten ihre Fans und Bekannten, darunter auch ich, unangemeldet in ihre Privatsphäre einzudringen.

Ich glaube, daß ihre schlechten Augen dabei auch eine Rolle spielten. Norman Granz machte uns während eines Konzerts in London darauf aufmerksam, als meine Frau an der offenen Tür ihrer Garderobe vorbeiging und ihr zunickte, weil sie ganz allein dort saß, aber keine Erwiderung kam. ›Du hättest nur reingehen müssen, dann hätte sie dich schon begrüßt‹, versicherte Granz uns. ›Das war nicht böse gemeint, sie konnte dich einfach nicht sehen.‹ Ich folgte seinem Rat, und da wurde klar, daß sie es wirklich nicht so gemeint hatte. Vermutlich fühlte sich Ella, auch wenn sie eher eine Einzelgängerin ist, oft einsam.«[30]

Im Frühjahr 1989 rief die Society of Singers eine Auszeichnung ins Leben, um die Leistung eines langen Künsterlebens zu würdigen, und nannte sie »Ella«. Natürlich bekam die Frau, die dafür Pate gestanden hatte, diese Auszeichnung zuerst. Dahinter stand der Gedanke, Geld für Künstler in Not zu sammeln. Unter den Gästen befanden sich Mel Torme und George Shearing, die später zusammen auftraten, Bea Wain, Kay Starr, Kitty Kallen, Martha

Tilton, Helen Forrest, Helen O'Connell, Carol Burnett, Dionne Warwick, Manhattan Transfer, Barbra Streisand, Quincy Jones, Clint Eastwood, Carol Bayer Sager, Burt Bacharach, Gloria Loring, Helen Reddy, Pat Boone, Gloria und Jimmy Stewart, Cyd Charisse und Tony Martin. Der Abend wurde von Bill Cosby präsentiert.

Im folgenden Jahr überreichte Ella Frank Sinatra die Auszeichnung. »Ich habe Ella bei ihrem Auftritt während der ›Ella‹-Verleihung am 3. Dezember 1990 miterlebt«, erzählt Sylvia Syms. »Es war die zweite ›Ella‹, die die Society of Singers verlieh, und sie sang ›The Lady Is a Tramp‹, zusammen mit Sinatra. Sie hatte einen Riesenerfolg. Und das nach ihrer schweren Krankheit! Ich weiß, wie schlecht es ihr ging, weil ich sie besucht hatte – wir freuten uns beide wahnsinnig, uns wiederzusehen –, und trotzdem schaffte sie es noch, auf die Bühne zu gehen und alle mitzureißen!«[31]

Im März 1989 wagte sie sich wieder in die Plattenstudios zurück. Ray Brown wählte die Musik aus, darunter auch eine Komposition von Jimmy Rowles: »Baby, Don't You Quit Now«. Dazu kamen noch eine ganze Menge guter alter Songs wie »My Last Affair«, »Oh, Look At Me Now«, »When Your Lover Has Gone«, »The Nearness of You«, »Little Jazz«, »Dream a Little Dream of Me«, »Just When We're Falling in Love« (eine Nummer, die noch aus ihren Decca-Tagen herrührte und ursprünglich unter dem Titel »Robbin's Nest« aufgenommen worden war), das Titellied und einige Billie-Holiday-Nummern, wie zum Beispiel »That Old Devil Called Love« oder »Good Morning Heartache«.

Norman Granz produzierte die Session und wählte die Musiker aus, darunter auch einige, die schon jahrelang für ihn arbeiteten. »Sweets« Edison, Benny Carter, Al Grey und Clark Terry. Mike Wofford, der Nachfolger von Paul Smith, gab sein Debüt am Piano. *All That Jazz* erhielt 1990 einen Grammy, was niemanden überraschte. Ellas Stimme war zwar nur noch ein Schatten dessen, was sie in ihrer besten Zeit geboten hatte, aber die Auszeichnung war wohl auch eher als Würdigung ihres Lebenswerkes zu verstehen.

Als sie im Juni 1989 beim New Yorker JVC Festival auftrat,

wurde sie mit donnerndem Applaus empfangen. Sie hatte bereits den Status einer lebenden Legende und konnte sich manchen Schnitzer erlauben: »Ella Fitzgerald ist noch immer eine Künstlerin von echtem Schrot und Korn. Die grundlegenden Elemente ihres Stils sind nach wie vor ganz klar zu hören. Ihre Hauptqualitäten sind ihre himmlische Liebenswürdigkeit, ihre rhythmische Sicherheit und ihr Instinkt für die Melodieführung«[32], hieß es in der *New York Times*. Im folgenden Monat kehrte sie ins Hollywood Bowl zurück und trat dort vor einer Menge von fast 15 000 Bewunderern auf. »Während einer Darbietung, die man getrost ›triumphal‹ nennen darf, bewies Ella, daß sie mit einundsiebzig Jahren noch immer den Elan einer Jungen besitzt und daß ein williger Geist einen geschwächten Körper mehr als wettmacht«[33], schrieb der Kritiker der *Los Angeles Times*.

Die Ärzte erlaubten Ella nur noch drei Auftritte pro Monat, den Rest der Zeit verbrachte sie zu Hause. »Sie reist jetzt nicht mehr so viel. Ich weiß aber, daß sie Seifenopern liebt. Sie schaut sich die ganze Zeit das Zeug an, damit schlägt sie die Zeit tot«, sagt Lou Levy. »Sie sieht einfach nur fern und macht sonst kaum noch etwas. Ella ist in dieser Hinsicht leicht zu befriedigen. Ich glaube nicht, daß sie viel liest. Aber sie steht gern im Rampenlicht, und sie liebt den Applaus, da bin ich mir sicher. Das hält sie am Leben.«[34]

Ihr Hunger nach Applaus war jetzt, wo sie die Siebzig bereits überschritten hatte, genauso unstillbar wie in ihren jungen Jahren. Im Februar 1990 feierte man sie im Rahmen des *Hearts for Ella*-Konzerts, und Gary Giddins schrieb: »Die Show wurde von Leuten organisiert, die das Herz am rechten Fleck hatten, zum Beispiel Edith Kiggen, der ein paar Größen des Showbusineß verpflichtete, welche sich jedoch Ella unterordnen mußten.«[35] Im März feierte Ella dann noch einmal Triumphe in der Royal Albert Hall in London, wo sie seit fünf Jahren das erste Mal wieder auftrat. In einem Interview mit dem Londoner *Evening Standard* sagte sie, sie habe einen Song im britischen Fernsehen gehört, den sie gerne singen würde. Es handelte sich um die Titelmelodie einer australischen Seifenoper, *Neighbours*.

Obwohl sie im Juli 1990 wegen Erschöpfungszuständen einen

Auftritt beim North Sea Jazz Festival und danach auch noch eine Europatournee absagen mußte, gab Ella keine Ruhe. Am 22. August stand sie wieder im Hollywood Bowl und ließ sich von 18 000 Fans feiern. Und so ging es weiter, Konzert um Konzert, Auszeichnung um Auszeichnung. Mittlerweile füllten diese Preise bereits einen ganzen Raum ihres Hauses vom Boden bis zur Decke. »Sie weiß gar nicht, wie gut sie ist«, sagt Mel Torme. »Ich überreiche ihr am 3. Juli 1991 im Palladium den Black Achievement Award, und ich verstehe das wirklich als eine große Ehre. Aber wissen Sie, was sie macht, wenn sie nach Hause kommt? Sie stellt ihn zu den anderen. ›Womit habe ich das bloß verdient‹, sagt sie dann. So ist sie eben.«[36]

1992 veranstaltete die ASCAP eine Party in einer Hotelsuite des Beverly Hills Hotels, um Norman Granz zu ehren, der zu diesem Anlaß eigens aus Genf eingeflogen wurde. Natürlich führte Ella die Gästeliste an, auf der außerdem noch Benny Carter sowie die Komponisten Johnny Mandel, Alan und Marilyn Bergman standen. Und sie trat weiterhin auf, im Hollywood Bowl, in der Davies Hall zusammen mit dem San Francisco Symphony Orchestra und in der Radio City Music Hall in New York zusammen mit der Clark Terry Big Band. »Das Singen ist wirklich ihr Leben«, meint Paul Smith. »Sie hat nicht mehr allzuviel Stimme, besonders wenn's um Balladen geht. Aber die schnellen Sachen kann sie immer noch, da ist sie am besten. Bei ihren gesundheitlichen Problemen ist das gar nicht so leicht... Aber sie liefert immer noch eine gute Show.

Sie arbeitet so einmal im Monat, um nicht ganz aus dem Geschäft zu kommen. Sie würde gar nichts mit sich anzufangen wissen, wenn sie nicht singen könnte. Eine Familie im engeren Sinne hat sie nicht. Ihre wenigen Verwandten hat sie immer finanziell unterstützt. Sie ist diejenige, die Erfolg gehabt hat in ihrer Familie. Ihre Verwandten hatten nie das Gefühl, daß sie selber viel machen müssen. Sie hat all die Jahre hindurch für sie gesorgt. Natürlich kann sie das, aber irgendwie werde ich das Gefühl nicht los, daß die das auch selber könnten.«[37]

Die Ella der späten Jahre war stolz und ließ sich nicht beugen von den Wechselfällen des Schicksals. Obgleich ihre Stimme und ihr Körper ihr allmählich den Dienst versagten, hatte sie nach wie vor einen starken Willen. Und sie ließ sich anfeuern vom Applaus bei den Live-Auftritten. Das Leben war ein einziger großer Auftritt, einen anderen Sinn gab es nicht für sie. Beim JVC Festival von New York 1990 Anfang Juli war klar, daß man sie nicht mehr nur wegen ihrer Darbietung feierte, sondern auch wegen ihrer Beharrlichkeit. Und selbst wenn sie nicht mehr an die Leistung ihrer früheren Tage herankam, gab es immer noch Grund für Lob. So schrieb beispielsweise Gene Seymour, der Kritiker von *Newsday*: »Bei ihrem ersten Set sang sie auch eine eigene Version eines Liedes von Billie Holiday, ›Rocks In my Heart‹. Oder war es ›Devil Called Love‹? Sie konnte sich nicht mehr so genau an den Text erinnern. Aber das machte nichts. Es schien die Würde ihrer Darbietung nur zu erhöhen, wenn das überhaupt noch möglich war. Und es erinnerte daran, wie Billie Holiday in späteren Jahren klang, wie sie, auch als sie sich nicht mehr auf das Talent ihrer Jugend stützen konnte, noch immer das Publikum zu Tränen rührte. Manche behaupten, Ella ziehe im Vergleich mit Lady Day den kürzeren – aber das ist, als werfe man Äpfel und Birnen in einen Topf. Genauso jedoch, wie Billie Holidays Wille und Geist ihre Darbietung bestimmten, nachdem ihre gesanglichen Fähigkeiten bereits nachgelassen hatten, hat sich auch Ella Fitzgerald eine unbezähmbare Lebhaftigkeit und Phantasie bewahrt.«[38]

Nachwort

Legenden sind Lügen, die schließlich
Geschichte werden.

Jean Cocteau

Wenn ein New Yorker Taxifahrer einen Namen kennt, so heißt es, hat der Betreffende es geschafft. Und soweit ich weiß, kennen die New Yorker Taxifahrer den Namen von Ella Fitzgerald seit Anfang der vierziger Jahre. Selbst die hartgesottenen Männer der neunziger Jahre sprechen ihn noch immer voll liebevoller Bewunderung aus. Doch nicht nur die Taxifahrer liegen ihr zu Füßen, sondern das ganze amerikanische Volk, das zu ihr ein ähnliches Verhältnis hat wie die Briten zur Königinmutter.

Diese Beliebtheit wurde mir klar, als ich mich zu Recherchen für dieses Buch in den Vereinigten Staaten aufhielt, und ich muß gestehen, daß sie mich überraschte, denn sie setzte sich über Alters- und Rassenschranken gleichermaßen hinweg. Ellas Beliebtheit schien sich allen gängigen Kategorien zu entziehen. Die Künstlerin stand nicht nur für den Jazz und nicht nur für die populäre Musik, sondern galt als eine der bedeutendsten Vertreterinnen beider Musikrichtungen.

Ellas Karriere steckt voller Paradoxen. Schon bald wurde mir bei meinen Nachforschungen klar, daß sie sich anders gestalten würden, als ich eigentlich erwartet hatte. Beispielsweise merkte ich, daß ich weit mehr Material würde sichten müssen, als ich gedacht hatte. Vieles war schon zu Ella geschrieben worden, aber vieles davon war auch unrichtig. Wenn ich glaubte, ein Rätsel gelöst zu haben, tauchte ein neues auf. Je mehr ich mich mit Ellas Lebensgeschichte beschäftigte, desto klarer wurde mir, daß ich dabei war, eine Legende zu dekonstruieren.

Es waren beträchtliche Unschlüssigkeiten bezüglich ihrer frühen Jahre zu bewältigen, weil Ella sich seit jeher geweigert hat, Genaueres über ihre Kindheit und die Zeit vor ihrer Mitgliedschaft in der Band von Chick Webb zu erzählen. Deshalb haben Schriftsteller und Journalisten auch die fehlenden Jahre ganz in der Tradition des Jazz ergänzt: Sie haben Geschichten erfunden.

Oft hatten Legende und Fakten nicht allzuviel miteinander zu tun. Häufig mußte ich feststellen, daß die Journalisten nicht einmal die Grundfragen ihres Handwerks geklärt hatten. Bald schon fand ich heraus, warum. Ein Großteil der Informationen, die zum Teil schon 75 Jahre zurücklagen, waren nur sehr mühsam und zeitaufwendig zu beschaffen. Deshalb spreche ich an dieser Stelle Marsha Saron Dennis ein besonders herzliches Dankeschön aus, die mit großem Elan und Eifer bisher unveröffentlichte Fakten über Ellas frühe Jahre ausgegraben und Jugendfreunde ausfindig gemacht hat. Aufgrund dieser Informationen werden Angaben in Nachschlagewerken und Geschichtsbüchern teilweise korrigiert werden müssen.

Immer wieder stößt man im Zusammenhang mit Ellas Karriere auf Generalisierungen, besonders, was die Zeit bei der Decca anbelangt. Oft heißt es, alles, was sie in den Jahren vor 1955 aufgenommen habe, seien zu vernachlässigende, kommerzielle Popsongs.

Als ich jedoch selbst Gelegenheit hatte, vieles von dem heute schwer zugänglichen Material aus Decca-Tagen durch die freundliche Unterstützung Ed Bergers vom Institute of Jazz Studies zu hören, war ich überrascht über die stilistische Vielfalt und künstlerische Beständigkeit von Ellas damaliger Produktion. Natürlich gab es auch schreckliche Nummern, doch sie reichten keinesfalls aus, um jene Zeit ihrer Karriere künstlerisch abzuschreiben. Meiner Meinung nach bedurften die Jahre von 1939 bis 1955 einer völligen Neubewertung.

Das Anhören von Ellas Platten erwies sich als eine der größten Aufgaben überhaupt. Michel Macaire aus Frankreich verschaffte mir Zugang zu seltenen Konzertaufnahmen aus den vierziger Jahren, während Terri Hinte von Fantasy Records in Berkeley, Kalifornien, dafür sorgte, daß ich an alle Platten herankam, die

Ella für Pablo gemacht hatte. Cees Schrama von Polygram Jazz, Polygram International Music BV, Niederlande, verschaffte mir alle zugänglichen Verve-Aufnahmen. Ein weiterer Dank geht an Pete Harvey von Panther Records für Ellas frühe Platten bei der Decca und an Jo Pratt und Joanna Nagle von EMI für die Capitol-Alben. Bei einer so umfangreichen Diskographie wie der Ellas ist es natürlich unmöglich, auf jede einzelne Platte einzugehen. Trotzdem habe ich versucht, so viele Aufnahmen wie möglich zu besprechen.

Ich habe in dem vorliegenden Buch große Teile von Ellas Geschichte aus der Sicht von Augenzeugen erzählt und zu diesem Zweck zahlreiche Interviews geführt. Das hatte meiner Ansicht nach zwei Vorteile: Erstens, daß ich nicht Opfer meiner eigenen Subjektivität wurde, denn im Gespräch mit den Menschen, die Ella persönlich kannten und kennen, mußte ich schon bald gewisse vorgefertigte Meinungen aufgeben und neue, unerwartete Richtungen einschlagen. Zweitens waren diese Leute echte Augenzeugen, und das konnte ich für mich nicht beanspruchen. Ihre Erinnerungen haben eine Unmittelbarkeit, die die Jahrzehnte überbrückt. Außerdem habe ich häufig aus den Besprechungen von Ellas Konzerten zitiert. Auch sie tragen meiner Meinung nach dazu bei, ein abgerundetes Bild von einer bemerkenswerten Sängerin aufzubauen.

Die Liste der Interviewpartner ist lang. Da ihre Namen sowohl im Text als auch bei den Anmerkungen auftauchen, gebe ich sie hier nicht eigens an. Sie haben meine Fragen ohne Ausnahme freundlich und verständnisvoll beantwortet und mir ihre Zeit zur Verfügung gestellt. An alle ergeht an dieser Stelle ein herzliches Dankeschön. Außerdem bin ich dem Tenorsaxophonisten, Bandleader und Musikwissenschaftler Loren Schoenberg verpflichtet, der sich die Zeit genommen hat, für mich Interviews mit Milt Gabler, Tommy Flanagan, Ram Ramirez, Hal Austin, Beverly Peer und Heywood Henry zu führen. Er hat zusätzlich noch zahlreiche Gespräche für mich arrangiert und war mir immer ein wertvolles Korrektiv. Mein Dank gilt auch Phil Schaap, der mir unschätzbare Hinweise gegeben und mir die bisher vollständigste Diskographie zu Ella Fitzgerald zur Verfügung gestellt hat.

Viele andere Menschen haben mir wichtige Informationen verschafft, Gespräche ermöglicht und Fakten recherchiert. Besonders dankbar bin ich Dan Morgenstern vom Institute of Jazz Studies, Rutgers University, Will Friedwald, John Chilton, Brian Rust, Michael Krog für seine Nachforschungen in Dänemark, Max Jones sowie Michael Hashim, Ken Peplowski, Richard Cook und Al Wagner für ihre Zeitungsrecherchen und Jed und Caroline Williams für ihre unerläßliche Hilfe bei den Nachforschungen zu Ellas Karriere während der vierziger Jahre. Mein Lektor Richard Wigmore hatte unendliche Geduld mit mir, für sein Verständnis spreche ich ihm meinen herzlichen Dank aus.

Schließlich und endlich möchte ich noch meiner Familie danken: meiner Frau Kath, meinen Schwiegereltern für ihre Hilfe auf anderen Gebieten als dem der Musik und meinem Bruder für seine beständige Ermutigung und seinen Beistand. Nicht vergessen möchte ich auch meine Mutter, der das Buch gewidmet ist.

Stuart Nicholson,
Oktober 1992.

Anmerkungen

Prolog

1 *Newsday*, 25. April 1990.
2 Ebd.

1. Kapitel

1 Interview mit dem Autor, 1991.
2 Interview mit dem Autor, 1991.
3 Interview mit dem Autor, 1991.
4 *Jazztimes*, Sept. 1991.
5 Interview mit dem Autor, 1991.
6 Joe Smith, *Off the Record* (London: Sidgwick & Jackson, 1989), S. 16.
7 Interview mit dem Autor, 1991.
8 Interview mit dem Autor, 1991.
9 Interview mit Annette Miller (geb. Gulliver), 1992.
10 Ebd.
11 Brief von den Yonkers Public Schools, Mrs. A. Tyropolis, Archivarin, 1992.
12 US-Volkszählung 1925.
13 Interview mit dem Autor, 1991.
14 Vergl. US-Volkszählung 1925.
15 Interview mit dem Autor, 1992.
16 Interview mit dem Autor, 1991.
17 Interview mit dem Autor, 1991.
18 Interview mit dem Autor, 1992.
19 Brief an den Autor, 1991.
20 Ebd.
21 Interview mit dem Autor, 1992.
22 Interview mit dem Autor, 1992.
23 Interview mit Marsha S. Dennis, 1992.
24 Whitney Balliet, *New York Notes* (New York: Da Capo, 1977).
25 Interview mit dem Autor, 1992.
26 Brief von den Yonkers Public Schools, 1992.
27 Interview mit dem Autor, 1991.
28 Interview mit dem Autor, 1992.
29 Gary Giddins, *Satchmo: Louis Armstrong; sein Leben und seine Zeit* (Stuttgart/Zürich: Belser, 1991).
30 Dorothy Baker, *Verklungene Trompete* (Zürich: Sanssouci, 1961), S. 191.
31 *Pulse*, April 1988.
32 *Jazz Forum*, Bd. 128/1.
33 Will Friedwald, *Jazz Singing* (New York: Scribners, 1990), S. 156.
34 Gunther Schuller, *The Swing Era* (New York: Oxford University Press, 1990).
35 Liner Notes MCA MCFM 2739.

2. Kapitel

1 Interview mit dem Autor, 1992.
2 Interview von Marsha S. Dennis mit Mrs. A. Tyropolis, Archivarin an den Yonkers Public Schools, 1992.
3 Vgl. auch Leonard Feather, *From Stachmo to Miles* (London: Quartet, 1974), S. 88.
4 Interview mit dem Autor, 1992.
5 Interview mit dem Autor, 1992.

6 Interview mit dem Autor, 1992.
7 Interview mit dem Autor, 1992.
8 Interview mit dem Autor, 1992.
9 Interview mit dem Autor, 1992.
10 Interview mit Marsha S. Dennis, 1992.
11 Interview mit dem Autor, 1992.
12 Brief von den Yonkers Public Schools, 1992.
13 *Los Angeles Times*, 30. 1. 1983.
14 Ebd.
15 Interview mit dem Autor, 1991.
16 Interview mit dem Autor, 1991.
17 Ralph Moore und Steve Dougherty, *Showtime at the Apollo* (New York: Harper Collins, 1990).
18 Ebd.
19 Buck Clayton, *Buck Clayton's Jazz World* (New York: Oxford University Press, 1987).
20 *Off the Record.*
21 *Showtime at the Apollo.*
22 Ebd.
23 Brief an den Autor, 1991.
24 Vgl. auch *Off the Record; Continental*, Sept. 1984. Aspel & Co., ITV-Fernsehinterview, März 1990.
25 Interview mit dem Autor, 1991.
26 *Newsday*, 25. April 1990.
27 Interview mit dem Autor, 1991.
28 *Off the Record.*
29 Interview mit dem Autor, 1991.
30 Interview mit dem Autor, 1991.
31 Walter Allen, *Hendersonia* (Highland Park, NJ: Jazz Monographs, 1974), S. 323.
32 Interview mit dem Autor, 1991.
33 Interview mit dem Autor, 1991.
34 *Showtime at the Apollo.*
35 Vgl. auch *Downbeat*, 18. Nov. 1965.
36 Vgl. auch: ein unter Ellas Namen von einem Ghostwriter veröffentlichter Artikel in *Continental*, Sept. 1984, sowie *Off the Record.*
37 *Showtime at the Apollo.*
38 Stanley Dance, *The World of Swing* (London: Macmillan, 1971), S. 43.
39 *Metronome*, Nov. 1947.
40 *New York Age*, 9. Febr. 1935.
41 *Hendersonia*, S. 323.
42 Brief von John Chilton an den Autor, 1991.
43 Interview mit dem Autor, 1991.
44 Interview mit dem Autor, 1991.

3. Kapitel

1 Interview mit Loren Schoenberg, 1991.
2 Nachruf, *Downbeat*, Juli 1939.
3 Garvin Bushell und Mark Tukker, *Jazz from the Beginning* (Oxford: Bayou Press, 1988), S. 101.
4 Burt Korall, *Drummin' Men* (New York: Schirmer Books, 1990), S. 16.
5 *New York Amsterdam News*, 18. Mai 1927.
6 *Downbeat*, Dez. 1937, S. 14.
7 *New York Age*, 24. Nov. 1928, S. 7.
8 *Drummin' Men*, S. 13.
9 *New York Age*, 11. April 1931.
10 *New York Amsterdam News*, 5. Okt. 1932, S. 8.
11 *Drummin' Men*, S. 13.
12 Liner Notes REB 655.
13 American Federation of Musicians Card, William Webb, 1939.
14 *Downbeat*, Jan. 1938, »The Rise of a Crippled Genius«.
15 Institute of Jazz Studies, Rutgers University. Jazz Oral History Project. Interview von Ron Welburn mit Teddy McRae, 6./8. Okt. 1981.

16 Ebd.
17 Interview mit dem Autor, 1991.
18 Aus drei Interviews des Autors mit Charles Linton 1991.
19 *From Satchmo to Miles*, S. 90.
20 Interview mit dem Autor, 1991.
21 *Downbeat*, Febr. 1938, S. 9.
22 Interview von Loren Schoenberg mit Hal Austin, 1991.
23 Interview mit dem Autor, 1991.
24 Interview mit dem Autor, 1991.
25 Interview mit dem Autor, 1991.
26 *From Satchmo to Miles*, S. 90.
27 Interview mit dem Autor, 1991.
28 *Downbeat*, Febr. 1938, S. 9.
29 Interview mit dem Autor, 1991.
30 Clyde Bernhardt, *I Remember*, (Pennsylvania: University of Pennsylvania Press, 1986), S. 121 f.
31 Interview mit dem Autor, 1991.
32 *Metronome*, Juni 1935.
33 Interview mit dem Autor, 1991.
34 Institute of Jazz Studies, Interview mit Teddy McRae.
35 Interview mit dem Autor, 1991.
36 *Drummin' Men*, S. 23.

4. Kapitel

1 Interview mit dem Autor, 1991.
2 Interview mit Loren Schoenberg, 1991.
3 Nat Hentoff und Nat Shapiro, *Hear Me Talkin' To Ya* (London: Peter Davies, 1955), S. 178.
4 Interview mit dem Autor, 1991.
5 Jack Schiffman, *Uptown: The Story of Harlem's Apollo Theatre* (New York: Cowles, 1970), S. 25.
6 *Metronome*, Jan. 1936.
7 Institute of Jazz Studies, Interview mit Teddy McRae.
8 Ebd.
9 Interview mit dem Autor, 1991.
10 Interview mit dem Autor, 1991.
11 Institute of Jazz Studies, Interview mit Teddy McRae.
12 Ebd.
13 Ebd.
14 Interview mit dem Autor, 1991.
15 Interview mit dem Autor, 1991.
16 *Melody Maker*, 6. Febr. 1937.
17 Jim Haskins, *Sing Me a Swing Song and Let Me Dance – Ella Fitzgerald* (St. Ändrä-Wördern: Hannibal-Verlag, 1992), S. 42.
18 Gene Lees, *Waiting For Dizzy* (New York: Oxford University Press, 1991), S. 132.
19 Stuart Nicholson, *Jazz: The Modern Resurgence* (London: Simon & Schuster, 1990), S. 89.
20 Interview mit dem Autor, 1991.
21 Interview mit Loren Schoenberg, 1991.
22 *Downbeat*, Okt. 1937.
23 Interview mit dem Autor, 1991.
24 *Downbeat*, Febr. 1938, S. 9.
25 Institute of Jazz Studies, Interview mit Teddy McRae.
26 *Downbeat*, Nov. 1937.
27 *Drummin' Men*, S. 24.
28 *Jazz From the Beginning*.
29 *Drummin' Men*.
30 *Downbeat*, Okt. 1937.
31 Archiv von Phil Schaap.
32 Ken Whitten Collection.
33 Interview mit Loren Schoenberg, 1991.
34 *Metronome*, Juni 1937.
35 Interview mit dem Autor, 1991.
36 *Metronome*, Juni 1937.
37 Zeitungsausschnitt unbekannter Herkunft, mit freundl. Genehmigung des Institute of Jazz Studies, Rutgers University.
38 *Downbeat*, März 1938.

39 *Downbeat*, April 1938.
40 Institute of Jazz Studies, Interview mit Teddy McRae.
41 Interview mit dem Autor, 1991.
42 *Sing Me a Swing Song and Let Me Dance*, S. 60.
43 Interview mit dem Autor, 1991.
44 Institute of Jazz Studies, Interview mit Teddy McRae.
45 Ebd.
46 Liner Notes Swingtime ST 1007.
47 Interview mit Loren Schoenberg, 1991.
48 Institute of Jazz Studies, Interview mit Teddy McRae.
49 Interview mit dem Autor, 1991.
50 *Jazz From the Beginning*, S. 103.
51 Interview mit Loren Schoenberg, 1991.
52 Interview mit dem Autor, 1991.
53 Interview mit dem Autor, 1991.

5. Kapitel

1 Institute of Jazz Studies, Interview mit Teddy McRae.
2 *Downbeat*, Jan. 1938.
3 Zeitungsausschnitt unbekannter Herkunft vom Jan. 1938, mit freundl. Genehmigung des Institute of Jazz Studies, Rutgers University.
4 Interview mit Loren Schoenberg, 1992.
5 Gene Fernett, *Swing Out* (Michigan: Pendall Publishing Co., 1970), S. 71.
6 Zeitungsausschnitt unbekannter Herkunft vom Febr. 1939, mit freundl. Genehmigung des Institute of Jazz Studies, Rutgers University.
7 Institute of Jazz Studies, Interview mit Teddy McRae.
8 Paul Eduard Miller, *Downbeat Yearbook of Swing* (Chicago: Downbeat Publishing Co., 1939), S. 83.
9 Institute of Jazz Studies, Interview mit Teddy McRae.
10 Zeitungsausschnitt unbekannter Herkunft vom Juni 1939, mit freundl. Genehmigung des Institute of Jazz Studies, Rutgers University.
11 Institute of Jazz Studies, Interview mit Teddy McRae.
12 Ebd.
13 Stanley Dance, *The World of Swing* (New York: Scribners, 1974), S. 71.
14 *Jazz From the Beginning*, S. 104.
15 *World of Swing*.
16 *Sing Me a Swing Song and Let Me Dance*, S. 51.
17 Institute of Jazz Studies, Interview mit Teddy McRae.
18 Ebd.
19 *World of Swing*.
20 Institute of Jazz Studies, Interview mit Teddy McRae.
21 *World of Swing*.
22 Interview mit dem Autor, 1991.
23 *Off the Record*, S. 14.
24 *Downbeat*, 1. Nov. 1940.
25 *The Swing Era*, S. 747.
26 Interview mit Loren Schoenberg, 1992.
27 *The Swing Era*, S. 293.
28 Whitney Balliet, *Goodbyes and Other Messages* (New York: Oxford University Press, 1990), S. 52.
29 Interview mit dem Autor, 1991.
30 *Downbeat*, Juli 1940.
31 *Sing Me a Swing Song and Let Me Dance*, S. 60.
32 Ebd.
33 Interview mit Loren Schoenberg, 1991.
34 Institute of Jazz Studies, Interview mit Teddy McRae.

35 Ebd.
36 Ebd.
37 Ebd.
38 Stanley Dance, *The World of Earl Hines* (New York: Scribners, 1977), S. 258.
39 Institute of Jazz Studies, Interview mit Teddy McRae.
40 Dizzy Gillespie und Al Fraser, *To Be or Not to Bop. Memoirs – Dizzy Gillespie* (St. Ändrä-Wördern: Hannibal-Verlag, 1984), S. 104.
41 Institute of Jazz Studies, Interview mit Teddy McRae.
42 Ebd.
43 Institute of Jazz Studies, Rutgers University. Jazz Oral History Project: Interview mit Eddie Barefield.
44 Interview mit dem Autor, 1991.
45 *Swing Out*, S. 71.
46 *Orchestra World*, Mai 1942.
47 *Metronome*, Mai 1942.
48 *Music and Rhythm*, Mai 1942.
49 *Metronome*, Juni 1942.
50 Insitute of Jazz Studies, Interview mit Eddie Barefield.
51 Interview mit Loren Schoenberg, 1991.

6. Kapitel

1 Whitney Balliet, *Night Creature* (London: Oxford University Press, 1981), S. 213–214.
2 *Metronome*, April 1943.
3 Ebd.
4 Interview mit dem Autor, 1992.
5 Zit. in *Night Creature*, S. 213–214.
6 Interview mit Loren Schoenberg, 1992.
7 Ebd.
8 Ebd.
9 Interview mit dem Autor, 1992.
10 *Chicago Defender*, 13. Mai 1944.
11 Liner Notes Affinity AFS 1031.
12 Interview mit Loren Schoenberg, 1992.
13 *Downbeat*, Mai 1944.
14 John Hammond, *John Hammond On the Record* (London: Penguin Books, 1981), S. 255.
15 *Metronome*, Jan. 1945.
16 Interview mit dem Autor, 1992.
17 Interview mit Loren Schoenberg, 1992.
18 Ebd.
19 Ebd.
20 Ebd.
21 George T. Simon, *Simon Says: The Sights and Sounds of the Swing Era* (New York: Arlington House, 1971), S. 21.
22 *Metronome*, April 1946, S. 24.
23 *Metronome*, Dez. 1946.
24 Interview mit Loren Schoenberg, 1992.
25 *Downbeat*, 1. Juli 1946, S. 5.
26 *Metronome*, Juli 1946.
27 *Metronome*, Nov. 1946.
28 *Jazz Singing*.
29 Mel Torme, *Traps the Drum Wonder* (Edinburgh: Mainstream, 1991), S. 90.
30 *John Hammond On the Record*, S. 272–273.
31 *Metronome*, Dez. 1946.
32 *Sing Me a Swing Song and Let Me Dance*, S. 67–68.
33 *Ebony*, Mai 1949.

7. Kapitel

1 Mel Torme, *It Wasn't All Velvet* (London: Robson Books, 1988), S. 191.
2 Brief an den Autor, 1991.
3 *Jazz Singing*, S. 16.
4 Interview mit dem Autor, 1991.
5 Interview mit dem Autor, 1991.
6 Interview mit dem Autor, 1991.
7 *Downbeat*, 2. Juli 1947, S. 15.
8 Interview mit dem Autor, 1992.
9 *Ebony*, Mai 1949.
10 Zit. in *Downbeat*, Bd. 31, Nr. 20.
11 *The World of Swing*, S. 247.
12 *To Be or Not to Bop*, S. 213–214.
13 *The World of Swing*, S. 248.
14 Interview mit dem Autor, 1991.
15 *To Be or Not to Bop*, S. 216–217.
16 Ebd.
17 Interview mit Loren Schoenberg, 1992.
18 *Downbeat*, 24. Sept. 1947.
19 Interview mit Loren Schoenberg, 1992.
20 Ebd.
21 *Downbeat*, 21. Mai 1947, S. 18.
22 Interview mit Loren Schoenberg, 1992.
23 *Metronome*, Nov. 1947, S. 21.
24 Interview mit Loren Schoenberg, 1992.
25 *Together For the First Time: Mel Torme and Buddy Rich* CJCD-833.
26 Interview mit Loren Schoenberg, 1992.
27 *Downbeat*, 24. Sept. 1947.
28 *Downbeat*, 22. Okt. 1947, S. 3.
29 Ebd.
30 Interview mit Loren Schoenberg, 1992.
31 *Metronome*, Nov. 1947, S. 21.
32 Ebd.

8. Kapitel

1 *From Satchmo to Miles*, S. 180.
2 *To Be or Not to Bop*, S. 216.
3 Liner Notes ND 86571.
4 *Sing Me a Swing Song and Let Me Dance*, S. 84.
5 *Pittsburgh Courier*, 26. März 1949.
6 Interview mit Loren Schoenberg, 1992.
7 *Metronome*, Aug. 1948.
8 *Downbeat*, 22. Sept. 1948.
9 Ebd.
10 Ebd.
11 Interview mit Loren Schoenberg, 1992.
12 Zit. nach Sid Colin, *Ella* (London: Elm Tree Books, 1986), S. 88–89.
13 Interview mit dem Autor, 1992.
14 Interview mit dem Autor, 1992.
15 *Metronome*, Dez. 1948.
16 Zit. nach *Ella*, S. 88–89.
17 Interview mit dem Autor, 1992.
18 *Wall Street Journal*, 5. Sept. 1989, S. A12.
19 *Time*, 2. März 1953.
20 *Metronome*, Nov. 1953.
21 *Downbeat*, 18. Nov. 1946, S. 3.
22 Ebd.
23 *Time*, 8. April 1953.
24 *Downbeat*, 8. April 1949.
25 *Downbeat*, 27. März 1949, S. 7.
26 *Downbeat*, 6. Mai 1949.
27 *Downbeat*, 20. Mai 1949.
28 *Jazz Singing*, S. 146.
29 *Metronome*, Aug. 1949.
30 *Metronome*, Sept. 1949.
31 *Metronome*, Aug. 1949.
32 *Downbeat*, 15. Juli 1949.
33 *Metronome*, Okt. 1949.
34 *Ebony*, Mai 1949.
35 Interview mit dem Autor, 1991.

9. Kapitel

1 Interview mit dem Autor, 1992.
2 *Downbeat*, 21. Okt. 1949.
3 Die Geschichte stammt aus Phil Schaaps Liner Notes für die Verve 10 CD *Charlie Parker On Verve*.
4 *Downbeat*, 21. Okt. 1949.
5 Interview mit dem Autor, 1991.
6 Interview mit Loren Schoenberg, 1992.
7 Interview mit Loren Schoenberg, 1992.
8 *Downbeat*, 24. Febr. 1950, S. 15.
9 *Chicago Tribune*, 8. Mai 1950, Teil 3, S. 7.
10 *Downbeat*, 24. Febr. 1950, S. 15.
11 *Chicago Tribune*, 17. Okt. 1949.
12 Interview mit dem Autor, 1992.
13 Interview mit dem Autor, 1992.
14 *Metronome*, April 1949.
15 Pressenotiz vom Jan. 1950, mit freundl. Genehmigung des Institute of Jazz Studies, Rotgers University.
16 *Metronome*, Okt. 1953, S. 13.
17 *Playboy*, Nov. 1957, S. 42.
18 Ebd.
19 Interview mit dem Autor, 1992.
20 Interview mit Loren Schoenberg, 1992.
21 »Ellis Larkins: An Appreciation by Alec Wilder«, in: *Downbeat*, 26. Okt. 1972.
22 Interview mit dem Autor, 1992.
23 Interview mit dem Autor, 1992.
24 *Metronome*, Sept. 1951.
25 *New York Times*, 9. Sept. 1951, S. 9.
26 Interview mit Loren Schoenberg, 1992.
27 Phil-Schaap-Archiv.
28 Interview mit dem Autor, 1992.
29 Interview mit Loren Schoenberg, 1992.

10. Kapitel

1 Ella in einem Interview mit John Tynan, *The New Yorker*, 28. Nov. 1956, S. 13.
2 *Downbeat*, 8. Okto. 1952.
3 Interview mit Loren Schoenberg, 1992.
4 *Metronome*, Okt. 1953, S. 29.
5 Interview mit Loren Schoenberg, 1992.
6 *Jazz Journal*, Nr. 228, 1954.
7 Interview mit Loren Schoenberg, 1992.
8 Ebd.
9 *Time*, 2. März 1953.
10 Lou Levy an Autor, 1992.
11 Interview mit dem Autor, 1992.
12 Interview mit dem Autor, 1992.
13 Interview mit Loren Schoenberg, 1992.
14 Ebd.
15 *Newsweek*, 7. Juni 1954.
16 *New York Times*, 2. Juli 1954.
17 *Newsweek*, 7. Juni 1954.
18 *Metronome*, Aug. 1954, S. 8.
19 Interview mit dem Autor.
20 Burt Goldblatt, *Newport Jazz Festival* (New York: The Dial Press, 1977), S. 5.
21 *Daily Post*, 30. Dez. 1954.
22 *New York Times*, 19. Aug. 1955.
23 Interview mit Loren Schoenberg, 1992.
24 *Houston Post*, 8. Okt. 1955.
25 Ebd.
26 *To Be or Not to Bop*, S. 340.
27 Interview mit Loren Schoenberg, 1992.
28 Ebd.
29 Ebd.
39 Ebd.
31 Phil-Schaap-Archiv.
32 *Jazz Singing*, S. 146.

33 Interview mit dem Autor, 1991.
34 Nat Hentoff, »Ella Fitzgerald: The Criterion of Innocence for Popular Singers«. Wiederabgedruckt in: Cerulli/Korall/Nasatir, *The Jazz Word* (London: Jazz Book Club, 1963), S. 28.
35 *Downbeat*, 23. Febr. 1955.

11. Kapitel

1 Interview mit dem Autor, 1991.
2 Zeitungsausschnitt unbekannter Herkunft vom 8. Febr. 1956. Mit freundl. Genehmigung des Institute of Jazz Studies, Rutgers University.
3 Alec Wilder, *American Popular Song* (New York: Oxford University Press, 1972), S. 223.
4 Interview mit dem Autor, 1992.
5 *New York Herald Tribune*, 22. Juli 1956.
6 *Downbeat*, Nov. 1979, S. 35.
7 *Jazz Singing*, S. 147.
8 Zeitungsausschnitt unbekannter Herkunft vom 5. Juni 1956. Mit freundl. Genehmigung des Institute of Jazz Studies, Rutgers University.
9 Liner Notes MV2510.
10 Ebd.
11 *Newport Jazz Festival*, S. 26.
12 *Christian Science Monitor*, 10. Juli 1956.
13 Interview mit dem Autor, 1991.
14 *Downbeat*, 14. Juli 1956.
15 Ebd.
16 Stanley Dance, *The World of Count Basie* (London: Sidgwick & Jackson, 1980), S. 295.
17 Interview mit Loren Schoenberg, 1992.
18 *The World of Count Basie*, S. 295.
19 Phil-Schaap-Archiv.
20 *Playboy*, Nov. 1957, S. 68.
21 *Downbeat*, 18. Nov. 1965.
22 *Downbeat*, Nov. 1979.
23 Duke Ellington, *Music Is My Mistress* (London: W. H. Allen, 1974), S. 236–237.
24 Interview mit dem Autor, 1992.
25 *Sunday News*, 8. September 1957.
26 *The Jazz Word*, S. 27.
27 *Newport Jazz Festival*, S. 32.
28 *New York Mirror*, 26. Juni 1957.

12. Kapitel

1 Interview mit dem Autor, 1991.
2 *New York Post*, 29. Juli 1957.
3 *Ekstra Bladet*, 1. Aug. 1957.
4 Interview mit dem Autor, 1992.
5 Interview mit dem Autor, 1991.
6 *Jet*, 15. Aug. 1957, S. 20.
7 Ebd.
8 *Downbeat*, Nov. 1979, S. 35.
9 Interview mit dem Autor, 1992.
10 Interview mit dem Autor, 1992.
11 Interview mit dem Autor, 1992.
12 *Downbeat*, Febr. 1958.
13 Interview mit dem Autor, 1992.
14 Interview mit dem Autor, 1992.
15 Interview mit dem Autor, 1992.
16 Interview mit dem Autor, 1992.
17 Interview mit dem Autor, 1992.
18 Interview mit dem Autor, 1992.
19 Interview mit dem Autor, 1992.
20 Interview mit dem Autor, 1992.
21 *New York Post*, 4. Mai 1958.
22 *Newsweek*, 23. Juni 1958.
23 Interview mit dem Autor, 1992.
24 Interview mit dem Autor, 1992.
25 Gary Giddins, *Rhythm-A-Ning* (New York: Oxford University Press, 1985), S. 206.

26 *Jazz Monthly*, Febr. 1962.
27 Gene Lees, *Waiting For Dizzy* (New York: Oxford University Press, 1991), S. 116.
28 Ebd.
29 *Variety*, 30. Dez. 1959.

13. Kapitel

1 *Downbeat*, 1. März 1973.
2 Interview mit dem Autor, 1992.
3 Interview mit dem Autor, 1992.
4 Interview mit dem Autor, 1992.
5 *Melody Maker*, 3. Dez. 1960.
6 Interview mit dem Autor, 1992.
7 Interview mit dem Autor, 1992.
8 Interview mit dem Autor, 1992.
9 Martin Williams, *Jazz Heritage* (New York: Oxford University Press, 1991), S. 43.
10 Interview mit dem Autor, 1992.
11 Interview mit dem Autor, 1992.
12 *Downbeat*, 1. März 1962.
13 Interview mit dem Autor, 1992.
14 *Berlingske Tidende*, 16. Aug. 1961.
15 *Berlingske Tidende*, 27. Aug. 1961.
16 *New York Herald Tribune*, 7. Aug. 1961.
17 Michael Krog recherchierte diese Information.
18 *Berlingske Tidende*, 15. Jan. 1967.
19 *Berlingske Tidende*, 15. Jan. 1963.
20 Interview mit dem Autor, 1992.
21 *Downbeat*, 8. Nov. 1962.
22 *Life*, 8. Nov. 1962.
23 Interview mit dem Autor, 1992.
24 *Good Morning Blues: The Autobiography of Count Basie as Told to Albert Murray* (London: Heinemann, 1986), S. 347.
25 *Downbeat*, 21. Nov. 1963.
26 Interview mit Loren Schoenberg, 1992.
27 Interview mit dem Autor, 1992.
28 Interview mit dem Autor, 1991.
29 Interview mit dem Autor, 1992.
30 Interview mit Loren Schoenberg, 1992.
31 *Jazz Heritage*, S. 40.
32 Interview mit Loren Schoenberg, 1992.
33 Brief von John Hammond an Norman Granz vom 20. Sept. 1966. Mit freundl. Genehmigung des Yale Archivs.
34 Internes Memo von John Hammond an William P. Gallagher vom 17. Nov. 1966. Mit freundl. Genehmigung des Yale Archivs.

14. Kapitel

1 Interview mit dem Autor, 1992.
2 *Toronto Globe and Mail*, 27. Jan. 1965.
3 *Time*, 27. Nov. 1964.
4 *New York Post*, 17. Okt. 1965.
5 *Houston Post*, 3. April 1965.
6 Ebd.
7 Zit. in: *Downbeat*, 17. Juni 1965, S. 16.
8 *Downbeat*, 9. Sept. 1965.
9 Interview mit Loren Schoenberg, 1992.
10 *Downbeat*, 11. Aug. 1966.
11 Derek Jewell, *Portrait of Duke Ellington* (London: Elm Tree Books, 1977), S. 129.
12 *Berlingske Tidende*, 22. Jan. 1967.
13 *Downbeat*, 10. Aug. 1967.
14 Henry Pleasants, *The Great American Popular Singers* (London: Victor Gollancz, 1974), S. 169.

15 Internes Memo von John Hammond an William P. Gallagher vom 17. Nov. 1966. Mit freundl. Genehmigung des Yale Archivs.
16 *Downbeat*, 9. März 1967.
17 *Downbeat*, 30. Nov. 1967.
18 *Philadelphia Inquirer*, 4. Juli 1971.
19 Michael Ullman, *Jazz Lives* (New York: Perigree Books, 1980), S. 120.
20 *Jazz Lives*, S. 120.
21 *Houston Post*, 7. Jan. 1968.
22 Interview mit Loren Schoenberg, 1992.
23 Interview mit dem Autor, 1991.
24 *New York Times*, 14. Juli 1971.
25 *Downbeat*, Nov. 1979, S. 36.
26 *New York Times*, 14. Juli 1971.
27 Interview mit dem Autor, 1991.
28 Interview mit dem Autor, 1992.
29 Brief von John Hammond an Norman Granz vom 11. Juli 1973. Mit freundl. Genehmigung des Yale Archivs.
30 Brief von John Hammond an Irving Townsend vom 8. Aug. 1973. Mit freundl. Genehmigung des Yale Archivs.
31 *Houston Post*, 16. Juli 1973.
32 *New York Times*, 24. Nov. 1974.
33 *New York Times*, 26. Nov. 1974.
34 *New York Times*, 10. Sept. 1974.
35 Interview mit dem Autor, 1991.

15. Kapitel

1 Interview mit dem Autor, 1991.
2 *Jazz Lives*, S. 111.
3 *New Yorker*, 20. Nov. 1978.
4 Interview mit dem Autor, 1992.
5 *Good Morning Blues.*
6 Interview mit dem Autor, 1992.
7 *New York Times*, 16. April 1979.
8 Liner Notes PACD-26300-201-2.
9 Interview mit dem Autor, 1992.
10 Interview mit dem Autor, 1992.
11 *The Times-Picayune*, 27. April 1981, bzw. *Jet*, 14. Mai 1981.
12 Interview mit dem Autor, 1992.
13 Liner Notes PACD 2312-138-2.
14 Interview mit dem Autor, 1992.
15 Interview mit dem Autor, 1992.
16 Interview mit dem Autor, 1992.
17 Liner Notes Metro 2682 035.
18 *Jazz Times*, Sept. 1991.
19 Interview mit dem Autor, 1991.
20 Interview mit Michael Krog, 1992.
21 *Houston Post*, 25. Mai 1982.
22 Interview mit dem Autor, 1992.
23 *Village Voice*, 29. Juni 1983.
24 Interview mit dem Autor, 1991.
25 *Newsday*, 22. Juli 1988.
26 Interview mit dem Autor, 1992.
27 *Sing Me a Swing Song and Let Me Dance*, S. 164.
28 Ebd.
29 Interview mit dem Autor, 1992.
30 Interview mit dem Autor, 1992.
31 Interview mit dem Autor, 1991.
32 *New York Times*, 27. Juni 1989.
33 *Los Angeles Times*, 14. Juli 1989.
34 Interview mit dem Autor, 1992.
35 *Village Voice*, 13. März 1990.
36 Interview mit dem Autor, 1991.
37 Interview mit dem Autor, 1992.
38 *Newsday*, 2. Juli 1990.

Diskographie

von Phil Schaap

Der bekannte Jazzhistoriker und Rundfunkmitarbeiter Phil Schaap wurde von *The New York Times* einmal als »Kopf des Jazz Radio« bezeichnet. Seine Archivierungs- und Restaurierungsarbeiten in den Kellergewölben von Verve Records sorgten in Fachkreisen für Furore, hauptsächlich wegen seiner Sammlungen *The Complete Charlie Parker on Verve* und *The Complete Billie Holiday on Verve*, die beide Auszeichnungen erhielten. *Ella in Rome: The Birthday Concert*, ein vollständiges Konzert von Ella Fitzgerald, das er in den Archiven entdeckte und 1988 für die Veröffentlichung vorbereitete, eroberte den ersten Platz der Charts von *Billboard*.

Die vorliegende Diskographie erhebt nicht den Anspruch auf Vollständigkeit. Aufgrund zeitlicher und räumlicher Beschränkungen war es nicht möglich, alle bekannten Alben von Ella Fitzgerald aufzuführen. Das gleiche gilt für die zahllosen Raubpressungen. Phils Arbeit bedeutet jedoch gegenüber dem bisherigen Stand der Veröffentlichungen einen wesentlichen Fortschritt, weil er zahlreiche, bisher unbekannte Aufnahmen entdeckt hat. Soweit möglich, wurde in der vorliegenden Diskographie die Chronologie dieser Aufnahmen beibehalten.

Abkürzungen

as (alto sax)	Altsaxophon
b (bass)	Baß
bs (bass sax)	Baßsaxophon
cl (clarinet)	Klarinette
d (drums)	Schlagzeug
fh (French horn)	Horn
flute	Flöte
g (guitar)	Gitarre
hca (harmonica)	Mundharmonika
p (piano)	Klavier
perc (percussion)	div. Rhythmusinstrumente
reeds	Rohrblasinstrumente
tb (trombone)	Posaune
tp (trumpet)	Trompete
ts (tenor sax)	Tenorsaxophon
tu (tuba)	Tuba
vln (violin)	Geige
vo (vocal)	Stimme

Die diskographischen Angaben wurden der englischen Buchausgabe entnommen; CDs sind *kursiv* gekennzeichnet.

Die Decca-Jahre 1935–1955

12. Juni 1935
Chick Webb and His Orchestra; EF, vo.
I'll Chase the Blues Away: Brunswick (E) 02602; *Decca Jazz GRD-2-618*
Love and Kisses: Decca 494; *Decca Jazz GRD-2-618*

12. Oktober 1935
Chick Webb and His Orchestra; EF, vo.
Rhythm and Romance: Decca 588; *Decca Jazz GRD-2-618*
I'll Chase the Blues Away: Decca 640; Swingtime (I) ST 1006; Classics 500

19. Februar 1936
Chick Webb and His Orchestra; EF, vo.
Shine / You Hit the Spot / Darktown Strutter's Ball / Rhythm and Romance: Circle CL8-81

17. März 1936
Teddy Wilson and His Orchestra; EF, vo; Frank Newton, tp; Benny Morton, tb; Jerry Blake, as, cl; Ted McRae, ts; John Trueheart, g; Lennie Stanfield, b; Cozy Cole, d.
My Melancholy Baby: Brunswick 7729; Swingtime ST 1006
All My Life: Brunswick 7640; Swingtime ST 1006

7. April 1936
Chick Webb and His Orchestra; EF, vo.
Crying My Heart Out For You: Decca 785; Living Era AJD 055; Classics 500
Under the Spell of the Blues: Decca 831; *Decca Jazz GRD-2-618*
When I Get Low I Get High: Decca 1123; *Decca Jazz GRD-2-618*

2. Juni 1936
Chick Webb and His Orchestra; EF, vo.
Sing Me a Swing Song (And Let Me Dance): Decca 830; *Decca Jazz GRD-2-618*
A Little Bit Later On: Decca 831; Decca (7)9222; *Decca Jazz GRD-2-618*
Love, You're Just a Laugh: Decca 1114; *Decca Jazz GRD-2-618*
Devoting My Time to You: Decca 995; Living Era (E) AJD 055; Classics 500

29. Oktober 1936
Chick Webb and His Orchestra; EF, vo.
(If You Can't Sing It) You'll Have to Swing It (aka Mr Paginini)
Aufnahme A: Decca 1032; Living Era (E) AJD 055; Classics 500

(IF YOU CAN'T SING IT) YOU'LL HAVE TO SWING IT (aka MR PAGININI) Aufnahme B: *Decca Jazz GRD-2-618*

SWINGING ON THE RESERVATION: Aufnahme A: Decca 1065; Living Era (E) AJD 055; Classics 500

SWINGING ON THE RESERVATION: Aufnahme B: unveröffentlicht

I GOT THE SPRING FEVER BLUES: Decca 1087; Living Era (E) AJD 055; Classics 500

VOTE FOR MR RHYTHM: Aufnahme A: Decca 1032; *Decca Jazz GRD-2-618*

VOTE FOR MR RHYTHM: Aufnhame B: wahrscheinlich verloren

5. November 1936

Benny Goodman and His Orchestra; EF, vo; Ziggy Elman, Chris Griffin, Zeke Aarchey, tp; Red Ballard; Murray McEachern, tb; Bill DePew, Humie Schertzer, as; Vido Musso, Art Rollini, ts; Jess Stacy, p; Allan Reuss, g; Harry Goodman, b; Gene Krupa, d.

GOODNIGHT, MY LOVE / TAKE ANOTHER GUESS / DID YOU MEAN IT?: RCA Victor 25461; Living Era AJD 055; RCA Victor Bluebird AXM2-5532

18. November 1936

EF, vo; Taft Jordan, tp; Sandy Williams, tb; Pete Clarke, Teddy McRae, reeds; Tommy Fulford, p; John Trueheart, g; Beverley Peer, b; Chick Webb, d.

MY LAST AFFAIR: Decca 1061; *Decca Jazz GRD-2-618*

ORGAN GRINDER'S SWING: Decca 1062; *Decca Jazz GRD-2-618*

19. November 1936

EF, vo; Taft Jordan, tp; Sandy Williams, tb; Pete Clarke, cl; Teddy McRae, ts & bs; Tommy Fulford, p; John Trueheart, g; Beverley Peer, b; Chick Webb, d.

SHINE: Decca 1062; *Decca Jazz GRD-2-618*

DARKTOWN STRUTTER'S BALL: Decca 1061; *Decca Jazz GRD-2-618*

14. Januar 1937

Chick Webb and His Orchestra; EF, vo.

OH, YES, TAKE ANOTHER GUESS: Decca 1123; *Decca Jazz GRD-2-618*

EF, Charles Linton, Louis Jordan, vo.

LOVE MARCHES ON: Decca 1115

Ella Fitzgerald and The Mills Brothers; EF, The Mills Brothers, vo; Bernard Addison, g.

BIG BOY BLUE: Decca 1148; Living Era (E) AJD 055; Classics 506

15. Januar 1937

Chick Webb and His Orchestra; EF, Charles Linton, Louis Jordan, vo.

THERE'S FROST IN THE MOON: Decca 1114

3. Februar 1937
Ella Fitzgerald and The Mills Brothers; EF, vo. The Mills Brothers, vo; Bernard Addison, g.
Dedicated to You: Decca 1148; Living Era (E) AJD 055; Classics 506

8. Februar 1937
Chick Webb and His orchestra; EF, vo.
Vote for Mr. Rhythm / Big Boy Blue: Twinkgost Rogo CWIS 37

24. März 1937
Chick Webb and His Orchestra; EF, vo.
You Showed Me the Way: Aufnahme A: unveröffentlicht
You Showed Me the Way: Aufnahme B: Decca 1220; *Decca Jazz GRD-2-618*
Cryin' Mood: Decca 1273; *Decca Jazz GRD-2-618*
Love is the Thing, So They Say: Decca 1356; Classics 506

24. Mai 1937
EF, vo; Taft Jordan, tp; Sandy Williams, tb; sehr wahrscheinlich Louis Jordan, Teddy McRae, reeds; Tommy Fulford, p; entweder Bobby Johnson oder John Trueheart, g; Beverly Peer, b; Chick Webb, d.
All or Nothing at All: Decca 1339; Living Era (E) AJD 055; Classics 506
If You Ever Should Leave: Aufnahme A: Decca 1302; *Decca Jazz GRD-2-618*
If You Ever Should Leave: Aufnahme B: unveröffentlicht
Everyone's Wrong But Me: Decca 1302; *Decca Jazz GRD-2-618*
Deep in the Heart of the South: Decca 1339; Classics 506

27. Oktober 1937
Chick Webb and His Orchestra; EF, vo.
Just a Simple Melody: Decca 1521; *Decca Jazz GRD-2-618*
I Got a Guy: Decca 1681; *Decca Jazz GRD-2-618*
Holiday in Harlem: Decca 1521; Living Era (E) AJD 055; Classics 506

1. November 1937
Chick Webb and His Orchestra; EF, vo.
Rock It For Me: Decca 1586; *Decca Jazz GRD-2-618*

17. Dezember 1937
Chick Webb and His Orchestra; EF, vo.
I Want to Be Happy: Decca 1539; *Decca Jazz GRD-2-618*
The Dipsy Doodle: Decca 1589; Decca (7) 9223; *Decca Jazz GRD-2-618*
If Dreams Come True: Decca 1716; *Decca Jazz GRD-2-618*
Hallelujah!: Decca 15039; *Decca Jazz GRD-2-618*

21. Dezember 1937
EF, vo; Taft Jordan, tp; Sandy Williams, tb; sehr wahrscheinlich Louis Jorden and Teddy McRae, reeds; Tommy Fulford, p; sehr wahrscheinlich Bobby Johnson, g; Beverley Peer, b; Chick Webb, d.
BEI MIR BIST DU SCHÖN / IT'S MY TURN NOW: Decca 1596; *Decca Jazz GRD-2-618*

25. Januar 1938
EF, vo; Taft Jordan, tp; Sandy Williams, tb; sehr wahrscheinlich Louis Jordan und Teddy McRae, reeds; Tommy Fulford, p; sehr wahrscheinlich Bobby Johnson, g; Beverley Peer, b; Chick Webb, d.
IT'S WONDERFUL / I WAS DOING ALL RIGHT: Decca 1669; *Decca Jazz GRD-2-618*

2. Mai 1938
Chick Webb and His Orchestra; EF, vo.
A-TISKET, A-TASKET: Decca 1840; Decca DL 4149; Decca (7)9223; MCA2-4047; *Decca Jazz GRD-2-618*
HEART OF MINE: Decca 2721; *Decca Jazz GRD-2-618*
I'M JUST A JITTERBUG: Decca 1899; *Decca Jazz GRD-2-618*

3. Mai 1938
EF, vo; Taft Jordan, tp; Sandy Williams, tb; wahrscheinlich Louis Jordan, Teddy McRae, reeds; Tommy Fulford, p; Bobby Johnson, g; Beverley Peer, b; Chick Webb, d.
THIS TIME IT'S REAL: Decca 1806; Classics 518
WHAT DO YOU KNOW ABOUT LOVE?: Decca 1967; Classics 518
YOU CAN'T BE MINE: Decca 1806; *Decca Jazz GRD-2-618*
WE CAN'T GO ON THIS WAY: Decca 1846; Classics 518
SAVING MYSELF FOR YOU: Decca 1846; Classics 518
IF YOU ONLY KNEW: Aufnahme A, B; B veröffentlicht auf Decca 1967; *Decca Jazz GRD-2-618*

9. Juni 1938
Chick Webb and His Orchestra; EF, vo.
PACK UP YOUR SINS AND GO TO THE DEVIL: Decca 1894; *Decca Jazz GRD-2-618*
MACPHEARSON IS REHEARSIN' (TO SWING): Decca 2080; *Decca Jazz GRD-2-618*
EVERYBODY STEP: Decca 1894; *Decca Jazz GRD-2-618*
ELLA: Decca 2148; Classics 518

17. August 1938
Chick Webb and His Orchestra; EF, vo.
WACKY DUST: Decca 2021; *Decca Jazz GRD-2-618*
GOTTA PEBBLE IN MY SHOE: Decca 2231; Classics 518
I CAN'T STOP LOVING YOU: Decca 2310; Classics 518

18. August 1938
EF, vo; Taft Jordan, tp; Sandy Williams, tb; Hilton Jefferson, as; Teddy McRae, ts; Tommy Fulford, p; sehr wahrscheinlich Bobby Johnson, g; Beverley Peer, b; Chick Webb, d.
STRICTLY FROM DIXIE: Decca 2202; *Decca Jazz GRD-2-618*
WOE IS ME: Decca 2202; Classics 518

Chick Webb and His Orchestra; EF, vo.
I LET A TEAR FALL IN THE RIVER: Decca 2080; MCA-1348; Classics 518

6. Oktober 1938
Chick Webb and His Orchestra; EF, vo.
F.D.R. JONES: Decca 2105; MCA-1348; *Decca Jazz GRD-2-618*
I LOVE EACH MOVE YOU MAKE: Decca 2105; MCA-1348; Classics 506
IT'S FOXY: Decca 2309; MCA-1348; *Decca Jazz GRD-2-618*
I FOUND MY YELLOW BASKET: Decca 2148; MCA-1348; *Decca Jazz GRD-2-618*

10. Februar 1939
Chick Webb and His Orchestra; EF, vo.
DEEP IN A DREAM / THAT WAS MY HEART: Twinkgost Rogo CWIS 37

17. Februar 1939
Chick Webb and His Orchestra; EF, vo.
UNDECIDED: Decca 2323; Decca DL 4446; Decca (7)9223; Classics 518
TAIN'T WHAT YOU DO (I'TS THE WAY THAT CHA DO IT): Decca 2310; MCA-1348; Classics 525
ONE SIDE OF ME: Decca 2556; MCA-1348; Classics 525
MY HEART BELONGS TO DADDY: Decca 2309; MCA-1348

2. März 1939
EF, vo; Taft Jordan, tp; Sandy Williams, tb; sehr wahrscheinlich Hilton Jefferson, Teddy McRae, reeds; Tommy Fulford, p; John Trueheart, g; Beverley Peer, b; Chick Webb, d.
ONCE IS ENOUGH FOR ME: Decca 2451; Classics 525
I HAD TO LIVE AND LEARN: Decca 2581; Classics 525

Chick Webb and His Orchestra; EF, vo.
SUGAR PIE: Decca 2665; MCA-1327; Classics 525
IT'S SLUMBERTIME ALONG THE SWANEE: Decca 2389; MCA-1327; Classics 525
I'M UP A TREE: Decca 2468; Classics 525
CHEW-CHEW-CHEW (YOUR BUBBLE GUM): Decca 2389; MCA-1348; Classics 525

21. April 1939
EF, vo; Taft Jordan, tp; Sandy Williams, tb; sehr wahrscheinlich Hilton Jefferson, Teddy McRae, reeds; Tommy Fulford, p; John Trueheart, g; Beverley Peer, b; Chick Webb, d.
Don't Worry 'Bout Me: Decca 2451; Classics 525
If nothing Happened to You: Decca 2481; Classics 525
If That's What You're Thinking: Decca 2581; Classics 525
If You Ever Change Your Mind: Decca 2481; Classics 525

Chick Webb and His Orchestra; EF, vo.
Have Mercy: Decca 2468; Classics 525
Little White Lies: Decca 1556; MCA-1327; Classics 525
Coochi-Coochi-Coo: Decca 2803; MCA-1327; Classics 525
That Was My Heart: Decca 2665; Classics 525

4. Mai 1939
Chick Webb and His Orchestra; EF, vo.
New Moon and Old Serenade / I Never Knew Heaven Culd Speak / If I Didn't Care / Chew-Chew-Chew (Your Bubble Gum): Collector's Classics CC-11

29. Juni 1939
Ella Fitzgerald and Her Famous Orchestra.
Betcha Nickel: Decca 2904; Swingtime (I) 1007; Classics 525
Stairway to The Stars: Decca 2598; Decca 4446; Classics 525
I Want the Waiter (With the Water): Decca 2628; Classics 525
That's All Brother: Decca 2628; Swingtime (I) 1007; Classics 525
Out Of Nowhere: Decca 2598; Classics 525

18. August 1939
Ella Fitzgerald and Her Famous Orchestra.
My Last Goodbye: Decca 2721; Classics 566
Billy (I Always Dream of Billy) / Pleas Tell the Truth: Decca 2769; Swingtime (I) 1007; Classics 566
I'm not Complainin': Decca 3005; Swingtime (I) 1007; Classics 566

12. Oktober 1939
Ella Fitzgerald and Her Famous Orchestra.
You're Gonna Lose Your Gal: Decca 2816; Swingtime (I) 1007; Classics 566
After I Say I'm Sorry / Baby, What Else Can I Do?: Decca 2826; Classics 566
My Wubba Dolly: Decca 2816; Swingtime (I) 1007; Classics 566
Moon Ray: Decca 2904; Classics 566

22. Januar 1940
Ella Fitzgerald and Her Famous Orchestra.
TRAFFIC JAM: Collector's Classics 17
A LOVER IS BLUE: unveröffentlicht
DODGING THE DEAN / T'AINT WHAT YOU DO / I'M CONFESSIN': Collector's Classics 17
WHAT'S THE MATTER WITH ME: unveröffentlicht
I WANT THE WAITER (WITH THE WATER): Collector's Classics 17

25. Januar 1940
Ella Fitzgerald and Her Famous Orchestra.
THIS CHANGING WORLD: unveröffentlicht
OH JOHNNY, OH JOHNNY: Collector's Classics 17
THANK YOUR STARS: unveröffentlicht

26. Januar 1940
Ella Fitzgerald and Her Famous Orchestra.
IS THERE SOMEBODY ELSE?: Decca 2988; Classics 566
SUGAR BLUES: Decca 3078; Classics 566
THE STARLIT HOUR: Decca 2988; Swingtime 1007; Classics 566
WHAT'S THE MATTER WITH ME?: Decca 3005; Swingtime 1007; Classics 566

15. Februar 1940
Ella Fitzgerald and Her Famous Orchestra.
BUSY AS A BEE: Decca X-1937
BABY WON'T YOU PLEASE COME HOME: Decca 3186; Classics 566
IF IT WEREN'T FOR YOU / SING SONG SWING: Decca 3126; Classics 566
IMAGINATION: Decca 3078; Classics 566

26. Februar 1940
Ella Fitzgerald and Her Famous Orchestra.
SUGAR BLUES / IT'S A BLUE WORLD / IS THERE SOMEBODY ELSE? / ONE MOMENT PLEASE: Sunbeam 205

4. März 1940
Ella Fitzgerald and Her Famous Orchestra.
CHEW, CHEW, CHEW (YOUR BUBBLE GUM) / SING SONG SWING / STARLIT HOUR Sunbeam 205

März 1940 (Datum unbekannt)
Ella Fitzgerald and Her Famous Orchestra.
OH, JOHNNY, OH! / I WANT THE WAITER (WITH THE WATER)/I'M CONFESSIN': Jazz Trip 5

9. Mai 1940
Ella Fitzgerald and Her Famous Orchestra.
DEEDLE-DE-DUM: Decca 3224; Classics 566
SHAKE DOWN THE STARS: Decca 3159
GULF COAST BLUES: Decca 3224
I FELL IN LOVE WITH A DREAM: Decca 3199; Swingtime (I) 1007

25. September 1940
Ella Fitzgerald and Her Famous Orchestra.
FIVE O'CLOCK WHISTLE / SO LONG: Decca 3420
LOUISVILLE, K–Y: Decca 3441; Swingtime (I) 1007

8. November 1940
Ella Fitzgerald and Her Famous Orchestra.
TAKING A CHANCE ON LOVE / CABIN IN THE SKY: Decca 3490
I'M THE LONESOMEST GAL IN TOWN: Decca 3666

8. Januar 1941
Ella Fitzgerald and Her Famous Orchestra.
THREE LITTLE WORDS: Decca 3608
HELLO MA! I DONE IT AGAIN / WISHFUL THINKING: Decca 3612
THE ONE I LOVE (BELONGS TO SOMEBODY ELSE) / THE MUFFIN MAN: Decca 3608

31. März 1941
Ella Fitzgerald and Her Famous Orchestra.
KEEP COOL, FOOL / NO NOTHING: Decca 3754
MY MAN: Decca 4291

31. Juli 1941
Ella Fitzgerald and Her Famous Orchestra.
I CAN'T BELIEVE THAT YOU'RE IN LOVE WITH ME: Decca 18421
I MUST HAVE THAT MAN: Decca 18530
WHEN MY SUGAR WALKS DOWN THE STREET: Decca 18587
I GOT IT BAD AND THAT AIN'T GOOD / MELINDA THE MOUSIE: Decca 3968
CAN'T HELP LOVIN' DAT MAN: Decca 18421

6. Oktober 1941
EF, vo; Teddy McRae, ts; Tommy Fulford, p; Ulysses Livingston, g;
Beverley Peer, b; Kenny Clarke, d.
JIM / THIS LOVE OF MINE: Decca 4007

28. Oktober 1941
EF, vo; Eddie Barefield, cl & as; Tommy Fulford, p; Ulysses Livingston, g;
Beverley Peer, b; Bill Beason, d.
SOMEBODY NOBODY LOVES / YOU DON'T KNOW WHAT LOVE IS: Decca 4082

5. November 1941
EF, vo; Eddie Barefield, cl; Tommy Fulford, p; Ulysses Livingston, g; Beverley Peer, b; Bill Beason, d.
WHO ARE YOU?: Decca 4291
I'M THRILLED / MAKE LOVE TO ME: Decca 4073

11. März 1942
EF, vo; The Four Keys.
I'M GETTING MIGHTY LONESOME / WHEN I COME BACK CRYING: Decca 4315

10. April 1942
EF, vo; The Four Keys.
ALL I NEED IS YOU / MAMA COME HOME: Decca 18347

31. Juli 1942
EF, vo; begleitet von einer kleinen Band.
MY HEART AND I DECIDED: Decca 18530
I PUT A FOUR LEAF CLOVER IN YOUR POCKET / HE'S MY GUY: Decca 18472

3. November 1943
EF, vo; The Ink Spots.
COW COW BOOGIE: Aufnahme A, B; A veröffentlicht auf Decca 18587; Decca 4129

20. März 1944
EF, vo; Studioband.
TIME ALONE WILL TELL / ONCE TOO OFTEN: Decca 18605

30. August 1944
EF, vo; The Ink Spots.
INTO EACH LIFE SOME RAIN MUST FALL: Aufnahme A, B; A veröffentlicht auf Decca 23356
I'M MAKING BELIEVE: Aufnahme A, B; A veröffentlicht auf Decca 23356

6. November 1944
EF, vo; Johnny Long Orchestra; The Song Spinners.
AND HER TEARS FLOWED LIKE WINE: Aufnahme A, B; A veröffentlicht auf Decca 18633
I'M CONFESSIN': Aufnahme A, B; A veröffentlicht auf Decca 23399

26. Februar 1945
EF, vo; The Ink Spots; Studioband.
I'M BEGINNING TO SEE THE LIGHT / THAT'S THE WAY IT IS: Decca 23399

27. März 1945
EF, vo; The Delta Rhythm Boys; Studioband.
(It's Only a) Paper Moon: Decca 23425
Cry Out of My Heart: unveröffentlicht, existiert aber

28. März 1945
EF, vo; The Delta Rhythm Boys; Studioband.
Cry Out of My Heart: Decca 23425

29. August 1945
EF, vo; Tandy Brooks Orchestra.
A Kiss Goodnight / Benny's Coming Home Saturday: Decca 18713

4. Oktober 1945
EF, vo; Vic Schoen Orchestra.
Flying Home: Decca 23956; Decca 8149

8. Oktober 1945
EF, vo; Aaron Izenhall, tp; Josh Jackson, ts; Wild Bill Davis, p; Carl Hogan, g; Jesse Simpkins, b; Eddie Byrd, d; Harry Dial, Vic Lourie, perc.
Stone Cold Dead in the Market: Aufnahme A, B; A veröffentlicht auf Decca 23546; Decca DL 8477; MCA (E) 1807; Bear Family BCD 15557
Patootie Pie: Decca 23546; MCA (E) 1807; Bear Family BCD 15557

12. Oktober 1945
EF, vo; Charlie Shavers, tp; Lou McGarity, tb; Peanuts Hucko, cl; Big Al Sears, ts; Buddy Weed, p; Remo Palmier, g; Trigger Alpert, b; Buddy Rich, d.
That's Rich: V-Disc 603; Jazz Society 511
I'll Always Be in Love With You: V-Disc 569
I'll See You in My Drams: V-Disc 730; Jazz Society 511

18. Januar 1946
EF, vo; Louis Armstrong, t & vo.
You Won't Be Satisfied / The Frim Fram Sauce: Decca 23496; Coral COP 57397

21. Februar 1946
EF, vo; Billy Kyle, p; Jimmy Shirley, g; Junior Raglin, b; Vess Payne, d.
I'm Just a Lucky So and So / I Didn't Mean a Word I Said: Decca 18814

29. August 1946
EF, vo; The Delty Rhythm Boys.
For Sentimental Reasons: Decca 23670; Decca 8832
It's a Pity to Say Goodnight: Decca 23670

Oktober 1946 (Datum unbekannt)
Buddy Rich and His V-Disc Speed Demons; EF, vo.
That's Rich / I'll Always Be in Love with You: V-Disc 569

24. Januar 1947
EF, vo; Idries Sulieman, tp; Al King, tb; Jimmy Powell, as; Eddie Heywood, p; Billy Taylor, b; Keg Purnell, d.
Guilty: Decca 23844; Decca 8882
Sentimental Journey: Decca 23844; Decca 8477

1. März 1947
EF, vo; Joe Mooney, accordian; Nick Tagg, p; Big Sid Catlett, d; Buddy Rich, vo.
Budella (Blue Skies): V-Disc 775

19. März 1947
EF, vo; Bob Haggert Orchestra; Andy Love Quintet.
A Sunday Kind of Love: Decca 23866; Decca 4129
That's My Desire: Decca 23866; Decca 8695
Lady Be Good: Decca 23956; Decca 8149

11. Juli 1947
EF, vo; Bob Haggert Orchestra.
You're Breakin'in a New Heart: unveröffentlicht

22. Juli 1947
EF, vo; Bob Haggert Orchestra.
Don't You Think I Oughty Know?: Decca 24157; Decca 8832
You're Breakin'in a New Heart: Decca 24157

29. September 1947
Dizzy Gillespie and His Orchestra; EF, vo.
Almost Like Being in Love / Stairway to the Stars / Lover Man / Flying Home / Lady Be Good / How High the Moon: Natural Organic 7000

18. Dezember 1947
EF, vo; The Day Dreamers.
I Want to Learn About Love: Decca 24581
That Old Feeling: Decca 28049; Decca 8832; MCA2-4016

20. Dezember 1947
EF, vo; begleitet von einer kleinen Band.
No Sense: Decca 24538; MCA Coral PCO 7666
How High the Moon: Decca 24387; Decca 8149; Jasmine JASM 1027
My Baby Likes to Re-Bop: Decca 24332

23. Dezember 1947
EF, vo; Illinois Jacquet, ts; Sir Charles Thompson, organ; Hank Jones, p; Hy White, g; John Simmons, b; J. C. Heard, d.
I'VE GOT A FEELING I'M FALLING: Decca 24232; MCA Coral PCO 7665
YOU TURNED THE TABLES ON ME: Decca 24387; MCA2-4016
I CRIED AND CRIED AND CRIED: Coral 6.22178; MCA Coral PCO 7666
ROBBINS' NEST: Decca 24538; *MCA 510.184/85*

29. April 1948
EF, vo; The Song Spinners.
TEA LEAVES: Decca 24446

30. April 1948
EF, vo; The Song Spinners.
MY HAPPINESS: Decca 24446; Decca DL4129

25. Mai 1948
EF, vo; Begleitung unbekannt.
HAVE MERCY / LADY BE GOOD: AFRS Transcriptions Jubilee 281

1. Juni 1948
EF, vo; Begleitung unbekannt.
MY BABY LIKES TO RE-BOP / THE GENTLEMAN IS A DOPE: AFRS Transcriptions Jubilee 282

20. August 1948
EF, vo; Illinois Jacquet, ts.
IT'S TOO SOON TO KNOW: Decca 24497; *MCA2-4047*
I CAN'T GO ON WITHOUT YOU: Decca 24497

10. November 1948
EF, vo; Orchester unbekannt.
TO MAKE A MISTAKE IS HUMAN / IN MY DRAMS: Decca 24529

27. November 1948
EF, vo; Hank Jones, p; Ray Brown, b; Roy Haynes, d; Allen Eager, ts; Kai Winding, tb.
OOL-YA-KOO / LOVE THAT BOY / YOU'LL HAVE TO SWING IT (AKA MR PAGANINI) / TOO SOON TO KNOW: Jazz Live BLJ 8035

4. Dezember 1948
EF, vo; Hank Jones, p; Ray Brown, b; Roy Haynes, d; Allen Eager, ts; Kai Winding, tb.
HEAT WAVE / OLD MOTHER HUBBARD / OOL-YA-KOO / FLYING HOME: Jazz Live BLJ 8035

14. Januar 1949

EF, vo; Orchester unbekannt.

I Couldn't Stay Away: Decca 24562

Old Mother Hubbard: Decca 24581

Someone Like You: Decca 24562; Decca DL4447

28. Februar 1949

EF, vo; Aaron Izenhall, tp; Eddie Johnson, ts; Bill Doggett, p; unbekannt, g; wahrscheinlich Dallas Bartley, b; Chris Columbus, d; Louis Jordan, as & vo.

Don't Cry, Cry Baby: Aufnahme A bis E. E veröffentlicht auf Decca DL8477

Baby, It's Cold Outside: Aufnahme A, B; A veröffentlicht auf Decca DL8477

15. April 1949

EF, vo; Hank Jones, p; Ray Brown, b; sehr wahrscheinlich Roy Haynes, d.

Old Mother Hubbard / You'll Have to Swing It (aka Mr Pagagini) / There's a Small Hotel / How High the Moon: Session Disc SES 105

23. April 1949

EF, vo; Hank Jones, p; Ray Brown, b; sehr wahrscheinlich Roy Haynes, d.

Robbins' Nest / As You Desire Me / Thou Swell / Flying Home / Someone Like You / Again / In a Mellowtone / Lemon Drop / I Hadn't Anyone Till You: Session Disc SES 105

27. April 1949

EF, vo; Orchester unbekannt.

My Baby Likes to Re-Bop: Decca 24232

28. April 1949

EF, vo; Gordon Jenkins and His Orchestra.

Happy Talk / I'm Gonna Wash That Man Right Outa My Hair: Decca 24639; Decca DL8696

Black Coffee / Lover's Gold: Decca 24646; Decca DL8696

EF, vo; Louis Jordan and His Tympany Five.

Baby, It's Cold Outside: Decca 24644; *MCA 510.184/85*

Don't Cry, Cry Baby: Decca 24644; MCA Coral PCO 7666

20. Juli 1949

EF, vo; Sonny Burke and His Orchestra.

Crying: Decca 34708; Decca DL4447

A New Shade of Blue: Decca 34708

18. September 1949

Jazz at the Philharmonic; EF, vo; Hank Jones, p; Ray Brown, b; Bernard ›Buddy‹ Rich, d. Bei »Flying Home«, »How High the Moon« und »Perdito«: Roy ›Little Jazz‹ Eldridge, tp; Tommy Turk, tb; Charlie ›Yardbird‹ Parker, as; Lester ›Prez‹ Young and Joseph ›Flip‹ Phillips, ts; wurden hinzugefügt.

1. Aufnahmen
ROBBINS' NEST: *Verve 815 147-1*
A NEW SHADE OF BLUE / OLD MOTHER HUBBARD: unveröffentlicht
I'M JUST LUCKY SO-AND-SO / SOMEBODY LOVES ME / BASIN STREET BLUES: *Verve 815 147-1*
FLYING HOME: *Verve 815 147-1; Verve 837 141-2*

2. Aufnahmen
LADY BE GOOD: unveröffentlicht
BLACK COFFEE: *Verve 815 147-1*
A-TISKET, A-TASKET: unveröffentlicht
HOW HIGH THE MOON / PERDIDO: *Verve 837 141-2*

20. September 1949

EF, vo; Sy Oliver and His Orchestra.
IN THE EVENING (WHEN THE SUN GOES DOWN) / TALK FAST, MY HEART, TALK FAST: Decca 24780; MCA Coral PCO 7667
I'M WAITIN' FOR THE JUNKMAN: Decca 24868; MCA Coral PCO 7667
BASIN STREET BLUES: Decca 24868; Jasmine JASM 1027

21. September 1949

EF, vo; Gordon Jenkins and His Orchestra; Chor.
I HADN'T ANYONE TILL YOU: Decca 24900; *MCA2-4047*
DREAM A LITTLE LONGER: Decca 24900; Decca D8696
FOOLISH TEARS / A MAN WROTE A SONG: Decca 24773; Decca DL8696

7. November 1949

EF, vo; The Mills Brothers.
FAIRY TALES: Decca 24813
I GOTTA HAVE MY BABY BACK: Decca 24813; Decca DL8477

1950 (Datum unbekannt)

EF, vo; Begleitung unbekannt.
DON'T CRY, JOE / LAURA / YOU GO TO MY HEAD / I'LL REMEMBER APRIL / RUN, JOE, RUN / THE BOY NEXT DOOR / MY OLD FLAME / NIGHT AND DAY THE WAY YOU LOOK TONIGHT THE HUCKLEBUCK: unveröffentlicht

2. Februar 1950
EF, vo; Sy Oliver and His Orchestra.
BABY, WON'T YOU SAY YOU LOVE ME?: Decca 24917
DON'T YOU GO AWAY MAD: Decca 24917; Decca DL8477

6. März 1950
EF, vo; Sy Oliver and His Orchestra.
SOLID AS A ROCK: Decca 24958; MCA Coral PCO 7667
I'VE GOT THE WORLD ON A STRING: Decca 27120; *MCA2-2047*
SUGARFOOT RAG: Decca 24958; MCA Coral PCO 7667
PEAS AND RICE: Decca 27120

9. Mai 1950
EF, vo; Four Hits and a Miss.
M-I-S-S-I-S-S-I-P-P-I / I DON'T WANT THE WORLD: Decca 27061

15. August 1950
EF, vo; Louis Jordan and His Tympany Five.
AIN'T NOBODY'S BUSINESS / I'LL NEVER BE FREE: Decca 27200

25. August 1950
EF, Louis Armstrong, vo; Sy Oliver and His Orchestra.
DRAM A LITTLE DREAM OF ME: Decca 27209; Decca DL8477
CAN ANYONE EXPLAIN?: Decca 27209

11. September 1950
EF, vo; Ellis Larkins, p.
LOOKING FOR A BOY: Decca 27369; Decca DL5300
MY ONE AND ONLY LOVE: Decca 27368; Decca DL5300
HOW LONG HAS THIS BEEN GOING ON? / I'VE GOT A CRUSH ON YOU: Decca 27370; Decca DL5300

12. September 1950
EF, vo; Ellis Larkins, p.
BUT NOT FOR ME: Decca 27369; Decca DL5300
SOON: Decca 27371; Decca DL5300
SOMEONE TO WATCH OVER ME: Decca 27368; Decca DL5300
MAYBE: Decca 27371; Decca DL5300

26. September 1950
EF, vo; Charlie Shavers, tp; Hank Jones, p; John Collins, g; Ray Brown, b; Charlie Smith, d.
SANTA CLAUS GOT STUCK IN MY CHIMNEY / MOLASSES, MOLASSES: Decca 27255

20. Dezember 1950
EF, vo; The Ink Spots.
LITTLE SMALL TOWN GIRL / I STILL FEEL THE SAME ABOUT YOU: Decca 27419

12. Januar 1951
EF, vo; The Ink Spots.
LONESOME GAL / THE BEAN BAG SONG: Decca 27453

27. März 1951
EF, vo; Sy Oliver and His Orchestra.
CHESAPEAKE AND OHIO: Decca 27602
LITTLE MAN IN A FLYING SAUCER: Decca 27578
BECAUSE OF RAIN: Decca 27602; Decca DL8832
THE HOT CANARY: Decca 27578

24. Mai 1951
EF, vo; Hank Jones, p; Everett Barksdale, g; Sandy Block, b; Jimmy Crawford, d.
EVEN AS YOU AND I / IF YOU REALLY LOVE ME: Decca 27634; Decca DL4447
LOVE YOU MADLY: Decca 27693

26. Juni 1951
EF, vo; Bill Doggett, organ; Hank Jones und Teddy Wilson, p; Everett Barksdale, g; Arnold Fishkin, b; Johnny Blowers, d; The Ray Charles Singers.
MIXED EMOTIONS: Decca 27680; Decca DL8832
SMOOTH SAILING: Decca 27693; Decca DL8149
COME ON A MY HOUSE: Decca 27680

18. Juli 1951
EF, vo; Sy Oliver and His Orchestra.
IT'S MY OWN DARN FAULT: Decca 27948; Decca DL8695
I DON'T WANT TO MAKE A CHANGE: Decca 27948
THERE NEVER WAS A BABY (LIKE MY BABY): Decca 27724; Decca DL8892
GIVE A LITTLE, GET A LITTLE: Decca 27724; Decca DL8695

23. November 1951
EF, Louis Armstrong, vo; Dave Barbour and His Orchestra.
NECESSARY EVIL / OOPS!: Decca 27901
WOULD YOU LIKE TO TAKE A WALK?: Decca 28552; Decca DL8477
WHO WALKS IN WHEN I WALK OUT: Decca 28552

26. Dezember 1951
EF, vo; Sonny Burke and His Orchestra.
Baby Doll: Decca 27900; Decca DL8832
What Does It Take?: Decca 28034
Lady Bug: Decca 27900
Lazy Day: Decca 28034

4. Januar 1952
EF, vo; Ray Brown and His Orchestra.
Air Mail Special: Decca 28126; Decca DL8149
Rough Ridin': Decca 27948; Decca DL8149

25. Februar 1952
EF, vo; Sy Oliver and His Orchestra.
A Guy Is a Guy: Decca 28049
Nowhere Guy: Decca 28707
Gee, But I'm Glad to Know: Decca 28131; Decca DL4447
Goody-Goody: Decca 28126; Decca DL4129

26. Juni 1952
EF, vo; Sy Oliver and His Orchestra.
Ding-Dong Boogie: Decca 28321
You'll Have to Swing It (Parts 1 and 2): Decca 28774; *MCA2-2047*
Angel Eyes: Decca 28707; Decca DL8149
Early Autumn: Decca 29810
Preview: Decca 28321

11.–13. August 1952
EF, vo; Leroy Kirkland and His Orchestra.
Trying: Decca 28375; Decca DL5443
The Greatest There Is: Decca 28930
Walking By the River: Decca 28433; *MCA2-2047*
My Favorite Song: Decca 28433
My Bonnie: Decca 28375
Ella's Contribution to the Blues: Decca 29810; Decca DL8695

15. Oktober 1952
EF, vo; The Lawson-Haggart Jazz Band.
Basin Street Blues: unveröffentlicht

30. November 1952
EF, vo; Jery Gray and His Orchestra.
I Can't Lie to Myself / Don't Wake Me Up: Decca 2888589

13. Februar 1953
EF, vo; Sy Oliver and His Orchestra.
Careless / Blue Lou: Decca 28671; Decca DL8695
I Wonder What Kind of Man: Decca 28930

11. Juni 1953
EF, vo; Taft Jordan, tp; Bill Doggett, organ; Sandy Bloch, b; Jimmy Crawford, d; The Ray Charles Singers.
When the Hands of the Clock Pray at Midnight / Crying in the Chapel Decca 28762

4.–9. November 1953
Jazz at the Philharmonic; EF, vo; Ray Tunia, p; Herb Ellis, g; Ray Brown, b; J.C. Heard, d.
Perdido / After Hours Session: Pablo 26220104; *Verve (J) MV 9061-3*

18. November 1953
EF, vo; Raymond Tunia, p; Herb Ellis, g; Ray Brown, b; J. C. Heard, d.
On the Sunny Side of the Street / Body and Soul / Why Don't You Do Right / Lady Be Good / I Got It Bad and That Ain't Good / How High the Moon / My Funny Valentine / Smooth Sailin' / Frim Fram Sauce / Perdido: Pablo 2620 104

23. Dezember 1953
EF, vo; Sy Oliver and His Orchestra.
Empty Ballroom: Decca 29259; *MCA2-2047 6*
If You Don't, I Know Who Will: Decca 29259
Melancholy Me: Decca 29008; Decca DL4447
Somebody Bad Stole de Wedding Bell: Decca 29008

31. Dezember 1953
EF, vo; John Scott Trotter and His Orchestra.
Moanin' Low / Takin' a Chance on Love: Decca 29475; Decca DL8155

24. März 1954
EF, vo; Gordon Jenkins and His Orchestra.
I Wished on the Moon: Decca 29137; Decca DL8696
Baby/I Need: Decca 29108; Decca DL8696
Who's Afraid: Decca 29137

29. März 1954
EF, vo; Ellis Larkins, p.
I'm Glad There Is You / What Else Could I Do? / What Is There to Say? / Makin' Whoopee / Until the Real Thing Comes Along / People Will Say We're in Love: Decca DL8068

30. März 1954

EF, vo; Ellis Larkins, p.

PLEASE BE KIND / IMAGINATION / MY HEART BELONGS TO DADDY / YOU LEAVE ME BREATHLESS / NICE WORK IF YOU CAN GET IT / STAR DUST: Decca DL8068

4. Juni 1954

EF, vo; Sy Oliver and His Orchestra.

LULLABY OF BIRDLAND / LATER: Decca 29198; Decca DL8149

17. September 1954

EF, vo; Ray Tunia, p; Herb Ellis, g; Ray Brown, b; Buddy Rich, d.

A FOGGY DAY: *Verve 815147-1*

LULLABY OF BIRDLAND: unveröffentlicht

THE MAN WHO GOT AWAY / HERNANDO'S HIDEAWAY / LATER / MY BILL / WHY DON'T YOU DO RIGHT?: *Verve 815147-1*

Anfang 1955 (Datum unbekannt)

EF, vo; Nelson Riddle Orchestra.

BASIN STREET BLUES: Verve V10128

1. April 1955

EF, vo; Andre Previn and His Orchestra.

YOU'LL NEVER KNOW / THANKS FOR THE MEMORIES / IT MIGHT AS WELL BE SPRING / I CAN'T GET STARTED: Decca DL8155

27. April 1955

EF, vo; Benny Carter and His Orchestra.

BETWEEN THE DEVIL AND THE DEEP BLUE SEA / THAT OLD BLACK MAGIC: Decca DL 8155

OLD DEVIL MOON / LOVER, COME BACK TO ME: Decca 29580; Decca DL8155

3. Mai 1955

EF, vo; Don Abney, p; Joe Mondragon, b; Larry Bunker, d.

HEARD HEARTED HANNAH, THE VAMP OF SAVANNAH / PETE KELLY'S BLUES: Decca 29689; Decca DL8166

ELLA HUMS THE BLUES: Decca DL8166

1. August 1955

EF, vo; Toots Camarata and His Orchestra.

SOLDIER BOY: Decca 29648

A SATISFIED MIND: Decca 29648; Decca DL8695

5. August 1955
EF, vo; Toots Camarata and His Orchestra.
My One and Only Love: Decca 29748; Decca DL8695
The Impatient Years / But Not Like Mine: Decca 29665; Decca DL8695
The Tender Trap: Decca 29746; *MCA2-2047*

Die Verve-Jahre 1955–1966

21. Januar 1956

EF, vo; Besetzung unbekannt.

And the Angels Sing / Joe Williams' Blues / Air Mail Special / S'wonderful / Cry me a River / Lullaby of Birdland / Medley aus Fools Rush in; Glad to be Unhappy: unveröffentlicht

25. Januar 1956

EF, vo; Buddy Bregman Orchestra.

Stay There / The Sun forgot to Shine: Verve 10012

Too Young for the Blues: Aufnahme A bis E; E veröffentlicht auf Verve MGV 2036; Verve 10002

It's only a Man: Aufnahme A bis D; D veröffentlicht auf Verve MGV 2036; Verve 10002

2. Februar 1956

EF, vo; Don Abney, p; Vernon Alley, b; Frankie Capp, d. Aufgenommen im Hollywood Nightclub, Zardi's.

It all Depends on You / Tenderly / Why Don't You do Right? / In a Mellotone / Joe Williams' Blues / A Fine Romance / How High the Moon / Gone with the Wind / Bernie's Tune / S'wonderful / Glad to be Unhappy / Lullaby of Birdland / The Tender Trap / And the Angels Sing / I Can't Give you Anything but Love / Little Boy / A-Tisket, A-Tasket / My Heart Belongs to Daddy / Air Mail Special / I've Got a Crush on You: alles unveröffentlicht

7. Februar 1956

EF, vo; Buddy Bregman Orchestra.

Why Can't you Behave? / I Love Paris / Do I Love You? / Ev'ry Time we say Goodbye / I Am in Love / Ridin' High / It's All Right with Me / From this Moment On / Just One of Those Things / Too Darn Hot: Verve 4001-2; *Verve 821 989/90-2*

EF, vo; Paul Smith, p; Barney Kessel, g; Joe Mondragon, b; Alvin Stoller, d.

Miss Otis Regrets / Get Out of Town / Easy to Love: Verve 4001-2; *Verve 821 989/90-2*

8. Februar 1956

EF, vo; Buddy Bregman Orchestra.

So in Love / You Do Something to Me / In the Still of the Night / Begin the Beguine / All Through the Night / Always True to You in My Fashion / It's Delovely / Ace in the Hole / Love for Sale / Anything Goes / I Concentrate on You: Verve 4001-2; *Verve 821 989/90-2*

9. Februar 1956

EF, vo; Buddy Bregman Orchestra.

I GET A KICK OUT OF YOU / YOU'RE THE TOP / I'VE GOT YOU UNDER MY SKIN: Verve 4001-2; *Verve 821 989/90-2*

WHAT IS THIS THING CALLED LOVE?: Verve 4001-2; Verve 10248; *Verve 821 989/90-2*

ALL OF YOU / DON'T FENCE ME IN: Verve 4001-2; *Verve 821 989/90-2*

27. März 1956

EF, vo; Buddy Bregman Orchestra.

NIGHT AND DAY: Verve 4001-2; *Verve 821 989/90-2*

THE END OF A BEAUTIFUL FRIENDSHIP: Verve 2036

EF, vo; Paul Smith, p; Barney Kessel, g; Joe Mondragon, b; Alvin Stoller, d.

YOU'RE THE TOP / I CONCENTRATE ON YOU: unveröffentlicht

EF, vo; Buddy Bregman Orchestra.

I HAD TO FIND OUT FOR MYSELF: 11 Aufnahmen, alle unveröffentlicht.

EF, vo; Paul Smith, p; Barney Kessel, g; Joe Mondragon, b; Alvin Stoller, d.

LET'S DO IT: Aufnahme A, B, C; alle unveröffentlicht

25. Juni 1956

Metronome All-Stars / Count Basie and His Orchestra; EF, vo; Joe Willimas, vo. auf »Party Blues« und »Every Day I Have the Blues«.

APRIL IN PARIS: Clef MGC 743; Verve 8030; Verve (J) 2510

TOO CLOSE FOR COMFORT: Verve 8288

EVERY DAY I HAVE THE BLUES: Clef MGC 743; Verve 8030; Verve (J) 2510

PARTY BLUES: Clef MGC 743; Verve 8030; Verve 8341; Verve (J) 2510

15. August 1956

Jazz at the Hollywood Bowl; EF, vo; Paul Smith, p; Barney Kessel, g; Joe Mondragon, b; Alvin Stoller, d.

THIS CAN'T BE LOVE / THE END OF A BEAUTIFUL FRIENDSHIP / I COULD HAVE DANCED ALL NIGHT / LADY BE GOOD: unveröffentlicht

LITTLE GIRL BLUE / TOO CLOSE FOR COMFORT / LOVE FOR SALE / JUST ONE OF THOSE THINGS: Verve 8231

ANGEL EYES: sehr wahrscheinlich verloren

I CAN'T GIVE YOU ANYTHING BUT LOVE / AIRMAIL SPECIAL: Verve 8231

EF, vo; Trummy Young, tb; Edmond Hall, cl; Billy Kyle, p; Dale Jones, b; Barrett Deems, d; Louis Armstrong, vo & tp.

YOU WON'T BE SATISFIED / UNDECIDED / WHEN THE SAINTS GO MARCHING IN (Ella ist nicht zu hören): Verve 8231

16. August 1956

EF, vo; Oscar Peterson, p; Herb Ellis, g; Ray Brown, b; Buddy Rich, d; Louis Armstrong, vo & tp.

THEY CAN'T TAKE THAT AWAY FROM ME / ISN'T THIS A LOVELY DAY? / TENDERLY / STARS FELL ON ALABAMA / CAN'T WE BE FRIENDS? / CHEEK TO CHEEK / UNDER A BLANKET OF BLUE / MOONLIGHT IN VERMONT / A FOGGY DAY / APRIL IN PARIS / THE NEARNESS OF YOU: Verve 4003; *Verve 825373-2*

21. August 1956

EF, vo; Buddy Bregman Orchestra.

THIS CAN'T BE LOVE / THE LADY IS A TRAMP: Verve 4002-2; Verve V6-4022; Verve VST 10001/ST20010; Verve Ve2-2519; *Verve 821 579/80-2*

I'VE GOT FIVE DOLLARS / LOVER: Verve 4002-2; Verve V6-4023; Verve Ve2-2519; *Verve 821 579/80-2*

THE SILENT TREATMENT: Verve MGV 2036

28. August 1956

EF, vo; Buddy Bregman Orchestra.

TEN CENTS A DANCE: Verve V6-4023

I WISH I WERE IN LOVE AGAIN: Verve v6-4022

MOUTAIN GREENERY: Verve V6-4023

JOHNNY ONE NOTE: Verve V6-4022

GIVE IT BACK TO THE INDIANS: Verve V6-4023

29. August 1956

EF, vo; Buddy Bregman Orchestra.

BLUE MOON: Verve V6-4023

THOU SWELL / MANHATTAN: Verve V6-4022

THERE'S A SMALL HOTEL / I DIDN'T KNOW WHAT TIME IT WAS: Verve V6-4023

EF, vo; Paul Smith, p; Barney Kessel, g; Joe Mondragon, b; Alvin Stoller, d.

WITH A SONG IN MY HEART / TO KEEP MY LOVE ALIVE: Verve V6-4022

BEWITCHED / WAIT TILL YOU SEE HER: Verve V6-4023

30. August 1956

EF, vo; Buddy Bregman Orchestra.

MY ROMANCE: Verve V6-4022

MY HEART STOOD STILL: Verve V6-4023

A SHIP WITHOUT A SAIL / HAVE YOU MET MISS JONES?: Verve V6-4022

HERE IN MY ARMS: Verve V6-4023

IT NEVER ENTERED MY MIND / LITTLE GIRL BLUE / SPRING IS HERE: Verve V6-4022

MY FUNNY VALENTINE / I COULD WRITE A BOOK: Verve V6-4023

31. August 1956
EF, vo; Buddy Bregman Orchestra.
Blue Room: Verve V6-4023
Dancing on the Ceiling / Where or When: Verve V6-4022
Isn't it Romantic? Verre V6-4023
You Took Advantage Of Me: Verve V6-4022

4. September 1956
EF, vo; Ben Webster, ts; Stuff Smith, vln; Paul Smith, p; Barney Kessel, g; Joe Mondragon, b; Alvin Stoller, d.
I Let a Song go Out of my Heart / Rocks In My Bed / Cottontail / Just Squeeze Me / Do Nothing Till you Hear from Me / Solitude / Sophisticated Lady / Just a Sittin' and A Rockin' / It Don't Mean a Thing (If it Ain't Got that Swing) / Prelude to a Kiss / Don't Get Around Much Anymore / Satin Doll / Azure / In a Sentimental Mood: Verve 4010-4; Verve Ve2-2540; *Verve 837 035-2*
Ev'rything I've Got Belongs to You: Verve 4002-2; Verve V6-4023; Verve Ve2-2519; *Verve 821 579/80-2*

14. Januar 1957
EF, vo; Russ Garcia Orchestra.
Hotta Chocolota: Aufnahme A bis H; H veröffentlicht auf Verve 10031
Hear My Heart: Aufnahme A bis I; I veröffentlicht auf Verve 10031

29. April 1957
EF, vo; Don Abney, p; Herb Ellis, g; Ray Brown, b; Jo Jones, d.
You Got Me Singing the Blues / Angel Eyes / Lullaby of Birdland / Tenderly / Do Nothing Till You Hear From Me / April in Paris / I Can't Give You Anything But Love, Baby / Love for Sale / It Don't Mean a Thing If It Ain't Got That Swing: *Tax CD 3703-2*

24. Juni 1957
Duke Ellington and His Orchestra; EF, vo; Billy Strayhorn, p.
Day Dream / Take the ›A‹ Train: Verve MGV 4010-4; Verve Ve2-2535; *Verve 837 035-2*

25. Juni 1957
Duke Ellington and His Orchestra; EF, vo; Ellington, p.
Everything But You / I Got it Bad (and That Ain't Good) / Drop Me Off in Harlem / Lost in Meditation / I Ain't Got Nothin' But the Blues: Verve 4010-4; Verve Ve2-2535; *Verve 837 035-2*

26. Juni 1957
Duke Ellington and His Orchestra; EF, vo.
CLEMENTINE / I'M JUST A LUCKY SO-AND-SO / I'M BEGINNING TO SEE THE LIGHT / I DIDN'T KNOW WHAT ABOUT YOU / ROCKIN' IN RHYTHM: Verve 4010-4; Verve Ve2-2535; *Verve 837 035-2*

27. Juni 1957
Duke Ellington and His Orchestra; EF, vo.
CHELSEA BRIDGE: unveröffentlicht
ALL TOO SOON / CARAVAN / BLI-BLIP / CHELSEA BRIDGE / PERDIDO / THE E AND D BLUES: Verve 4010-4; Verve Ve2-2535; *Verve 837 035-2*

4. Juli 1957
Newport Jazz Festival; EF, vo; Don Abney, p; Wendell Marshall, b; Jo Jones, d.
THIS CAN'T BE LOVE / I GOT IT BAD (AND THAT AIN'T GOOD) / BODY AND SOUL / APRIL IN PARIS / I GOT A CRUSH ON YOU / I CAN'T GIVE YOU ANYTHING BUT LOVE / AIRMAIL SPECIAL: Verve 6022 / 8234; Verve (J) MV 2576

23. Juli 1957
EF, vo; Oscar Peterson, p; Herb Ellis, g; Ray Brown, b; Louis Bellson, d; Louis Armstrong, vo & tp.
OUR LOVE IS HERE TO STAY / LEARNING THE BLUES / AUTUMN IN NEW YORK / LET'S CALL THE WHOLE THING OFF / THEY ALL LAUGHED / GEE BABY, AIN'T I GOOD TO YOU / STOMPIN' AT THE SAVOY: Verve 4006-2; *Verve 825 374-2*
THESE FOOLISH THINGS / COMES LOVE / ILL WIND: Verve 4006-2

24. Juli 1957
EF, vo; Frank De Vol Orchestra.
TENDERLY / MOONLIGHT IN VERMONT / STAIRWAY TO THE STARS: Verve 4034
A-TISKET, A-TASKET: Verve 10079; Verve 4063
YOU TURNED THE TABLES ON ME / GYPSY IN MY SOUL: Verve 4036
GOODY GOODY: Verve 10079; Verve 4036
ST. LOUIS BLUES: Verve 10128; Verve 4036

EF, vo; möglicherweise Ben Webster, ts; sehr wahrscheinlich Sweets Edison, tp; sehr wahrscheinlich Paul Smith, p; Barney Kessel, g; sehr wahrscheinlich Red Mitchell, b; unbekannt, d.
BABY, DON'T YOU GO AWAY MAD: Aufnahme A bis F; alle unveröffentlicht
ANGEL EYES: unveröffentlicht

13. August 1957

EF, vo; Oscar Peterson, p; Herb Ellis, g; Ray Brown, b; Louis Bellson, d; Louis Armstrong, vo. Bei »I'm Putting All My Eggs on One Basket« und »I've Got My Love to Keep Me Warm« spielt Louis Armstrong auch Trompete.

I WON'T DANCE / A FINE ROMANCE / DON'T BE THAT WAY / I'M PUTTING ALL MY EGGS IN ONE BASKET / I'VE GOT MY LOVE TO KEEP ME WARM: Verve 4006-2; *Verve 825 374-2*

18. August 1957

EF, vo; Russ Garcia Orchestra; Louis Armstrong, tp & vo.

SUMMERTIME / BESS, YOU IS MY WOMAN NOW / I GOT PLENTY O'NUTTIN' / IT AIN'T NECESSARILY SO: *Verve 6040-2/4011-2;* Verve Ve2-2507; *Verve 827 475-2*

28. August 1957

EF, vo; Russ Garcia Orchestra.

I WANTS TO STAY HERE (aka I LOVES YOU PORGY) / MY MAN'S GONE NOW / WHAT YOU WANT WITH BESS / BUZZARD SONG / OH DOCTOR JESUS / HERE COMES DE HONEYMAN / OH DER'S SO FRESH AND FINE (STRAWBERRY WOMAN) *Verve 6040-2/4011-2;* Verve Ve2-2507; *Verve 827 475-2*

29. September 1957

Jazz at The Philharmonic; EF, vo; Oscar Peterson, p; Herb Ellis, g; Ray Brown, b; Jo Jones, d.

IT'S ALL RIGHT WITH ME: unveröffentlicht

EF, vo; Oscar Peterson, p; Herb Ellis, g; Ray Brown, b; Jo Jones, d. Bei »Them There Eyes« ist (d) sehr wahrscheinlich Connie Kay, nicht Jo Jones; während bei »Stompin' at the Savoy« Connie Kay (d) ist und Roy Eldridge tp; J. J. Johnson, tb; Sonny Stitt, as; Stan Getz, Coleman Hawkins, Illinois Jacquet, Flip Phillips, Lester Young, ts.

IT'S ALL RIGHT WITH ME / BABY, DON'T YOU GO AWAY MAD / BEWITCHED / THESE FOOLISH THINGS / ILL WIND / GOODY GOODY / MOONLIGHT IN VERMONT / THEM THERE EYES / STOMPIN' AT THE SAVOY: Verve 6026; *Verve 831 269-2*

7. Oktober 1957

Jazz at The Philharmonic; EF, vo; Oscar Peterson, p; Herb Ellis, g; Ray Brown, b; Jo Jones, d. Bei »Stompin' at the Savoy« und »Lady Be Good«: Roy Eldridge, tp; J. J. Johnson, tb; Sonny Stitt, as; Stan Getz, Coleman Hawkins, Illinois Jacquet, Flip Phillips, Lester Young, ts; hinzugefügt. Bei »Savoy« ist (d) wahrscheinlich Connie Kay, aber bei »Lady Be Good« Jo Jones.

IT'S ALL RIGHT WITH ME / BABY, DON'T YOU GO AWAY MAD / BEWITCHED / THESE FOOLISH THINGS / ILL WIND / GOODY GOODY / MOONLIGHT IN VERMONT / STOMPIN' AT THE SAVOY / LADY BE GOOD: Verve 8264; *Verve 831 269-2*

15. Oktober 1957

EF, vo; Frank De Vol Orchestra. »There's a Lull in My Life«, »You're Blasé«, »What Will I Tell My Heart?« und »Midnight Sun« unter Mitwirkung von Stan Getz.

There's a Lull in My Life / You're Blasé / More Than You Know / Like Someone In Love / What Will I Tell My Heart? / We'll Be Together Again / Then I'll Be tired of You / Close Your Eyes / I Thought About You / I Never Had a Chance / Midnight Sun: Verve 6000 / 4004; *Verve 314 511 524-2*

17. Oktober 1957

EF, vo; Ben Webster, ts; Oscar Peterson, p; Herb Ellis, g; Ray Brown, b; Alvin Stoller, d. Bei »Mood Indigo« spielt Ben Webster nicht mit. »Lush Life« ist ein Duett mit Ella und Oscar Peterson.

In a Mellotone / Mood Indigo / Love You Madly / Lush Life / Squatty Roo: Verve 4010-4; Verve VE2-2540; *Verve 837 035-2*

28. Oktober 1957

EF, vo; Frank De Vol Orchestra. »Hurry Home«, »How Long Has This Been Going On?« und »What's New?« unter Mitwirkung von Stan Getz.

I'll Never Be The Same: Verve 4034; *Verve 314 511 524-2*

Night Wind / Hurry Home / How Long Has This Been Going?: Verve 6000 / 4004; *Verve 314 511 524-2*

Lost In a Fog / Everything Happens to Me: Verve 4034; *Verve 314 511 524-2*

What's New?: Verve 6000 / 4004; *Verve 314 511 524-2*

So Rare: Verve 4034; *Verve 314 511 524-2*

13. März 1958

EF, vo; Paul Weston Orchestra.

Isn't This a Lovely Day? / All By Myself in the Morning / Let's Go Slummin' On Park Avenue / I'm Putting All my Eggs in One Basket / Always: *Verve 6005-2 / 4019-2; Verve 829 534/35-2*

14. März 1958

EF, vo; Paul Weston Orchestra.

I Used to Be Color Blind / You Can Have Him / How's Chances? / No Strings (I'm Fancy Free): *Verve 6005-2 / 4019-2; Verve 829 534/35-2*

17. März 1958

EF, vo; Paul Weston Orchestra.

You Keep Coming Back Like a Song / Suppertime / How Deep is The Ocean / You're Laughing At Me / Russian Lullaby / Change Partners / Now It Can Be Told / How About Me / Get Thee Behind Me, Satan / Reaching For The Moon: *Verve 6005-2 / 4019-2; Verve 829 534/35-2*

18. März 1958

EF, vo; Paul Weston Orchestra (einschließlich Sweets Edison, tp).

I'VE GOT MY LOVE TO KEEP ME WARM / HEAT WAVE / CHEEK TO CHEEK / THE SONG IS ENDED: *Verve 6005-2 / 4019-2; Verve 829 534/35-2*

BLUE SKIES: Verve 4036; *Verve 829 534/35-2*

LAZY / LET'S FACE THE MUSIC AND DANCE / IT'S A LOVELY DAY TODAY / PUTTIN' ON THE RITZ / YOU FORGOT TO REMEMBER: *Verve 6005-2 / 4019-2; Verve 829 534/35-2*

19. März 1958

EF, vo; Paul Weston Orchestra (einschließlich Sweets Edison, tp).

ALEXANDER'S RAGTIME BAND / LET YOURSELF GO / TOP HAT, WHITE TIE AND TAILS: *Verve 6005-2 / 4019-2; Verve 829 534/35-2*

TEACH ME HOW TO CRY: Aufnahme A, B; A unveröff., B auf Verve 10130

EF, vo; Sweets Edison, tp; unbekannt, flute; unbekannt, p; unbekannt, g; unbekannt, b; unbekannt, d.

SWINGIN' SHEPHERD BLUES: Aufnahme A, B, C; A und B unveröffentlicht, C auf Verve 10130; Verve V6-8579

24./25. April 1958

EF, vo; Lou Levy, p; Max Bennett, b; Gus Johnson, d.

ST. LOUIS BLUES: *Verve 835 454-2*

EF, vo; Oscar Peterson, p; Herb Ellis, g; sehr wahrscheinlich Ray Brown, b; Gus Johnson, d.

STOMPIN' AT THE SAVOY: unveröffentlicht

25. April 1958

EF, vo; Lou Levy, p; Max Bennett, b; Gus Johnson, d.

Nachmittagskonzert

WHEN YOU'RE SMILING / A FOGGY DAY / THE MIDNIGHT SUN / THE LADY IS A TRAMP: *Verve 835 454-2*

JUST SQUEEZE ME / THAT OLD BLACK MAGIC: unveröffentlicht

SOPHISTICATED LADY / CARAVAN: *Verve 835 454-2*

ANGEL EYES / ST. LOUIS BLUES: unveröffentlicht

EF, vo; Oscar Peterson, p; Herb Ellis, g; sehr wahrscheinlich Ray Brown, b; Gus Johnson, d.

STOMPIN' AT THE SAVOY: unveröffentlicht

Abendkonzert

EF, vo; Lou Levy, p; Max Bennett, b; Gus Johnson, d.

WHEN YOU'RE SMILING / A FOGGY DAY: unveröffentlicht

THESE FOOLISH THINGS: *Verve 835 454-2*

The Midnight Sun / The Lady Is a Tramp: unveröffentlicht
Just Squeeze Me / Angel Eyes / That Old Black Magic / Just One of Those Things: *Verve 835 454-2*
Sophisticated Lady / Caravan: unveröffentlicht
I Loves You Porgy / It's All Right With Me / I Can't Give You Anything But Love: *Verve 835 454-2*
St. Louis Blues: unveröffentlicht

EF, vo; Oscar Peterson, p; Herb Ellis, g; sehr wahrscheinlich Ray Brown, b; Gus Johnson, d.
Stompin' At The Savoy: *Verve 835 454-2*

1. Juli 1958
EF, vo; Lou Levy, kb; Dick Hyman, organ; Max Bennett, b; Gus Johnson, d.
Travelin' Light: Aufnahme A bis F; A bis E unveröffentlicht, F auf Verve 10143
Your Red Wagon: Aufnahme A bis G; A bis F unveröffentlicht, G auf Verve 10143; Verve 8320

10. August 1958
EF, vo; Lou Levy, p; Max Bennett, b; Gus Johnson, d. Aufgenommen im Mr. Kelly's Nachtclub in Chicago.
Your Red Wagon / Nice Work If You Can Get It / I'm Glad There is You / How Long Has This Been Going On? / Across the Alley From the Alamo / Perdido / The Lady is a Tramp / Witchcraft (unvollständig) / Bewitched / Summertime / In the Wee Small Hours of the Morning / St. Louis Blues: alles unveröffentlicht
Witchcraft (2. Version) / Love Me or Leave Me / Joe Williams' Blues / Medley aus Porgy & Bess / How High The Moon / Exactly Like You / Come Rain or Come Shine / Stardust / S'Wonderful / Oop Bop Sh'bam / You Don't Know what Love Is / Witchcraft (3. Version) / Perdido (2. Version) / In the Wee Small Hours of the Morning (2. Version) / My Funny Valentine / Anything Goes: alles unveröffentlicht

22. November 1958
EF, vo; Marty Paich Dek-Tette: Don Fagerquist, Al Porcino, tp; Bob Enevoldsen, tb und ts; Vince De Rosa, fh; John Kitzmiller, tu; Bud Shank, as; Bill Holman, ts; Med Flory, bs; Lou Levy, p; Joe Mondragon, b; Mel Lewis, d.
You Hit the Spot / Blues in the Night: Verve 6019 / 4021; *Verve 847 392-2*
What's Your Story, Morning Glory?: Verve 4021; *Verve 847 392-2*
Just You, Just Me / My Kinda Love / If I Were a Bell / Teardrops From My Eyes: Verve 6019 / 4021; *Verve 847 392-2*
You're an Old Smoothie: Aufnahme A, B, C; A und B unveröffentlicht, C auf Verve 4021; *Verve 847 392-2*
As Long As I Live: Aufnahme A, B, C; A und B unveröffentlicht, C auf Verve 6019 / 4021; *Verve 847 392-2*

23. November 1958

EF, vo; Marty Paich Dek-Tette: Don Fagerquist, Al Porcino, tp; Bob Enevoldsen, tb und ts; Vince De Rosa, fh; John Kitzmiller, tu; Bud Shank, as; Bill Holman, ts; Med Flory, bs, Lou Levy, p; Joe Mondragon, b; Mel Lewis, d.

Knock Me a Kiss: Verve 6019 / 4021; *Verve 847 392-2*

It's Gotta be This or That / 720 in the Books: Verve 4021; *Verve 847 392-2*

Moonlight on the Ganges: Verve 6019 / 4021; *Verve 847 392-2*

Oh What a Night for Love: Aufnahme A bis D; Aufnahme B [Ellas Version] auf Verve [J] J28J-25118; *Verve 847 392-2;* Aufnahme D auf Verve 10158; *Verve 847 392-2*

Little Jazz: Aufnahme A, B; Aufnahme A auf Verve (J) J28J-25118; *Verve 847 392-2;* Aufnahme B auf Verve 6019 / 4021; *Verve 847 392-2*

Little White Lies: Aufnahme A, B; B auf Verve 6019 / 4021; *Verve 847 392-2*

You Brought a New Kind of Love To Me: Aufnahme A, B, C; Aufnahme C auf Verve 6019 / 4021; *Verve 847 392-2*

Dreams Are Made For Children: Verve 10158; *Verve 847 392-2*

24. November 1958

EF, vo; Frank De Vol Orchestra (einschließlich Sweets Edison).

East Of the Sun / Lullaby of Broadway / Let's Fall in Love Again / I Remember You / Sweet and Lovely / Can't We Be Friends?:
Verve 6072 / 4032

Out of This World: Aufnahme A bis G; A bis F unveröffentlicht, G auf Verve 6072 / 4032

Makin' Whoopee: Verve 6072 / 4032

5. bis 8. Januar 1959

EF, vo; Nelson Riddle Orchestra.

Soon / I Got Rhythm / Our Love is Here to Stay / They Can't Take That Away From Me: Verve 6082-5 / 4029-5; Verve VE2-2525; *Verve 825 024-2*

How Long Has This Been Going On: Verve 6082-5 / 4029-5; *Verve 825 024-2*

A Foggy Day / The Man I Love / I'm Biding My Time: Verve 6082-5 / 4029-5; Verve VE2-2525; *Verve 825 024-2*

He Loves and She Loves / I've Got Beginner's Luck: Verve 6082-5 / 4029-5; *Verve 825 024-2*

Somebody Loves Me: Verve 4036

Slap That Bass: Verve 6082-5 / 4029-5; *Verve 825 024-2*

Clap Yo' Hands: Verve 6082-5 / 4029-5; Verve VE2-2525; *Verve 825 024-2*

Cheerful Little Earful: Verve 4036

You've Got What Gets Me / Embraceable You / I've Got a Crush On You / But Not For Me: Verve 6082-5 / 4029-5; Verve VE2-2525; *Verve 825 024-2*

Lady Be Good: Aufnahme A bis K; A bis J unveröffentlicht, K auf Verve 6082-5 / 4029-5; Verve VE2-2525; *Verve 825 024-2*

18. März 1959

EF, vo; Nelson Riddle Orchestra.

I CAN'T BE BOTHERED NOW / OF THEE I SING: Verve 6082-5 / 4029-5; Verve VE2-2525; *Verve 825 024-2*

I WAS DOING ALL RIGHT / FUNNY FACE: Verve 6082-5 / 4029-5; *Verve 825 024-5*

FASCINATING RHYTHM: Verve 6082-5 / 4029-5; VE2-2525; *Verve 825 024-2*

25. März 1959

EF, vo; Frank De Vol Orchestra.

YOU GO TO MY HEAD / WILLOW WEEP FOR ME / I'VE GROWN ACCUSTOMED TO HIS FACE / SPRING WILL BE A LITTLE LATE THIS YEAR / I'M THRU' WITH LOVE: Verve 6100 / 4034

EF, vo; wahrscheinlich Lou Levy, p; Herb Ellis, g; unbekannt, b; unbekannt, d.

PENNIES FROM HEAVEN: Aufnahme A, B; beide unveröffentlicht

IT'S A GOOD DAY: Aufnahme A bis D; alle unveröffentlicht

DETOUR AHEAD: Aufnahme A, B; beide unveröffentlicht

EF, Rede, Straßenlärm, vo;

Stimmaufnahmen für PORGY AND BESS: Verve 6040-2 / 4011-2; Verve VE2-2507; *Verve 827 475-2*

26. März 1959

EF, vo; Nelson Riddle Orchestra.

MY ONE AND ONLY

Verve 6082-5 / 4029-5; *Verve 825 024-2*

SOMEONE TO WATCH OVER ME / NICE WORK IF YOU CAN GET IT: Verve 6082-5 / 4029-5; Verve VE2-2525; *Verve 825 024-2*

LOVE WALKED IN: Verve 6082-5 / 4029-5; *Verve 825 024-2*

BUT NOT FOR ME: Verve VS-717 / 10180

LET'S CALL THE WHOLE THING OFF: Verve 6082-5 / 4029-5; Verve VE2-2525; *Verve 825 024-2*

LOOKIN' FOR A BOY / LET'S KISS AND MAKE UP: Verve 6082-5 / 4029-5; *Verve 825 024-2*

THEY ALL LAUGHED: Verve 6082-5 / 4029-5; Verve VE2-2525; *Verve 825 024-2*

11. Juli 1959

EF, vo; Frank De Vol Orchestra.

MY OLD FLAME / GONE WITH THE WIND / THAT OLD FEELING: Verve 4032

MOONLIGHT BECOMES YOU: Verve 6102 / 4036

MOONLIGHT SERANADE: Verve 4032

YOU MADE ME FEEL SO YOUNG: Verve 6102 / 4036; Verve VS-717 / 10180

15. Juli 1959

EF, vo; Nelson Riddle Orchestra.

Shall We Dance? / That Certain Feeling: Verve 6082-5 / 4029-5; Verve VE2-2525; *Verve 825 024-2*

What Love Has Done to Me / Boy Wanted: Verve 6082-5 / 4029-5; *Verve 825 024-2*

'The Half of It, Dearie' Blues / Lorelei: Verve 6082-5 / 4029-5; Verve VE2-2525; *Verve 825 024-2*

16. Juli 1959

EF, vo; Nelson Riddle Orchestra.

S'Wonderful / Who Cares?: Verve 6082-5 / 4029-5; Verve VE2-2525; *Verve 825 024-2*

Treat Me Rough / Strike Up the Band / Samson and Delilah: Verve 6082-5 / 4029-5; *Verve 825 024-2*

By Strauss: Verve 6082-5 / 4029-5; Verve VE2-2525; *Verve 825 024-2*

17. Juli 1959

EF, vo; Nelson Riddle Orchestra.

My Cousin from Milwaukee / Things Are Looking Up: Verve 6082-5 / 4029-5; Verve VE2-2525; *Verve 825 024-2*

Stiff Upper Lip / Oh So Nice / Just Another Rhumba: Verve 6082-5 / 4029-5; *Verve 825 024-2*

18. Juli 1959

EF, vo; Nelson Riddle Orchestra.

Somebody From Somewhere / Love is Sweeping the Country / For You, For Me, For Everyone / Are Not You Kind of Glad We Did?: Verve 6082-5 / 4029-5; *Verve 825 024-2*

Isn't It a Pity?: Verve 6082-5 / 4029-5; Verve VE2-2525; *Verve 825 024-2*

The Real American Folk Song: Verve 6082-5 / 4029-5; *Verve 825 024-2*

3. September 1959

EF, vo; Marty Paich Orchestra.

Like Young / Cool Breeze / Beat Me Daddy, Eight to the Bar: Verve 6102 / 4036

The Christmas Song: Verve 10186

The Secret of Christmas: Verve 10186; *Verve 840 501-2*

13. Februar 1960

Jazz at The Philharmonic; EF, vo; Paul Smith, p; Jim Hall, g; Wilfred Middlebrooks, b; Gus Johnson, d.

THAT OLD BLACK MAGIC / OUR LOVE IS HERE TO STAY: unveröffentlicht

JUST ONE OF THOSE THINGS / LOVE FOR SALE: Verve (D) 603

GONE WITH THE WIND / MISTY / THE LADY IS A TRAMP / THE MAN I LOVE / SUMMERTIME / TOO DARN HOT / LORELEI / MACK THE KNIFE / HOW HIGH THE MOON: Verve 6159 / 4041

14. April 1960

EF, vo; Paul Smith, p.

MY MELANCHOLY BABY / ANGEL EYES / BLACK COFFEE / I HADN'T ANYONE TILL YOU / I CRIED FOR YOU / MISTY: Verve 4043; *Verve 839 838-2*

19. April 1960

EF, vo; Paul Smith, p.

WHO'S SORRY NOW? / I CAN'T GIVE YOU ANYTHING BUT LOVE / I'M GETTING SENTIMENTAL OVER YOU / THEN YOU'VE NEVER BEEN BLUE / SEPTEMBER SONG / REACH FOR TOMORROW / ONE FOR MY BABY: Verve 4043; *Verve 839 838-2*

15. Juli 1960

EF, vo; Frank De Vol Orchestra.

SANTA CLAUS IS COMING TO TOWN / JINGLE BELLS / FROSTY THE SNOWMAN: Aufnahme A bis G; G veröffentlicht auf Verve 4042; Verve VE1-2539; *Verve 827 150-2*

Medley aus WE THREE KINGS OF THE ORIENT ARE; O LITTLE TOWN OF BETHLEHEM: HMV (E) 45POP817

CHRISTMAS ISLAND: unveröffentlicht

RUDOLPH THE RED-NOSED REINDEER: Verve 4042; Verve VE1-2539; *Verve 827 150-2*

THE CHRISTMAS SONG: unveröffentlicht

16. Juli 1960

EF, vo; Frank De Vol Orchestra.

WINTER WONDERLAND / LET IT SNOW / WHAT ARE YOU DOING ON NEW YEAR'S EVE?: Verve 4042; Verve VE1-2539; *Verve 827 150-2*

WHITE CHRISTMAS: Verve 840 501-2

HAVE YOURSELF A MERRY LITTLE CHRISTMAS: Verve 4042; VE1-2539; *Verve 827 150-2*

1. August 1960

EF, vo; Billy May Orchestra.

HOORAY FOR LOVE / WHEN THE SUN COMES OUT / AS LONG AS I LIVE / IT'S ONLY A PAPER MOON / THE MAN THAT GOT AWAY / AC-CENT-TCHU-ATE THE POSITIVE / I'VE GOT THE WORLD ON A STRING: Verve 4046-21; *Verve 817 527/28-2*

2. August 1960

EF, vo; Billy May Orchestra.

GET HAPPY: Verve 4046-2; Verve 817 527/28-2

SING MY HEART: Aufnahme A bis D; D veröffentlicht auf *Verve 817 527/28-2*

DING DONG THE WITCH IS DEAD: Aufnahme A bis C; A und B unveröffentlicht, C veröffentlicht auf *Verve 817 527/28-2*

LET'S TAKE A WALK AROUND THE BLOCK: Aufnahme A bis D; A bis C unveröffentlicht, D veröffentlicht auf Verve 4046-2; *Verve 817 527/28-2*

5. August 1960

EF, vo; Frank De Vol Orchestra.

GOOD MORNING BLUES / SLEIGH RIDE / THE CHRISTMAS SONG: Verve 4042; Verve VE1-2539; *Verve 827 150-2*

WHITE CHRISTMAS: Verve 4042; Verve VE1-2539; *Verve 827 150-2*; HMV (E) 45POP817

14. Januar 1961

EF, vo; Billy May Orchestra.

THAT OLD BLACK MAGIC / BLUES IN THE NIGHT / I GOTTA RIGHT TO SING THE BLUES / STORMY WEATHER / ONE FOR MY BABY / MY SHINING HOUR / ILL WIND / OVER THE RAINBOW / THIS TIME THE DRAM'S ON ME / IT WAS WRITTEN IN THE STARS: Verve 4046-2; *Verve 817 527/28-2*

HEART AND SOUL: Aufnahme A, B; beide unveröffentlicht

16. Januar 1961

EF, vo; Billy May Orchestra.

BETWEEN THE DEVIL AND THE DEEP BLUE SEA / LET'S FALL IN LOVE / HAPPINESS IS JUST A THING CALLED JOE / OUT OF THIS WORLD / COME RAIN OR COME SHINE: Verve 4046-2; *Verve 817 527/28-2*

23. Januar 1961

EF, vo; Lou Levy, p; Herb Ellis, g; Wilfred Middlebrooks, b; Gus Johnson, d.

THE ONE I LOVE BELONGS TO SOMEBODY ELSE: Aufnahme A bis G, D veröffentlicht auf *Verve 835 646-2*

I GOT A GUY: Aufnahme A bis H, E veröffentlicht auf *Verve 835 646-2*

THIS COULD BE THE START OF SOMETHING BIG: 32 Aufnahmen, Aufnahme 32 veröffentlicht auf *Verve 835 646-2*

STELLA BY STARLIGHT: Aufnahme A bis D, alle unveröffentlicht

11. Februar 1961

EF, vo; Lou Levy, p; Herb Ellis, g; Wilfred Middlebrooks, b; Gus Johnson, d.

Give Me the Simple Life / Take the ›A‹ Train / Slow Boat to China / Medley: Why Was I Born; Can't Help Lovin' Dat Man; People Will Say We're in Love / You're Driving Me Crazy / Rock It for Me / Witchcraft / Anything Goes / Cheek to Cheek / Misty / Caravan / (If You Can't Sing It) You'll Have to Swing It (aka Mr Paginini) / Round Mignight / Joe Williams Blues: *Verve 837 758-2*

EF, vo; Oscar Peterson, p; Herb Ellis, g; Ray Brown, b; Ed Thigpen, d.

This Can't Be Love: *Verve 837 758-2*

Möglicherweise 5. April 1961

EF, vo; möglicherweise mit ihrer Arbeitsgruppe in der Northwestern University.

St. Louis Blues / (If You Can't Sing It) You'll Have to Swing It (aka Mr Paginini): unveröffentlicht

11. Mai 1961

EF, vo; Lou Levy, p; Herb Ellis, g; Wilfred Middlebrooks, b; Gus Johnson, d.

Entgegen allen Angaben ist Herb Ellis und nicht Jim Hall der Gitarrist.

(If You Can't Sing It) You'll Have to Swing it (aka Mr Paginini): unveröffentlicht

12. Mai 1961

EF, vo; Lou Levy, p; Herb Ellis, g; Wilfred Middlebrooks, b; Gus Johnson, d.

1. Aufnahmen

(If You Can't Sing It) You'll Have to Swing It (aka Mr Paginini): Verve 4052; *Verve 831 367-2*

2. Aufnahmen

Lover Come Back To Me / You Brought a New Kind of Love To Me / Across the Alley From the Alamo / I'm Glad There Is You / Round Midnight / Take the ›A‹ Train: alles unveröffentlicht

3. Aufnahme

A-Tisket, A-Tasket: *Verve 831 367-2*

13. Mai 1961

EF, vo; Lou Levy, p; Herb Ellis, g; Wilfred Middlebrooks, b; Gus Johnson, d.

1. Aufnahmen

I Found a New Baby / On the Sunny Side of the Street / Am I Blue? / I've Got a Crush on You / It's All Right With Me / Caravan / Blue Moon / Lullaby in Birdland / A-Tisket, A-Tasket / Imagination / Mack the Knife / Joe Williams Blues: alles unveröffentlicht

3. Aufnahmen
Give Me the Simple Life / (If You Can't Sing It) You'll Have to Swing It (aka Mr Paginini) / Round Midnight / Just Squeeze Me / This Could Be the Start of Someting Big / S'Wonderful / In the Wee Small Hours of the Morning / Mack the Knife / How High the Moon: alles unveröffentlicht

14. Mai 1961
EF, vo; Lou Levy, p; Herb Ellis, g; Wilfred Middlebrooks, b; Gus Johnson, d.

1. Aufnahmen
Just In Time: Verve 4052
Rock It For Me / S'Wonderful / St. Louis Blues: unveröffentlicht

2. Aufnahmen
I've Got the World on A String: Verve 4052
It's All Right With Me / (If You Can't Sing It) You'll Have to Swing It (aka Mr Paginini): unveröffentlicht

16. Mai 1961
EF, vo; Lou Levy, p; Herb Ellis, g; Wilfred Middlebrooks, b; Gus Johnson, d.

1. Aufnahmen
I Found a New Baby / Deep Purple: unveröffentlicht
You're Driving Me Crazy / Blue Moon: Verve 4052

2. Aufnahmen
This Could Be the Start of Something Big / Baby Won't You Please Come Home: Verve 4052
Slow Boat to China / Take the ›A‹ Train: unveröffentlicht
Lil Darlin': Unveröffentlicht
Caravan / In the Wee Small Hours of the Morning / Mack the Knife / Joe Williams Blues: unveröffentlicht

17. Mai 1961
EF, vo; Lou Levy, p; Herb Ellis, g; Wilfred Middlebrooks, b; Gus Johnson, d.

1. Aufnahme
(If You Can't Sing It) You'll Have to Swing it (aka Mr Paginini): unveröffentlicht

2. Aufnahmen
Satin Doll: Verve 4052
S'Wonderful: unveröffentlicht
Air Mail Special: Verve 4052

18. Mai 1961
EF, vo; Lou Levy, p; Herb Ellis, g; Wilfred Middlebrooks, b; Gus Johnson, d.

1. Aufnahmen
THE LADY'S IN LOVE WITH / OUR LOVE IS HERE TO STAY / COME RAIN OR COME SHINE / ANYTHING GOES / THIS COULD BE THE START OF SOMETHING BIG / CANDY / LITTLE GIRL BLUE / YOU'RE DRIVING ME CRAZY / MACK THE KNIFE / BLUE MOON / JOE WILLIAMS BLUES / S'WONDERFUL: alles unveröffentlicht

2. Aufnahmen
GIVE ME THE SIMPLE LIFE / SLOW BOAT TO CHINA / AM I BLUE? / LULLABY OF BIRDLAND / BUT NOT FOR ME / TAKE THE ›A‹ TRAIN / IN THE WEE SMALL HOURS OF THE MORNING / WITCHCRAFT / A-TISKET, A-TASKET / MACK THE KNIFE / I'VE GOT A CRUSH ON YOU / JOE WILLIAMS BLUES: alles unveröffentlicht

19. Mai 1961
EF, vo; Lou Levy, p; Herb Ellis, g; Wilfred Middlebrooks, b; Gus Johnson, d.

1. Aufnahmen
THIS COULD BE THE START OF SOMETHING BIG / WITCHCRAFT / GONE WITH THE WIND: unveröffentlicht
IT MIGHT AS WELL BE SPRING: Verve 4052
HAPPINESS IS A THING CALLED JOE / IT'S DELOVELY / THE LADY IS A TRAMP / THAT OLD BLACK MAGIC / LULLABY OF BIRDLAND: unveröffentlicht

2. Aufnahmen
JUST SQUEEZE ME / (IF YOU CAN'T SING IT) YOU'LL HAVE TO SWING IT (aka MR PAGININI) / STOMPIN' AT THE SAVOY: unveröffentlicht

3. Aufnahmen
S'WONDERFUL / NICE WORK IF YOU CAN GET IT / I CAN'T GET STARTED / GIVE ME THE SIMPLE LIFE / CARAVAN / LITTLE GIRL BLUE / ONE FOR MY BABY / THIS COULD BE THE START OF SOMETHING BIG / LORELEI / ACROSS THE ALLEY FROM THE ALAMO / A-TISKET, A-TASKET: alles unveröffentlicht

20. Mai 1961
EF, vo; Lou Levy, p; Herb Ellis, g; Wilfred Middlebrooks, b; Gus Johnson, d.

entweder 1. oder 2. Aufnahmen
LOVER COME BACK TO ME / TOO CLOSE FOR COMFORT / LITTLE WHITE LIES / ON THE SUNNY SIDE OF THE STREET / AC-CENT-TCHU-ATE THE POSITIVE / LITTLE GIRL BLUE / ANYTHING GOES / TAKE THE ›A‹ TRAIN / (IF YOU CAN'T SING IT) YOU'LL HAVE TO SWING IT (aka MR PAGININI): alles unveröffentlicht

3. Aufnahmen

THIS COULD BE THE START OF SOMETHING BIG / I FOUND A NEW BABY / SLOW BOAT TO CHINA / Medley aus AM I BLUE?; BLUE AND SENTIMENTAL; BABY WON'T YOU PLEASE COME HOME / BABY WON'T YOU PLEASE COME HOME / MY HEART BELONGS TO DADDY / PERDIDO / WITCHCRAFT / IN THE WEE SMALL HOURS OF THE MORNING: alles unveröffentlicht

21. Mai 1961

EF, vo; Lou Levy, p; Herb Ellis, g; Wilfred Middlebrooks, b; Gus Johnson, d.

2. Aufnahmen

LOVE FOR SALE: unveröffentlicht

STAIRWAY TO THE STARS: Verve 4052

(IF YOU CAN'T SING IT) YOU'LL HAVE TO SWING IT (aka MR PAGININI): unveröffentlicht

TAKE THE ›A‹ TRAIN: Verve 4052

MACK THE KNIFE / EXACTLY LIKE YOU: unveröffentlicht

23. Juni 1961

EF, vo; Lou Levy, p; Herb Ellis, g; Joe Mondragon, b; Stan Levey, d.

BORN TO BE BLUE / ROUND MIDNIGHT / MY REVERIE: Verve 4053; *Verve 835 646-2*

24. Juni 1961

EF, vo; Lou Levy, p; Herb Ellis, g; Joe Mondragon, b; Stan Levey, d.

CRY ME A RIVER / SIGNING OFF / CLAP HANDS, HERE COMES CHARLIE / A NIGHT IN TUNISIA / THE MUSIC GOES 'ROUND AND AROUND: Verve 4053; *Verve 835 646-2*

25. August 1961

EF, vo; Knud Jorgensen, p; Jimmy Woode, b; William Schiopffe, d.

(IF YOU CAN'T SING IT) YOU'LL HAVE TO SWING IT (aka MR PAGININI) / YOU'RE DRIVING ME CRAZY: Verve (G) 90012

13. November 1961

EF, vo; Nelson Riddle Orchestra.

DARN THAT DREAM: Verve 4055

MEAN TO ME: Verve 4054

GEORGIA ON MY MIND / I CAN'T GET STARTED: Verve 4055

14. November 1961
EF, vo; Nelson Riddle Orchestra.
What Am I Here For? / Alone Together / I Only Have Eyes for You: Verve 4054
It's a Pity to Say Goodnight: Verve 4055
I Hear Music / When Your Lover Has Gone: Verve 4054

15. November 1961
EF, vo; Nelson Riddle Orchestra.
Pick Yourself Up / The Gentleman Is a Dope: Verve 4054
Call Me Darling: LP-Version unveröffentlicht; Single-Version veröffentlicht auf Verve 10248
Love Me Or Leave Me: Verve 4054
All of Me: unveröffentlicht

27. Dezember 1961
EF, vo; Nelson Riddle Orchestra.
Don't Be That Way / I Won't Dance / I'm Gonna Go Fishing: Verve 4054

30. Januar 1962
EF, vo; Studioorchester unter Leitung von Bill Doggett.
After You've Gone: Aufnahme A, B; A veröffentlicht auf Verve 4056
Broadway / I Can't Face the Music / You Can Depend on Me / Hallelujah, I Love Him So: Verve 4056
If I Could Be with You One Hour Tonight: unveröffentlicht

31. Januar 1962
EF, vo; Studioorchester unter Leitung von Bill Doggett.
Laughin' on the Outside / Show Me the Way to Get Out of This World / No Moon At All / Runnin' Wild: Verve 4056
Rough Ridin': Verve 4056; *Verve 831 367-2*
Taking A Chance on Love: Aufnahme A, B; beide unveröffentlicht

Februar 1962
EF, vo; West Coast Big Band.
I'll Always Be in Love with You: Verve 4056

9. April 1962
EF, vo; Nelson Riddle Orchestra mit Ronnie Lang, ts.
It's a Blue World / He's Funny That Way / Street of Dreams / Body and Soul: Verve 4055

10. April 1962
EF, vo; Nelson Riddle Orchestra mit Ronnie Lang, ts.
I Wished on the Moon / Imagination / My One and Only Love / The Very Thought of You / Sweet and Slow: Verve 4055

29. Juni 1962
EF, vo; Paul Smith, p; Wilfred Middlebrooks, b; Stan Levey, d.

1. Aufnahmen
Misty / Hallelujah, I Live Him So / Joe Williams Blues / Won't You Come Home Bill Bailey / Mack the Knife: alles unveröffentlicht

Spätere Aufnahmen
All of Me / It Might as Well Be Spring / The Lady Is a Tramp / Little Girl Blue / On the Sunny Side of the Street / My Heart Belongs to Daddy / Hard Hearted Hannah / Broadway / He's My Kind of Boy / It Had to Be You / All of Me (2. Version) / Bewitched / Exactly Like You / I've Got a Crush On You / How Long Has This Been Going On?: alles unveröffentlicht

Ende des Abends
C'est Magnifique / On the Sunny Side of the Street / Won't You Come Home Bill Bailey: alles unveröffentlicht

30. Juni 1962
EF, vo; Paul Smith, p; Wilfred Middlebrooks, b; Stan Levey, d.

1. Aufnahmen
He's My Kind of Boy / Teach Me Tonight / Exactly Like You / C'est Magnifique: alles unveröffentlicht

Spätere Aufnahmen
On the Sunny Side of the Street / When Your Lover Has Gone / Teach Me Tonight / Taking a Chance on Love / Good Morning Heartache / Clap Hands, Here Comes Charlie / C'est Magnifique / It Had to Be You / Exactly Like You / Hallelujah, I Love Him So / Exactly Like You (2. Version) / Perdido / Angel Eyes / Old Man Mose / Won't You Come Home Bill Bailey / Won't You Come Home Bill Bailey (encore) / All of Me / He's My Kind of Boy / My Heart Belongs to Daddy / (Liedanfang, Ella unterbricht) / Too Close for Comfort / Teach Me Tonight / It's Too Darn Hot (von Ella unterbrochen) / Ella's Twist / It's Too Darn Hot / Bewitched: alles unveröffentlicht

29. oder 30. Juni 1962
EF, vo.
Old Man Mose: Verve 10288
Won't You Come Home Bill Bailey: Verve 10288; Verve 4063

1. Oktober 1962
EF, vo; Marty Paich Orchestra.
Desafinado: Verve 10274; Verve 4063
Stardust (Bossa Nova): Verve 10274
Steam Heat: Verve 4059

2. Oktober 1962
EF, vo; nicht namentlich bekanntes Studioorchester.
I Could Have Danced All Night / Whatever Lola Wants / Guys and Dolls / Hernando's Hideaway: Verve 4059

3. Oktober 1962
EF, vo; nicht namentlich bekanntes Studioorchester.
Somebody Somewhere / No Other Love / Dites-Moi / Warm All Over: Verve 4059

4. Oktober 1962
EF, vo; nicht namentlich bekanntes Studioorchester.
Almost Like Being in Love / If I Were a Bell / Show Me: Verve 4059

5. Januar 1963
EF, vo; Nelson Riddle Orchestra.
I'm Old Fashioned / A Fine Romance / I'll Be Hard to Handle: Verve 4060; *Verve 825 669-2*

6. Januar 1963
EF, vo; Nelson Riddle Orchestra.
The Way You Look Tonight / Can't Help Lovin' 'Dat Man / Yesterdays / Why Was I Born?: Verve 4060; *Verve 825 669-2*

7. Januar 1963
EF, vo; Nelson Riddle Orchestra.
You Couldn't Be Cuter / She Didn't Say Yes / Let's Begin / Remind Me / All the Things You Are: Verve 4060; *Verve 825 669-2*

15./16. Juli 1963

EF, vo; Count Basie and His Orchestra; Quincy Jones arr.

SHINY STOCKINGS / I'M BEGINNING TO SEE THE LIGHT / 'DEED I DO / AIN'T MISBEHAVIN' / ON THE SUNNY SIDE OF THE STREET / SATIN DOLL / INTO EACH LIFE SOME RAIN MUST FALL / HONEYSUCKLE ROSE / TEA FOR TWO: Verve 4061; *Verve 821 576-2*

EF, vo; Joe Newman, tp; Urbie Green, tb; Frank Foster, ts; Freddie Greene, g; Buddy Catlett, b; Sonny Payne, d; Count Basie, p.

THEM THERE EYES / DREAM A LITTLE DREAM OF ME: Verve 4061; *Verve 821 576-2*

16. Juli 1963

EF, vo; Count Basie and His Orchestra; Quincy Jones, arr.

ROBBINS' NEST: 14 Aufnahmen; alle unveröffentlicht

MY LAST AFFAIR: Aufnahme A, B, C; C veröffentlicht auf Verve 4061; *Verve 821 576-2*

28. Oktober 1963

EF, vo; Roy Eldridge, tp; Wild Bill Davis, organ; Herb Ellis, g; Ray Brown, b; Gus Johnson, d.

HOW LONG, HOW LONG BLUES / SEE SEE RIDER / TROUBLE IN MIND / JAILHOUSE BLUES / HEAR ME TALKIN' TO YA / CHERRY RED: Verve 4062; *Verve 829 536-2*

29. Oktober 1963

EF, vo; Roy Eldridge, tp; Wild Bill Davis, organ; Herb Ellis, g; Ray Brown, b; Gus Johnson, d.

YOU DON'T KNOW MY MIND (AUFNAHME F) / DOWNHEARTED BLUES (AUFNAHME D) / ST. LOUIS BLUES (AUFNAHME A) / IN THE EVENING (WHEN THE SUN GOES DOWN) (AUFNAHME B): Verve 4062; *Verve 829 536-2*

JAILHOUSE BLUES (AUFNAHME I) / PRIVATE JAM SESSION (AUFNAHME A): unveröffentlicht

Ende 1963

Ella in Nippon; EF, vo; Roy Eldridge Quartet.

Ursprünglich für Veröffentlichung vorgesehen

CHEEK TO CHEEK / DEEP PURPLE / TOO CLOSE FOR COMFORT / I LOVE BEING HERE WITH YOU / FLY ME TO THE MOON / S'WONDERFUL / I GOT YOU UNDER MY SKIN / HALLELUJAH, I LOVE HIM SO / MISTY / WHATEVER LOLA WANTS / WON'T YOU COME HOME BILL BAILEY / ELLA'S BLUES: alles unveröffentlicht

zusätzliches Material

CHEEK TO CHEEK / CAN'T HELP LOVIN' 'DAT MAN / SHINY STOCKINGS / WON'T YOU COME HOME BILL BAILEY / TAKE THE ›A‹ TRAIN / A-TISKET, A-TASKET: aufgenommen im Hotel Okura; unveröffentlicht

HALLELUJAH, I LOVE HIM SO / ELLA'S BLUES / MACK THE KNIFE: Aufnahmen für japanisches Fernsehen; unveröffentlicht

EF, vo; japanische Big Band; Roy Eldridge Quartet.
AIN'T MISBEHAVIN' / MA LAST AFFAIR / PERDIDO: unveröffentlicht

3. Februar 1964
EF, vo; Roy Eldridge Quartet: Roy Eldridge, tp; Tommy Flanagan, p; Bill Clancy, b; Gus Johnson, d.
YOU'D BE SO NICE TO COME HOME TO / I'M BEGINNING TO SEE THE LIGHT / THIS IS MY LAST AFFAIR / DREAM A LITTLE DREAM OF ME / GOODY GOODY / I LOVE BEING HERE WITH YOU / TEN CENTS A DANCE / DEEP PURPLE / WITCHCRAFT / THEM THERE EYES / SHINY STOCKINGS / THE LADY IS A TRAMP / WON'T YOU COME HOME BILL BAILEY / PERDIDO / MACK THE KNIFE: alles unveröffentlicht

3. März 1964
EF, vo; Frank De Vol Orchestra mit Zoot Sims, ts.
THERE I'VE SAID IT AGAIN: Aufnahme A bis D; alles unveröffentlicht
HOW HIGH THE MOON: Aufnahme A bis D; D veröffentlicht auf Verve 4064
PETE KELLY'S BLUES: Aufnahme A, B; B veröffentlicht auf Verve 4064
MEMORIES OF YOU: Aufnahme A bis K; K veröffentlicht auf Verve 4046

4. März 1964
EF, vo; Frank De Vol Orchestra mit Zoot Sims, ts.
LULLABY OF THE LEAVES: Verve 4064
I'LL SEE YOU IN MY DREAMS: Aufnahme A bis E; alles unveröffentlicht
MY MAN: Aufnahme A, B; B veröffentlicht auf Verve 4064
THE THRILL IS GONE: Aufnahme A bis G; G veröffentlicht auf Verve 4064
THERE ARE SUCH THINGS: Aufnahme A bis F; alles unveröffentlicht
MISS OTIS REGRETS: Aufnahme A bis F; F veröffentlicht auf Verve 4064
VOLARE: Aufnahme A, B, C; C veröffentlicht auf Verve 4064

7. April 1964
EF, vo.
CAN'T BUY ME LOVE / HELLO DOLLY / PEOPLE / THE SWEETEST SOUNDS: Verve 4064

28. Juli 1964
EF, vo; Roy Eldridge, tp; Tommy Flanagan, p; Bill Yancey, b; Gus Johnson, d.
HELLO DOLLY: unveröffentlicht
DAY IN, DAY OUT / JUST A SITTIN' AND A ROCKIN': Verve 4065; *Verve J25J 25147*
I LOVE BEING HERE WITH YOU: unveröffentlicht
PEOPLE / SOMEONE TO WATCH OVER ME / CAN'T BUY ME LOVE / THEM THERE EYES: *Verve J25J 25147*
THE LADY IS A TRAMP / SUMMERTIME / CUTIE PANTS: *Verve J25J 25147*
I'M PUTTING ALL MY EGGS IN ONE BASKET: unveröffentlicht
ST. LOUIS BLUES: Verve 4065; *Verve J25J 25147*

Perdido: *Verve J25J 25147*
Mack the Knife: unveröffentlicht
Honeysuckle Rose: Verve 4065; *Verve J25J 25147*

29. Juli 1964
EF, vo; Roy Eldridge, tp; Tommy Flanagan, p; Bill Yancey, b; Gus Johnson, d.
Hello Dolly / Day In, Day Out / Just a Sittin' and a Rockin' / I Love Being Here with You / People / Someone to Watch Over Me / Can't Buy Me Love / Them There Eyes / The Lady Is a Tramp / Summertime / Cutie Pants / I'm Putting All My Eggs in One Basket / St. Louis Blues: alles unveröffentlicht
Goody Goody / The Boy from Ipanema: *Verve J25J 25147*
They Can't Take That Away from Me / You'd Be So Nice to Come Home to: Verve 4065; *Verve J25J 25147*
Shiny Stockings: *Verve J25J 25147*
Somewhere in the Night / I've Got You Under My Skin: Verve 4065; *J25J 25147*
Blues in the Night / Too Close for Comfort / Mack the Knife: unveröffentlicht
The Cricket Song / How High the Moon: Verve 4065; *Verve J25J 25147*

19. Oktober 1964
EF, vo; The Marty Paich Orchestra.
Travelin' Light: Aufnahme A bis G; G veröffentlicht auf Verve 4067
All the Live Long Day: Aufnahme A bis D; D veröffentlicht auf Verve 10338
I'm a Poached Egg: Aufnahme A, B; B veröffentlicht auf Verve 10338

19. bis 22. Oktober 1964
Too Marvelous for Words / Early Autumn / Day In, Day Out / Laura / This Time the Dream's On Me / Skylark / Single O / Something's Gotta Give / Midnight Sun / Dream / I Remember You / When a Woman Loves a Man: Verve 4067

22. Oktober 1964
EF, vo; The Marty Paich Orchestra.
Old McDonald (11 Aufnahmen) / He Said No (3 Aufnahmen) / When Sunny Gets Blue (5 Aufnahmen) / I've Got Your Number / Thanks For the Memory / Spring Can Really, You Up the Most / Melancholy Serenade (3 Aufnahmen): alles unveröffentlicht

23. Oktober 1964
EF, vo; Barney Kessel und andere.
That Ringo Beat / I'm Falling in Love: Verve 10340

26. März 1965

EF, vo; Tommy Flanagan, p; Keter Betts, b; Gus Johnson, d.

WALK RIGHT IN / THAT OLD BLACK MAGIC / BODY AND SOUL / HERE'S THAT RAINY DAY AGAIN / AND THE ANGELS SING / A HARD DAY'S NIGHT / Ellington Medley aus MOOD INDIGO; DO NOTHIN' TILL YOU HEAR FROM ME; IT DON'T MEAN A THING / THE BOY FROM IPANEMA / DON'T RAIN ON MY PARADE / ANGEL EYES / SMOOTH SAILING / OLD MCDONALD HAD A FARM: Verve MGV 4069

EF, vo; Duke Ellington and His Orchestra.

DUKE'S PLACE / THE SHADOW OF YOUR SMILE: Verve 10408

6. Juli 1965

EF, vo; keine weiteren Angaben.

SHE'S JUST A QUIET GIRL / WE THREE: Verve 10359

November 1965 (Datum unbekannt)

EF, vo; Duke Ellington and His Orchestra; Jimmy Jones, p (nicht überall).

A FLOWER IS A LOVESOME THING / SOMETHING TO LIVE FOR / AZURE / I LIKE THE SUNRISE / PASSION FLOWER / COTTON TAIL / IMAGINE MY FRUSTRATION / WHAT AM I HERE FOR? / DUKE'S PLACE / THE BROWN-SKIN GAL: Verve V6 4070

Die Jahre bei verschiedenen Plattenfirmen 1966–1971

Mitte Januar 1966 (Datum unbekannt)

EF, vo; Jimmy Jones, p; Joe Comfort, b; Gus Johnson, d; The Duke Ellington Orchestra.

Imagine My Frustration / Duke's Place / Satin Doll / Something to Live For / Wives and Lovers / So Danco Samba / Let's Do It / Lover Man / Cotton Tail: *Pablo 98.819-2*

5. April 1966

EF, vo; keine weiteren Angaben.

The Shadow of Your Smile: Aufnahme A bis H; H veröffentlicht auf Verve 10408

You're Gonna Hear from Me: 23 Aufnahmen; alle unveröffentlicht

28. bis 29. Juli 1966

EF, vo; Jimmy Jones, p; Jim Hughart, b; Grady Tate, d.

Jazz Samba / Goin' Out of My Head / How Long Has This Been Goin' On? / Misty / The More I See You / Lullaby of Birdland: *Verve MGV 4072-2*

28. Juli 1966

EF, vo; Ray Nace, tp; Ben Webster, ts.

It Don't mean a Thing / Just Squeeze Me: *Verve MGV 4072-2*

August 1966 (Datum unbekannt)

EF, vo; Marty Paich and His Orchestra; Harry Edison, tp; Jimmy Rowles, b; Chuck Berghofer, b; Louis Bellson, d.

Sweet Georgia Brown / Whisper Not / I Said No / Thanks for the Memory / Spring Can Really Hang You Up the Most / Old McDonald Had a Farm: Verve MGV 4071; (E) SVLP 9148

August 1966 (Datum unbekannt)

EF, vo; Marty Paich and His Orchestra; Stu Williamson, tp; Bill Perkins, ts; Jimmy Rowles, p; Al Viola, g; Joe Mondragon, b; Shelly Manne, d.

Time After Time / You've Changed / I've Got Your Number / Lover Man / Wives and Lovers / Matchmaker: Verve MGV 4071; (E) SVLP 9148

14./25. September 1966

Ella Fitzgerald and Her Orchestra; The Duke Ellington Band mit EF's Rhythmusgruppe.

The Moment of Truth / These Boots Are Made for Walking / Stardust / I'm Just a Lucky So-and-So: alles unveröffentlicht

1966 (Datum unbekannt)

EF, vo; keine weiteren Angaben.

These Boots Are Made for Walkin' / Stardust: Stateside SS569; SE 1044

The Moment of Truth / I'm Just a Lucky So-and-So: Stateside SE 1044

1967 (Life-Aufnahme; Datum unbekannt)

EF, vo; keine weiteren Angaben.

Gone with the Wind / The Man I Love / Summertime / The Lady Is a Tramp / The Boy from Ipanema / That Old Black Magic / Just a Sittin' and a Rockin' / They Can't Take That Away from Me / I've Got You Under My Skin / Body and Soul / St. Louis Blues / Stompin' at the Savoy: Verve V6-8748

Februar 1967 (Datum unbekannt)

EF, vo; Ralph Carmichael Chorus and Orchestra.

God Will Take Care of You / What a Friend We Have in Jesus / God Will Be with You Till We Meet Again / Abide with Me / In the Garden / Brighten the Corner Where You Are / I Shall Not Be Moved / Just a Closer Walk with Thee / Throw Out the Lifeline / The Old Rugged Cross / Rock of Ages Cleft for Me / I Need Thee Every Hour / Let the Lower Lights Be Burning / The Church in the Wildwood: Capitol T 2685; *795151-2*

19. und 21. Juli 1967

EF, vo; Ralph Carmichael Chorus and Orchestra.

Silent Night / Hark the Herald Angels Sing / Angels We Have Heard on High / We Three Kings / O Little Town of Bethlehem / Away In a Manger / It Came Upon a Midnight Clear / Sleep, My Little Lord Jesus / Joy to the World / O Holy Night / O Come All Ye Faithful / God Rest Ye Merry Gentlemen / The First Noel: Capitol T 2805

20./21./22. Dezember 1967

EF, vo; Sid Feller Orchestra.

I Taught Him Everything I Know / Don't Touch Me / Turn the World Around / Walking in the Sunshine / It's Only Love / Born to Loose / The Chokin' Kind / Misty Blue / Evil on Your Mind / Don't Let the Doorknob Hit You / This Gun Don't Care: Capitol T 2888, *Capitol CDP 7 95152-2*

Juli/August 1968 (Datum unbekannt)
EF, vo; Harry Edison, tp; Benny Carter, as; George Auld, ts; Jimmy Jones, p, celeste; John Collins, g; Bob West, el-b; Panama Francis, d.
Medley aus No Regrets; I've Got the World on a String; Don't Blame Me (inst); Deep Purple; Rain; You're a Sweetheart / Medley aus On Green Dolphin Street; How Am I to Know?; Just Friends; I Cried for You; Seems Like Old Times; You Stepped Out of a Dream / Medley aus If I Give My Heart to You; Once in a While; Ebb Tide; The Lamp Is Low; Where Are You?; Thinking of You / Medley aus My Mother's Eyes; Try a Little Tenderness; I Got It Bad (and That Ain't Good); Everything I Have Is Yours; I Never Knew; Goodnight My Love / Medley aus Candy; All I Do Is Dream of You; Spring Is Here; 720 in the Books; It Happened in Monterey; What Can I Say After I Say I'm Sorry?: Capitol T 2960; *CDP 7 48333-2*

21. Oktober 1968
EF, vo; Studioorchester.
A Place for Lovers (5 Aufnahmen) / Lonely Is (11 Aufnahmen): alle unveröffentlicht

26.–30. Mai 1969
EF, vo; Studioorchester unter Leitung von Richard Perry.
Get Ready / The Hunter Gets Captured By the Game / Yellow Man / I'll Never Fall in Love Again / Got to Get You into My Life / I Wonder Why / Open Your Window / Savoy Truffle / Ooh, Baby, Baby / Knock on Wood / Try a Little Bit: Reprise RS 6354, *9 26023-2*

1970, Monat unbekannt
EF, vo; Studioband unter Leitung von Gerald Wilson..
Sunny / Mas Que Nada / A Man and a Woman / Days of Wine and Roses / Black Coffee / Tuxedo Junction / I Heard It Through the Grapevine / Don't Dream of Anybody But Me / Things Ain't What They Used to Be / Willow Weep for Me / Manteca / Just When We're Falling in Love Reprise RS 6432, *9 26023-2*

Die Pablo-Jahre 1971–1989

21. Juli 1971

EF, vo; Tommy Flanagan, p; Frank De La Rosa, b; Ed Thigpen, d.

NIGHT AND DAY / Medley aus GET OUT OF TOWN; EASY TO LOVE; YOU DO SOMETHING TO ME / Medley aus BODY AND SOUL; THE MAN I LOVE; PORGY / Medley aus THE GIRL FROM IPANEMA; FLY ME TO THE MOON; O NOSSO AMOR (CARNIVAL SAMBA); CIELITO LINDO; MADALENA; AGUA DE BEBER / SUMMERTIME / THEY CAN'T TAKE THAT AWAY FROM ME / Medley aus MOOD INDIGO; DO NOTHIN' TILL YOU HEAR FROM ME; IT DON'T MEAN A THING (IF IT AIN'T GOT THAT SWING) / SOMETHING / ST. LOUIS BLUES / CLOSE TO YOU / PUT A LITTLE LOVE IN YOUR HEART: *OJCD 442-2 (Pablo 2308-234)*

2. Juni 1972

EF, vo; Tommy Flanagan, p; Keeter Betts, b; Ed Thigpen, d; and the Count Basie Orchestra.

SHINY STOCKINGS / YOU'VE GOT A FRIEND / WHAT'S GOING ON?: *Pablo 2625-701*

EF, vo; Tommy Flanagan Trio.

SPRING CAN REALLY HANG YOU UP THE MOST / MADALENA: *Pablo 2625-701*

EF, vo; Tommy Flanagan Trio und das Count Basie Orchestra.

Medley aus TOO DARN HOT; IT'S ALL RIGHT WITH ME / SANFORD & SON THEME / I CAN'T STOP LOVING YOU: *Pablo 2625-701*

EF, vo; Count Basie und the Jazz at the Philharmonic All Stars.

C JAM BLUES: *Pablo 2625-701*

9. Juni 1972

EF, vo; Studioorchester unter Leitung von Nelson Riddle.

I'VE GOT YOU UNDER MY SKIN / I CONCENTRATE ON YOU / MY HEART BELONGS TO DADDY / LOVE FOR SALE / SO NEAR AND YET SO FAR / DOWN IN THE DEPTHS / JUST ONE OF THOSE THINGS / I GET A KICK OUT OF YOU / ALL OF YOU / ANYTHING GOES / AT LONG LAST LOVE / C'EST MAGNIFIQUE / WITHOUT LOVE: ursprünglich veröffentlicht auf Atlantic SD 1631/K 40450; wiederveröffentlicht auf *Pablo PACD 2310-814-2*

5. Juli 1973

EF, vo; »neugegründetes« Chick Webb Orchestra unter Leitung von Eddie Barefield.

A-TISKET, A-TASKET / INDIAN SUMMER / SMOOTH SAILING: Columbia KG 32557; CBS 68279

EF, vo; Ellis Larkins, p.

You Turned The Tables On Me / Nice Work If You Can Get It / I've Got A Crush On You: Columbia KG 32557; CBS 68279

2. Aufnahmen

EF, vo; Tommy Flanagan, p; Joe Pass, g; Keeter Betts, b; Freddie Waits, d.

I've Got To Be Me / Down In the Depths / Good Morning Heartache / What's Goin' On: unveröffentlicht

Miss Otis Regrets / Medley aus Don't Worry About Me; These Foolish Things (mit Joe Pass, g) / Any Old Blues / Medley aus Taking a Chance On Love; I'm in the Mood For Love / Lemon Drop / Some of These Days / People: CBS 68279

28. August 1973

EF, vo; Joe Pass, g.

Take Love Easy / Once I Loved / Don't Be That Way / You're Blasé / Lush Life / A Foggy Day / Gee Baby, Ain't I Good to You? / You Go to My Head / I Want to Talk About You: *Pablo 2310-702-2*

8. Januar 1974

EF, vo; Harry Edison, tp; Clark Terry, t, fh; Zoot Sims, Eddie ›Lockjaw‹ Davis, ts; Joe Pass, g; Tommy Flanagan, p; Ray Brown, b; Louie Bellson, d.

Fine and Mellow / I'm Just a Luck So-and-So / (I Don't Stand) a Ghost Of a Chance with You / Rockin' in Rhythm / I'm in the Mood for Love / 'Round Midnight / I Can't Give You Anything But Love / The Man I Love / Polka Dots and Moonbeams: *Pablo 2310-829-2*

11. April 1974

EF, vo; Tommy Flanagan, p; Joe Pass, g; Keter Betts, b; Bobby Durham, d.

Sweet Georgia Brown / They Can't Take That Away from Me / Every Time We Say Goodbye / The Man I Love / It Don't Mean a Thing (If It Ain't Got That Swing) / You've Got a Friend / Lemon Drop / The Very Thought of You / Happy Blues: *Pablo 2310-711-2*

19. Mai 1975

EF, vo; Oscar Peterson, p; Ray Brown, b (bei den letzten vier Liedern).

Mean to Me / How Long Has This Been Going On? / When Your Lover Has Gone / More Than You Know / There's a Lull in My Life / Midnight Sun / I Hear Music / Street of Dreams / April in Paris: *Pablo 2310-759-2*

17. Juli 1975

EF, vo; Tommy Flanagan, p; Keter Betts, b; Bobby Durham, d.

Caravan / Satin Doll / Teach Me Tonight / Wave / It's All Right with Me / Let's Do It / How High the Moon / The Girl from Ipanema / T'ain't Nobody's Business If I Do: *Pablo 2310-751-2*

8. Februar 1976

EF, vo; Joe Pass, g.

I Ain't Got Nothin' But the Blues / 'Tis Autumn / My Old Flame / That Old Feeling / Rain / I Didn't Know About You / You Took Advantage of Me / I've Got the World on a String / All Too Soon / The One I Love (Belongs to Somebody Else) / Solitude / Nature Boy / Tennessee Waltz / One Note Samba: *Pablo 2310-772-2*

14. Juli 1977

EF, vo; Tommy Flanagan, p; Keter Betts, b; Bobby Durham, d.

Too Close for Comfort / I Ain't Got Nothing But the Blues / My Man / Come Rain or Come Shine / Day By Day / Ordinary Fool / One Note Samba / I Let a Song Go Out of My Heart / Billie's Bounce / You are the Sunshine of my Life: *OJCD 376-2 (Pablo 2308/206)*

13. Februar 1978

EF, vo; Studioorchester unter Leitung von Nelson Riddle.

Dream Dancing / After You: *Pablo 2310-814-2*

19./20. Juni 1978

EF, vo; Jackie Davis, organ; Louie Bellson, d.

I'm Walkin' / All or Nothing at All / I Never Had a Chance / I Cried for You / What Will I Tell My Heart? / Since I Fell for You / And the Angels Sing / I'm Confessin' (That I Love You) / Mack the Knife / That's My Desire / I'm in the Mood for Love: *Pablo PACD 2310-825-2*

15. Februar 1979

EF, vo; Count Basie and His Orchestra.

Honeysuckle Rose / My Kind of Trouble Is You / Teach Me Tonight / Organ Grinders' Swing / Don't Worry About Me / I'm Getting Sentimental Over You / Ain't Misbehavin' / Just a Sittin' and a Rockin' / Sweet Lorraine: *Pablo 2312-132-2*

12. Juli 1979

EF, vo; Count Basie and His Orchestra.

Please Don't Talk About Me When I'm Gone / Sweet Georgia Brown / Some Other Spring / Make Me Rainbows / After You've Gone / 'Round Midnight / Fine and Mellow / You've Changed / Honeysuckle Rose / St. Louis Blues / Basella: *Pablo 2312-110-2*

EF, vo; Paul Smith, p; Keter Betts, b; Mickey Roker, d; Count Basie Orchestra.

(I Don't Stand) a Ghost of a Chance with You / Flying Home: *Pablo 2308-223-2*

EF, vo; Joe Pass, g.
I Cover the Waterfront / Lil'l Darlin': *Pablo 2308-223-2*

EF, vo; Joe Pass, g; Neils-Henning Orsted-Pederson, b.
In Your Own Sweet Way / Oleo: *Pablo 2308-223-2*

17. bis 19. September 1980 und 18. bis 20. März 1981
EF, vo; Clark Terry, tp; Zoot Sims, ts; Toots Thielmans, hca; Henry Trotter, Mike Lang, Clarence McDonald, keyboards; Joe Pass, g; Oscar Castro-Neves, Paul Jackson, Mitch Holder, Ronald Bautiste, g; Abraham Laboriel, b; Alex Acuna, d; Paulinho da Cota, perc.
Dreamer / This Love That I've Found / The Girl from Ipanema / Somewhere in the Hills / Photograph / Wave / Trist / Quiet Nights of Quiet Stars / Water to Drink / Bonita / Off Key / Dindi / How Insensitive / One Note Samba / A Felicidade / Useless Landscape: *Pablo 2630-201-2*

4./5. Februar 1982
EF, vo; Studioorchester unter Leitung von Nelson Riddle.
Don't Be That Way / God Bless the Child / I Wonder Where Our Love Has Gone / You're Driving Me Crazy / Any Old Time / Good-Bye / Autumn in New York / The Best Is Yet to Come / Deep Purple / Somewhere in the Night: *Pablo 2312-138-2*

21./22. März 1983
EF, vo; Joe Pass, g.
Speak Low / Comes Love / There's No You / I May Be Wrong (But I Think You're Wonderful) / At Last / The Thrill Is Gone / Gone with the Wind / Blue and Sentimental / Girl Talk / Georgia On My Mind: *Pablo 2310-888-2*
Aufnahmen wurden fortgesetzt und veröffentlicht wie unten angegeben, wobei sich darunter auch Aufnahmen vom 25. und 28. Februar befinden.
My Ship / Don't Be That Way / My Man / Don't Worry About Me / The Days of Wine and Roses / Easy Living / I Don't Stand a Ghost of a Chance with You / Love For Sale / Moonlight in Vermont / On Green Dolphin Street / Why Don't You Do Right? / By Myself / I Want a Little Girl / I'm Making Believe / Slow Boat to China: *Pablo 2310-921-2*

23. Mai 1983
EF, vo; Andre Previn, p; Niels-Henning Orsted-Pedersen, b.
A Foggy Day / Nice Work If You Can Get It / But Not for Me / Let's Call the Whole Thing Off / How Long Has This Been Going On? / Who Cares? / Medley aus I Got a Crush On You; Someone to Watch Over Me; Embraceable You / They Can't Take That Away From Me: *Pablo PACD 2312-140-2*

Oktober 1983 (Datum unbekannt)

EF, vo; Paul Smith, p; Keter Betts, b; Bobby Durham, d.

MANTECA / WILLOW WEEP FOR ME / ALL OF ME / BLUE MOON / NIGHT AND DAY / THEY CAN'T TAKE THAT AWAY FROM ME / Medley aus THE MAN I LOVE; BODY AND SOUL / 'ROUND MIDNIGHT: *Pablo PACD-2620-117-2*

EF, vo; Jazz at The Philharmonic All Stars.

FLYING HOME: *Pablo PACD 2620-117-2*

15./16./20./22. März 1989

EF, vo; Harry Edison, tp; Benny Carter, as; Kenny Barron, p; Bobby Durham, d; oder Al Grey, tb; Clark Terry, tp; Mike Wofford, p; Ray Brown, b; Bobby Durham, d.

DREAM A LITTLE DREAM OF ME / MY LAST AFFAIR / BABY, DON'T QUIT NOW / OH, LOOK AT ME NOW / THE JERSEY BOUNCE / WHEN YOUR LOVER HAS GONE / THAT OLD DEVIL CALLED LOVE / ALL THAT JAZZ / ROBBINS' NEST / GOOD MORNING HEARTACHE / LITTLE JAZZ / THE NEARNESS OF YOU: *Pablo PACD 2310-938-2*

1989

EF, vo; Quincy Jones Ensemble.

WEE B. DOOINIT / BIRDLAND / JAZZ CORNER OF THE WORLD: *Quest / Warner Bros 926 020-2*